大学问

始于问而终于明

守望学术的视界

陈宝良 著

清承明制

明清国家治理与社会变迁

广西师范大学出版社
GUANGXI NORMAL UNIVERSITY PRESS
·桂林·

清承明制：明清国家治理与社会变迁
QING CHENG MING ZHI: MING-QING GUOJIA ZHILI YU SHEHUI BIANQIAN

图书在版编目（CIP）数据

清承明制 : 明清国家治理与社会变迁 / 陈宝良著.

桂林 : 广西师范大学出版社, 2025.2（2025.5重印）.

ISBN 978-7-5598-7502-0

Ⅰ. D691.22；K248.07

中国国家版本馆 CIP 数据核字第 20243R3G28 号

广西师范大学出版社出版发行

(广西桂林市五里店路 9 号　邮政编码：541004)
网址：http://www.bbtpress.com

出版人：黄轩庄

全国新华书店经销

广西广大印务有限责任公司印刷

(桂林市临桂区秧塘工业园西城大道北侧广西师范大学出版社集团有限公司创意产业园内　邮政编码：541199)

开本：880 mm × 1 240 mm　1/32

印张：15　　字数：400 千

2025 年 2 月第 1 版　　2025 年 5 月第 2 次印刷

定价：98.00 元

如发现印装质量问题，影响阅读，请与出版社发行部门联系调换。

目 录

"认真"新说(代自序) ／1

上编　国家治理

第一章　博访利病:访察体制与地方治理　／11
第二章　兴讹造言:谣传与民间信息传播　／48
第三章　"无讼"抑或"好讼":好讼社会的形成　／86
第四章　阴曹地府:文学中的阴司诉讼　／131

中编　制度溯源

第五章　佐治检吏:幕府人事制度　／187
第六章　护卫重赀:标兵与镖局的起源　／231
第七章　招徕乡人:会馆的起源及其功能演变　／268
第八章　结万为姓:秘密社会与天地会的渊源　／301

下编　社会群体

第九章　富不教书:塾师的生存状态及其形象　／359

第十章　清客帮闲：无赖知识人的形象重构　／379

第十一章　禅武僧侠：佛教僧人的侠客化　／400

第十二章　花禅娼尼：尼姑的恋世情结及其世俗化　／433

后　记　／462

"认真"新说(代自序)

何谓"认真"？照着字面直白地去理解，大概应指认得"真"字明白、真切。稍加引申，释其词义，则是说做事必须切实、不苟且。

说者易，行者难。此话大有道理，大抵可以证明"知易行难"的合理性。一个"真"字，并非人人认得清楚，若是认得明白，到头来未必有好果子吃。谓予不信，那么不妨引用一则名叫《认真》的寓言加以印证。这则寓言收录在陆灼所著的《艾子后语》中，故事记载：艾子有两个弟子，一个名通，另一个名执。艾子带着两人去郊游，口渴想讨点酒喝。主人正在读书，指着"真"字说，认得这个字便给三人酒喝。叫执的弟子不假思索，直接说是"真"字，结果碰了一鼻子灰；而那个叫通的弟子见势不妙，灵机一动，就说是"直八"两字，反而得以享用美酒。寓言的作者无疑是为了批评当时社会盛行一时的弊端风气，认真执着不如圆通随和能捡便宜。社会已是如此地是非善恶不辨，自然只有圆通的人方可以得到好处，而执着方正的人反而会吃亏。

"凡事何必认真"。这句民间俗语确乎可说耳熟能详，人人晓得，其风行乃至渗透于人心的程度，实在堪与中国人见面必称"吃了没有"相提并论。"凡事何必认真"的俗语，可以从元代找到证据，《元史·王克敬传》中就已有了"世俗喜言勿认真"的记载，大抵可以作为此句民间俗语的出典。到了清代，该语更是演变成"天下事无非是戏""何必认真"一类的话头。这是一句乡言，中间还有一个故事出典。当时有一个乡村在演戏，老学究前来看戏，见到庙门上有对句云："古寺无灯凭月照，山门不锁待云封。"就问僧人道：

"只是有门而无山,怎么能称之为山门?"僧人随手一指戏台上说:"台上唱的是《醉打山门》,不但无山,而且无门,他也自管去打。"学究听后大怒:"你敢以我言为戏?"僧人急忙辩解道:"天下事无非是戏,老施主何必认真。"

老实做人,认真做事,必会吃亏。时日一久,上至官场,下及民间,无不养成了诸多病态之风。细加勾勒,大致有下面几种病状:

一曰"苟延"之病,说白了就是图虚名甚或行事苟且之病。说到图虚名,不由让人想起一则名为《猫号》的寓言,收于刘元卿的《贤奕编》中。寓言故事的梗概如下:有一位姓齐的宦官,家中养有一猫,自以为奇,向众人宣称是"虎猫"。其中一位门客道:"虎诚然威猛,不如龙之神灵莫测,请更名为'龙猫'。"另一位门客则说:"龙固然神于虎,龙升天必须凭借浮云,云岂不是比龙更高尚?不如改名为'云猫'。"又有一位门客说:"云霭蔽天,风倏散之,云显然不如风,还是更名'风猫'为好。"又有门客说:"大风飙起之时,唯有土墙作为屏障,才可以遮蔽狂风,不如更名为'墙猫'。"最后一位门客说:"土墙不管何等牢固,只要老鼠打了洞,墙就会坍圮,还是更名'鼠猫'最好。"门客帮闲的献媚、凑趣伎俩,显然已是极尽能事。其丑态固可置而不论。说到底,猫的职责不过是捕鼠而已,不管白猫、黑猫,只要能捕到老鼠,就是好猫。进而言之,猫如果失去了它捕鼠的本真,无论是取名"虎猫""龙猫",还是取名"云猫""风猫",即使名头何等响亮,也不过是一个虚名罢了。这则寓言以猫之起名为核心,犹如剥笋,层层向里,又如同逻辑学中的归谬法一般,逐次揭示出图虚名、搞浮夸者之滑稽可笑,进而告诫人们,要务求实际,力戒虚名。

至于行事苟且,实则做事缺乏担当精神。寓言譬喻,最为确当,也最能针砭时弊,那就再借用一次罢。明朝人江盈科所著《雪涛小说》中有一篇《任事》，包括两则故事。第一则故事记一位脚上生疮的人，他痛不可忍，对家人说："你替我在墙壁上凿一个洞。"洞凿成后，他就将脚伸到洞中，深入邻家尺许。家人不解，就问："这是什么意思？"他答道："让它去邻家痛，再无关我事。"第二则故事记一位医生，自称擅长外科。有位裨将从阵上返回，身中流矢，矢深入膜内，就请这位医生治疗。医生持刀并剪，剪去矢管，跪而请谢。裨将责问："箭镞深入膜内，必须快治。"医生答道："此内科事，不关我事！"这两则寓言故事，各有侧重，前者是以邻为壑，后者是敷衍塞责。说到底，还是一种不敢任事、不愿担当的陋习。当事官员，见事不可为，一味因循苟安，以遗来者，也就如同委痛于邻家、推责于内科之举。

二曰"软熟"之病，借此博取"持重博大"的美名。儒家有"无欲则刚"之说，实在道出了为人处世的底蕴。人一旦有了欲望，就难免变得"软熟"了。很多官员，为了维持自己的官位乃至富贵，对时政的弊病就不闻不问，表面上是通过谦卑逊顺之态，维持自己的一种"体面"，并借此博取一种好的名声，实际上还是为了维护自己的富贵。这也怪不得他们，因为他们一官半职的得来实在不易。很多官员，起家并非一帆风顺，一路读书过来，过的都是淡薄的生活，而后才得以占据官位。不过，一旦位高权重，就不再淡薄了，摆在他们面前的是利益盈满的"膻路"，会有无数好处的诱惑。为了保持这条膻路一路畅通，保证自己安全退休，他们不得不变得小心翼翼，不再敢于直言相谏，甚至面对下属官员也会装出一副谦卑逊顺之态。如此做官，一如嚼甘蔗，既思据有官位之甘甜，又思获取官位之苦辛，富贵功名，愈是咀嚼，愈是有味。

闲来翻阅史书，看到宋朝人曾有愤激之言，道："举朝皆须眉妇人。"当时并不以此为然，认为不免有些夸大其词。今日看来，反而有诚哉斯言之叹。有些人一方面悍然不顾,肆无忌惮,倒还像个男儿身;另一方面,则又委婉听从,人哭也哭,人笑也笑,人贪也贪,毕竟更像一个妇人。《易》云:君子以独立不惧。人能做到独立,自然不妨与妇人杂居。然世风毕竟容他不得,所以才有了后面的一句,即"遁世无闷",借此以示自我独立。同是病态,若病在率直粗放、顾无别肠,还是容易医治。若是病在细软谦卑、顾多别肠,就不免病入膏肓,即使华佗、仲景再生,也很难下一针砭。

三曰"奔竞"之病,自守恬退之人已是寥若晨星。俗语有云:争名于朝,争利于市。名利之必争,其来已久,不必有吠雪之怪。让人感到震惊的是,昔之争名争利,大多在于昏夜,多少还有些羞耻之心;今之争名争利,则多发生在白昼,毫无避人之想。大文豪苏东坡在论及宋朝官场时,曾有一官而三人共之叹,即居官者一人,已经去职者一人,而伺机想取而代之者又一人。人之争名争利,古今莫不皆然。虽说世上并不缺少恬淡无营的君子,但十人奔竞而一人恬退的世况,难免会让恬退者不能自立。其可怕的结果,就是官愈多,而事愈不治。究其原因,世风躁竞,难辞其咎。

奔竞之风演至极致,自然会出现抢官之风。这绝不是危言耸听,历史上确实曾经上演过如此的一幕。明代的京师官场就有"讲抢嚷"嘲讽之语。这句话的意思是说,当时官员流行"讲""抢""嚷"三部曲:讲者,求情之谓。若是一官有缺,就各趋权势之门,讲论自己按年资或体例应得此官之故。抢者,争夺之谓。先去求情者笃定可补此缺,那么后来者或许不能得到此缺,于是无不争先趋走,争夺此缺。嚷者,流言诽谤之谓。一旦讲情、争夺不得,就不免流于喧嚷腾谤,广布流言,加以诽谤。

如此弊端士风,一旦形成,就会通过渐移暗转,慢慢使读书人的筋骨化为木石而不自觉,如同"中蛊"一般;即使心有所觉,但呼吸之地已为所制,心可得知,而声不能出,有若"中魇"一般。两者相合,终成一个末法世界。可见,官场病的病根,终究还是那些官员只是满足于"做官",而不是"做人",更不愿"做事"。就此而论,老实做人、认真做事,倒是称得上是治疗官场病的一剂良方。

如何认真做事?历史上同样不乏认真做事的人,大可成为今人学习的榜样。早在元代,王克敬就已明确宣称:临事不认真,终非尽忠之道。抛开传统读书人的忠君意识不言,从这句话还可以读出另外一层涵义,即临事不认真,终非尽职做事之道。王克敬之后,明代中期有一位朱英,曾将他的诗集命名为《认真子集》,显然也是有所意属,体现了那种为人、为官讲究认真的精神。继朱英之后,吕坤、鹿善继等人,对认真之说均有别开生面的解读。

明朝有一位官员,曾经批评他人道:"渠只把天下事认真做,安得不败?"言外之意,做事不必认真,否则必败无疑。这句话至少可以说明,明哲保身的苟延之风已经弥漫明代整个官场。闻听此说,吕坤大感惊讶。他认为,天下之事,即使认真去做,尚未必做得好,假若只在假借面目上做工夫,成甚道理?在他看来,天下事只要认真去做,还有什么可说?当今最大的病痛,正患凡事不肯认真去做。由此看来,天下之事,只怕认不真,这才导致人们依违观望,看人家的言为行止而定。凡人做事,先要看到事后的功业,又要体恤事前的议论,事成之后,众人自然噤口。即或万一事情不成,但只要自己所做的事,是当下应该做的,就不必去计较成败得失。

做事认真,至鹿善继而集其大成,这从他将自己的奏疏集取名《认真草》可以窥见一二。明末人孙承宗在论定鹿善继其人时,称其众推独任,众趋独辞,惟是一副真肝胆;立身只为"公家",而不敢有"私";为国求"真才",做"真事"。大抵把握了鹿善继为人处世的真精神,洵为不刊之论。这可以拿鹿善继自己的说法加以印证。

他以"真""痴"二字当作自己做事的标帜:真者,是空而无私;痴者,则是顽而不解私。真是为了与赝有所区别,而认真者则又有别于赝者之笑真。鹿善继有自己做人、做事的原则,就是犯得一分难,便干得一分事;拼得一分官,便做得一分人。这就是说,为了干事,就必须知难而上;而为了做一个真正的人,甚至宁可放弃官爵。换言之,他做事的原则,就是"置办"一副真实心肠,先为国家,后为自己。

认真做事之人,自然会被视为愚钝甚或痴愚之人。自古以来,民间形象地称巧者为"乖觉"或"乖角"之人。"乖觉"一词,按照叶盛在《水东日记》的解释,就是"警悟有局干"。这或许尚属中性的说法。不过在后世的传衍中,所谓"乖",已经相当于"黠",而"黠"并非美德。凡是乖觉之人,必定与人背离。譬如乖觉之人与人相约一同谏君,効奸死难,但随后稍计利害,违背原先的诺言,以苟全自己的性命,反称谏君者为"痴"。所谓乖觉之人的真面目,已是一览无余。

随之而来者,则是有人以愚钝自居,甚或倡导一种"愚愚"精神。明代名将戚继光自号"愚愚子",可谓这方面的典范。这一别号的出典,基于戚继光将人分为三类:一是所谓"上智"之人,其人只是厚积金帛,广殖田宅,贪求功名,保得首领,与时迁移而已;二是"下愚"之人,其人只知竭尽心力,整治本职之事,一心尽自己的本分,为国忘家,而将利钝付之他人,或许因为时运不济,生前难以拜相封侯,但死后必能祀于文庙、武庙;三是"愚而又愚"之人,其人尽管面对谋不合、道不行的时势,还是愿意竭尽自己有限的精力,去忠于应尽的职守,甚至陷阱在前,斧钺不惧。言下之意,戚继光还是以"愚愚"自期。

若是追溯其思想的渊源,无论是老实做人,还是认真做事,事实上有两大精神源泉:一是来自《中庸》的"诚";二是出自佛教的慈悲、献身精神。当然,所谓认真做事,其实就是一种大无畏的担当精神,也是英雄实心任事的精神。从古迄今,豪杰精神一脉相承,真所谓"英雄所见略同"。如伊尹放逐太甲,就是一心把商家天下挑在自己肩上,任劳任怨,何尝有些小的顾虑,一有顾虑,就任事不成;诸葛亮把"鞠躬尽瘁、死而后已"奉为自己做事的信条,不去顾及成败利钝;范仲淹坦言,自己只管做应该做的事,至于能否成功则并不取决于自己,无暇考虑;韩琦认为人臣应该尽力事君,甚至死生以之,决不可因事先担忧事情不济,辍而不为;李纲更是直言,事君之道,只可考虑进退之节,不必计较其中的祸患;戚继光主张,"鞠躬尽瘁,夕死何憾",追求的并非肉体的永生,而是精神的长存;鹿善继更是别具一副真肝胆,不分炎冷,不计险夷,甚至敢于辞夷就险,把举世莫胜的重任担在自己的肩上。

如此种种,都是不顾利害、不计个人得失,正好契合于儒学的真精神。在英雄不再且儒家真精神几已沦丧殆尽的当代社会,唯有老实做人、认真做事者,才称得上是真正的英雄豪杰,方可使儒学真精神得以理性地回归。为官如是,治学何尝不是如是。

上编 国家治理

第一章 博访利病：访察体制与地方治理

引　言

朝觐与考察，是明清两代国家的重典。若从地方治理的视阈加以考察，明清两代的访察体制，关乎两个治理层面：一为地方官治，是对地方官的考察与治理，借此旌别贤否，以黜陟官员；二为民治，是对民间利病的博访与治理，借此知悉民隐。两者的付诸实施，均必须借助访察体制。先访而后察，既察官吏，又访民隐。明人徐学谟有言："访察不行，如暑月无雷霆，积阴必致伤稼。"①可见，访察体制与地方治理密切相关。

就"察吏"这一层面而言，显然牵涉官员的考察制度。明代制度规定，文官的选用，职掌于吏部，但京官与外官考察，则由都察院、吏部两衙门"公同考核"，吏部衙门不得专制。明代官员考察之制，分为京察与大计。京官六年一考察，称京察；外官三年一考察，称大计。假如考察有所不公，罢黜或留任有所不当，则允许科道官即时指实论奏，都察院、吏部不得自以为是。至于具体的考察之法，则主要基于三方面的综合评判：一为各处巡抚、巡按开注的考语，二为吏部与都察院的访察，三为来朝布政、按察二司方面官当面商议可否。②

---

① 徐学谟：《归有园麈谈》，载诸伟奇、敖堃主编：《清言小品菁华》，海天出版社 2013 年版，第 22 页。
② 王廷相：《浚川内台集》卷 3《覆奏语略共二十八件》，载氏著，王孝鱼点校：《王廷相集》，中华书局 2009 年版，第 3 册，第 1114—1115 页。

地方官员的朝觐、考察，无不借助于访察。吏部、都察院、吏科，均有自己的访察之制。当内外大计之时，吏部事先会发出"访单"，通过访单而采访官评。按照制度规定，例禁匿名文书，唯有吏部的访单，则是一种例外。当填注完访单且缴纳吏部之时，上面可以"不著姓名"。① 当天下官员入觐之年，都察院为了对入觐地方官的"官评"有一个全面的了解，通常也会"加意采访"。② 当大计之年，吏科并非完全采信吏部、都察院的访察，也会自己发出访单，"分行咨访"，借助于"人士之口"及"采获之单"，凭此作为一种黜陟官员的"公论"，进而加以评驳。③

尽管访察之制贯彻于内外官员的考评之中，但尤以地方官员的考察最具特点。朝廷派遣大臣考察地方官吏，这在汉、唐两代最为常见。明初立国，以布政司分治天下。至永乐初年，始遣给事中、御史分行天下，逮治"有司奸贪者"。其后，遣蹇义等26人巡行天下，"安抚军民"。不久，又遣礼部侍郎郭敦以偕同给事中陶衎，巡抚顺天；刑部侍郎吾绅，奉敕考察两广、福建的方面官。当时尚无巡抚官，这些派往地方考察官吏的大臣，大多奉有"特敕"。正统初年，分遣大臣考察天下方面官，刘辰前往四川、云南、贵州，"悉奏罢其不职者"；徐琦奉命与工部侍郎郑辰考察南直隶官吏，"黜不法者三十人"；段民为左参政，奉命与巡按考察州、县官员之廉墨。景泰中，亦遣大臣巡行天下，黜陟有司。礼部侍郎邹幹至山西，罢黜

---

① 沈德符：《万历野获编》卷11《吏部·考察访单》，中华书局2004年版，上册，第301页。
② 刘宗周：《文编》1《奏疏》4《遵例请旨严饬禁谕以肃觐典疏》，载吴光主编：《刘宗周全集》，浙江古籍出版社2007年版，第3册，第191页。
③ 曹于汴：《曹门学则·吏科都察典届期申明约列疏》，载氏撰，李蹊点校：《仰节堂集》附录，上海古籍出版社2018年版，第248页。按：按照明代制度规定，在官员考察之时，一切有关官评的"私揭"，均在禁止之列，旨在维持官员考察的公平与公正。

布政使以下官员50余人。当时在地方已经设立巡抚,再次由朝廷派遣大臣考察地方官员,无非表明朝廷重视地方吏治的决心。①

自设立巡抚之后,再加上巡按御史,亦即所谓"抚按官",几已成为廉访官评、博访利病的两大主管官员。相较而言,巡抚、巡按虽均为后来添设的"专敕官",但两者的职掌各有侧重:巡抚偏重地方民事与军事,尤以抚民为专职。明代的巡抚有边方、腹里之别。按照制度规定,在每年的四月与八月,边方巡抚与腹里巡抚,都应该"到京议事"。② 这一"议事"惯例,足证巡抚属于地方行政与军事大员。而巡按则偏重监察与司法,尤以察吏为专职。巡按到任地方之后,借助于"访察""采访",对按属衙门官员贤否,加以旌别。③ 换言之,巡按巡历各处,最为关心的事情则是"察吏","入其境,核其品,征其行事",通过"民之向背",借此考察官员的贤或不肖。④ 因巡抚通常挂有都察院之衔,所以在规定的民事、军事职掌之外,又兼具访察地方官员之责。抚按并称,绝非偶然。

值得注意的是,巡抚尤其是巡按访察所属官员,并非都是亲力亲为,而是按照一定的程序,将访察的职责转行所属各衙门官员。其中转行下达的基本程序,则为巡按责之司道,司道责之府厅。所谓司道,是指布政司、按察司所属各道官员,包括分巡、分守、提学、清军、管粮、抚民、兵备各道官员,因所挂为布政司、按察司衔,且巡历各道,故称"司道"。至于"府厅",则指知府、推官。知府、推官参

---

① 赵翼著,王树民校证:《廿二史札记校证》卷33《遣大臣考察官吏》,中华书局2001年版,下册,第762—764页。
② 杨璿:《题为议事事》,载陈子龙等编:《明经世文编》卷92,中华书局1997年版,第1册,第818页。
③ 王廷相:《浚川公移集》卷1《案验录二十九条》,载氏著,王孝鱼点校:《王廷相集》,第4册,第1124页。
④ 吴甡:《柴庵疏集》卷5《纠劾不肖有司疏》、卷6《州县人地非宜疏》,浙江古籍出版社1989年版,第98、113页。

与地方州县官的访察,究其原因,则是知府为"一郡师帅",推官又"查盘各属",对于巡按而言,两者均称得上是"耳目最近"。① 至于巡按察吏之法,通常要求所属司道官员,将知府以下官员,"务要备细访察",以便获取这些官员的"素履"。将已访察过的官员分为两类:一类是"勤政爱民,守法奉公者",操心公廉,干事通敏;另一类是"罢软无为,素行不谨者",酷虐不法,贪声素著。将访察所得备查明白之后,所属司道官员另外开具"揭帖印封",送达巡按御史处。②

就考察制度设计而言,显已极为完备。诸如吏部、都察院虽都有官员考语的类总文册,但通常是吏部不知都察院的考语,都察院不知吏部的考语;吏部考语不同于都察院考语,都察院考语不同于吏部考语。在通常情况下,官员的去留,吏部、都察院都是临时彼此参论,而后决定。此外,尚有两项程序在一定程度上保证了考察去留的公正性:一是吏科的封驳,通过自出访单以定官员黜陟;二是布政司、按察司官员的"面讲",即通过二司的当面讲论,以决定地方官员黜陟。③

然吊诡的是,明清帝国制度史的事实显然已经证实,任何一项设计完备的制度,通常因为官场病的浸染,执法者之因循苟且、虚应故事,而制度的效率发挥大打折扣,有时甚至成为流于形式的一纸空文。崇祯十六年(1643),天下官员例当入觐,都察院先期颁行榜示,对诸如征逐交从,逆程设席,山人、墨客往来,捏款私揭,捏情肆辩,计后潜住京城等,无不加以禁止。但严禁之下,地方官员不

---

① 吴甡:《柴庵疏集》卷5《纠劾不肖有司疏》,第98页。
② 王廷相:《浚川公移集》卷1《案验录二十九条》,载《王廷相集》,第4册,第1124页。
③ 王廷相:《浚川内台集》卷3《覆奏语略共二十八件》,载《王廷相集》,第3册,第1115页。

加遵守者依旧故我,尤以"馈遗"一事,最为干犯法纪。外任官员每年至京城送礼,已是习以为常之事。至朝觐之年,自知府、知县以上,"必人辇一二千金入京,投送各衙门,及打点使费"。那些"截俸留考诸员",则又"持有一番钻营之费"。① 至于派遣大臣考察地方官员,尤其是巡按御史访察地方官员,效果也并非如设计者之愿,反而"察弊适以滋弊"。如永乐年间邹缉上言,贪官污吏,遍布内外,朝廷每遣一人,即是"其人养活之计,有司奉承惟恐不及",其结果则是,"使者所至,有司公行贿赂"。其后,梁廷栋在上疏中亦直言,巡按御史在地方上的盘查访缉,其中的"馈遗谢荐,有司所出,多者二三万金"。② 此外,塞义也明确指出,巡按御史、分巡道考察地方官员,大多是因循苟且、虚应故事而已,导致"不才者侥幸在职"。③ 诸如此类的事实,已经足以证明,一项好的制度,即所谓"治法",尚需简用得人,而后方可贯彻实施,此即所谓"有治人"。从某种程度上说,有"治人",无"治法",亦不无道理。

尤其值得注意的是,在明清时期的访察体制下,地方官的"官声",时常通过地方舆论得以采集。而在地方舆论中,正如清人张潮所言,"豪右之口与寒乞之口俱不得其真"。④ 换言之,舆论同样存在社会阶层性。同样一个官员,又是相同的行政举措以及个人修养,在"豪右"与"寒乞"之间,反而有不同的评骘。可见,所谓廉访官评,其间同样存在复杂性。

---

① 刘宗周:《文编》1《奏疏》4《遵例请旨严饬禁谕以肃觐典疏》,载《刘宗周全集》,第3册,第191页。
② 赵翼著,王树民校证:《廿二史札记校证》卷33《遣大臣考察官吏》,下册,第762—764页。
③ 塞义:《铨官事宜疏》,载《明经世文编》卷14,第1册,第99页。
④ 张潮:《幽梦影》,载《清言小品菁华》,第532页。

廉访官评:地方官员之访察体制

廉访地方有司的官声,进而加以考察,并将考察结果上报吏部,最初是由巡按御史、按察使职掌其事。永乐元年(1403),明成祖下令,凡是到任半年以上的府州县官员,巡按御史、按察使必须"察其能否廉贪实迹",而后具奏。至景泰七年(1456),巡抚开始参与对地方有司官员的考察。当时规定:府州县官员,由巡抚、巡按会同按察使加以考察;布政司、按察司二司官员,则听凭巡抚、巡按考察。如天顺六年(1462),李侃巡抚山西,考察属下官员,奏罢布政使王允、李正芳以下160人。自正统十四年(1449)以后,抚按官对地方有司官员政绩的考察,与吏部的察访结合在一起,作为对地方有司官员旌异或贬黜的依据。至嘉靖二十一年(1542),抚按官对所属官员的考察,又与地方官的"朝觐"合在一起,借此作为吏部黜陟地方有司官员的依据。①

官员考察之职,原本由都察院、吏部承担。鉴于地方庶官众多,都察院、吏部"不能遍照",于是将巡察之责"寄之抚按",而后吏部"凭之以黜陟"。这主要基于巡抚、巡按"职专一方,咨访的确,而闻见不爽其实也"。② 文中所云"咨访的确",是指巡抚、巡按的访察。换言之,抚按、司道官员与地方有司整日在一起共事,对于地方有司官员的年力、才干、心术、操守,均可"详窥细访"。除此之外,尚有"内之咨访",亦即吏科的访单,其目的在于济抚按访察之不及,弥补抚按访察之未确。可见,抚按之访察,与吏科之咨访,在

---

① 龙文彬:《明会要》卷46《职官》18,中华书局1998年版,下册,第854—858页。
② 高拱:《掌铨题稿》卷18《覆吏科给事中韩楫条陈疏》,载高拱著,岳金西、岳天雷编校:《高拱全集》,中州古籍出版社2006年版,上册,第304页。

地方有司的考察中,"相兼酌处,期在相成"。① 至于吏部、都察院考察地方有司官员的凭据,则主要分为两大部分:一是抚按的"考语",二是吏部、吏科的"咨访"。在抚按考语之外,必须加上吏部、吏科的咨访,其原因大抵有二:一则抚按的考语,难免有名实混淆之嫌;二则咨访可以起到集思广益之效,使官员考察制度更趋公正、完善。②

这就需要对抚按的职掌有所交代。在地方有司的考察上,巡抚、巡按具有以下两大职掌:

其一,直接保举贤能的地方官员,或提问贪酷不职的地方官员。按照功令规定,各省司道官员,假若俸深劳著,巡抚、巡按可以直接"荐举擢用"。③ 明代的制度规定,巡抚、巡按有保举官员的权力。各处巡抚、巡按,需要将境内人才,逐一搜访,"会本具奏"。④ 换言之,抚按需要延纳地方清议所褒奖之人,将他们"荐闻于朝,以备录用"。⑤ 这在明清两代的地方行政中可以得到印证。如明人张岳在江西巡抚任上时,就上荐举人才一疏,其中所保举之人,包括原任南京兵部右侍郎简霄,原任刑部右侍郎刘节,原任南京国子监祭酒邹守益,原任南京鸿胪寺卿欧阳德,原任翰林院修撰罗洪先,原任给事中魏良弼、曾忭、詹泮,原任御史曾孔化、郭弘化、傅鹗、陆梦麟,原任湖广按察司副使江以达,浙江按察司副使王寞。在疏中,他称这些人,"皆退居日久,进修不倦,常怀忠爱之心,皆有

---

① 曹于汴:《曹门学则·吏科都察典届期申明约列疏》,载《仰节堂集》附录,第249页。
② 陆光祖:《计吏届期敬陈饬治要务以重大典疏》,载《明经世文编》卷374,第5册,第4054页。
③ 吴甡:《柴庵疏集》卷15《按臣辩疏涉欺巡方举动可骇疏》,第313页。
④ 申时行等修:《明会典》卷5《吏部》4《保举》,中华书局1989年版,第28页。
⑤ 张岳著,林海权、徐启庞点校:《小山类稿》卷3《两广人材疏》,福建人民出版社2003年版,第48页。

济用之器"。① 清代督抚亦有"保题荐举"之责,需要将有贤、有能的知府、知县,保举题疏,以便朝廷擢用。② 此外,明代的制度规定,但凡地方官员贪酷不法踪迹显著、明例不宥者,六品以下官员,巡抚、巡按有权"即时拿问";五品以上官员,则不得"径自拿问",需要指实参奏,请旨拿问,以凭"覆议定夺"。③

其二,廉访官评,作为吏部考察地方有司的凭据。此即所谓"举劾"。巡抚、巡按在巡历所辖地方之时,必须"慎委公明僚属,相与体访,仍须亲自参酌"。④ 此即所谓廉访。巡抚、巡按御史将对地方官员的访察,最后落实为"举劾官员贤否"。其中所云"举劾",传统文献又称之为"举刺"。抚按举刺之职,"实激扬所系",亦即贤者举之,庸劣者刺之。其施行的规矩照例如下:"顾人之贤否,不可以数定;则所以举之、刺之者,亦不可以数拘。"⑤ 所谓"举",就是对在访察中获得"贤才"声誉的官员加以举荐;所谓"劾",则是对那些才劣乃至贪酷的官员加以弹劾。进而言之,巡抚、巡按之责,"莫大于举刺。举刺当,则吏治清,而民生遂矣;举刺不当,则吏治浊,而民生苦矣"。⑥ 其中荐举贤能,更是"抚按官第一事":"若不知而泛举者,谓之暗;若知其不贤而滥举者,谓之欺。"⑦

---

① 张岳著,林海权、徐启庭点校:《小山类稿》卷2《江省人材疏》,第23页。
② 徐栋辑:《牧令书》卷23《宪纲·请分别贤能疏》,载《官箴书集成》,黄山书社1997年版,第7册,第562—563页。
③ 高拱:《掌铨题稿》卷16《议裁革冗员等事疏》、卷18《覆吏科给事中韩楫条陈疏》,载《高拱全集》,上册,第288、304页。
④ 高拱:《掌铨题稿》卷18《覆吏科给事中韩楫条陈疏》,载《高拱全集》,上册,第304页。
⑤ 高拱:《掌铨题稿》卷18《覆给事中吴文佳条陈疏》,载《高拱全集》,上册,第311—312页。
⑥ 赵南星:《覆陈给事疏》,载《明经世文编》卷459,第6册,第5022页。
⑦ 高拱:《掌铨题稿》卷20《议处督抚等官刘应节等荐举违例疏》,载《高拱全集》,上册,第328页。

明代的制度规定,巡抚有访察所属官员贤否的职责。通过"采访",而后对所属官员加以"旌别"。① 清代的史料亦证实,巡抚的责任在"抚绥",而抚绥之权,则"首在察吏"。② 自访察之外,举劾地方有司官员的贤否,也是巡抚、巡按的主要职责。以巡抚为例,隆庆二年(1568)六月,提督军务兼巡抚福建地方、都察院右佥都御史何宽在题本中称:"奉命巡抚福建二年于兹,叨蒙升任,所辖藩臬方面官员,例应举劾。"③巡抚举劾地方官员,通常是在"升任"离开原职之时。如隆庆四年八月,原巡抚广东地方兼赞理军务、都察院右副都御史,后改任巡抚浙江熊如达题称:"臣待罪巡抚,责任激扬,而各官贤不肖之最者,闻见颇真,兹当叨转离任,敢不次第而陈之?"④此即其例。以巡按为例,嘉靖九年(1530),明世宗在给巡按御史的敕谕中,就明确了巡按御史考察地方知府、知县的职掌:若是知府、知县"果有遵行尽职,生民安业的",就"指名奏来升用或赐旌奖";若是知府、知县"仍前不遵,故虐小民者",则"指名劾奏治罪"。无论是旌奖,还是治罪,务要"从公荐劾以凭黜陟"。⑤ 明人归有光、王廷相的说法基本可以印证巡按有察吏之责。归有光认为,御史巡按地方,尽管奉有诏条,可以"无所不问",但"尤莫先于

---

① 王廷相:《浚川公移集》卷2《访察抚属官贤否》,载《王廷相集》,第4册,第1158页。
② 徐栋辑:《牧令书》卷23《宪纲·取贤否册》,载《官箴书集成》,第7册,第563页。
③ 高拱:《掌铨题稿》卷20《参巡抚都御史何宽等举劾违例疏》,载《高拱全集》,上册,第329页。
④ 高拱:《掌铨题稿》卷20《参巡抚熊汝达举劾违例疏》,载《高拱全集》,上册,第325页。
⑤ 林希元撰,何丙仲校注:《林次崖先生文集》卷2《王政附言疏》,厦门大学出版社2015年版,上册,第53页。

察吏治得失,登贤显能,去其治行无状者";①王廷相则认为,朝廷派遣御史巡按地方,付之以监察之权,目的就在于"博采乎群情,广求乎民瘼",进而收到"振纲而顿纪""激浊而扬清"的功效。②

揆诸史实,确实如此。巡按大多有举劾地方官员的题疏。如隆庆四年七月,巡按山西监察御史王君赏题称:"奉命巡历,兹当事竣,谨将各官贤否,据实陈之。"③可见,巡按御史举劾地方官员,大多亦是在"巡历已满",即将离任之时。如隆庆四年八月,巡按广东监察御史杨标题称"巡历已满,敢举所得贤不肖之尤者,循例陈之"④云云。入清以后,在巡按尚未废止之时,巡按对于"有卓异"的地方有司的旌奖,大多分为两等:一是"荐之于朝",二是加以奖励,仅仅"给以银两而已"。⑤

当然,巡按举劾地方有司官员,并非尽由自己访察,而是将职责转寄于下属官员。正如万历年间赵南星所云,巡按举劾时的凭据,多由司道官员"开报";司道官员的凭据,则由知府与推官"开报"。可见,在地方访察体制中,"激扬转操于上,耳目实递寄于下"。⑥ 在地方访察由下上达的过程中,"监司"亦即所谓司道官员,显然是相当重要的一环。换言之,知府、知县贤否,责在监司;而巡抚、巡按,则是监司之领袖。监司官员对于府县的长官、佐贰

---

① 归有光著,周本淳校点:《震川先生集》卷11《司训袁君督学旌奖序》,上海古籍出版社2013年版,上册,第269页。
② 王廷相:《浚川公移集》卷3《巡按陕西告示条约》,载《王廷相集》,第4册,第1161页。
③ 高拱:《掌铨题稿》卷20《参巡按御史王君赏举劾违例疏》,载《高拱全集》,上册,第323页。
④ 高拱:《掌铨题稿》卷20《参巡按御史杨标举劾违例疏》,载《高拱全集》,上册,第326页。
⑤ 刘献廷:《广阳杂记》卷1,中华书局1957年版,第34页。
⑥ 赵南星:《申明宪职疏》,载《明经世文编》卷459,第6册,第5027页。

官,同样负有"激扬之责"。监司官员不可能遍识府县所有官员,只好寄耳目于他人,于是也就出现了"延访"之举,亦即在对群吏加以品题之前,借助于"众论"。①

府州县以上官员的考察,由巡抚、巡按负责。至于州县衙门中的杂职官员,他们的官评则由州县正官负责开报。清初人郑端在《政学录》中有云:"州县官开报杂职官评,不但事实考语多所混淆,即年貌一节,亦有注不肖似者。故凡遇杂职来见,即刻在所递脚色内注定年貌,务要逼肖。途中迎接,递手本时,即问以数语,或问以一二事,细观其人之小心能干与否,亦可得其大概,随将年貌、才品笔注手本上,候到署,即载之底本中。其才守,又加细访,如此则人人不差。"②从这则记载大抵可以读出以下两层意思:一是州县杂职官员官评的开报,大多通过"细访",这是访察之职向州县衙门的延伸;二是访察所得州县杂职官员的官评,通常"载之底本"中。

这就需要对廉访官评时的"底本"稍加分析,以期对访察体制有更深的了解。廉访官评,通常采用"无所不问"之法,亦即博采众闻,举凡"近而乡绅,远而过客,下而百姓,又下而衙役隶卒",均是"可访之人,可问之处"。访问之时,不可偏听偏信。譬如,只问百姓,或许会出自仇人之口;只问衙役,或许是"私谮"之语;只问乡绅,或许其人非端人正士。所以,必须"兼听而遍访之"。从明人佘自强的记载中可知,衙门的箧笥中,大多置有官评底本。从知府而下之官,通常是每人"二叶",小官则各为"半叶"。官员日常所行,"有好事即注之,有错事亦注之"。这些官评底本,所载的尽是"新闻",则是日访月积的结果。至于新闻的来源,有些得自招详,有些

---

① 高拱:《掌铨题稿》卷18《覆给事中吴文佳条陈疏》,载《高拱全集》,上册,第312—313页。
② 郑端:《政学录》卷2《官评》,载《官箴书集成》,第2册,第258页。

得自宾客、士绅之言,有些则得自百姓舆隶之口。①

入清以后,察吏八条准则的确立,使地方访察制度渐趋完善。如清人程含章撰有《八条察吏》,以此八条作为举劾地方官员的准则。具体而言,分别为:儒吏,定当破格保举;循吏,则从优保举;能吏,亦从优保举;官吏有一长可取,则随事保举;昏庸之吏,立予参革;荒淫之吏,立予参革;恶劣之吏,立予参革;贪酷之吏,立予参革治罪。②

值得指出的是,从地方廉访官评的政治实践来看,自实施之初即并非完全达臻实效。以巡按御史访察地方官员为例,早在永乐二年(1404),明成祖曾对吏部尚书蹇义说过一番话,从中不难发现下面一个事实,即御史到了府县之后,所谓访察地方利病,不过是坐在公馆中,召见秀才与在官府服役的皂隶并加以询问,并非亲自深入民间暗访。如此之举,若是真的属实,那么很难使廉访得实。③ 随之滋生出诸多弊端,影响地方官员考评的公正性。举其大者,主要体现在以下五个方面:

其一,巡抚、巡按攫取地方监司官之权。明洪武年间,确立了一条自下而上的地方治理准则,即"县自清里甲,州清县,府清州,布政司清府所属,按察司清布政司所属"。唯有按察司耳目不及,治下有遗漏的贪官污吏、无籍顽民,方由巡按御史加以整治与清理。可见,这是一种"百司各得其职"的制度规定,且使权力各有约束。尤其是司道一级的监司官员,对地方上的守令官负有"激扬之

---

① 郑端:《政学录》卷2《官评》,载《官箴书集成》,第2册,第257—258页。
② 徐栋辑:《牧令书》卷23《宪纲》,载《官箴书集成》,第7册,第564页。
③ 徐学聚辑:《国朝典汇》卷54《吏部》21《御史》,载宋祥瑞主编:《明清史料丛编》,北京大学出版社1993年版,第3612页。

责"。① 换言之,守令的贤否,责在监司。事实并非如此。监司官的权力,逐渐被巡抚、巡按攫取,举凡大小刑名,均令下属申详定夺。其结果是,巡抚、巡按置原本"纠察百司"的职责于不顾,反而沉溺于冗杂的案牍中而不能自拔。②

其二,"浮议"影响地方官考核的公正性。地方官员的赏罚,取决于官声的"是非"。此类是非,显然已经分为两种:一种是"小民之公论",却是"非远而不能达";另一种是"巨豪之浮议",则"朝布而夕达"。一旦官声为"浮议"所把持,那么即使是贤者,也难以自明。就此而论,所谓"风闻言事",可行于朝内的科道官,不可行于在外的抚按官。③ 明嘉靖年间,大学士杨一清在上疏中揭示:地方官若是得罪于巨室,就会"飞语四驰";若是失礼于乡官,就会"毁言日至"。④ 这就是浮议影响地方官考核的又一佐证。所谓"浮议",其表现形式不一,或私递揭帖,或刊刻谤版,或散播蜚语。诸如此类的浮议,无不影响到抚按考察地方官员的"公平正大之规"。⑤

其三,督抚上任的条陈已经形成一种套路,导致官评失实。已有的史料显示,明代督抚初到地方,必会上一个条陈疏。在疏中,或漫言数事,或更置数官,不说"此人有才",就说"此人任事"。其实,莅任之始,地方利病、属官贤否,并未周知洞察,不过"采听于众

---

① 高拱:《掌铨题稿》卷18《覆给事中吴文佳条陈疏》,载《高拱全集》,上册,第312—313页。
② 管志道:《直陈紧切重大机务疏》,载《明经世文编》卷399,第5册,第4329—4329页。
③ 萧彦:《竭愚忠陈三议以备圣明采择疏》,载《明经世文编》卷407,第5册,第4420页。
④ 杨一清:《宸翰录》卷3《为应制陈言修省以回天意疏》,载氏撰、唐景绅、谢玉杰点校:《杨一清集》,中华书局2001年版,下册,第806—807页。
⑤ 高拱:《掌铨题稿》卷16《议裁革冗员等事疏》,载《高拱全集》,上册,第288页。

口"而已,并无多少实效。① 于是,抚按称赞下属官员之善,其中褒美往往失真。据李乐记载,明代有一位河南巡抚,在荐举地方官员的奏疏中,称其"学贯天人,才兼文武"。② 这种只有王阳明那样的人方可担当得起的考语,加在一般官员身上,其考语的失实已是不言而喻。

其四,抚按官举劾官员,渐趋泛滥。按照明代的制度设计,但凡官员政绩的考察,"朝廷之黜陟,凭吏部之进退;吏部之进退,凭抚按之举劾"。巡抚、巡按举劾是否得当,攸系民生之休戚。进而言之,抚、按之举劾,上关乎国柄,下又关系到民命,其责任可谓重且专。然从抚、按的举劾实践来看,显然已经失去了公正性。正如明朝人朱豹所言:"近来巡抚、巡按,怠于巡访,易于欺蔽。贤能者未必举,所举者或及污蔑;鳏旷者未必劾,所劾者或加良直。"一旦抚、按的举劾,或因姑息而市恩,或因爱憎而徇己,其结果则必然导致贪墨肆行,小民丧气。③

其实,早在明嘉靖十七年(1538)十一月,明世宗在诏书内就专列一款,揭示抚按举劾官员之滥,直斥他们"当劾而举,当举而劾"。随后,在嘉靖十九年四月、嘉靖二十八年三月、嘉靖四十一年五月、嘉靖四十三年五月,明世宗在诏书中对此类行为多次加以申饬。④ 这种举劾泛滥的现象,同样见诸官员的上疏与其他记载中。如陆光祖在上疏中,直揭荐举之弊在于纰缪滥溢:"有巡抚明知其不肖,以巡按庇护而不得不荐;有巡按明知其不肖,以巡抚推毂而

---

① 张居正:《陈六事疏》,载《明经世文编》卷324,第4册,第3450页。
② 李乐:《见闻杂记》卷3,上海古籍出版社1986年版,第264—265页。
③ 朱豹撰,戎默整理:《朱豹集》卷5《题为陈愚悃裨圣政以副修省以祈天眷事》,复旦大学出版社2015年版,第75—76页。
④ 高拱:《掌铨题稿》卷20《议处都御史吴时来举荐太滥疏》,载《高拱全集》,上册,第320—321页。

不得不荐。有前官已举,而受代者不欲异同;有未履地方,而养交者已多延誉。"①种种弊窦,不可胜举。唐顺之在给他人的书信中,也对抚按官的举劾不公,颇为愤懑不平,直称:抚按官之所举,必是"藩臬方面大官";抚按官之所劾,必是"通判县丞小官"。所举者即使不是大官,也必定是善于攀援钻营的亲识故旧;所劾者即使不是小官,也必定是负气倔强所致。② 相同的说法,也见诸叶春及的上疏中,认为抚按所举之人,必是"方面大官";不然,就是进士出身的州县官;再不然,就是那些"突梯韦脂善为媚者也"。抚按所劾之人,必是"州县小官";不然,就是举人出身的方面官;再不然,就是那些"倔强倨亢不善为媚者也"。其结果,则是"玉石混淆,邪正杂糅,公道榛塞"。③ 许赞在上疏中,亦称巡抚、巡按荐举地方官员,已有滥举之弊,其意不过是"结欢收功",反而不顾"激扬之大体"。④ 明嘉靖年间,大学士杨一清在上疏中,更是坦言抚按举劾地方官多已失去公平,亦即"名登荐书者多善于催科,而抚字者或未之及;多取其逢迎,而质实者或在所遗"。其结果,则是地方官"宁苦百姓,不敢忤上官;宁取怨于小民,不敢获罪于巨族"。⑤ 这无疑就是地方政治不善、百姓不安的主要原因。明隆庆四年(1570)五月,高拱在奏疏中亦指出,抚按荐举章疏中,所荐人数过多,本为汰去的老疾官员,却还是纷纷被保荐,目的在于"各为党比,徒市恩

---

① 陆光祖:《覆湖广巡抚李桢肃吏治以奠民生疏》,载《明经世文编》卷374,第5册,第4055页。
② 唐顺之著,常州市唐荆川研究会编:《唐荆川诗文集》卷9《答李中溪御史》,凤凰出版社2012年版,第250页。
③ 叶春及:《审考劾》,载《明经世文编》卷366,第5册,第3951页。
④ 许赞:《正国典明选法以便遵守疏》,载《明经世文编》卷137,第2册,第1367页。
⑤ 杨一清:《宸翰录》卷3《为应制陈言修省以回天意疏》,载《杨一清集》,下册,第806—807页。

私",以致"贤否难凭,黜陟无据"。① 王廷相在奏疏中,也直言巡按举劾地方官员之滥:御史旌举司府州县等官,"不问其人品高下,立心行事,曾有卓异政绩与否,但见其奉承齐备,礼貌足恭,便以为好,即一概滥举";御史纠劾地方官员时,则大多"类取一二塞责,甚至纠及县丞典史等官",对于那些蠹政害民的"大贪大奸",却因为"乡里同年亲故之情",反而掩蔽不发。② 督抚举劾泛滥现象,在清代依然如故。据清人曹一士之论可知,督抚的误举误劾已经成为一种常态。督抚所荐之能臣,实则是贪污亏空、草菅人命的"贪吏酷吏"。随之而来者,则是官评趋向的反转:"以趋走便利而谓之能,则老成者为迟钝矣;以应对捷给而谓之能,则木讷者为迂疏矣;以逞才喜事而谓之能,则镇静者为怠缓矣。且或以武健严酷、不恤人言而谓之能,则劳于抚字、拙于锻炼者谓之沽名钓誉、才力不及,而掇拾细故以劾罢之矣。"③好尚一乖,取舍顿异,地方吏治随之败坏不堪。

其五,抚按为国荐贤,转而造成"私谢"成风。明代朝廷派遣监察御史分巡"外服",考核地方有司。诸多史料记载揭示,在实际执行过程中,这套廉访官评体制显已"颠倒是非,变乱黑白"。这主要体现在以下两个方面:一则限于巡按的个人品格,即"柔懦者或失之姑息,刚毅者或过于勇猛";一则失于廉访的公允,即"徇私昧是非之公,偏听失举措之当"。④ 尤其是在"三途并用"转而变为独重

---

① 高拱:《掌铨题稿》卷20《议处都御史吴时来举荐太滥疏》,载《高拱全集》,上册,第321页。
② 王廷相:《浚川奏议集》卷8《遵宪纲考察御史疏》,载《王廷相集》,第4册,第1323页。
③ 徐栋辑:《牧令书》卷23《宪纲·请分别贤能疏》,载《官箴书集成》,第7册,第562—563页。
④ 戈谦:《恤民疏》,载《明经世文编》卷58,第1册,第456页。

进士之后,御史按行天下,考察地方官员,不再论官之贤否,一概只问官员的出身。如果是进士出身,即使不肖,也"改容而礼貌之",甚至"列状而荐举之";反之,若非进士出身,即使是贤者,也不"改容而礼貌之",更不会"列状而荐举之"。① "私谢"渗入访察体制之后,抚按对地方官的举劾就更无公平可言。据明末曾任河南巡按御史的吴甡记载,当时地方官场已经形成如下一种惯例:凡是被巡按荐举的文武官员,多会派遣使者,"赍礼币报谢"。② 为国荐贤之大典,转而变为巡按谋取私利之具。由此而来者,则是负有"澄清一方"之责的巡按御史,转而贪婪成风。据史可法的揭示,明末巡按御史的贪婪几已成风。一方面,当巡按出行之日,地方有司为了取媚于巡按,每五日就罗列珍错异味,称之为"小送";另一方面,巡按所处理之讼牍访案,只是追求"坐赃",其中的科罚动以"千百计"。除此之外,巡按任满报命,通常又会借向京官馈赠之名,"橄取盈橐归耳"。③ 巡按巡行郡国,原本应该令贪墨之吏"望风解绶"。一旦作为察吏之人的巡按自己陷于贪墨,那么正如明末大儒刘宗周所言:"以墨治墨,将何令之从?"其结果是,巡按反而成为"生民遗厉",甚至成为"天下毒"。④

访拿奸宄:访犯与访案司法实践

在明清地方访察体制中,除廉访官评之外,尚有访拿奸宄一

---

① 归有光著,周本淳校点:《震川先生集》卷13《杨渐庵寿序》,上册,第329页。
② 吴甡:《忆记》卷1,浙江古籍出版社1989年版,第394页。
③ 吴甡:《忆记》卷2,第401页。
④ 刘宗周:《文编》1《奏疏》4《责成巡方职掌以振扬天下风纪立奏化成之效疏》,载《刘宗周全集》,第3册,第206页。

项。两者相合,构成一套完整的访察体制。在明代,巡按御史巡访一地,其基本的职责,大抵有审录、拿访等项。① 在清代,上司官员到任地方之后,"例拿访犯,以除民害"。②

这在明清两代地方大吏的行政实践中得到了普遍的实施。如明崇祯八年(1635),南直隶巡按御史下发"宪牌",要求所属官员,"博访利弊,以安地方,以维风化",这就是所谓"宪示"。可见,巡按要博访的内容,涉及地方"利弊"与"风化"两项。当时太和县知县吴世济接到这一"宪示"之后,随即"逐款详查登答,以备采择施行"。③ 其中"利弊"之"弊",即包括地方上的巨奸大恶。清雍正二年(1724),田文镜任河南巡抚时,就曾发牌给所属司道、府州县官吏,借此咨访地方利弊,其中有云:"凡田粮、水利、盐法、驿站、税课以及深山穷谷、冲僻紧要去处应设防卫并势恶土豪盘踞吞占、诡计包揽、大为民害等事,耆老商榷停妥,合乎人情,宜乎土俗,备晰分别,应详者明白详报,应禀者密封投送,以凭参酌具奏。"④

明代设置巡按御史,其目的在于"察吏安民",所以通常将"访拿土豪、衙蠹",载入巡按的敕书中。所谓"访拿土豪、衙蠹",其实就是"访犯之拿"。究其本意,是指对地方上的巨奸大恶,府县官员难以惩治,必须借助"鹰斧以除民害",⑤亦即借助巡按的特殊权力以除去民害。入清以后,巡按御史已停止派遣,地方职责多由总

---

① 吴甡:《忆记》卷2,第401页。
② 黄六鸿:《福惠全书》卷20《刑名部·款犯》,载《官箴书集成》,第3册,第436页。
③ 吴世济:《太和县御寇始末》卷上《复按院张公博访利弊》,浙江人民出版社1983年版,第44—45页。
④ 田文镜:《抚豫宣化录》卷3上《咨访事》,中州古籍出版社1995年版,第80页。按:此段引文原标点有误,在此稍作订正。
⑤ 瞿式耜:《瞿式耜集》卷1《清苛政疏》,上海古籍出版社1981年版,第41页。

督、巡抚承担,但总督、巡抚同样不乏"访拿土豪、衙蠹"之举。① 换言之,清代的总督、巡抚大抵继承了明代巡按的部分职掌。

除恶安良,必先剔蠹。蠹之术不一,而蠹之害无穷。上而司道,次而府厅,下而州县,无不有蠹。尤其是衙蠹,一旦被上司访拿之后,即使另用一班衙役,"非是同伙,即是后进,援引结连,狼狈作恶,官府尚不能出其圈套",仍然可以把持衙门,危害地方。所以,清代的总督在上任之后,就以访拿奸宄为先务。康熙初年,刘兆麒出任闽浙总督后,就有"访拿衙蠹"一示,牌行闽、浙两省按察司及各府州,要求他们照牌访拿衙蠹,"速将本衙门奸恶蠹役密访真实款迹,具揭呈报,以凭拿究"。② 州县官奉上司之命,通常也会颁发告示,博采良谟,以"去蠹为先"。如清代知县刘衡有《博采良谟告示》,明确规定:治内绅士耆民,只要知晓"谁为教唆词讼之人,及有无拜会结盟、容留啯匪、窝贼、开赌、横行乡里,为民害者",都可以呈递密函,加以告发。知县为地方求治起见,虚衷博采,爱憎取舍,绝不徇一己之私,允许绅士耆民直言无隐。为了保护告发者,以免这些"棍等"挟嫌报复,知县通常采用"密延入署"之法,在询问明确之后,立即"密拿讯办"。③

在明清地方司法事务及其实践中,犯人通常分为两类:一类是"访犯",大致为上司衙门密访而后"行牌坐名擒拿"的犯人;另一类是"恶犯",大致为本地人民"公举列款首告,害证众多"的犯

---

① 黄六鸿:《福惠全书》卷20《刑名部·款犯》,载《官箴书集成》,第3册,第437—438页。
② 刘兆麒:《总制浙闽文檄》卷3《访拿衙蠹》,载《官箴书集成》,第2册,第467—468页。
③ 刘衡:《州县须知》,载《官箴书集成》,第6册,第89页。

人。① 在具体的司法实践中,对于不同的犯人,地方官采取不同的应对及处理之法。

就"访犯"而论,地方官在接到上司拿访之令后,首先应该区别访犯的真假。所谓"访犯",除去真正的巨恶之外,有些"每有仇口播弄,事属风闻,实非巨恶",有些则为"良善而负以恶名"。若果系无辜,必须"先具密禀",或者"亲见而禀",替犯人辩白诬枉,让上司"收回提解"。②

上司拿获的访犯,通常会有两种情形:一种是先有访单,而后行牌地方官,按照访单内的"有名犯证",前往捉拿;另一种是上司先将访犯拿获,而后召告地方官,让地方官将"原证一并批审"。总体而言,但凡上司发下的"访件",地方官都不可迟缓。在审讯之时,先逐款传唤受害者与证人,将案件的始末根由详细问明;而后传唤访犯,也逐款研讯。③

若是上司行牌要求拿访的犯人,收到的文书必系"钉封"。这种钉封文书,不可当堂轻易拆开,必须携入内衙密看,以免走漏消息。然后根据所犯罪行的大小,采取不同的擒拿措施。若系"恶迹素闻,手眼甚大,或托名公事",地方官必须亲自擒拿;若是罪行稍小,或委派衙官,或差遣的当衙役,"速行锁拿到县"。随后,根据上司发来文书的宽严,以决定起解犯人、提解家属等事项。④

若是上司发问的被访犯人,地方官则必须秉持两条原则:一条

---

① 黄六鸿:《福惠全书》卷20《刑名部·款犯》,载《官箴书集成》,第3册,第434页。
② 黄六鸿:《福惠全书》卷20《刑名部·款犯》,载《官箴书集成》,第3册,第434—435页。
③ 黄六鸿:《福惠全书》卷20《刑名部·款犯》,载《官箴书集成》,第3册,第435页。
④ 黄六鸿:《福惠全书》卷20《刑名部·款犯》,载《官箴书集成》,第3册,第434页。

是"要看上司意旨何如"。在未审之前,要向上司"请教口气",以便决定访案的"迟速宽严";既审之后,仍然要向上司"请教口气",以便对案件"轻重定拟"。在访案司法实践中,地方官反复向上司"请教口气",其目的在于避免上司的批驳。譬如上司对一件访案是"始严而终宽",假如地方官匆忙据实定罪,后来知悉上司的本意是宽宥,那么虽欲从宽,"反滋批驳,又费许多纸笔心思也"。① 另一条是必须"虚心鞫究"。这又需要采取两种做法:一种是对照访单上的罪款仔细研审,不得擅自采用"捶楚"之类的刑罚。二是务求真实,亦不得拘泥访单,一旦发现事涉虚捏,确实属于冤枉,就不妨替访犯申豁;若是赃证俱明,服罪无词,即当依律重治。②

若是遇到上司要求访拿衙蠹,地方官在具体执行上又分两种情形:一种是上司"平日风闻、坐名提拿"的衙蠹,这无疑于地方官的体面有碍,但地方官既然立志做好官,就不应容留此类衙蠹盘踞衙门,理应早早加以革逐。另一种是上司行牌各个州县,"一概造报"衙蠹。若是遇到此类情形,且衙门中并无衙蠹实状,就可以如实具文申覆,直称:"现在各役,俱系平常供役,从前并无过犯,亦无年久积蠹盘踞衙门,无凭造报,须照来牌申覆为妥。"③

至于访闻之案的执行之法,在具体的司法实践中,地方官通常也有一套执行程序,大致分为以下三种:一是"人命私和"之案,需要先传讯地保,对案件的实情严加讯问,然后再按名查拘;二是"凶徒聚众结盟、邪教敛钱惑众"之类的案件,就应伺其聚集之时,出其

---

① 黄六鸿:《福惠全书》卷20《刑名部·款犯》,载《官箴书集成》,第3册,第435页。
② 不著撰者:《居官必要为政便览》卷下《刑类》,载《官箴书集成》,第2册,第71页。
③ 黄六鸿:《福惠全书》卷20《刑名部·款犯》,载《官箴书集成》,第3册,第436页。

不意,"密往亲拿";三是"光棍扰害地方"之类的案件,假若确有旧案可凭,抑或畏其凶恶,首告无人,而又已"侦知得实",就可以立刻传讯被害之家,"讯明无难,摘发者严拿究办"。除此三种类型的访案之外,对于其他访案,就必须"详慎"处理,从"省事安民"的前提出发,行"通权"之道。究其原因,还是官员深居简出,很多访案,大多得自传闻,不但不足以采信,甚至会导致有人"借以招摇图利,挟有嫌怨济私"。①

就"恶犯"而论,属于地方百姓"公举"的罪犯,在具体的司法实践中,显然与上司捉拿的"访犯"有所区别。首先,必须差遣妥当的差役,"立限密拿"。在拿获之后,拘齐原告、被告、证人,逐款研讯,确保赃真证确。取供完毕后,将"恶犯"痛责30大板。将"恶犯"收监后,被害人、证人取保,然后申详司道、督抚,等待"批审拟解报",以便另行审理。其次,审讯"恶犯"与"访犯"最大的不同,在于地方官不必禀请上司的意旨,"应刑讯之处,不妨动刑,应问拟之处,径行问拟"。②

需要指出的是,在地方行政与司法实践中,抚按访拿凶恶之政,其中滋生出不少的弊端。这主要体现在以下两个方面:一是流于形式。正如明人管志道所云,举凡"吴中之打行,齐燕之响马贼,江淮楚越之豪侠巨盗"之类的地方奸宄"多遗于耳目之外",皆因地方官往往"以激变为虞"并未加以"宪访"。③ 二是被访拿的很多所谓"元恶",大多情罪失真。这可以从明代名将俞大猷的揭示中得到印证。据俞大猷所言,巡按每年巡历各处,必定委托分守道、分

---

① 徐栋辑:《牧令书》卷18《刑名》中《访案》,载《官箴书集成》,第7册,第404页。
② 黄六鸿:《福惠全书》卷20《刑名部·款犯》,载《官箴书集成》,第3册,第434—435页。
③ 管志道:《直陈紧切重大机务疏》,载《明经世文编》卷399,第5册,第4329—4329页。

巡道、知府、知县访拿"地方元恶"。但所拿获的所谓"元恶"，每十个人中，必有五人属于士大夫为了复仇而加以构陷之人，必有三四人是因为"小过"而得罪府县官员之人，真正"情罪近真"的"元恶"，不过一二人而已。即使在这一二人中，若是仔细加以分辨，其实也并无"顽凶不赦之恶"。这些所谓"元恶"被解送到巡按衙门之后，一概不许他们辩诉，"混加严刑，十死六七"，最终导致"刑罚不中"。①

尤其是一些贪酷的巡按，更是借助访拿奸宄的"访案""访犯"而谋取赃私。这可以明嘉靖三十六至三十七年（1557—1558）之间，曾任山东巡按的一位贪酷之官为例加以说明。这位巡按在山东的贪酷之行，大抵有三：一是借助访案搜刮钱财。每次按行府县，他就罗捕数百上千人，致使"囹圄充塞，重足而立，夕无卧处"。只要百姓家产在百金以上，他就"坐必以法竭之"。二是借人命官司而兴诬告之风。但凡百姓以人命官司诉讼，"虽诬必以实论"，若是他得到了"厚赂"，则"虽实必释"，导致"诬告伺察之风盛兴"。三是"倚法强发民冢"，且不可胜计。一旦有人诬告人命，"冢主自陈无冤，则坐以私和；县官勘报无伤，则论以枉法"。有些坟冢甚至下葬已经70余年，在巡按的威势下，不管子孙如何哀求县官，县官也不得不"垂涕而掘之"。②诸如此类的举动，其目的不过在于谋取货财，所以他在按治山东期间，"大猎民赀，以填溪壑，累岁无餍"。谚云：鬼怕恶人。巡按一旦成为恶人，即使当地士民通过祷告而"摄问箕仙"，箕仙在降笔时，也只是书"不可言不可言"六字而

---

① 俞大猷：《正气堂集》卷6《与王滨湖书》，载氏撰，廖渊泉、张吉昌整理点校：《正气堂全集》，福建人民出版社2007年版，第179—180页。
② 冯惟敏著，谢伯阳编纂：《冯惟敏集》，《散曲·财神诉冤》，齐鲁书社2007年版，第356页。

止,甚至以"隐语"加以揭示。①

一至明末,巡按借助访犯谋取私利已是"蔚然成风"。如崔呈秀任淮扬巡按御史时,同样借助"强盗""访犯"之名而获取贿赂。譬如,强盗属于地方大害,"每名得贿三千金辄放";访犯属于地方大恶,"每名得贿千金辄放"。②崇祯年间,张振孙任山西巡按御史时,时常借助访拿衙蠹而谋取赃私,甚至不惜"违禁滥访"。如汾州官问访犯陈大秀,原本免赃罪只用50余两银子,张振孙就"批驳詈骂"。无奈之下,访犯陈大秀只得"募化亲友,鬻卖儿女",添上赃银40余两,张振孙才行批允。此外,如孝义、霍州、赵城、洪洞、曲沃、夏邑、安邑、太平、岳阳、翼城,张振孙通过访犯案件加以婪索,"多者数千计,少者亦数百计"。尤为可恶的是,他还令访犯"多攀富民,害及无辜,破家荡产,甚于劫夺"。③访拿奸宄之举,反成危害地方治理的恶政。

窝访访行:访察体制之流弊

在明清两代的访察体制中,以巡按为中心的上司衙门,其中所行访拿奸宄这一举措,原本基于地方政治弊端而发,诸如:老奸大猾,擅柄专权,倚托现任官势,小民莫可谁何;势恶土豪,结交官府,影借显势,诈害横行,乡愚受其荼毒;无赖枭棍,招集亡命,结盟插党,奸淫打抢,睚眦杀人,窝赃线盗,道路吞声。换言之,访拿奸宄

---

① 冯惟敏著,谢伯阳编纂:《冯惟敏集》,《散曲·吕纯阳三界一览》,第350页。
② 冯从吾:《纠劾贪污御史疏》,载《明经世文编》卷494,第6册,第5474—5475页。
③ 吴甡:《柴庵疏集》卷15《按臣辩疏涉欺巡方举动可骇疏》,第315—316页。

理应属于一种锄强的善政,是为了去除地方上的害群之马,为民除害。事实并非如此。在明清地方的行政与司法实践中,在访拿奸宄时,一旦"窝访为奸",根连蒂结,势必导致以下两种结局:一是防身家之祸,而出色贤吏反而被信口雌黄。这是害官之举。二是修睚眦之嫌,而无辜良民反而立遭倾败。这是害民之举。最为严重的后果是,伴随访察体制而衍生出来的"窝访""通家""访行",更使生杀予夺之权不在朝廷,不在按院,反而掌握在无赖奸民的手中。这无疑从另外一个层面凸显出明清地方治理的复杂性。

明清两代地方行政体制中的"访恶"之举,大抵可以追溯到汉代。史载尹翁归守右扶风时,专门"收取黠吏豪民,案致其罪"。此类的"收取人",被顾炎武断为明代巡按御史"访察恶人"的嚆矢。① 至宋代,出现了这样一类人,他们喜欢专门录人"阴事"。如曹州人赵谏曾出任小官,后以罪废居乡里。在自己的家乡,赵谏"惟以录人阴事,控制乡里,无敢忤其意者。人畏之甚于寇盗,官司亦为之羁绁,俯仰取容而已"。为此,朝廷专门制定敕律,有"告不干己事法",借此禁止录人"阴事"之举。② 可见,宋代录人"阴事"之举,同样堪称明清"窝访""访行"的源头。

访察地方恶人之举,原本属于善政,最后却流变为一种地方治理的恶政。究其原因,还是"访恶"流变为"窝访"。明末大儒刘宗周,曾指出明末民生有"六苦":一为"乡绅鱼肉之苦",二为"奸民生扰之苦",三为"差役追呼之苦",四为"豪右武断之苦",五为"盗贼攻扳之苦",六为"窝访卖访之苦"。③ 明代的湖广,也同样出现了六种"横民",肆意危害地方民生。这六种"横民",分别为"土

---

① 顾炎武撰,黄汝成集释:《日知录集释》卷12《访恶》,中州古籍出版社1990年版,第292页。
② 彭乘:《墨客挥犀》卷3《录人阴事》,中华书局2004年版,第312—313页。
③ 刘宗周:《文编》6《题·题勤王纪略》,载《刘宗周全集》,第4册,第106页。

豪""市猾""讼师""访窝""主文""偷长"。① 综合上述两则记载,足见"窝访"的出现,已经使访察体制发生根本性的变化。无奈之下,一些官员不得不提出停罢"访察",借此整顿"窝访""买访"之举,以使"行险侥幸之机稍戢"。②

所谓"窝访",清代的史料有如下解释:"其省郡之地,又有神奸大猾,纠聚无赖,勾连各州县造访之徒,主于其家,操谋设计,吓诈横行,名曰'窝访'。"③如在山东兖州,专门有一些"刁黠之徒",他们"挟短长持吏,即藏匿侦事之人,为之主名,以张威于里闾"。④ 可见,所谓窝访,就是"藏匿侦事之人"的窝主,其目的在于"挟短长持吏"。明人管志道的记载进一步显示,窝访大抵是指"卖访的窝家"。这些窝家,大多设立于各处水路要冲之地。明代巡按御史等上司衙门"访拿凶恶",其通常的程序为:巡按御史将此令下达给司道官,司道官"委耳目于推官",推官则"委耳目于胥吏"。而那些卖访的窝家,更是胥吏的耳目。卖访的窝家,可以将采访的有关官评、地方利病的"新闻",买入卖出,借此获利。此即史料所谓"朝通赂以买入,暮通风以卖出"。⑤

访察的本意在于惩恶,在实际的执行过程中却流变为"局骗"。明代的史料记载证实,地方有司官员在遇到上司委托采访之后,并

---

① 顾炎武撰,黄珅等点校:《天下郡国利病书》,《湖广备录》下《李维桢参政游朴大政记略》,上海古籍出版社2012年版,第5册,第2844页。
② 王锡爵:《王文肃公牍草》卷4《吴翼云给事》,载氏撰:《王文肃公全集》,收入《四库全书存目丛书》,台南庄严文化事业有限公司1997年版,集部第135册,第573页。
③ 黄六鸿:《福惠全书》卷20《刑名部·款犯》,载《官箴书集成》,第3册,第436页。
④ 顾炎武撰,黄珅等点校:《天下郡国利病书》,《山东备录》上《青城志》,第3册,第1647页。
⑤ 管志道:《直陈紧切重大机务疏》,载《明经世文编》卷399,第5册,第4328页。

非自己亲力亲为,而是将此采访任务交给下面的"奴隶之人",借此聊以塞责。这些胥吏(亦即"奴隶之人")在接受了官员的委托之后,将此视为奇货可居之事,必定前往窝访之家"买访"。这些窝访之徒,通常与各府州县专门从事采访之事者"相为通同"。窝访家中的访事之徒,不是衙门积猾,就是地方棍徒,平日专门"采访官吏政绩,搜求民间是非,编成联句,列为条款,集稿以待来索"。由此可见,一旦访察的事实来源于窝访之家的采访,那么,势必造成"爱憎出乎其心,死生出乎其手,案前之虚实未分,而袖中之军徒先定矣"的结局,完全违背惩恶扬善的本意。

窝访之徒获取采访而得的姓名,将此姓名卖给买访之人;买访之人得其姓名,再依次"转闻于巡按"。巡按一至其地,就按照原来访单上列出的姓名缉拿,不管访单的真假,先行解赴巡按衙门。窝访的存在,显然导致了以下的结果:一方面,真正元凶大恶之辈,怕自己被采访,就互相结交,反而得以漏网;另一方面,那些良善无辜之人,偶因睚眦细微之事,往往落入陷阱。更为可怕的是,一旦窝访的声势大张,那么府之首领以下官员,州县佐领以下官员,卫所指挥以下官员,全被窝访笼络,并与他们交好,甚至"帖具官衔,处以宾礼,厚其馈遗,要一奉十",其目的就是免于被访察。反之,那些特立独行且耻于诡随的官员,反而被窝访之家陷害,落入被访的名单。其结果,则以惩恶之典,反开局骗之门,成为地方的一大祸害。①

与窝访相关相连者,尚有一种"通家"。窝访之家的党类甚多,再加之在访察过程中,耳目太多,机事欠密,遂使窝访之家大开骗局,这在当时称为"通访"。②"通访"一称,大抵已经证明窝访与衙

---

① 不著撰者:《居官必要为政便览》卷下《刑类》,载《官箴书集成》,第 2 册,第 71 页。
② 不著撰者:《居官必要为政便览》卷下《刑类》,载《官箴书集成》,第 2 册,第 71 页。

门书役、积快勾通的实情。如明人吕坤云:"窝访奸民与各衙门积快为通家,以报怨诈财为得计,大奸巨恶投托得以藏身,富户良民无辜忽然被祸。"①可见,所谓"通家",实则是指与窝访奸民相勾通的衙门服役人员,包括各房书吏、衙役及民快。明代的史料中,亦有要求"革各房通家之弊"之说。所谓"各房通家之弊",通常是指上司来州县访察时所形成的一种行政弊病,一如明人佘自强所揭示:"上司来州县访事,多本州县吏书、衙役为耳目,吏书、衙役遂借此以自行胸臆。一为正官所苦,便媒孽正官;一与乡党不和,便媒孽乡党。衙门内外,无一不被其毒。"②崇祯十二年(1639)八月,杨嗣昌在上疏中,亦直言窝访、通家把持地方访察已成一种通弊。他认为,通家、窝访操弄官评,还是因为巡抚、巡按与州县相隔。巡抚、巡按访察州县的吏治、官评,因为与州县相隔,只好"每事必询之道府";道府同样与州县相隔,只好"每事必询之刑厅";刑厅未尝不与州县相隔,也只好"每事必询之书快"。杨嗣昌疏中所提及的"刑厅",指的是府推官,在明代又被称为"四衙",足见府推官在明代地方访察体制中扮演着相当重要的角色。但在实际行政及司法过程中,所谓"天下之吏治官评,什九出于刑厅",实则"什九出于书快而已矣"。③

随着窝访势力的扩大,"访行"开始出现了。这是一种专门服务于地方访察体制的机构,亦即成为上官访察"州里之豪"时的耳目。访行的成员,多由"倾险狡悍之甚者"组成,且成为"奸人"的窟

---

① 吕坤:《实政录》卷5《乡甲约·纪恶以示惩戒》,载氏撰,王国轩、王秀梅整理:《吕坤全集》,中华书局2008年版,中册,第1085页。
② 佘自强:《治谱》卷2《到任门·各房通弊》,载《官箴书集成》,第2册,第102页。
③ 杨嗣昌撰,梁颂成辑校:《杨嗣昌集》卷34《土寇焚杀惨横疏》,岳麓书社2005年版,下册,第845页。

穴,甚至可以"执一县生死之柄"。①

入清以后,棍徒借助于上司衙门的察访而招摇撞骗,亦相当普遍。雍正二年(1724),河南巡抚田文镜在上疏中揭示,当地方官三年大计之时,一些"不法棍徒"及巡抚、司道衙门中的"书吏承快人等",假借"奉差察访"的名头,寓居于僧寺道院、关厢饭店,招摇撞骗,而那些地方官员也"希图瓦全,不惜买嘱",随之导致"蠹书"在中间穿针引线,暗地里得"赠金以饱贪囊"。②

更有甚者,在清代的吴浙之间,与地方访察体制相伴而生的窝访,其势大增,且借助于"造访""卖访""做访""换访""借访""干访"等行为举措,从更深层面把持地方访察。

所谓"造访",指一些积年巨蠹,盘踞于衙门中,专通上下线索,勾连地方上的势豪,侦探官府的短长,甚至胥役所行的过失事迹,凭着自己的喜怒,牵连、陷害良善,"取捕风捉影之事,作装头换面之谋"。可见,"造访"之"造",专指所访之事多属捕风捉影,并非实情。所谓"卖访",指这些大蠹,闻风贪缘贿纵,删抹访单中的姓名。可见,访单中的被访人姓名,可以通过行贿而被抹去。所谓"做访",指这些巨蠹在接受了他人的嘱托之后,可以将无辜者插入访单的"款内"。可见,这是假造名单以倾陷无辜。所谓"换访",指在访察时,故意让手下奸党四出,虚张声势,其中一些有恶行且入了访单的"有力"之人,可以花钱潜行从名单中抹去,而后再以他人替换。所谓"借访",指在收到了被访人的贿赂后,将被访人排除在访单外,而将另外一人列入访单内。等到质审之时,就借助于访单内此人之口,替原先被访人翻案。所谓"干访",指访察过程中,被

---

① 顾炎武撰,黄珅等点校:《天下郡国利病书》,《苏松备录》,《嘉定县志·风俗》,第2册,第598页。
② 田文镜:《抚豫宣化录》卷3上《大计届期严禁撞骗以肃功令事》,第81页。

访之人的赃物未必全是真实,但是多方捏造干证,或者称此人曾"过付助恶",以致"重叠株连,破家荡产"。总之,这些人借助于造访、窝访而恐吓善良无辜之人,卖脱真正恶迹著闻之人,借此攫利取财,而后过着一种"高房大舍,玉食锦衣,宴饮酣歌"的生活。上司衙门访拿奸究之举,反而成为专门从事访察之人的一桩好买卖,本为除害,反而成为百姓的大害,所以地方上有"访拿一番,加敝一道"之说,其意是说这些人获罪之后,更是致使无辜善良百姓受到株连。①

窝访、访行的出现,势必导致访察体制的流变,甚至弊端丛生,进而失去访察的本义。不妨从下面两端言之:

以廉访官评而论,地方吏治、官评实则掌控在窝访、访行之手。明人管志道的记载显示,在淮阳推官衙门内的"积年黠隶",已是威焰薰灼,甚至一些县佐官也必须拿着"侍教生"的名刺前去拜谒。② 在嘉定县,即使是那些地方长吏,访行中人也敢于"阴持短长,伺间肆螫"。③ 湖广荆州的横民窝访,同样把持着地方的官评,或"阴操州长吏佐幕短长,所不便,予下考,千里之外,其应如向",甚至"视士大夫、州长吏蔑如,即郡监司若两台,且玩弄掌股之上"。无奈之下,地方长吏只好对这些窝访之人,"具宾主礼,仰其鼻息"。④ 这就是说,尽管巡抚、巡按受朝廷重托,专制一方,但对地方利弊并不究心,对于地方官吏的贤否,只是偏听于耳目之人。至于

---

① 黄六鸿:《福惠全书》卷20《刑名部·款犯》,载《官箴书集成》,第3册,第436—437页;盘崤野人辑:《居官寡过录》3《严剔造访积蠹》,载《官箴书集成》,第5册,第71—72页。
② 管志道:《直陈紧切重大机务疏》,载《明经世文编》卷399,第5册,第4328页。
③ 顾炎武撰,黄珅等点校:《天下郡国利病书》,《苏松备录》,《嘉定县志·风俗》,第2册,第598页。
④ 顾炎武撰,黄珅等点校:《天下郡国利病书》,《湖广备录》下《李维桢参政游朴大政记略》,第5册,第2843—2844页。

司道官,更是"借视听于窝访,取私费于官库,以致贪官污吏,有恃无恐"。① 还有各府推官衙门内的书役,他们的全副精神只是放在与各地方的"大窝家"往来上,"倾陷官长,只等寻常"。②

以访拿奸宄而论,一方面,即使号称能臣,往往也有漏网之鱼。如明人毛伯温巡按湖广,廉察民害,"自矜无遗类",但往往"有漏网者"。为此,地方布政司、按察司官员作诗加以讥讽,有云:"洞庭昨夜浪滔天,处处渔翁买钓船。今日邻家邀我饮,盘中依旧有鱼鲜。"③另一方面,巡按御史访拿奸宄,其实并不公平,往往受制于请托。若是不行贿请托,即使是孝子、清客,也会被视为败坏风俗的头目而被访拿;若是行贿请托,即使是真正败坏风俗的头目,也可假托"叫化子的头"而免于访拿。这显然已被明末的笑话证实与讥刺。④ 更为甚者,早在明嘉靖年间,已是访捕之下,"民无良贱,隶于法率无辜人"。⑤ 可见,奸宄未曾受戮,受到倾陷的反而是那些无辜之人。至明朝末年,巡按御史出巡地方,其所拿获的"访犯",不过是民间小小无籍之徒,而那些"元恶大憝","反藏其身于吏胥虎狼之中,以造人之访"。可见,巡按御史访拿奸宄,在实际的访察过程中,效果并不明显,有时甚至成为"大恶泄睚眦、报需索而已"的手

---

① 《明神宗实录》卷312,万历二十五年七月丁酉条,台北"中央研究院"历史语言研究所校印本,1966年。
② 瞿式耜:《瞿式耜集》卷1《清苛政疏》,第42页。
③ 姚旅:《露书》卷12《规篇》,福建人民出版社2008年版,第294页。
④ 如明末笑话记载,"按君访察,匡章、陈仲子及齐人俱被捉。匡自信孝子,陈清客,俱不请托,唯齐人以其一妻一妾送显者求解。显者为见按君,按君述三人罪状,都是败坏风俗的头目,所以访之。显者曰:'匡章出妻屏子,仲子离母避兄,老大人捉得极当,那齐人是叫化子的头,捉他作甚么!'"此即其例。参见冯梦龙:《〈笑府〉选》69《访察》,载周启明校订:《明清笑话四种》,人民文学出版社1983年版,第55页。
⑤ 冯惟敏著,谢伯阳编纂:《冯惟敏集》,《散曲·十美人被杖》,第343页。

段。换言之,在访拿奸宄的名头之下,并未起到为平民"去虎狼"的效果,反而是为平民"树虎狼"。① 如在凤阳府泗州,"但有等阴险之徒,专习窝访,倾陷良善"。② 明末人周之夔亦云:"夫造访至三吴而虚极,害至造访而恶极。"究其原因,还是造访的目的已经发生变异,转而变为"上利其赎锾,下借以修郄"。有鉴于此,崇祯年间,崇祯帝下旨停止访拿,一些地方官将"访案"吊销不行,因此博得"万姓欢呼"。③ 诸如此类的事实,已经足以证明,一项原本旨在廉访官评或博访民间利病的制度,若是具体执行时发生偏差,反而会成为害民之举。

结束语

清承明制。揆诸地方访察体制,可谓此说不误。然明清地方访察体制中"宪访"官员的构成,则明与清之间,在继承之余而稍有变化。这主要体现在以下两个方面:一是明代地方访察体制中,巡抚、巡按、府推官扮演着至关重要的角色。在明代,巡抚的职掌是"抚绥善良,节制将领,以养吾民者也";巡按的职掌是"按问贪残,断击豪恶,以养吾民者也";至于府推官,其职掌是"察盘",在明代有"小院"之名。④ 一至清代,在地方政治架构中,不再设巡按、推

---

① 瞿式耜:《瞿式耜集》卷1《清苛政疏》,第41—42页。
② 顾炎武撰,谭其骧、王文楚、朱惠荣等点校:《肇域志·南直隶·凤阳府》,上海古籍出版社2004年版,第1册,第447页。
③ 周之夔:《弃草二集》卷1《上左左添侍御书》,江苏广陵古籍刻印社1997年版,第3册,第1213页。
④ 方孔炤:《刍荛小言》,载方昌翰辑,彭君华校点:《桐城方氏七代遗书》,黄山书社2019年版,第416—417页。

官,随之访察职掌转而由总督、巡抚承担。在明代,"抚按"并称;入清以后,则转而变为"督抚"并称。二是明代"抚按"访察,与清代"督抚"访察,因职掌有异,而访察有所不同。在明代,抚按为临时性的添设官;在清代,督抚为地方常设封疆大吏。在明代,巡按御史专为"察吏安民"而设,通常是在有限的岁月内巡历一省之地,"一切行宜,不得不急迫以副职掌";至清代,巡按已罢设,转而代之以督抚,莅任之后同样行访察之职,但督抚为"封疆弹压大吏",对于所有棍蠹,可以"悉心体访,渐次捉拿",不必太为急迫。①

明清地方的访察体制,大致通过"旌奖""拿访"而付诸实施。此即所谓"善有旌奖,恶有拿访"。然从明清两代地方政治与司法实践来看,廉访官评过程中的访察,很多出自权贵之口,常常虚实各半。至于其中的旌奖,亦多由"攒刺之巧"者所获。两者之中,唯有"拿访"一途,尚可"少惕刁顽,稍为良民吐气"。只是在拿访过程中,被访拿之人,通常也是"出入于问官之心,高下于权书之手",访拿者很少能做到情罪得当,杜绝奸欺。② 换言之,当浊乱之时,原本的访察"恶人"之举,反而会被人假借做一些"罔民之事"。有鉴于此,有人为了矫正此类弊端,主张停止访察。如此举动,当然正如顾炎武所言,也是"无异因噎而废食矣"。③

公平而论,访察体制得失并存。就"得"的层面而言,在地方官员考察与地方治理上,访察不失为一种行之有效的治理方法。作为一种"治法",最为关键的是还需要有"治人",从而得以真正地实施。这显然已为明清之际四位著名的巡按御史的地方治理实践所

---

① 黄六鸿:《福惠全书》卷20《刑名部·款犯》,载《官箴书集成》,第3册,第437—438页。
② 张应俞:《杜骗新书》第15类《衙役骗·故拟重罪释犯人》,转见侯忠义等主编:《中国古代珍稀本小说》,春风文艺出版社1995年版,第5册,第100页。
③ 顾炎武撰,黄汝成集释:《日知录集释》卷12《访恶》,第292页。

证实。这四位巡按御史,分别为祁彪佳、张慎言、秦世祯、李森先,堪称实践访察体制的典范。祁彪佳,史称其"执法如山,精绝吏事,几于降魔照胆"。在明末巡按吴中,"元凶巨奸,搜访毕尽",访拿恶人,深为百姓所赞。譬如他在苏州承恩寺中公开审讯元凶巨奸,"观者万人,元凶一人杖死",百姓欢声如雷。在太仓,又访拿巨蠹董云卿,在州衙门前"笞一百,不死,以绳牵其吭,立毙,陈尸三日",百姓望之如雷霆青天。清顺治七年(1650),张慎言巡按吴中,风裁凛凛。刚到任,就"禁铺设,禁拔富,禁衙蠹,禁司道总差快",州县无不"懔懔奉法"。当时衙蠹周宗之,贪赃数十万,被张慎言访拿,"杖之,不毙,乃牵死于狱。已殓,仍剖棺验尸,露暴丛冢",奸吏为之股栗。秦世祯在顺治年间巡按吴中时,通过访察而落实地方治理:一为惩治"贪赃为暴者,率累累缚至",其中太仓兵备道胡以泓、常熟知县瞿四达,均因"贪秽""贪酷"而遭逮系;二为访拿"把持上官,脔嚼细民,专事罗织"的奸胥,有沈碧江、邵声之、钱望云、陆显吴、张执之、陈止生等人,他们或牵死狱中,或杖头立毙,锄恶如去恶草,"平民酹酒称快"。李森先继秦世祯之后,巡按吴中。在任期间,将"大憝元凶"一一擒治,"根株尽拔无蘖"。如优人王子玠(又作王紫稼),与豪胥奸吏相交,后"弃业不为,以贪缘关说,刺人机事",成为豪胥奸吏的耳目腹心,甚至奸污良家妇女,收受馈遗不可胜计,最后被李森先"廉得之,杖数十,肉溃烂,乃押赴阊门,立枷,顷刻死"。又有一位姓金之人,是当朝宰相金之俊的族人,"恃势横甚,而家亦豪贵,为暴甚多",甚至做下杀人之事,最后被李森先"廉得之,急收捕,并讯杀人事,决数十,不即死,再鞫,毙之"。①

就"失"的层面而言,廉访官评的目的在于供官员考课之用。事实却是,所谓廉访,并未完全出于公正。早在明成化十九年

---

① 佚名:《研堂见闻杂录》,上海书店1982年版,第276—280页。

(1483)十一月,吏科给事中王瑞在上疏中,就直言在地方官员的考察中,抚按的揭帖存在失实的现象,大多任其私意,或假公以市恩,或乘机以偿怨,导致"毁誉失真,贤否失实"。① 至于其中的原因,正如明人黄光昇所言,还是在于朝内内阁、部院的恩怨。换言之,巡抚、巡按中的不肖者,大多在揭帖中视内阁、部院之意,作为下属官员评骘低昂的依据,进而使访察失真、不可据信,甚至黜陟失当。② 此外,在明代官员考察制度中,更是呈现一种"不稽功绩,专论考语"的趋势。一旦专论考语,其结果则是"密封投递,多假之以行报复之私;暗装隐微,恒待之以擅威福之柄"。尤其是在抚按廉访官评的过程中,通常采取一种层层委托之法,亦即抚按委托于下属官员,相关官员委托于吏卒,更会导致"毁誉多出于爱憎之口,伪妄率由于体访之疏,贿赂可以潜通,贤否竟至淆乱"。③ 换言之,廉访官评必然出现以下两大流弊:一是访察之权被"厮隶"把持,导致"厮隶之言,直彻之九重,台省以之为臧否,部院以之为进退"。假若考察官员的环节存在层层委托之弊,即"天子之用舍,托之吏部,吏部之贤不肖,托之抚按,抚按之耳目,托之两司,两司之心腹,托之守令,守令之见闻,托之皂快,皂快之采访,托之他邑别郡之皂快",最后"抚按据以上闻,吏部据以黜陟",必然导致官评失真。④ 二是廉访体制被贿赂侵蚀。据明末人陈子龙的观察,一个知县,为了获得好的官评,得到抚按的举荐,且免被人"造单投揭"挟持,必须广行贿赂。若是做知县六年,将"谢荐""杂略"两项相加,不下2000两银子。再从大计开始,直至获取考选科道官,又需付出

---

① 黄光昇:《昭代典则》卷21,上海古籍出版社2008年版,第576页。
② 黄光昇:《昭代典则》卷21,第576页。
③ 王邦直:《陈愚衷以恤民穷以隆圣治事》,载《明经世文编》卷251,第4册,第2637页。
④ 吕坤:《呻吟语》卷5《治道》,上海古籍出版社2001年版,第305页。

三四千两银子。①

以访拿奸宄言之,其中包括衙蠹、巨憝两类。巡按御史出巡之时,往往需要拿访衙蠹。按照一般的规矩,这种拿访的案子,应该是由地方上府推官或知县开送。一至明末,拿访之案,已不再系推官、知县开送,而仅仅是由书办、承差捏开。不仅如此,拿访的案子逐渐增多,有时一县就拿访数十起,在省会更是拿访五六十起。案未问结,每天就差承役,"票取赃至累万"。② 拿访的案子越多,巡按所获的好处也越多。清代的史实也足以证明,上司官员在拿访衙蠹之时,确实存在"扳赃"的弊端。这些衙蠹,在得势之时,恃宠专权,作威作福,借荫官府,克剥小民。一旦被上司访拿,则又"不思孽由己作,仍复生计害人",将"平日婪过赃私,盗过帑饷",一概"诿卸平民",以致"蠹恶日甚日强,良民日贫日瘠"。其结果,则是"衙蠹作恶之日,百姓受害;衙蠹获罪之日,百姓仍复受害"。③ 更有甚者,访察导致窝访盛行,而后流变为"窝访为奸,根连蒂结",④最终导致生杀予夺之权,并非掌握在朝廷与巡按御史手中,而是掌握在无赖奸民之手,使原本的"锄强善政",转而变为令无辜良民受害的恶政。

如何保证地方访察制度的公正性,且使之发挥有效的惩恶扬善的功能?明清两代的学者与地方官开始对访察体制加以系统的反思,以期在保留访察的前提下,进而完善这一体制。这一反思主要集中于以下两点:一是"私访"存在的合理性问题。针对私访所

---

① 陈子龙:《安雅堂稿》卷10《澄吏道》,辽宁教育出版社2003年版,第180页。
② 吴牲:《忆记》卷3,第415页。
③ 盘岿野人辑:《居官寡过录》3《禁访蠹扳赃》,载《官箴书集成》,第5册,第72—73页。
④ 杨东明:《山居功课》卷6《论录》下《论事篇》,载邹建锋、李旭等编校:《北方王门集》,上海古籍出版社2017年版,下册,第947页。

存在的弊端,清人方大湜认为,上司官员不能没有"私访"之名,但决不可行"私访"之实。有了"私访"之名,那些"莠民"就会心存顾虑,不敢十分放肆。若是果真将"私访"付诸地方行政与司法实践,必然又会"误事"。① 不仅本官私访无必要,即使派人私访,也必不可行,因为所派之人,未必可靠,万一任用非人,势必弊端百出。更有甚者,若派人私访之风一开,必然会有一些奸胥土棍,假称奉命探事,招摇讹诈,无所不至。② 清人汪辉祖也对上司官员"访闻"之弊洞若观火,告诫官员不要轻易办理"访案"。他认为,若是官员以私人为耳目,并借此访察"公事",就会"身在局中,动多挂碍"。地方治理的要诀在于,首先需要官员能够置身事外,而后方可虚心听断。③ 二是察吏之弊及其解决之道。抚按大吏凭借一人之耳目,而后考察属下数十乃至上百位官员的贤否,无疑会因地远势格,难以做到视听周详。无奈之下,只好委托私人密访,而后获取官员声闻。这就难免导致狙诈百出,传闻异辞。为此,明人傅梅著《巡方三则》,确立"因文""因人""因事"三条察吏准则。所谓"因文",即透过属吏谒见之谈吐、上达文移之论议,借此察吏;所谓"因人",即借助于耕牧渔樵者之口,考察官员是"大贤",还是"大不肖";所谓"因事",即通过桥梁、道路、城池、学宫、器械、仓库、养济院等公共建设,观察地方官员究竟是"实做",还是"虚应"。这三条准则,被清人陈宏谋称为"光明正大,自无遁情",是察吏的"金鉴"。④ 这种对访察体制的理性反思,显然为后来的制度建设及其地方治理带来诸多有益的镜鉴。

---

① 方大湜:《平平言》卷1《不必亲身私访》,载《官箴书集成》,第7册,第617页。
② 方大湜:《平平言》卷1《不可派人私访》,载《官箴书集成》,第7册,第617页。
③ 汪辉祖:《佐治药言·访案宜慎》,载《官箴书集成》,第5册,第321页。
④ 陈宏谋辑:《从政遗规》卷下《巡方三则》,载《官箴书集成》,第4册,第264页。

第二章　兴讹造言：谣传与民间信息传播

引　言

明清两代是社会变迁的重要时期。在这一时期里，出现了诸多社会转型的新动向，民间舆论的勃盛则是其明显的标志之一。在明清两代，民间舆论以多样化的形式得以呈现，诸如谣谚、口号、对联、戏曲、小说、八股文等等，无不成为民间士民表达自己意见的重要方式，进而对国家及地方政治形成有效的制约。① 然吊诡的是，当兴起之时，民间舆论就已呈一种鱼龙混杂、泥沙俱下之势。换言之，民间舆论在有效制约国家及地方政治的同时，又不免带有许多谣传的因子，由此一度造成社会的恐慌及混乱。在这些谣传中，尤以"造言""讹言""妖言"三者为甚。

通常说来，造言、讹言、妖言，自古即已有之，只是在平治之世较少出现。如《周礼》中的"八刑"，"造言"即居其中之一。周末之诗云："民之讹言，曾莫之惩。"虽后世已不知当时传讹的是何事，但足以证明周末时已有"讹言"的存在。至秦汉，更是出现了"妖言者死"的律条，可见当时的"妖言"颇为兴盛。汉、晋以后，造言、讹言、妖言更是屡见于史籍记载。如汉建始三年（前30），京师百姓传言大水将至，人们奔走相告，

---

① 明人吕坤曾对民间"造言"的诸多方式有如下揭示："造言之人，无端捏事，见影风生，或平起满街议论，或写贴匿名文书，或擅编歌谣戏剧，或讲说闺门是非。"参见吕坤：《实政录》卷3《民务·恶风十戒》，载氏撰，王国轩、王秀梅整理：《吕坤全集》，中华书局2008年版，中册，第1006页。

互相蹂躏,老弱号呼,以致长安大乱;汉、晋之时,开始传布"东公王"行筹的说法;唐开成初年,京师妄言大兵将至,致使百姓四处奔逃,奔走尘起,甚至百官"袜而骑",台省官吏亦悄悄遁去;唐代,民间流传讹言,称官府派遣枨枨杀人取心肝,借此以祭天狗,又有讹言,称毛人要食人心,甚至说有猵母鬼夜入人家;宋太宗时,益州百姓传有讹言,称有白头翁午后要食人儿女,导致一郡嚣然,晚上路无行人;又宋、元时,多传讹言,称取童男童女制药。① 诸如此类,不一而足。

究造言、讹言、妖言之关系,正如清人惠仲孺所言:"三者起于妖,成于造,传于讹也。"②既然"传于讹",亦即以讹传讹。那么何谓"讹言"? 元人曾作如下阐释:"事传而虚,谓之讹言,谓流言惑众者。"③关于讹言,明末清初学者顾炎武尚有进一步的考述。根据他的考述,可知讹言的"讹"字,古作"譌","伪"字古亦音"讹"。如《诗·小雅》:民之讹言。《笺》云:伪也。小人好诈伪,为交易之言。所谓"交易之言",《正义》作如下解释:谓以善言为恶,以恶言为善,交而换易其辞。又《尔雅注》云:世以妖言为讹。显然,妖言亦可归于讹言之列。④

讹言的本质在于虚伪而不实,而其功能绝不可小觑,足以"流传而惑众"。正如明人谢肇淛所言,对这些一时勃兴的谣言,却亦不可一概斥之为虚伪不实,尚有待于细加辨析。譬如有些讹言,

---

① 相关的史例梳理,参见谢肇淛:《五杂组》卷13《事部》1,上海书店出版社2001年版,第261页;法式善:《陶庐杂录》卷6,中华书局1997年版,第204—206页。
② 法式善:《陶庐杂录》卷6,第204页。
③ 《新编居家必用事类全集》辛集《诈妄》,书目文献出版社影印朝鲜刻、明刻本,第188页。按:原书无出版年。
④ 顾炎武撰,黄汝成集释:《日知录集释》卷32《讹》,中州古籍出版社1990年版,第758页。

"似讹而实有怪";有些"妖言""童谣",看似无意矢言,事后确实多有应验,如"糜弧箕服"之类,则又不可简单地视为讹言。① 尽管如此,造言、讹言、妖言,均具有一些共通的特性:一方面,明清时期的讹言,无不是一种假借灵异的不根传言,通过一传十、十传百的传播方式,而在民间引发骚动。正如清人惠仲孺所言:"凭诸物,假诸灵,一夫说,万夫腾,无翼而飞,无趾而行,疑鬼疑神,使民无所而相惊。"② 另一方面,当时的讹言并非仅仅限于"乌头白,马生角"之类的以讹传讹,而是关乎朝野的议论,实属一种民间舆论,③ 一如明人谢肇淛所云:"今朝野中忽有一番议论,一人倡之,千万人和之,举国之人奔走若狂,翻覆天地,变乱白黑。"④ 由此可见,有时朝野议论同样借助于讹言而得以表达与传播。

鸳鸯错配:承平时期选秀谣传之四起

若是仔细梳理明清时期的各类谣传,关于选秀女的谣传最为常见,且更具典型性。在传统的宫廷之中,只有被皇帝临幸之后,宫女方有出头之日,甚至一步登天。事实却是大部分宫女根本无此幸运,这才有了自古以来在宫中广泛流传的"宫怨"之曲。而《宫词》中所反映的"宫怨"生活,多有这方面的描摹,诸如:"可怜空长彤宫里,一世光阴半世闲";"静院深深昼悄然,几时好梦得扪天";

---

① 谢肇淛:《五杂组》卷13《事部》1,第261页。
② 法式善:《陶庐杂录》卷6,第204页。
③ 关于民间舆论,可参见陈宝良:《明代民间舆论探析》,载《江汉论坛》1992年第2期。
④ 谢肇淛:《五杂组》卷13《事部》1,第261页。

"空有华堂十数重,等闲不复见君容"。①绝大部分的宫女都是在这种期盼中而不知老之将至。无奈,为了打发宫中毫无希望的无聊生活,宫女们或人人争唱"御制词",声虽娇嗔,不识伊州之谱,甚至错把"腔儿念作诗",但还是希望以歌声打动君王之心,以便得到宠幸;或借时令节日,赏秋海棠,结吃蟹之会,以打发余暇;或茹菜事佛,将希望寄托于神灵。②

　　正是因为入宫以后,会面临如此让人不堪忍受的宫怨生活,所以朝廷一旦有选秀女入宫之令,民间女子就纷纷提前婚嫁。一旦讹传此事,更会造成新的鸳鸯乱点、错配。诸如此类的谣传,至迟在元代就已经出现,只是谣言的内容由选秀女变成了"采童男女"而已。据史料记载,在至元十四年(1277)夏六月,民间一时谣言四起,纷传朝廷将采选童男童女,"以授鞑靼为奴婢,且俾父母护送,抵直北交割"。随之,自中原至于长江以南,府县村落,但凡品官庶人之家,只要有男女十二三岁以上的,无不匆忙婚嫁,有的六礼未备,就片言即合。即使那些巨室人家,也等不到车舆亲迎,就徒步迎亲。谣言所及,甚至那些守土官吏,以及鞑靼、色目之人,也纷纷提前嫁娶,而不管消息是否真实。经过十余日之后,谣传才慢慢平息,但有些人已经悔之晚矣。仓促相信谣传的恶果,就是婚配失偶,导致贵贱、贫富、长幼、妍丑匹配不齐,各生悔怨,甚至"或夫弃其妻,或妻憎其夫,或讼于官,或死于夭"。史称这是从古未闻之事,也是"天下之大变"。当时的苏州僧人祖柏,号子庭,素称滑稽,就口占一首绝句加以讥刺,诗道:"一封丹诏未为真,三杯淡酒便成亲。夜来明月楼头望,唯有姮娥不嫁人。"又有人集古句,作诗云:

---

① 朱让栩:《拟古宫词三十首》,载《明宫词》,北京古籍出版社1987年版,第8页。
② 朱权:《宫词七十首》;秦征兰:《天启宫词一百首》;蒋之翘:《天启宫词一百三十六首》。均载《明宫词》,第4、23、52页。

"翡翠屏风烛影深,良宵一刻值千金。共君今夜不须睡,明日池塘是绿阴。"①

在明代,照例宫女的选取,一般是用北方人,而不是南方人。明代江南民间选取秀女的讹言,至迟在正德末年即已出现。如正德末年,"讹言中使求女江南,民间趣婚"。② 隆庆元年(1567),大江以南,民间广泛传播一种流言,说是朝廷要在江南选取宫人。于是,民间凡是八岁以上的女子,纷纷出嫁,甚至出现"良贱为婚"的状况。③ 这一"讹言"盛传的结果是,民间13岁以上女子,"婚嫁殆尽",即使是那些官宦人家,在闻听此类讹言之后,也是为之动摇。为此,途中轿子相接,家贫不能赁轿者,则徒步投婿,未聘之人,更是无暇采择。与此同时,还有一个谣传,说每选取一位宫人,就选一位寡妇伴送入京。④ 这显是一种毫无根由的谣传。另外一则史料记载证明,这则谣传在江阴哄传,是在隆庆二年春正月十二日。其结果同样导致民间13岁以上的女子,无不婚配。有些有女儿的人家,就在自己家的门首守着,遇见有"总角"男童路过,就"拥之而入,遂以女配焉"。⑤

这是一种民间"讹言"。所谓讹言,就是一种谣传。先从浙江湖州传来,后及于杭州,最后连江西、福建、广东都有了这样的传言。从明人田汝蘅的记载可知,这一讹言传到杭州的时候,已经是隆庆二年正月初八、九日。至于讹言对民间生活造成的影响,田汝蘅也有详细的记录。下面据此叙述如下:隆庆二年正月初八、初

---

① 陶宗仪:《南村辍耕录》卷9《谣言》,中华书局1997年版,第112—113页。
② 汪道昆撰,胡益民、余国庆点校:《太函集》卷43《先伯母许氏行状》,黄山书社2004年版,第2册,第925页。
③ 李乐:《见闻杂记》卷3,上海古籍出版社1986年版,第301页。
④ 叶权:《贤博编》,中华书局1997年版,第10—11页。
⑤ 李诩:《戒庵老人漫笔》卷5《讹言取绣女》,中华书局1982年版,第179页。

九,民间开始流传讹言,称是朝廷要点选秀女,人已从湖州过来。讹言一经流播,民间百姓人家的女子,凡是七八岁以上到20岁以下者,"无不婚嫁,不及择配,东送西迎,街市接踵,势如抄夺"。更有甚者,有人害怕官府禁止仓促婚配,就在黑夜潜行,匆忙成婚。讹传造成的影响,不仅及于普通百姓,甚至那些僻静的山谷村落,以及士夫诗礼之家,也在所难免。其结果,则是"歌笑哭泣之声,喧嚷达旦,千里鼎沸,无问大小长幼美恶贫富,以出门得偶郎为大幸"。当时正好有一大将官到了杭州北关,放炮三声,民间更为慌张,纷纷惊走,道:"朝使太监至矣。"仓卒激变,几至于乱。至十三日,地方上司颁发榜文严禁,但还是不能禁止谣言的传播。不久以后,真相大白,方知是谣传,悔恨嗟叹之声,盈于室家,但已是追悔莫及。

谣传四起,民间男女仓促成婚,必然导致婚姻错配。这样的例子很多。如有一富家,雇用一位锡工在家制作镴器。至夜半,正好有女尚不得其配,又不敢出门择人,于是呼喊锡工道:"急起急起,可成亲也。"锡工在睡梦中茫然无知,等到起来,揉搓两眼,则堂前灯烛辉煌,主翁之女已经艳妆待聘,他大出意外。还有一家已经相约一人,乘黑夜送女前往,到半道上时,巷子的栅栏门已经锁闭,相当着急。当时栅栏门内有一位卖豆腐的人,早晨起来磨豆子,因自己尚无妻室,就不肯拿钥匙开门,强要成亲。女子的父亲害怕天明,又见其人正好是少年,就叹息道:"亦得亦得。"随之将女儿许配给他。又有一家已经选好一个女婿,等到将女儿送去时,则已经先有一家将女儿送入其门,二人正结花烛之好。后到的这家不免前去争吵,都说:"奈何,奈何?"此女父亲情急之下,只好说:"吾女亦当送君为副室也。"于是三人同拜,一人遂得二妻。

可怪的是,讹言尚莫名牵累许多寡妇。在讹言流播的过程中,又传言选寡妇伴送秀女进京,于是久已孀居的老少之妇,也纷纷改嫁。如有百姓家母女二人守寡在家,改嫁一家父子二人,正好相得。又有一位妇女守寡已经20年,年已四十五六岁,曾经发誓不再改嫁。又有一位女儿,年已20余岁,未曾出嫁。传言所至,不得已之下,只好"母东女西,各从其人,哭别而去"。诸如此类的好笑之事,引发好事者造出一些童谣加以刻画,如有一首童谣云:"正月朔起乱头风,大小女儿嫁老公。"又有人写诗加以讥讽,道:"大男小女不须愁,富贵贫穷错对头。堪笑一班贞节妇,也随飞诏去风流。"①

相关朝廷点选秀女的讹言,在万历年间再次出现。史载万历改元之后,明神宗大婚的日期已定,忽然在民间讹传朝廷要点选秀女。于是,凡是家中有女儿者,无不惊慌失措,只求将女儿早日出嫁。当时有一家起初颇为从容,雇来衣匠替女儿缝制嫁衣。衣匠家距此很远,就居住在主人家旁的房子里。不久,"讹言声息益紧",且因前所定女婿又另娶他人,举家无措。无奈之下,只好招呼衣匠与女儿结花烛之好。闻者无不绝倒。②

相同的情况,也出现在明熹宗登极这一年。为此,何伟然撰写了一篇《淑女记》,专门记述了因选淑女而引发的民间婚姻混乱之状。他记载道:

> 天启皇帝登极,下诏选人间淑女充椒掖。诏止凤阳,曾未及于江南。风闻所递,讹言辄布,三吴有女之家,咸栗如霜色。市井亡赖,乘机摇鼓,为作因地。俄而曰:某家皇已封矣,某家闻之郡邑矣。自润州而金昌,而苕霅,无不思所以毕婚嫁者。吾杭为甚。才闻井里,忽彻向乡曲,父母之命,媒妁之言,一时

---

① 田艺蘅:《留青日札》卷9《风变》,上海古籍出版社1985年版,第342—346页。
② 李日华:《紫桃轩杂缀》卷4,凤凰出版社2010年版,第325页。

佥举。不特及时破瓜,作缘成偶,即发未覆额,口尚乳气者,亦指童子为盟。或议归,或议赘,冰人竭蹶应千门之命,市上尽作定婚店矣。①

从何伟然所记可知,原本一纸采选秀女的正常诏令,且明确将采选之地限定于凤阳以北,却因"讹言"的"风闻所递",影响已经及于"三吴有女之家"。再经市井无赖的"乘机摇鼓",更是传遍整个江南,尤以杭州为甚。

何伟然所撰《淑女记》一文中的情形,同样可以在当时史料与小说中得到印证。如李日华有一首诗,题为:"天启改元春二月,民间忽传选绣女入宫,远近喧动,少女老鳏,一时觅配。官府谕之不止,亦异事也。戏书一律以志感。"诗云:"雪晴处处说寻梅,拍手儿童笑几回。水面山腰齐草色,树头篱脚近花开。枯梢偏许雏莺占,嫩蕊难禁乱蝶猜。不是东皇乍施令,禁林羯鼓暗相催。"②诗歌所咏,即是此事。至于江左樵子编辑的小说《樵史通俗演义》,对明熹宗登极选秀女的谣传,亦有详细记载。小说引用了一篇昔人所作的《绣女记》,其中云:

> 选语才临郡国,讹言忽彻城乡。父母之命,媒妁之言,一时佥举焉。不特时及破瓜,作缘成偶,即发方覆额,亦指童子为盟。或议归,或议赘,冰人竭蹶应千门之命,市上尽作定婚店矣。吉不必星期照之日采,轩不必鱼饰巾之绛裙。和合神马,价勒三铢;婚牒红笺,绵昂五百。致使鸡不得谈于窗,鹅不得阵于水,鱼不得乐于国,豕不得化为后,牛羊不得日夕下山。

---

① 何伟然:《淑女记》,载黄宗羲编:《明文海》卷350,中华书局1987年版,第3597页。
② 李日华撰,赵杏根整理:《恬致堂集》卷6,上海古籍出版社2012年版,上册,第286页。

桔柚楂梨,贵似交犁火枣;葱韭薤蒜,珍如江芷杜蘅。花烛燕喜,十家而八九。有恐人知者,暗为送迎;复恐人不知,且扬言曰:"吾女已有婿矣。"纵府县严为告戒,且曰是宽我故留,以答天使者也。假合错配,何异流离。命亨者得佳人,并得金珠璧帛无算;命否者,徒多一丑妇人累耳,又安所得"杂佩赠之""琴瑟友之"耶?几日之间,系鸳鸯之足者,不知费仙人几许赤绳也。夫一言之讹,一念之误,命满城忍辟一夫妇世界,童男姹女破性裂道,可胜言哉!吾闻之"不愿生男愿生女",戚畹之宠,昔人所希,即修仪、贵嫔、婕妤之辈,无□大不可为之事。若日终锢长门,亦胜于骤落火炕,何不忍其委珠玉于草莽,而不自怜惜也?不亦大可笑哉!①

按小说所引这篇《绣女记》,实则来源于何伟然所作的《淑女记》,只是在个别文字上稍有出入而已。且因小说文学性的敷陈演绎,这一选秀女谣传更为耸人听闻。天启登极时的选秀女谣传并未停歇,一直在持续发酵,即使到了天启四年(1624)的冬天,在浙江桐乡县,仍在民间流播一个"选宫人"的"讹言",以致民间百姓"婚嫁殆尽"。②

甲申年(崇祯十七年,1644),李自成攻陷北京,明朝覆亡。朝廷选秀女谣传暂歇,进而转变为李自成"要占闺女"的"喧传"。史载此年四月二十九日,淮城民间喧传"李贼一路要占闺女,不要妇人"。谣传甚至借助于官府之言,哄传现有高监纪已经出了告示,"使闺女速速出嫁,无贻后悔"。于是,城内外大小人家,"竞先婚

---

① 江左樵子编辑,钱江拗生批点:《樵史通俗演义》第36回,人民文学出版社1989年版,第275—276页。
② 张履祥:《杨园先生全集》卷17《桐乡灾异记》,中华书局2002年版,中册,第516页。

嫁,一舆价至二金"。信息的不畅通,导致民间以讹传讹,信以为真,即使巡抚、巡按亲自贴出告示,亦难以禁止,谣传流播长达一月之久,方才偃旗息鼓。①

南明弘光建国,选秀女谣传再起。弘光元年(1645)春,浙江桐乡哄传朝廷选妃,"江南童男女无不婚嫁者"。同年,"讹言"再起,讹传朝廷"选西女,民大骇,亟配合,孷妇嫁且尽"。② 从小说《樵史通俗演义》的记载可知,弘光朝时朝廷选秀女之令一下,在江南嘉兴、苏州一带更是引起了骚动。正如小说所言:"有女儿的人家,那一个不害怕,那一家不惊慌,连夜着媒人寻女婿,富家女儿嫁与贫家儿子,标致女子嫁与丑陋儿郎。还有那十五六岁的闺女,媒人撺掇嫁了三四十岁的丈夫,那管白头之叹。几日之间,弄得个嘉兴城中举国若狂,嫁的、娶的日夜不停,路人为之挤塞。苏人闻风效尤,亦是如此。其间错配的不可胜记,后来有许多笑话出来,难以枚举。当时巴不得推了女儿出来,有人受领,就算是造化了。甚至有缙绅人家,也是这般。愚民越以为真,那一个不忙碌去干这件事件,岂不可叹。"③

入清以后,采选秀女谣传持续在江南流播,甚至影响及于福建。顺治四年(1647)夏间,在松江府开始讹传朝廷采选秀女,府县城镇乃至乡村僻壤,凡是家中有女儿的无不惊慌失措,"早说暮成,俱幼婚配。不必三杯水酒,只用一鼓一笛,甚至良贱不拘,岂论贫富难匹。限时限刻,从早至暮,从暮达旦,无论日之吉与不吉,周堂利与不利,遍地结亲,亦希遇之事"。当时有人写诗一首,四出传诵,云:"一封丹诏未为真,三杯淡酒便成亲。夜来明月楼头望,只

---

① 佚名:《淮城纪事》,上海书店1982年版,第139页。
② 张履祥:《杨园先生全集》卷17《桐乡灾异记》,中册,第517页。
③ 江左樵子编辑,钱江拗生批点:《樵史通俗演义》第36回,第275页。

有嫦娥为嫁人。"这一谣传事件,历经两个月之后,方渐渐停息。① 至顺治五年,谣传又起,所传不仅限于朝廷采选秀女,甚至涉及满汉联姻问题。以松江府上海县为例,此年民间讹传朝廷将采选童女入宫。城乡有女之家,"婚配纷纷,无论年齿,不择门第,朝传庚帖,晚即成婚,傧相乐工,奔趋不暇。自早至暮,数日之内,无非吉日良时,阴阳忌讳,略不讲择"。② 可见,同样引发了民间的骚动。此类关于朝廷采选秀女的讹言,一直流传至顺治十三年,仍未停息。如在浙江桐乡县,此年"讹言又兴,婚嫁不已"。③

清代相关采选秀女的谣传,因时代的转换,所传内容有所改变,亦即在原本朝廷采选秀女的基础上,加上了满汉联姻之说,而引发的地方社会骚动则一般无异。以江南松江府为例,顺治五年,传闻朝廷将实施满汉联姻政策,将关外及满洲女子,"驱逐而南,配与中国男子,天下一家,华夷为眷"。至顺治十年,又哄传朝廷将把满洲之女发配给中原男子,中原女子也要配满洲男子,名为"满汉联姻"。讹传之下,"人家养女者,父母着急,不论贫富,将就成亲,遍地皆然"。④

至康熙三十一年(1692),朝廷采选秀女的谣传继续在江南传播。以苏州府为例,这一年的冬天,"喧传点绣女信,纷纷嫁娶,错配甚多,苏、松、常尤甚"。当时正值提学官考试生员之际,不时应接北来的显官达人,再加上考题中有"桃之夭夭"一节及"钻穴隙"之类,更是引发人们的联想,"人情愈疑,逾月乃息"。⑤ 毫无疑问,

---

① 姚廷遴:《历年记》上,载《清代日记汇抄》,上海人民出版社1982年版,第64页。
② 叶梦珠:《阅世编》卷2《礼乐》,上海古籍出版社1981年版,第40页。
③ 张履祥:《杨园先生全集》卷17《桐乡灾异记》,中册,第518页。
④ 姚廷遴:《历年记》上、中,载《清代日记汇抄》,第66、70页。
⑤ 许治:《眉叟年谱》,载佚名:《吴城日记》附录,江苏古籍出版社1985年版,第244页。

这一谣传并非无根之言,而是来源于对朝廷政令的误读。其中朝廷政令的真相并非如此。此年九月,清朝廷为了选妃,专门差遣大学士明珠、索额图前往江南、浙江及陕西、湖广、四川等处,要求满洲旗下官员,自三品以上一品以下,凡有亲生女儿,先期开报,等待明珠、索额图选择进用。这一选妃之举,原本与民间百姓毫无干涉,无奈民间百姓听信传言,一闻之下,无不惊惶失措。以浙江桐乡县为例,从这一年的十一月二十日起,到十二月初十止,民间"迎亲、并亲日夜不停"。并亲之人很是着忙,导致百物踊贵。其结果则是,不论贫富,不计礼仪,也不择门当户对,不管男女年纪大小,大约只要茶二斤、礼银四两即可成亲,甚至"有不费分文者"。① 在松江府,同样广泛流传着这一讹言,以致十一月十五之后,"举国若狂",甚至"婚嫁者因此尽削繁文"。②

自明代以来,朝廷采选秀女的谣传,大抵以在江南传播为盛。入清以后,相关朝廷满汉联姻之说,开始向福建流布。康熙二十六年十一月邸报有言:如汉军文武官员,有女不许配人,如已配,不许嫁人。细究邸报所言,仅仅限于汉军文武官员之女,并无言及民间女子。至康熙二十七年春天,广东马侯女子被纳为妃子,要择"好女"16人随嫁,曾移文两广总督吴兴祚查取。因福建漳州、泉州与广东临近,于是谣言开始在福建传播开来。六月初八日起,一二"鳏夫浪子",大肆编造谣言,或云"朝廷要选淑女充掖廷",又云"西房进贡,要回好女千余赐之"。一时之间,民心惶惶。更有甚者,谣传指名道实,说"某大人并内监已到福州矣,令府县密查某家,已报名在府县矣",又说"某家有差官来点验矣"。如此一传,不由得民间百姓不信。于是,"有女之家,如负重担。多男之家,居然

---

① 姚廷遴:《续历年记》,载《清代日记汇抄》,第143页。
② 叶梦珠:《阅世编》卷2《礼乐》,第40页。

奇货。已拟配者，催促讨亲。未拟配者，急托说合。共择十四、十八二日合卺，不顾门风，休询年纪，送往迎来，日夜如织"。谣传一直到十八日方止。①

邮讹造谤：动荡时期讹言之风传

相较而言，承平时期的谣传不仅数量颇少，且讹传内容大多限于朝廷采选秀女。一至社会动荡时期，或边境不靖，或战乱四起，谣言更是纷起。

南倭北虏，是明代的大患，最终导致东南、西北边境动乱，百姓受其蹂躏。一旦出现讹言，四处流散，以讹传讹，就会造成地方社会的骚动。如嘉靖末年，"倭虏交徼，中原皆震，又加以水旱，各处盗贼蜂起"，导致讹言四起。先是河南人"讹传倭至"，继而凤阳、泗州人又传言"开封没于黄河"。后虽知所传非实，然讹传之下，当时景象，正如朱国祯所言，可谓"危矣，危矣"。②倭乱讹传可以到达深处内陆中原的河南，足见讹言流播之广。至于东南沿海之地，自嘉靖以来因时常遭受倭寇骚扰，有关倭警的讹言，更是不时而起。万历二十九年（1601）三月二十七日，因为遇到大风与雾，有两只倭船暂时停泊于桐盘山，前去海上捕捞墨鱼的渔民为倭船所劫而逃归。一听之下，温州府永嘉场各乡乡民，就四处"哄传倭警，居民奔避，各所及乡堡俱戒城守"。过了数日，蒲歧所上报，"有异船在后

---

① 陈鸿、陈邦贤：《熙朝莆靖小纪》，载中国社会科学院历史研究所清史室编：《清史资料》，第1辑，中华书局1980年版，第112页。
② 朱国祯撰，王根林校点：《涌幢小品》卷32《盗徼讹传》，上海古籍出版社2012年版，下册，第640页。

塘行驶",再加之"磐石卫关外望见苏州船七只",众人不明就里,"讹传倭至",于是"溪乡、江乡、河乡居民多奔入府城"。至四月望前数日,更是声势仓皇。为此,兵备道专门出了告示,"谕以无恐",且督兵船棋布防御,倭寇不敢进入汛地,至府城避难的各乡百姓,随之"累累还集"。四月十九日,有一只倭船,突然停泊于束落山,巡哨船前去拦击,生擒倭寇18人,斩首级若干,其余跳水溺死,滨海才趋于安堵。① 东南倭寇之患,盛行于嘉靖中期。自嘉靖末年以来,一直至万历年间,可谓是40年来海上安然。即使如此,倭寇蹂躏的惨象一直留存于东南沿海百姓的记忆之中,所以突然听闻倭警传言,众人就难免惊虞。温州府这次倭寇事件,虽有真实的倭船存在,却又因讹传而夸大其事,甚至以讹传讹。万历年间,倭警讹传,仍遍布浙江、南直隶。如万历四十二年三月二十六日午时,忽然"讹传倭至",导致"城野狂奔"。在南直隶无锡县,男女老少争相逃奔入城,导致"蹂躏死者甚众"。这则讹传进而记录了当时曾有人在四野看到"赤身披发奔者,顷之杳然",口耳相传,直至明末仍有故老称之为"阴兵乱也"。② 可见,原先并不存在的倭乱,一旦经人讹传,即使被事实证明不过是虚惊一场,仍有人产生无限的遐想,进而将其虚化为阴兵之乱。这就是民间讹言、谣传的基本特点。

在明代,与南倭讹传相应者,则是诸多虏警传言的勃兴。自明代中期以后,西北边防大坏,诸如独石、马营、长安岭、保安、永宁一带,均在正统十四年(1449)失守,后虽悉已收复,但在边地一带,无论是官军,还是边民,无不对"虏患"极其畏惮。尽管当时的官员深

---

① 姜准撰,蔡克骄点校:《岐海琐谈》卷9,上海社会科学院出版社2002年版,第155页。
② 计六奇:《明季北略》卷1《清朝建元》,中华书局1984年版,上册,第6页。

知"息流言者,莫重于严号令",但西北边地关于北虏入寇的流言一直未曾中断。究其原因,还是专有一些"小人",妄生异议,鼓煽愚人。他们专造诸多流言,"或以为守边官员,走入虏境;或以为各堡官军,仍要掣回;或一边报贼情,如何严急"。结果,直接导致"无知之人,不审虚实,辄便惊疑;一闻流言,忧惶无措"。① 诸如此类的"虏警"讹言,有时直接源自守边将领的不察。如嘉靖二十八年(1549)春,虏警不断,抚宁侯朱岳,英国公张溶,西宁侯蒋傅,惠安伯张镧,锦衣卫指挥同知郑玺、佥事孙堪,偕同给事中杨允绳,在阅武场比试应袭的官舍。郑玺忽报"讹言",云:"虏入寇至沙河。"朱岳等均因惧怕而奔逃。杨允绳将此事奏闻朝廷。明世宗下诏,责罚郑玺"讹言惊众,褫职";朱岳、张溶"怯懦损威,革坐营管事";蒋傅等人"不能规正,各夺俸二月"。②

万历二十、二十一年间,东征事起,"江南讹传",最终导致大狱之兴。据明人沈德符的记载,事情原委大致如下:东征事起之后,苏州府太仓州有一位士大夫,为桑梓考虑,"厚募拳勇,习骑射,备水师,慕义者因相从谈武事"。此人家世九卿,"席膏腴,负时名,初非有封狼居胥想也"。在他的号召之下,其家族中的佻达少年子弟,与同乡纨绔之辈,"骤见驰骋决拾诸事而悦之,益务招集健儿同居处,乃至沈命胥徒场伶市棍,未免阑入",可谓鱼龙混杂。每次外出,弓刀侍卫,舆马鲜华,引起时人的关注。当时正好有一游士,素以气侠著称,亦预于诸公子之列,偶然通过福建的一位游客,向福建巡抚许孚远夸耀,称:"此曹世家子,能报国恩,且有小则保障一方,大则勤王千里之誉。"许孚远是老成人,心中独有疑虑,且私下

---

① 叶盛:《边务疏》,载陈子龙等编:《明经世文编》卷59,中华书局1997年版,第1册,第469页。
② 朱国祯撰,王根林校点:《涌幢小品》卷1《讹言惊走》,上册,第14页。

担忧,就修书一封给江南巡抚朱鸿谟,让其廉知其中的真实情况。许孚远是湖州人,修书的目的,无非为吴越一地担忧,深怕有些不逞之辈,乘间窃起,并未说"诸公子蓄异谋也"。不料朱鸿谟一向"喜事",在收到许孚远的书信后大悦,打算以此邀功,就与幕丁、偏裨等商量计策。这些幕丁、偏裨一直受到诸公子的轻侮,借此由头,"务张大其说,且谓变在旦夕,不先发,则江左必不保"。于是,朱鸿谟就通过露章将此事上奏朝廷,"直云连结倭奴,反形已具",随后将诸公子收捕入监。在被捕的诸公子中,包括王世贞的爱子王士骐。朱鸿谟疏入之后,举朝莫晓其端。当时在朝的首揆、次揆均为吴越人,得此奏疏,无不错愕,不知所出,只是拟旨"抚按会勘"。明神宗得知此事,"意且不测",幸亏阁中诸辅臣力持之,"得小挺"。许孚远获知朱鸿谟一疏后,大为悔恨,但事已无及。不久,朱鸿谟擢升南京刑部侍郎,许孚远次年亦入为大理寺卿,"事亦渐解"。最后的结果,则是王士骐因牵连此案而被剥夺"荫籍",其他因此案而坐死者尚有数人,后均"瘐死狱中"。①

通观整个事件始末,此案始于世家公子之比昵匪人,张于游士之好为捭阖,成于文帅之借端幸功。诸公子最后不至于夷灭,实属万幸。然值得关注的是,无论是巡抚幕下幕丁、偏裨出于报复之心的好为捭阖,还是巡抚的借端幸功,他们的惯技还是借助于"讹传"而夸大其事,以便引起朝廷的关注,而后达到自己的目的。

万历三十七年正月初九日,北京民间盛传"虏警"的"讹言"。关于此,当时的内阁大学士叶向高在上疏中有如下揭示:"今日臣入直,忽闻街市喧扰,安定、德胜二门,百姓扶老携幼,争入避虏。臣随遣人问之兵部,乃知达虏在边讲赏,而民间讹传,致此扰动。"

---

① 沈德符:《万历野获编》卷18《刑部·江南讹传》,中华书局2004年版,中册,第477—478页。

事本无实,却因此引发民间的惊扰,甚至"城外人民讹言相惊,致九门尽闭"。①

天启年间,山东"莲妖"徐鸿儒作乱,同样导致讹言四起,引发民间一时恐慌。这些讹言的流传,大多是在畿南广平府一带。王徵时任广平府推官,暂署知府一职。据他的记述可知,白莲教在畿南有不少党羽,其中有一位杜光辉,是永年县北乡的裁缝。平日里经常聚集徒众,收取香钱,号称"白莲教首",实则不过是乡愚村夫而已。巡抚廉得其主姓名后,就密疏上报朝廷。杜光辉得知后,深感惧怕,"潜弃其少妇、家业而逃焉"。密疏上报之后,巡抚亟欲"扑灭之以靖地方,严檄下县急捕",但不知杜光辉已远遁很久。永年知县得令后,多派差役缉拿,务期必获。凡是杜光辉"少妇、家属与其族党并缝衣徒众少有罣碍者,株连蔓引,咸捕系之,囚禁仓监,累累数十人。暑剧乏食,多致毙命。捕役勒限责比且再三,卒无踪影,而累系者莫之释也"。不料巡抚始终以没有拿获杜光辉为歉,再次露出要缉拿杜光辉的风旨。正月十五夜,突然有奸民张月,手执铁鞭,在乡村大声呼叫:"都老爷为杜光辉未获,发兵三千,目下洗荡我一十三村百姓,只尺将到,有身家、妇女的还不急急逃命?恐大兵一到,玉石不分!"乡人闻听之下,惊惶终夜,相率逃窜的男妇不下数千人。整个广平府城,人人震骇,惶惑特甚。为了平息到处散播的讹言,王徵下令严守城池,并与永年知县相约,要求其"速拿讹言惑众张月一名,便可根究主使倡乱之人;再拿一二沿路抢物人,便可立定此番攘乱。但勿先自张皇可也"。此外,王徵又手书"再有讹言惑众者立时斩首"的告示数十张,张贴于四门冲道。不久,将造谣的张月缉拿归案,同时又拿获抢劫妇女裆裢、衣物及驴

---

① 叶向高:《纶扉奏草》卷4《误传房警揭》《条陈时政揭》,载《续修四库全书》,上海古籍出版社2002年版,史部第481册,第583、586页。

的两人。在鼓楼前,王徵当众将张月责打80板子,抢物的两人各责打60板子,仍枷号通衢。随后,王徵又刊出"大字俚语告示"数百张,发到各个乡村张挂。因讹言流播而逃窜的人,在读了告示之后,纷纷回归乡井,"安堵如故,其乱始定"。经过对张月的仔细拷问,得知主使他传播讹言的人,是曲周县武举贾振武。①

明清易代之后,引发大的社会变动,人们的神经变得更为脆弱,有时朝廷正常的一纸诏令,也会引起别有用心者的刻意解读,甚至导致讹传。据史载,南明弘光朝建立后,人心稍定。然弘光帝诏书内有"与民更始"一句。这原本是帝王即位诏书的套语,但一至民间,即信以为真,讹传为真的要"与民更始",甚至还说"奴仆之辈,尽行更易,不得复奉故主"。于是,从上海至闵行、周浦、行头、下沙、一团,以及华亭各镇,千百成群,奴仆沿家索取卖身文契,甚至"奴杀其主,不一而足"。当时周浦沈庄有一位叫李长的奴仆,更是豪横异常。时任松江知府陈亨,有戡乱之才,派遣通判何洁(按:据《松江府志》,当作何源,宜宾人)至沈庄,将李长枭首示众,"诸恶稍为敛迹"。②

在交战状态下,其中一方通常会采用散布"流言"的方法,以动摇敌方的军心。如顺治十一年(1654)郑成功北伐时,"先布流言,不曰今日破某城,即曰明日攻某地",于是"往来之人因讹传讹"。其结果,则是"百姓皆兵火余生,惊魂未定,轻听浪传,遂生疑畏,甚至有欲携家出城避匿深山者"③。从姚廷遴的记载可知,北伐之师

---

① 王徵著,林乐昌编校:《王徵集》卷1《治状》1《平干息乱》,西北大学出版社2015年版,第5—6页。
② 曾羽王:《乙酉笔记》,载《清代日记汇抄》,第16—17页。
③ 汤斌:《汤子遗书》卷8《海逆肆犯有年讹言浪传无忌晓谕官民勿听眩惑以定人心奉宪晓谕事》,载汤斌著,范志亭、范哲辑校:《汤斌集》,中州古籍出版社2003年版,上册,第492—493页。

从海上抵达上海之时,确实引起很大的骚动。城内之人惶恐不安,讹传纷纷不一。一会儿有几个老鹅头说讹话云:"方才舡上送起纱帽一顶,员领一件,安民告示一道,要知县穿戴投降,他明日竟到松江去也。"一会儿又有老人说:"此王者之师也,不用相杀,竟来招抚,明日通要包戴网巾了。"纷纷讹说不一。在讹传之下,百姓惊慌失措,各挟细软衣资,都出西门逃难。至于其逃难的狼狈窘况,姚廷遴身经亲历,有如下记录:"余同唐姑娘家表妹挤出西门,由西转北,过野栗树,至长浜姚侍山家安插。路上又逢大雨,狼狈逃命,甚有内眷从未经走路者,小脚泥泞,一步一跌,牵丝赶队,冒雨而奔,惨状可怜。"①

哄然讹传:其他相关谣传

除上述承平时期选秀女谣传与动乱时期讹言四起之外,若是再加细分,明清时期的讹言谣传,尚可包括以下三类:一是政治性的讹言,其中不免暗含造言者的政治目的;二是有关僧道政策的传言,亦曾引起一时哄传;三是一些稀奇古怪的传言,有时甚至涉及妖魔鬼怪一类的民间信仰。

众所周知,明世宗入承大统之后,出于巩固自己政治地位的目的,遂有改祧之议,由此引发"大礼"之议。议定之后,因议礼而失势的一方显然并不甘心,随时伺机而动。嘉靖二十五年(1546)四月初五日的一场大火,终于让那些失势者找到了由头,进而大传讹言,以发泄对嘉靖议礼新政的不满。关于这次讹传火焚宗庙一事,

---

① 姚廷遴:《历年记》中,载《清代日记汇抄》,第71—73页。

明人沈德符有如下详细记载：

> 嘉靖二十年四月初五日未申时，东草场火起。京师人遂讹传火焚宗庙，远近惶骇。至暮大雨雹，且风霆大震，咸谓灾止草场，今且熄矣。夜分以后，火忽从仁宗庙起，延烧成庙及太庙，各庙尽付煨烬。惟新立睿宗庙独存，果应讹言，真可异也。按成庙旧号太宗，先是十七年改称祖，而兴献帝称宗，其主与成祖同入庙，说者谓文皇帝神灵不豫使然，或有云诸庙尽毁，独留新庙，亦祖在天之灵不安于并祀，因有此变。讹言之发，盖神告之矣。①

"讹言之发，盖神告之矣"，如此云云，无非借助于神灵而张大其事而已。若是细究其事，火焚宗庙发生之后，随之而生的讹传、讹言，以及对火焚事件的解读，如"说者谓文皇帝神灵不豫使然"，以及"或有云诸庙尽毁，独留新庙，亦祖在天之灵不安于并祀，因有此变"，一场大火引发如此过分的解读，这一讹言背后的政治意味已是昭然若揭。

明代自万历末年以后，党争大盛，随之而来者则是政治性谣言的勃兴。史称万历末年，"讹言朋兴，群相敌仇，门户之争固始而不可解"。② 其中所谓"讹言朋兴"，背后自然暗寓打击政治对手的目的。天启年间，东林与阉党相持不下。进入崇祯朝，逆案一定，党争暂息。即使如此，名列逆案中人，一直在等待时机，希望为自己翻案。据吴应箕的记载，崇祯九年（1636），当南京乡试之时，正值"北警"，南中拟出兵勤王，于是"讹言不一，诸生一日数警"。至于其中所传的"讹言"，"时有言皇上先以兵三千送储君来南也""又

---

① 沈德符：《万历野获编》卷29《畿祥·讹言火庙》，下册，第745页。
② 张廷玉等：《明史》卷360《阉党》，中华书局1984年版，第7833页。

言福藩亦起兵自卫矣",其实"绝无影响",不过是一些政治性的谣言而已。这些"讹言"的出现,其实均来自原先列于逆案中的官员。他们翻案不遂,所以就庆幸国有大难,或"造为蜚语,以摇动人心";或"先造讹言,冀以摇动人心"。①

朝廷僧道政策的波动不定,传统士大夫内心固有的辟异端意识,佛道的世俗化倾向,以及随之而来的僧、道民间形象的异化,导致僧道政策最易被民间误传,进而引发社会轰动。早在明弘治年间,史载延绥巡抚黄绂奉明孝宗之诏,毁掉庵寺,并将尼姑解送巡抚衙门,"给配鳏士"。此令下达之后,人人大悦,尼姑无不愿配,甚至出现了"去位尼有携子拜跪路傍远送者"的景象。② 地方官沙汰僧尼以及毁掉庵寺之举,固然并非常态,却极易引起民间的谣传。如明末崇祯年间,兵科给事中沈迅上疏,疏中有"即不能如唐臣傅奕所言,命僧尼匹配,增户口数十万,亦宜量汰"等语。此疏被人误读,一时哄然讹传,认为朝廷不日将推行"僧尼匹配"政策,于是"京城诸尼,或易装越城,远匿村墟,皆以偶僧为惧"。③

明清易代之后,顺治二年(1645)六月二十八日,江南初定。忽然到处流传从北边传来的诏书,共计48款,其中有一款有"驱除僧尼、道士,俱令还俗,寺、观、庵、院封闭入官"等语。当时苏州承天双塔寺僧人,久以造酒外卖为业。一听传闻,寺僧恐慌,当晚将酒减价发卖。其中有寺僧向军门具呈,军门随即发出告示,云:"从古三教并重,断无遣逐僧道之理。"随即下令,访拿讹传诏旨之人,拿获玄妙观李道士,发捕厅审究。当时署总捕一职的是苏州府同知

---

① 吴应箕:《留都见闻录》上卷《科举》、下卷《时事》,南京出版社2009年版,第21—22、38页。
② 徐学聚辑:《国朝典汇》卷134《礼部》37《释教》,载宋祥瑞主编:《明清史料丛编》,北京大学出版社1993年版,第6477—6478页。
③ 李清:《三垣笔记》上《崇祯》,中华书局1982年版,第28页。

王志古,是昆山人,经审讯李道士,方知所传诏旨,得自抄传,并非自己捏造,就将李道士责打40板,解赴巡抚衙门。巡抚并未深罪,李道士才得以免死。①

明清两代的谣传,很多为稀奇古怪之事,甚至不乏涉及妖魔鬼怪者。这是民间谣传的常态。成化二十年(1484)夏秋之间,苏州一带忽然流播"讹言",称有一种狐精,专门取小儿的心肝,兼能伤人。讹言传闻之下,民间百姓每至晚上,就将自家小儿藏在秘密之处,"鸣金鼓以备之"。一会儿传闻狐精在城西,忽然又传狐精在城东,导致民间"喧哄不宁"。这则讹言传闻出自江南才子祝允明的记载。针对这一传闻,祝允明家也不免时加提防。据祝氏自述,起初他认为不过是"讹言"而已,后来经姻亲中的老妇告知,方知真有狐精。据说这位老妇曾经早起时在临街上亲眼见到过狐精,声称此物"身如犬而尾长数尺,伛偻路旁沟上,见人乃升屋,其立也如人,忽乃不见"。② 是否真有狐精此物,以及这位老妇亲眼所见的狐精是否真实,这均不在考察之列,但祝允明的这则记载,至少可以说明以下两个问题:一是讹言流播,并非只有无知愚民才会信从,即使像祝允明这样的知识人,也难免会受到此类讹言的裹挟而遵信不疑;二是讹言流播,难免造成民间"喧哄不宁"。

关于狐精妖怪一类的讹传,一直在明代民间流播。万历二十三年(1595)七月初九,在杭州的民间百姓中,一直"盛传"有妖"夜入人家,压男妇,出血吮之,有昏迷至死者"。传闻之下,妇女无不惊怖,"夜逐妖叫呼,金鼓之声不绝"。这一传闻,起自富阳,至七月初四、初五两日,才传入杭州城中。③ 崇祯十一年(1638)六月,忽然

---

① 佚名:《吴城日记》卷上,第204页。
② 祝允明:《祝子志怪录》卷2《讹言》,载氏著,薛维源点校:《祝允明集》,上海古籍出版社2016年版,下册,第1041页。
③ 冯梦祯:《快雪堂日记》卷7,乙未七月初九条,凤凰出版社2010年版,第89页。

有人从江北来,声称人身上有一种羊毛疹,假如不用针挑出,人则立死。有人就依言去挑,果真从肉中挑出了毛。于是,"群相煽惑",街巷之间,竟以戏文祈禳。南京的梨园整日演剧,导致戏价骤涨,一部戏价格高达六七两银子,优人日得千钱,仍然怏怏不乐。至后,因为"讹言日甚",南京巡城御史杖死倡说之人,"事遂已,民亦卒无他患"。① 入清以后,讹传仍不乏见于史籍记载者。如雍正五年(1727)七月十九日,苏州大雨如注,顷刻间水涨二尺许。至夏间,"讹传将以小孩祭河",导致"以佛殿寄名长幡投河筑岸,取焚者如市"。其结果,则是到了冬天,小孩患"痘疡不下千余"。②

揆诸明清时期的诸多讹传,很多均显莫名其妙,令人深感可笑。唐人重鲤,据说佩用鱼符,所取的就是鲤鱼的象征意义。因"鲤"与国姓"李"同音,所以按照《唐律》规定,"取鲤即放之,卖者杖六十",甚至称鲤鱼为"赤鯶公",其中的"鯶",即鲤字。这一先例的存在,导致明朝正德年间在吴越一带到处流传一种讹言,称因为"猪"与国姓"朱"同音,朝廷禁止百姓养猪。谣传之下,民间信之,猪无大小,屠宰一空,以致猪肉价贱,不好售卖。③ 万历年间在北京广泛流播的"兴土"妖言,同样让人莫名其妙。史载万历三十六年(1608),太监在内府织染局建了一座西顶娘娘庙。当时在京城中忽然流传"进土之说,一切男妇不论贵贱,或车运,或马载,以至艳妇处女,亦坐两人小舆,怀中各抱一土袋,以香楮随其后,入庙献之"。又数年,宫中忽然流行一种"掠城"的赌博游戏,其法是画地为八方,"令大珰辈以八宝投之,自十两至三两,能入者即为赏"。一种莫名其妙的"妖言"产生,以及一种新颖赌博游戏的出现,却被

---

① 吴应箕:《留都见闻录》下卷《时事》,第37—38页。
② 许洽:《眉叟年谱》,载《吴城日记》附录,第255页。
③ 田艺蘅:《留青日札》卷30《赤鯶公》,第967页。

解读者加以无限的联想:一是将"进土"一说,与万历四十六年辽东失陷抚顺一事联系在一起;二是将"掠城"游戏与万历四十七年春的"大败丧地"联系在一起。① 这就是所谓"人以为谶"。

喜讹尚怪:谣传盛行的社会原因及其司法惩治

基于一些时代性的社会原因,明清两代谣传盛行。谣传一旦广泛流播,轻则导致民心惶惶,错配鸳鸯,重则导致死伤事件,甚至有些流言背后的舆论效应,更会动摇统治者的统治基础。为此,无论是法律条文,还是地方官员的行政、司法实践,均对谣传采取重治之法。

(一)谣传盛行的社会原因

明清两代谣传的兴盛,固然有历史传承的因素,有时也确乎与"愚民无知"颇有一些关系,然若深究之,则必有时代性的社会原因。统而言之,大抵有以下两个:

其一,官方言路及信息传播系统不畅,导致讹言四起。在明清时期,除官员士大夫得以从邸报中了解朝廷部分信息之外,普通百姓很难获悉官方消息。对于在朝官员而言,或塘报不通,或事涉军机的奏疏留中而不发抄,同样会引发官员的私下猜度与议论,进而导致讹言四起。即以明末崇祯朝为例,由于塘报不通,直接引发"讹言煽动",甚至出现了"无端捏造飞语"之人。崇祯十年(1637)闰四月,杨嗣昌在上疏中言:

---

① 沈德符:《万历野获编》卷29《機祥·妖言进土》,下册,第746页。

> 自边寇交讧,声唉屡惊,兼以好乱之人讹言煽动,自近及远,益觉皇皇。今春畿南偶有土寇抢掠,村庄遂喧。传敌骑再至,男妇奔入都城,势不可遏。虽通行晓谕,终不相信。迩因皮岛溃失,道路之口更复纷纭。臣以为调度军机不应泄露者,自当加谨秘密。若边腹塘报,仍不妨抄传与众兵知,使远近无事于揣摩,而奸徒莫容其鼓煽,未必非安定人心之一策也。①

从杨嗣昌的疏中可知,当社会动荡之际,边地、腹里塘报不通,以及好乱之人的"讹言煽动",难免会引起人心不宁;再加之"道路之口更复纷纭",更是造成"长安之中以耳语耳,几于乱真"。为此,杨嗣昌在疏中建议,由皇帝敕谕厂卫、五城缉捕衙门,先期禁止谣传,"敢有无端捏造飞语之人,即便严拿正法。立惩一二,以警其余"。崇祯皇帝为此下旨:"塘报不关机密的,准照常抄发。有无端擅造飞语的,着厂卫城捕衙门严拿正法,毋得徇纵。尔部仍行申饬。"②

崇祯十一年,面对清兵突然入关之势,杨嗣昌建议罗致人才,以御清兵。总督卢象升得以被崇祯帝召见。由此,引发了朝臣的诸多议论,甚至不乏流言。究其原因,就是有关军机的奏疏,照例留中,不发兵科抄出,群臣无法知道实情。对此,杨嗣昌在崇祯十一年二月二十五日的上奏中有如下揭示:

> 乃军机奉旨严密,条奏蒙谕留中,阴阳疑揣之端自是而起,异同构斗之隙不卜其终。臣不得已将一二题稿密传臣部坐门司官,质之九卿科道。同坐门者代臣求益,盖欲同舟之人略知篙橹邪许之事,以息捕捉风影之谈。而臣心如是之苦,流言如彼其兴。除另奏请裁外,臣思无可奈何,必祈我皇上俯采

---

① 杨嗣昌撰,梁颂成辑校:《杨嗣昌集》卷11《讹言易煽疏》,岳麓书社2005年版,上册,第258页。
② 杨嗣昌撰,梁颂成辑校:《杨嗣昌集》卷11《讹言易煽疏》,上册,第258页。

刍言,广收群策,将前此留中者俱下臣部看详。①

可见,无论"流言"的兴起,还是出现诸多"捕捉风影之谈",均源于有关军机重务奏疏的不发抄,最终导致流言四起。崇祯帝在读了此疏后,下旨云:"兵事贵密。诸奏留中,面谕甚明,何庸疑揣?览卿奏,广收群策,朕知道了。该部知道。"②尽管杨嗣昌关于战守之策,累疏百余,而且经过崇祯帝批红的奏疏或发给兵部,或发到兵科,却还是引起了朝野的猜测,甚至"流言四起"。③

其二,地方风俗中好"新闻",甚至"喜讹尚怪"风气的形成,无疑对讹言谣传的流播起到了推波助澜的作用。

在明清时期,诸如造言、讹言、妖言一类的谣传,已经相当普遍。在有些地方,更是形成一股流播谣言之风。这可以从以下三个方面观之:

一是正如明人王稚登云:"吴风淫靡,喜讹尚怪。"④"喜讹"导致造作讹言,"尚怪"更是让讹言有了流播的土壤。另有史料证实,在明代的苏州,已经形成一种好"新闻"的习俗。人们聚集在一起,一坐下,就"问新闻"。对此,李乐从传统的角度作了解读,认为这是"游闲小人入门之渐,而是非媒孽交构之端"。他进而认为,只有地方上"无新闻可说",才称得上是真正的"好风俗""好世界"。这一解读的根据,就在于将"新闻"等同于"讹言",并认定讹言之"讹",就是"化其言而为讹也"。⑤

---

① 杨嗣昌撰,梁颂成辑校:《杨嗣昌集》卷28《再祈圣鉴疏》,上册,第684页。
② 杨嗣昌撰,梁颂成辑校:《杨嗣昌集》卷28《再祈圣鉴疏》,上册,第685页。
③ 杨嗣昌撰,梁颂成辑校:《杨嗣昌集》卷28《军务方殷流言可骇疏》,上册,第685页。
④ 王稚登:《吴社编》,载王稼句点校、编纂:《苏州文献丛钞初编》,古吴轩出版社2005年版,上册,第324页。
⑤ 李乐:《见闻杂记》卷7,第594页。

二是"杭州风"的形成,且其本身具有"撮空"的特点,足以证明明代的杭州已是"讹言"成风。史称杭州风俗浮诞,轻誉而苟毁,道听途说,无复裁量,譬如某处有异物,某家有怪事,某人有丑行,一人倡之,百人和之。当面质疑,似乎如亲眼所见一般,其实就好像风一样,起无头而过无影,不可寻其踪迹。外地人抓住这一点,毫不客气地直斥为"杭州风",并造出一则谚语加以讽刺,道:"杭州风,会撮空,好和歹,立一宗。"①

三是在湖广京山县,传播谣言,更是形成一种风气。李宗定《京山竹枝词》云:"紫气氤氲帝里东,南新开市杂其中。一年好事无多少,只有谣言疾似风。"②所言即此。

(二)谣言的制造者、传播者

讹言、谣传的兴盛,实有赖于制造谣言、传播谣言者的广泛崛起。据明末人杨嗣昌的奏疏可知,那些政治性的讹言谣传,其传播途径大致如下,先是"出之舆台皂隶之口",而后"入之市井闲民之耳",再经过这些市井闲民的流播,最后"轰轰殷殷彻于都市矣"。③由此可见,讹言谣传的兴起中,既有造作者,又有传播者。两者相合,最后汇聚成一股不可小觑的舆论影响力。

就讹言谣传的制造者而言,造言之人亦是形形色色。细加勾勒,大致有以下几类人,最为习惯于制造谣言:

一是读书士子。如在湖广宝庆府,士风开始发生转向,已从"守其师说"转而变为"邮讹造谤"。史载宝庆府的士人,起初是

---

① 田汝成:《西湖游览志余》卷25《委巷丛谈》,上海古籍出版社1998年版,第363页;杜文澜辑:《古谣谚》卷64《外方人为杭州谚二则》,中华书局1984年版,第739页。
② 姚旅:《露书》卷9《风篇》中,福建人民出版社2008年版,第201页。
③ 杨嗣昌撰,梁颂成辑校:《杨嗣昌集》卷28《军务方殷流言可骇疏》,上册,第686页。

"葛巾素服",一望即知是读书的士人,且能做到坚守"师说",言必称"某先生之言"。其后,则发生很大的变化,士人之口,不再用来"穷经说礼",而是用作"邮讹造谤"。① 此外,生员落魄,仕进无门,成为山人游客之后,亦擅长制造流言蜚语。明代山人乐新炉堪称典型一例。据史料记载,乐新炉是江西临川人,原本是国子监的监生。此人颇有才智,至京城之后,凭借捭阖之智游于公卿之间,甚至一度入于大珰张宏幕下,太监冯保得罪于神宗,就是张宏采纳乐新炉建议授意科道弹劾而致。乐新炉是万历年间朝中诸多政治性谣言的制造者,史称"多造口语,人多畏恶之"。万历十九年(1591)冬,刑科给事中王建中,专门上疏,纠劾乐新炉。从奏疏中可知,乐新炉所捏造的"飞语"颇多,如将邹元标、雒于仁、李沂、梁子琦、吴中行、沈思孝、饶伸、卢洪春、李植、江东之称为"十君子";将赵卿、洪声远、张程、蔡系周、胡汝宁、陈与郊、张鼎思、李春开称为"八狗";将杨四知、杨文焕、杨文举称为"三羊"。继此之后,他又大造谣言,云:"若要世道昌,去了八狗与三羊。"②

二是"无籍之徒"。在明清两代,无籍之徒有时就是无赖流氓的代名词,他们通常也成为谣言的制造者。如成化年间,各乡村之地便有无籍之徒,他们捏造妖书妖言,煽惑人心,图为不轨。③ 明代的史料记载也说明,江南很多市镇的讹言,均为一些领袖无赖子的"魁猾"所造。他们不但开赌博,张骗局,贩盐窝盗,甚至"兴讹造言,无所不至"。一旦异说经他们制造之后,很多人随之"附丽",

---

① 顾炎武撰,谭其骧、王文楚、朱惠荣等点校:《肇域志·湖广·宝庆府》,上海古籍出版社2004年版,第3册,第1928页。
② 沈德符:《万历野获编补编》卷3《刑部·山人蜚语》,中华书局2004年版,下册,第873页。
③ 戴金编:《皇明条法事类纂》卷32《禁约捏造妖书妖言及收藏传用》,日本古典研究会1966年版,第274—275页。

"显为民害,暗酿乱端"。①

三是妖僧妖道。如弘治年间,妖僧李道明,撰写妖词歌唱,蛊惑人心,从而讹诈财物;②万历年间,妖僧李圆朗制造妖书煽动人心,进而谋划在广东始兴县谋乱等。③嘉靖三十四年(1555)秋,杭州民间百姓中讹传的"马祖师",其实就是一位妖道。民间将马祖师妖魔化了。或称其"能入人家,迷惑人至死,变幻飞走,异形多能,为蝴蝶,人御之,则刀枚反伤其人,或害及家人妻子";或称其"能剪纸为兵,念咒即能布阵,夜入人家,男妇睡时,多为所压不能醒,虽醒,气犹索索不苏,有因而死者"。关于马道人的传言,开始起于苏州、常州,而后盛行于湖州,不仅士民崇信,甚至有名的仕宦大夫,也受其愚弄。流风所及,杭州、宁波,甚至广西,均有关于马祖师的传言,可见其影响之广。马祖师不仅成为民间讹言的神化对象,更是谣言的直接制造者。他声称:"以盆水照影,则贵贱迥别:或有影带貂珰、幞头、纱帽、兜鍪诸色,种种奇怪者,亦有带平天冠如帝王像者。"照影之后,他就署名簿籍,借此预定官爵大小高下,将来大率如所见之影。④云云。

---

① 崇祯《乌程县志》卷4《风俗》,载《稀见中国地方志丛刊》,中国书店1992年版。按:县志所录上面这段记载,其实就是一位名叫陆呐斋的老翁所言。这位老翁为朱国祯的父执辈。其所说原话,与县志所载大抵相同,但亦稍有出入。引述如下:"假如今各镇市中必有魁猾,领袖无赖子,开赌博,张骗局。僧道念佛则挨入司香火,社节出会则哄身醵金钱,甚至贩盐窝盐,兴讹造言,无所不至。黠者又结衣冠人为助,把柄在手,头绪甚多。流棍异说可疑之人,因而附丽,显为民害,暗酿祸端。"参见朱国祯撰,王根林校点:《涌幢小品》卷32《小匠》,第651页。
② 《明孝宗实录》卷206,弘治十六年十二月辛丑条,台北"中央研究院"历史语言研究所校印本,1966年。
③ 《明神宗实录》卷210,万历十七年四月乙酉条,台北"中央研究院"历史语言研究所校印本,1966年。
④ 田艺蘅:《留青日札》卷35《马祖师》,第1133—1135页。

四是溃逃的军兵。如明代北方边地流言的传播者,大多是"比先弃城逃走之徒",他们或托故存留在京,或怨恨拘发原卫,侥幸脱罪,不知感恩,于是"更造言以为得志"。①

至于讹言谣传的传播者,若是细加探究,除前面提到的市井闲民之外,以下三类人群,则最为引人瞩目:

一是旅食于京城的"罢闲官吏、山人词客",通常多是谣言的传播者乃至制造者。正如史料所言:"更有一种罢闲官吏、山人词客,谈兵说剑,旅食京师,有所望而不遂,闻国家有事,喜动眉宇。或播煽流言,讪谤当事;或虚张虏势,摇惑人心。捉影捕风,以耳传耳,其中更有乘机遭会,或自己呈身,或代人营干。若下驱逐之令,益滋怨讟之口。"②

二是"三姑六婆"。毫无疑问,在明清两代,三姑六婆已经成为"新闻"的传播者,以至很多士大夫家族的家训中,大多告诫自己的家族内成员,不仅娼妓不许"出入门内",即使是三姑六婆,也必须"勿令入内","万勿令得往来"。究其原因,就是三姑六婆这类人,"或称募化,或卖簪珥,或为媒妁,或治疾病,专一传播各家新闻,以悦妇女"。除传播各家新闻之外,三姑六婆有时还会"暗中盗哄财物",甚至"诱为不端,魔魅刁拐,种种非一,万勿令得往来。至于娼妓出入门内,尤为不可"。③

三是"老鹅头"。顺治十一年九月,南明郑成功等率兵从海上北伐时,曾在松江府上海县一带引起地方骚动,一时讹言四起。姚廷遴在对此事的记载中,有云:

---

① 叶盛:《边务疏》,载《明经世文编》卷59,第1册,第469页。
② 姚希孟:《代上韩老师书》,载《明经世文编》卷501,第6册,第5525页。
③ 申涵光:《荆园小语》,载诸伟奇、敖堃主编:《清言小品菁华》,海天出版社2013年版,第468页。

城内惶惑,更有几个老鹅头说讹话云:"方才舡上送起纱帽一顶,员领一件,安民告示一道,要知县穿戴投降,他明日竟到松江去也。"又有老人说:"此王者之师也,不用相杀,竟来招抚,明日通要包戴网巾了。"纷纷讹说不一。①

文中明言"讹话"的传播者是"老鹅头"与"老人"。"老人"其义明晓,不必赘言。唯"鹅头"一语,需要稍加辨析。"鹅头"一称是苏州俗语,通常是指愚蠢之人,一如杭州之称"豸头",嘉兴之称"酒头"。鹅头一称,除专指愚笨之人外,还有另外一层含义,即专门讥讽那些"顽傲"之人。② 由此可见,姚廷遴所谓"老鹅头",实则有两层含义:一则指愚笨老人,二则指久已顽傲之人。

(三)谣言的防治及其司法惩治

在明清两代,讹言谣传一旦出现,官方最为常见的防治之法,就是下发或张贴告示,通过澄清事实,以安定民心。早在明代中期以后,鉴于西北边地流言的传播,叶盛就曾建议朝廷特降"圣旨榜文",让官员赍送边地,在各城堡"永远张挂",其目的在于"以安人心"。③ 崇祯九年(1636)正月,"流贼"攻破和州,江浦被围。于是,南京开始加强防御,"未见一贼而先张皇自敝"。所幸官方发出告示,说明城内"安静无事",方使民心稍定。④

明清鼎革之际,弘光朝廷建立。因在诏书中有"与民更始"一语,被人"讹传",造成海上至闵行、周浦、行头、下沙一团乃至华亭诸镇,奴变纷起。当时地方官员发出告示一通,云:"有倡乱者,照

---

① 姚廷遴:《历年记》中,载《清代日记汇抄》,第72页。
② "鹅头""酒头""豸头"诸称之义,以及所涉相关问题的考辨,可参见陈宝良:《中国流氓史》,上海人民出版社2008年版,第134—135页。
③ 叶盛:《边务疏》,载《明经世文编》卷59,第1册,第469—470页。
④ 吴应箕:《留都见闻录》下卷《时事》,第38页。

李长枭示例!"方使周浦一镇稍趋安宁。①

入清以后,尤其是到了顺治十一年(1654),南明郑成功等北伐,导致流言四起。为此,地方官同样采取张贴告示之法,以安抚民心。在江南上海县,地方官员所出安民告示云:"逆贼张名振志图抢掠,突入江浦,谅此海底游魂,何难摧枯拉朽。尔百姓与官民当协力防御,乃有无知奸猾之徒,从而猖獗,有执梃而阻遏官兵者,有包戴网巾者,有讹言惑众者,有恐喝官府者,种种悖逆,本应荡洗,今姑网开一面,令尔自新,着即还家复业。"自此而民心稍定,渐归复业。②当北伐流言往江西扩散之时,时任江西岭北道参政的汤斌,也"檄行各属,张示晓谕,使各安心乐业,不得妄自迁移,自取丧身失业之祸"。③

天启年间,山东白莲教徐鸿儒起事,导致流言四起,民心思乱。为此,时任广平府推官且署知府一职的王徵,专门出一告示,以安抚民心。为了对地方官员的安民告示有一详尽的了解,不妨将王徵所出告示全文引述如下:

> 本厅到任以来,窃见此方百姓,各安生理,颇多善良,私心甚为喜慰。向闻东省妖民倡乱,初若猖狂自恣,后乃邪不胜正,人难欺天。渐渐穷促,渐渐剪灭。为首的凌迟处死,协从的多遭杀戮。妻孥死亡,家业荡尽。平日妄想心肠,到头竟成何济?本厅每羡此方百姓安家乐业,父子兄弟团圆,母妻儿女厮守,何等快活?何等太平?视彼作乱地方,何等受用自在?何意今日忽起无端风波,做出一番莫来由之张皇也。他那奸

---

① 曾羽王:《乙酉笔记》,载《清代日记汇抄》,第16—17页。
② 姚廷遴:《历年记》中,载《清代日记汇抄》,第71—73页。
③ 汤斌:《汤子遗书》卷8《海逆肆犯有年讹言浪传无忌晓谕官民勿听眩惑以定人心奉宪晓谕事》,载《汤斌集》,上册,第492—493页。

徒捏造讹言,正要你们乱动,他好乘机抢掠。你们略略有些识见的,怎么肯堕他的术中?俗语云"狗咬脚"。你们若是定定的不动,看他如何抢掠?况你们小男、妇女投奔外乡,也不是容易走的。何不先着一两个壮男子,前去打听的实,再作行止?何如就是他们妄传上司发兵来洗你们的村坊?你们也试自想一想,你们有甚罪过,上司恼恨至此!想都院念你们是旧游地方百姓,爱惜你们如同自家儿女,见你们有些小苦累,即行刊挂大大告示,谆谆禁约官长,就是有宁难为官长处也不恤。都只为你百姓来,何尝有一件恼恨你们百姓处?况你们百姓告下一张状子,也三番五次着官详辨是非曲直,不忍误伤一人。岂有不论青红皂白,就将无于(干)平民尽行洗荡的理?就是当日有名的白莲教首,逃避远方。自那武邑事平之后,抚、按都明悬告示,一切置而不问。不是不能拿他,正是不肯惊扰地方,欲百姓相安于无事,共享太平之福而已。你们今日却如何无端自家张皇,几令奸人得志?自今经了这番光景,你们大家须要回想回想,看那逃窜的有甚好光景?那不动的有甚不好光景?今日果是如何?则官府晓谕之言可信乎?奸人虚传之言可信乎?从今以往,既还乡井,各宜安心坚守自家家业,保护自家骨肉,成全自家性命,稳稳当当的(地)坐享清平世界。勿再妄信传言,虚生恐怖,致令一家骨肉拆散,亲戚飘零,背乡离井,到(倒)做个逃亡乱民。到后来家业被奸人抢占,妻子遭道路羞辱,揹的有家难奔,那时埋怨何及?悔恨何及?本厅迂阔无当,不能化诲吾民。然自信畏天爱人一念,断不忍一言欺我百姓。凡我百姓,其尚亟相体亮,转相告戒,永作善良,各安生理。毋忽!①

---

① 王徵著,林乐昌编校:《王徵集》卷3《治状》3《谕惊逃》,第64—65页。

不厌其烦地将告示录于上,旨在对地方官的安民告示格式、内容有一个全面的揭示。而从王徵所出告示来看,为了使百姓安心,告示不但采用白话与口语,甚至不惜引用民间俗语,借助苦口婆心的晓谕,以使百姓不信奸徒所造讹言,且能"各安生理"。

崇祯八年(1635)正月,"流寇"离开太和县后,有一些"奸民","思欲乘机抢掳",就"创造讹言",结果导致"居民惊散,因而卷掳财物,甚至自缢溺水伤残性命"。为了安定地方,太和县知县吴世济专门出一告示,禁止"讹言",并下令:"合行严加禁约,如有仍前复犯者,即将本犯以军法擒治,决不轻贷。如有拿获此等奸徒送县者,即与军功同赏。"①

当讹言谣传疯传之时,地方的一纸安民告示,对于防治讹言、抚辑民心显然很有必要。至于那些制造、传播流言者,朝廷与地方官员更是将他们上升到法律的层面加以惩治。从国家法律层面来说,在明代,但凡制造与传播讹言、妖言等,均与叛逆、强盗相同,将此类行为归属大罪,一概交由锦衣卫镇抚司治理,而不是三法司。"狱具,虽法司大臣,无敢出入。"②又从成化、弘治年间就诏狱下发的各项圣旨来看,只要是制造或传播"妖言"之人,大多下旨"好生打着问",显然不同于一般的"常犯"。③

针对讹言、妖言,法律惩治条例如此严厉,固属必然。若是将视角转向地方官员的行政与司法实践,对流言、讹言、妖言之类的流播,同样采取了极其严厉的惩治之法。如明代中期,叶盛针对北边广泛流播"房警"流言,则上疏要求朝廷特降圣旨榜文,授予地方官特别的权力,凡是有人"倡为异议流言,摇惑人心",则允许地方

---

① 吴世济:《太和县御寇始末》卷下《禁讹安民》,浙江人民出版社1983年版,第95页。
② 崔铣:《喻刑》,载《明经世文编》卷153,第2册,第1539页。
③ 林俊:《陈愚悃以附余忠疏》,载《明经世文编》卷88,第1册,第796页。

官"指实参处,以极刑示众,仍籍其家"。① 吕坤出任山西巡抚时,曾专门规定:那些"造言之人",只要"无端捏事,见影生风,或平起满街议论,或写贴匿名文书,或擅编歌谣剧戏,或讲说闺门是非",若是因此而出人命,必须与人抵命。其余者,一旦经过乡约人等指实,"即便绑缚到官,有司尽法重治,遍于城市乡村游迎,仍写奸诈贼民某人大字竖牌一面,钉于本犯门左,申明亭纪恶,朔望念堂,良民不与为礼"。② 崇祯末年,刘宗周任都察院左都御史时,疏呈《乡保事宜》,其"惩恶条例"中,就列有"讹言惑众",且在"约备"条中,建议"其讹言者,以军法论"。③ 又在《乡约事宜》中,刘宗周进而补充道:"凡道路流传之言,不得转相告语。传讹者即是生讹之人,法在不容。"④

结束语

揆诸明清时期兴讹造言的历史事实及其传播途径,将信谣、传谣的责任一概推诿于百姓之愚,既不符历史的真实,更有悖于史家的求真精神。俗语有云:谣言止于智者。此语实当从三个层面加以解读:

其一,无论是讹言、谣言,还是妖言,其兴起乃至流播的最大特点,就是"凭诸物,假诸灵,一夫说,万夫腾,无翼而飞,无趾而行,疑

---

① 叶盛:《边务疏》,载《明经世文编》卷59,第1册,第469—470页。
② 吕坤:《实政录》卷3《民务·恶风十戒》,载《吕坤全集》,中册,第1006页。
③ 刘宗周:《文编》1《奏疏》4《遵奉明旨疏》,载吴光主编:《刘宗周全集》,浙江古籍出版社2007年,第3册,第197页。
④ 刘宗周:《文编》9《书》9《杂著》1《乡约事宜》,载《刘宗周全集》,第4册,第404页。

鬼疑神,使民无所而相惊"。假若纵而勿问,则会"因是而为乱";如果从而治之,则又"窈冥不见踪迹"。① 面对讹言谣传,理应奉持曾子之说,即"君子不唱流言,不折辞,不陈人以其所能,言必有主,行必有法,亲人必有方"。关于曾子之言,明末大儒刘宗周曾作如下诠释:"流言,如水之流而无定也。言而无主,流莫甚焉。折人以辨而不穷,陈己之长而不逊,皆流言之导也。君子不唱流言,故言必有主。言有主,则行有法矣。"②清人惠仲孺在论及君子面对讹言时,也主张应该"镇以静",③其实就是曾子"不唱流言"说的翻版。细究曾子、刘宗周、惠仲孺之意,实则俗语所谓谣言止于智者。历史的事实确乎已经证明,谣言可以止于智者。如隆庆元年(1567),在大江以南,广泛传播朝廷要选取宫人的流言,民间百姓家中凡是八岁以上的女儿,一概出嫁,良贱为婚,不可胜计。当时桐乡县乌镇人陆相,有一年方20岁的女儿,众人劝告陆相从权将女出嫁,而陆相却说:"万万无是事也。皇家选宫女,须用北人,南人必不与选。万一我女与选,何福胜戴? 吾当亲送入宫耳。"陆相并未将女匆匆出嫁,而是以礼"如期于归"。④ 此即谣言止于智者的典型个案。

吊诡的是,信谣、传谣者并非仅仅限于下层的愚民百姓,有时知识人、官宦同样是讹言谣传的信从者与传播者,甚至是推波助澜者。换言之,知识的多、官爵的高,并非成为智者的必备条件,有时反而普通的百姓倒是真正的智者。已有的诸多史料已经证明,很多知识人颇喜记录讹言谣传,并借此大加附会,作为后世动乱的一

---

① 法式善:《陶庐杂录》卷6,第204—206页。
② 刘宗周:《曾子章句·立事第一》,载《刘宗周全集》,第1册,第562页。
③ 法式善:《陶庐杂录》卷6,第204—206页。
④ 张履祥:《杨园先生全集》卷44《近古录》2,引《见闻杂记》,下册,第1203页。

种征兆。① 即以明代广泛流播于江南的选秀女谣传为例,一些士大夫也称不上真正的智者。在面对朝廷选秀女的讹言时,"虽宦家往往摇动",②就是最好的例证。

其二,讹言、谣传,一旦经人以讹传讹,风靡于世,就会导致人心惶惶。清初学者张履祥将讹言列入"灾异"类加以记录,足见谣传引发的恐慌可以导致一场大的灾难。即以明清时期广泛存在的选秀女谣传为例,一言之讹,有时确乎"令人间忽辟一夫妇世界,鸳鸯系足,不知费仙人几许赤绳也"。③ 讹言流播之下,匆匆嫁女,致使鸳鸯错配,最终导致许多婚姻悲剧。嘉靖末年嘉定节妇殷氏,即为讹言流播而导致婚姻悲剧的牺牲品。④ 若以明代倭警讹言流播

---

① 如明末清初人曾羽王,作为一个下层知识人,就颇为喜欢记录讹言谣传,并由此加以附会。在他的日记中,下面两则记载,即是最好的例证。一则记载如下:"崇祯十三年,传言于护塘有一妇人,身穿白衣,形如道婆,自云:'可惜此地,不久作战场矣。'始以为讹传,不信。及约十有八年,自顺治辛丑、康熙壬寅,上台巡历,如无宁晷。"另一则记载如下:"至崇祯六七年,余年三十。值流寇纵横,青村有调兵之举。或征安庆,或守桐城。二三仆人如朱二、童喜、王受、王常,不时从征,归述流寇事具悉。此时乡民顿兴立教。有'一拜天,二拜地,三拜朱朝灭,四拜我主兴'之语。又有'蝴蝶满天飞,身穿和尚衣,弥陀清世界,大明归去时'。余始以为妄谈也,不知十年之后,其兆立应。"参见曾羽王:《乙酉笔记》,载《清代日记汇抄》,第7、34页。
② 叶权:《贤博编》,第10—11页。
③ 陈鸿、陈邦贤:《熙朝莆靖小纪》,载《清史资料》,第1辑,第112页。
④ 关于节妇殷氏,徐允禄有如下记载:"嘉靖季年,民间倡诏选宫人之说,一时男女昏嫁略尽。邑(按:指嘉定)庠殷儒女,乃归娄塘里徐某。先是,徐少猾不良,邑人尽知之。会为讹言所迫,故归徐。未逾月,殷夫妇遂以女还。还而母探其意,女恚曰:'业与之醮矣。'母大怒,骂之曰:'尔即淫私其夫,不谓若遂能当尔意?'女饮泣不敢言。其后,徐某数至殷室,庶几见其妻。母预戒其女,不与见。使人迎妇归,亦拒之。如此者二年,而徐某疾发死。殷女为哭死者数四。无何,会其母亦病死,殷女愈哀,遂绝饮食而病作。将卒,其父谓之曰:'噫!尔死,则何归?'女愀然曰:'惟命。'曰:'以尔伴母氏,何如?'女复愀然曰:'惟命。'又曰:'以尔归徐郎所,何如?'女即据床叩谢曰:'如此则死而生矣。'须臾,死。竟从其意。"参见徐允禄:《思勉斋集》卷9《殷节妇传》,清顺治刻本。

为例,正如前述,同样造成了"踩躏死者甚众"的死伤恶果。① 更有甚者,妖则有形,讹则有声;妖讹相仍,奸宄其兴。可见,许多妖言、讹言背后有着造谣者不可告人的目的,甚至有导致"奸宄其兴"的谋叛之举。就此而论,清人惠仲孺进而提出的"绳以法"之说,②即借法律对造言者加以惩治,实有禁止讹言谣传进一步流播之效。

其三,讹言、谣传的传播,单凭事后法律的惩治,并非一劳永逸之计。当讹言、谣传盛兴之时,官方及时出台的安民告示,固然可以收安定民心的一时之效,但单纯依靠官方的禁令、告示,终究并非长久之计,有时甚至适得其反,出现"官愈禁愈以为实"的尴尬结局。③

若是从深层次的心理层面加以探析,讹言、谣传的兴起,实则源于一种心理恐慌,尤其是久藏于内心深处对"宫怨"与动乱时期颠沛流离生活的这种恐慌性的心理记忆。当然,决不可过分夸大讹言、谣传的负面性影响。禁止讹言、谣传流播的最佳方法,尚需加强信息、言路方面的制度建设。唯有朝廷与地方、官与民甚至上与下之间的信息渠道畅通,方可讹言、谣传不兴。换言之,当言路不通、官民信息交流不畅,甚至民意难以上达天听之时,民间百姓不得不依赖于讹言、谣传,以此作为一种表达群情的舆论手段。

---

① 计六奇:《明季北略》卷1《清朝建元》,上册,第6页。
② 法式善:《陶庐杂录》卷6,第204—206页。
③ 叶权:《贤博编》,第11页。

第三章 "无讼"抑或"好讼":好讼社会的形成

引 言

从社会学的视角出发,对中国传统社会的本质加以探讨,无疑已经形成一个较为普遍性的看法,亦即中国的传统社会是一个"乡土社会"。费孝通对中国乡土社会的研究表明,在乡土社会里,一说起"讼师",大家就会联想到"挑拨是非"之类的恶行。一个负责地方秩序的父母官,维持礼治秩序的理想手段是教化,而不是折狱。于是,在乡村社会里,打官司也成了一件可羞之事,因其表示教化不够。在乡村里碰到矛盾,最为看重的是调解。而所谓调解,其实又是一个教育过程。① 林端对传统中国的法律文化作了进一步的申述,他认为,在传统中国社会中,法律受到儒家伦理重礼教、讲人情的制约,无不决定"调解"比"判决"更为重要。换言之,儒家伦理所倡导的"讼则终凶"的思想,终究证明乡土社会的本质就是一个"反诉讼的社会"。基于此,中国人立基于实际所体认的传统,就是"怕上法庭、视兴讼如蛇蝎、鄙视法律、反对法律等的疏离心态"。② 劳政武则对中西法律文化下的观念差异作了有益的比较。他认为现代西方的"权利本位"观念,是鼓

---

① 费孝通:《乡土中国》,北京大学出版社1998年版,第54—58页。
② 林端:《儒家伦理与法律文化——社会学观点的探索》,台北巨流图书公司1994年版,第28—29、218页。

励人们去争权夺利,甚至以"别让您的权利睡着了"为标榜,实在是鼓励兴讼。而"中国固有法系之胸襟为弥讼至上,并且有扶弱抑强之设想",亦即"对于官吏贪赃枉法予以重罚,严禁为现任官员立碑;反之,对老耄幼弱愚蠢者有宽宥之制,对欠债果属贫困得折扣还钱等是"①。

毫无疑问,将传统中国社会定义为以"无讼"为主体的"反诉讼"社会,大抵反映了中国的实际状况。值得指出的是,历史研究固然需要这种概括社会本质的社会学理论的指导,但更应关注历史上社会形态的动态变迁及其变迁的内在"理路",并进而阐释其成因。基于这种意识,关注传统中国社会诉讼的历史事实,则尤显必要。究其原因,张德胜对"社会原理"的解释,无疑具有启发性价值。这就是说,尽管传统社会中的儒家"力主教化",希望通过"规范内植,使个人主动服膺",但是,若是基于社会控制的角度来看,单纯的教化并非万能的。个人欲望的存在,最终必然导致其与代表社会要求的规范有所抵触,于是"任何社会均会采用某些外逼手段,促使成员就范"。② 当然,所谓"外逼手段",其实就是法律的强制性制约乃至裁判。就此而言,传统中国的"和解",亦并非尽能造成"完美或圆满的结果"。至于其理由,萧公权已经给出了如下答案:"在专制帝政的统治下,在全体人民分成几组显然有别之单元的社会里,彼此歧异的利益是不免要存在的。想把这些利益——尤其是统治者与臣民、绅士与平民、不同的地缘、种族或职业团体间的利益——加以调和,永远是办不到的;因此人与人之间,或团

---

① 劳政武:《从法治观点看本书》,载《清代名吏判牍七种汇编》附录,台北老古文化事业股份有限公司2000年版,第11—12页。
② 张德胜:《社会原理》,台北巨流图书公司1986年版,第242页;Dennis Wrong, "The Over-socialized Conception of Man in Modern Sociology," in *American Sociological Review*, Vol.26, 1961, pp.183-193.

体与团体之间发生冲突的可能性也就永远存在。"① 即使是传统中国法律体系中经常采用的"扶弱锄强"之法,尽管被当时的一些地方官视为"为政大体",但亦并非完全可以达臻"无讼"的理想境界,反而会造成"不待出官,而胜负已决",以及"荐绅窘辱,奸豪得志,长刁殃民"。② 其言外之意,就是会引发民间的"好讼"之风。

由此可见,尽管儒家知识人追求一种"无讼"的理想境界,而明清社会的现实状况却是一个"好讼"的世界。换言之,民间百姓一旦"情关迫切,势难缄默",还是不得不"赴官鸣控"。③ 随之而来者,则是"无讼"的理想与"好讼"的现实必然会产生冲突。冲突的结果,则是"息讼"观念的出现乃至其在具体司法事务中的实践,再加之明清社会的巨大变迁,最终导致"好讼"社会的形成。

"无讼"的理想境界

按照中国的传统观念,理想社会的境界即为"无讼"的世界。"无讼"一说,初见于《大学》,其中孔子有言:"听讼,犹吾人也。必也,使无讼乎？无情者不得尽其辞,大畏民志,此谓知本。"此即"无讼"思想的源头。在中国民间,一直有许多劝人息讼的谚语流传。如汉代谚语说:"廷尉狱,平如砥。有钱生,无钱死。"明代也有相同

---

① 萧公权:《调争解纷——帝制时代中国社会的和解》,载氏著:《迹园文录》,台北联经出版事业公司1983年版,第151页。
② 佘自强:《治谱》卷4《词讼门·忌偏事》,载《官箴书集成》,黄山书社1997年版,第2册,第122页。
③ 黄六鸿:《福惠全书》卷3《莅任部·考代书》,载《官箴书集成》,第3册,第257页。

的谚语,其中有云:"衙门日日向南开,有理无钱莫进来。"①又明代俗语云:"原告被告,四六使钞。"又云:"官府不明,没理的也赢。"②

在清代民间,同样流传着很多俗语,其中关于告状的俗语,多是劝人不要告状,体现了民间一直存在的"无讼"意识。清代有一句谚语云:"一字入公门,九牛拔不出。"③如在湖南宁远县,有下面一些俗语,诸如"衙门大打开,有理无钱莫进来""饿死莫做贼,气死莫告状""告人一状,三十六冤"。④ 流传在河南各县的民间俗语中,也有相同的看法,如"屈死不告状,饿死不做贼""人犯王法身无主,见官三分灾""一家入公门,九牛拉不出""会打官司不算能,越打官司越受穷"。⑤

上述诸多民间谚语、俗语,无不说明诉讼需要耗费时间、钱财、人力。换言之,若是"滥讼",民间百姓需要付出很高的成本、很大的代价。正如明代史料所言,百姓对官员天生具有一种畏惧感,将他们奉若神明。所以,一旦涉及诉讼,就不得不"为请托,为延讼师,为赍发公差,为贿证佐,为央保,为铺垫衙门,为集亲知,以相角助"。为此,"朝朝酒食,节节银钱",而其实"入赎于公者一,而民费且数十倍"⑥。清代有谚语云:"衙门六扇开,有理无钱莫进来。"就此谚语,清人汪辉祖作了详细的剖析,认为在诉讼过程中,尽管官员未必都贪赃,但"吏之必墨",则毋庸置疑。所以,"一词准理,差

---

① 田艺蘅:《留青日札》卷18《三代狱》,上海古籍出版社1985年版,第612页。
② 吕坤:《实政录》卷5《乡甲约·和处事情以息争讼》,载氏撰,王国轩、王秀梅整理:《吕坤全集》,中华书局2008年版,中册,第1076页。
③ 乾隆《重修伊阳县志》卷2《风俗》,《稀见中国地方志汇刊》本。
④ 光绪《宁远县志》,载丁世良、赵放主编:《中国地方志民俗资料汇编》,《中南卷》上,北京图书馆出版社1997年版,第586页。
⑤ 丁世良、赵放主编:《中国地方志民俗资料汇编》,《中南卷》上,第598页,《中南卷》下,第44、59、106页。
⑥ 刘时俊:《居官水镜》卷1《杂说·省讼说》,载《官箴书集成》,第1册,第598页。

役到家,则有馈赠之资;探信入城,则有舟车之费。及示审有期,而讼师词证以及关切之亲朋,相率而前,无不取给于具呈之人。或审期更换,则费将重出"。汪氏进而指出,在清代尚有另外一句谚语,即"在山靠山,在水靠水",已经道出了衙门差房陋规,名目不一。① 清人潘月山更是一针见血地指出,诉讼一事,"最能废业耗财"。就胜诉一方而言,"前此焦心劳身,费钱失业,将来家道定就艰窘";就败诉一方来说,则更是"破家荡产,身受刑系,玷辱家声,羞对妻子"。②

鉴于此,明清朝廷通常采用里老调解的方式,以维持一种地方"无讼"的境界。这种重视调解的基本理念,显然得到了来自地方家族的支持与回应。明清两代的宗约、族规,无不倡导一种"平情息讼"。如明人王演畴所著《宗约会规》,将争端分为以下两类。一是族内本家兄弟、叔侄之争,此类争端完全可以由族内自行调停处分,即宗长令各房长在约所会议处分,完全不必诉诸官府。二是本族与外姓发生争端,则可分为两种情形:若是事情重大,则付之"公断",由官府出面判决;若只是"户婚田土"一类的"闲气小忿",则家长"便询所讼之家,与本族某人为亲,某人为友,就令其代为讲息。屈在本族,押之赔礼。屈在外姓,亦须委曲调停,禀官认罪求和"。③ 细究其意,还是以"讲息"解决争端。王士晋在《宗规》中,亦强调"争讼当止"。究其理由,就是"太平百姓,完赋役,无争讼,便是天堂世界",而"讼事"更是"有害无利"。④ 在清代《义门裴氏

---

① 汪辉祖:《佐治药言·省事》,载《官箴书集成》,第5册,第317页。
② 潘月山:《未信编》卷3《刑名》上《饬禁刁讼并访拿讼棍示》,载《官箴书集成》,第3册,第72页。
③ 陈宏谋辑:《训俗遗规》卷2《讲宗约会规》,载氏编:《五种遗规》,清道光三十年重刊本。
④ 陈宏谋辑:《训俗遗规》卷2《王士晋宗规》,载《五种遗规》。

先世族约》中,同样力戒"好讼争能",认为"好讼争能,原非仁厚之风",主张人与人之间,理应"情遣理恕,相安无事"。①

尽管如此,因不平之事而求之诉讼,恰恰又是人的客观本能。这就需要对"讼"这一观念作适当的梳理。换言之,应该如何认识"讼"?明朝人张弼作有一篇《原讼》的文章,详细阐述了他对"讼"的理解。细绎张弼之言,大抵包括下面两层意思:其一,"讼之始,义之激也,智之致也,人物皆有之"。这就是说,"讼"最初的含义是一种"公言",是为了"攻乎不公者",人莫不有之。不但人本身具有"讼"的因子,"凡有血气者,莫不有之。不特有血气者,凡物之相戾者,莫不有之"。其二,"讼"在历史的演变过程中,逐渐产生了弊端,也就成为"义之贼也,智之蔽也,君子所深恶,恒人之所弗尚,小人之所乐为,无复公言矣"。②事实确乎如此。很多争讼的形成,无不激于意气。正如明人冯柯所言:"讼必起于争,争必起于愤,愤必起于不能下人。"③正是有了"不能下人"之气,才最终导致词讼的出现。

"无刑堂"一称的出现,大抵可以说明,儒家传统的"无讼"观念开始付诸明清两代的司法实践。众所周知,像府推官这样的职位,原本属于专门的理刑之官,其职责就在于处理民间的诉讼案件。令人称奇的是,当时之人已将推官办公审案之堂称为"无刑堂"。为什么出现这样的情况?明人谢肇淛的解释已经很能说明问题:"夫刑非圣人之心也,微独非圣人之心也,亦非天地之心也。……固知世之降也,寇贼奸宄,法令滋章,其势必不能以无刑,而能时以

---

① 余治:《得一录》卷9《义门族约》,载《官箴书集成》,第8册,第603页。
② 张弼:《原讼》,载黄宗羲编:《明文海》卷131,中华书局1987年版,第1317页。
③ 冯柯:《质言·杂议篇》,收入氏著:《贞白五书》,载张寿镛辑:《四明丛书》,广陵书社2006年版,第22册,第13257—13258页。

无刑为心,及不得已而与之刑,则犹夫无刑也。"①身负司法之责,日常在堂中所处理的也是"寇贼奸宄"一类的案子,然心中所念,仍是"无刑"二字。

从明清地方官员"谳狱"之法来看,确乎充满着"无讼"的理想。如明人佘自强尽管认为审谳之法,必须"要虚要公,要明要断",但最为重要的还是秉持"化大事为小事,化有事为无事"的原则。正是从此点出发,他将古人论狱之言,诸如"宁失出,毋失入""罪拟惟轻"之类,视为"临民上者之第一要紧事"。② 又按照清代官员的普遍理解,"四民安居乐业者",可以称为"善良";而"居官讼简刑清者",则谓"循吏"。所以,一些地方大员,通常以"无讼"观念劝导下属官民:劝民"省讼",以保身家;劝官"简讼",以励廉节。③ 清人裕谦之"戒讼说",更是堪称当时许多地方官员所持"无讼"理想的典范。裕谦首先一语道出了诉讼之危害性,云:"讼则终凶,害多不测,小而结怨耗财,费时失业,大且倾家荡产,招祸亡身。"为此,他从"坏心地""耗财货""误正事""伤天伦""致疾病""结怨毒""生事变""损品望""召侮辱""失家教"十个方面,细列诉讼之害。④ 毫无疑问,这种"无讼"的理想已经渗透到明清两代地方官员的政治实践之中,由此形成了一种"省讼"之说。如清人陈朝君在任蒙城知县时,其处理地方诉讼事务之法,就是秉持"省一事,即可省一讼,省一讼,即可省一费"的原则,借此达到"化大事为小事,化有事

---

① 谢肇淛:《小草斋文集》卷19《无刑堂说》,《四库全书存目丛书》影印明天启刻本。
② 佘自强:《治谱》卷4《词讼门·告状投到状之殊》,载《官箴书集成》,第2册,第110页。
③ 刘兆麒:《总制浙闽文檄》卷2《劝民省讼劝官简讼》,载《官箴书集成》,第2册,第423页。
④ 徐栋辑:《牧令书》卷17《刑名》上《戒讼说》,载《官箴书集成》,第7册,第393—394页。

为无事"之境。为此,他专门让各社及乡约人等各造空白簿一本,送到县衙钤盖大印,明确规定,除真正"人命强盗"案件可以"不时告理"之外,其余诸如"户婚、田土、一切细事",偶有相争,"即凭媒妁中证,会同乡老,齐赴乡约所,从公管劝,务期两平。随将两家事理,按定月日,各用花押,注明印簿,送县查阅"。① 这就是"省讼"的司法实践。

"好讼"社会诸面相

无论是官方记载,还是民间史料,无不证实明清时期已经形成"好讼"社会。在明清史料中,"好讼""喜讼""健讼""嚣讼""刁讼",已经成为一些出现频率较高的词语。

以"好讼"一词为例,如明人叶春及云:"迩来风俗好讼。盖闻乱后,生理未遂,人性渐浇,或撰无证之词,或举已结之牍,或窥上意,或复私仇,铢两必争,睚眦必报。"②清代末年丁日昌云:"江北民情好讼,每每图准不图审,以冀拖累。"③以"喜讼"一词为例,明朝人洪朝选说福建漳州府,"邑故喜讼,事至微如毫发,而凿空无左验者,累千百余,日以相告言为事"④。

---

① 陈朝君:《茌蒙平政录·为慎选乡老特设印簿以息讼源以省民财事》,载《官箴书集成》,第 2 册,第 754 页。
② 叶春及:《石洞集》卷 7《惠安政书·禁邪七条》,上海古籍出版社 1993 年版,第 496 页。
③ 丁日昌:《抚吴公牍》卷 6《批阜宁县禀清理积案并察查地方情由》,清宣统元年南洋官书局石印本。
④ 洪朝选:《洪芳洲先生归田续稿》卷 1《房侯德政碑》,载氏著:《洪芳洲公文集》上卷,台北洪福增 1989 年重印本,第 30a 页。

再来看"健讼""嚣讼"与"刁讼"。明人王廷相揭示道:"有刁谲者,号为健讼,诬陷柔良,挟制官府,经年累月,告讦不休。"①这是说陕西一地的"健讼"之风。清代江南苏州、松江两府,亦是民风"健讼"之地。尤其是嘉定县,即使"三家村犊鼻负担之人",亦无不"持橐吮笔,随手信口,动成爰书"。②以江西吉安府为例,更是嚣讼大兴,刁风益肆,"近则投词状于司府,日有八九百,远则致勘合于省台,岁有三四千。往往连逮人众,少不下数十,多或至百千"。③明代成化年间,已是"刁讼"成风。成化十三年(1477),都察院在上疏中说:"刁顽之徒不遵禁例,饰诈文奸,视昔为盛。仍以革前并不干己之事奏告,逮人甚多,至数岁不能结断。"④嘉靖年间,当时的官员更是以民间广泛存在的"嚣讼"行为为忧。嘉靖九年(1530)三月,刑部尚书许瓒上奏四事,其中之一就是要求禁止嚣讼。他说"近年民习刁风,狱讼繁滋,纪纲颓弛,请通行内外衙门,一体禁约",云云。⑤更有甚者,至清代,时人已经将"积年健讼者"称为"讼油子",而且此类健讼之人的广泛存在,已经成为滋生擅长"刀笔"之讼师的温床。⑥

明清时期作为一个好讼社会,除词讼繁兴这一外在现象之外,其诉讼内容乃至形式也开始出现一些新的转向。举其荦荦大者,

---

① 王廷相:《浚川奏议集》卷1《请守令多选进士疏》,载氏著,王孝鱼点校:《王廷相集》,中华书局2009年版,第1223页。
② 张启泰纂辑,陆世益编:《望仙桥乡志稿·民蠹》,载上海地方志办公室编:《上海乡镇旧志丛书》,上海社会科学院出版社2004年版,第2册,第27页。
③ 《明宪宗实录》卷56,成化四年秋七月癸未条,台北"中央研究院"历史语言研究所校印本,1966年。
④ 《明宪宗实录》卷166,成化十三年五月壬辰条。
⑤ 《明世宗实录》卷114,嘉靖九年六月甲子条,台北"中央研究院"历史语言研究所校印本,1966年。
⑥ 徐珂:《清稗类钞·狱讼类·讼师有三不管》,中华书局2003年版,第3册,第1190页。

这些转向包括下面几点:

(一) 民告官之风的形成

按照明代原先的制度,民评官长,就会受到"量加责罚"的处理,而且法律规定,妇女除非犯了奸恶杀人或者毁骂舅姑这样的不孝之罪,否则都可以免于提问。显然,这是为了维护官长的尊严,并力图避免妇女在公堂上抛头露面。正统初年以来,出现了一股民告官之风。据当时行在刑部上奏,"近者民讼官,多撼拾妻妾幼女,幸其受辱,以快私忿"。① 这是诉讼之风的一大变化,也是官民等级制度趋于松懈的反映。

越诉表明民间百姓已经对基层官员不信任,希望直接通过上司衙门为自己伸张正义。这显然也是民告官风气的侧面反映。按照明代制度,军民词讼必须遵行一种"自下而上"的制度,决不允许越级上诉。我们并不否认自明代中期以后普遍存在因人教唆而上京告御状之例,但必须指出的是,明初很多上京告御状者,大多确有其莫大的冤屈。这显然与明初的法令之严大有关系。从明代的史料记载可知,当时有专门的法令规定,凡是身有冤屈、上京告御状者,必须"卧钉板",否则就"勿与勘问"。② 这无疑必须具有一种牺牲精神,而支撑这种牺牲精神的则是身受莫大的冤屈。

但自宣德以后,民间已有一些所谓"奸顽小人",往往因为私忿,就捏造虚词,擅自动用实封,或者募人赶赴京城递状,以致廉吏

---

① 《明英宗实录》卷40,正统三年三月甲辰条,台北"中央研究院"历史语言研究所校印本,1966年。
② 如《明史》有下面记载:"孝女诸娥,山阴人。父士吉,洪武初为粮长。有黠而通赋者,诬士吉于官,论死,二子炳、焕亦罹罪。娥方八岁,昼夜号哭,与舅陶山长走京师诉冤。时有令,冤者非卧钉板,勿与勘问。娥辗转其上,几毙,事乃闻,勘之,仅成一兄而止。娥重伤,卒,里人哀之,肖像配曹娥庙。"事载张廷玉等:《明史》卷301《列女一》,中华书局1984年版,第7692页。

良民也被诬枉。这种风气在四川尤其盛行。宣德四年(1429),宣宗下谕行在都察院右都御史顾佐,要求他们出榜告示天下:"今后机密重事有实迹者,方许实封奏闻。其余事应告理者,必须自下而上。若仍前越诉,不问虚实,法司一体治之,仍究主使教唆及代书词状之人,俱杖一百,并家属悉发戍辽东,永为定例。"①

入清,汤斌在任陕西潼关道副使时,曾设立"抱牌陈告"制度,允许百姓通过正常司法程序对当地赃官加以控告。②康熙二十三年(1684),汤斌出任江苏巡抚,在他上任以后的告示中,对诉讼案件的上告程序作出了明确的规定,其中涉及民告官的有下面三条:其一,"告贪官污吏,无赃迹实据、过付确证年月日期者不准"。其二,"告额外私征苛派,无款项数目、年月证据者不准"。其三,若是越级上诉问案官员徇情枉法,也必须具有证据,并按照程序上告:"真正人命、强盗,例由该管州县通申批审,未经断结,不许越告。如问官徇情枉法,必须开明日月,伤证赃仗,据实陈告,违者不准。"③从上面三条规定不难发现,只要有真凭实据或"确证",再按照规定的程序"据实陈告",民间百姓上告"贪官污吏"、官员"额外私征苛派"以及"徇情枉法",均被予以承认并且得到受理。

(二)家族内诉讼案件趋于频繁

宗族内的家长、族长与地方的里老,是调解与平息地方诉讼的主体力量。尤其是宗族制度的广泛存在,更是体现了明清社会"以德治国"的教化理念。

值得引起关注的是,在明清两代,家族内亦是争竞成风,因为

---

① 《明宣宗实录》卷53,宣德四年夏四月庚子条,台北"中央研究院"历史语言研究所校印本,1966年。
② 汤斌:《汤子遗书》卷7《禁约事》,载汤斌著,范志亭、范哲辑校:《汤斌集》,中州古籍出版社2003年版,上册,第411页。
③ 汤斌:《汤子遗书》卷9《晓谕事》,载《汤斌集》,上册,第552页。

财产之争而引发的诉讼案件渐趋频繁。如在明末的苏州府太仓州,"父子相狱,兄弟争讼"之事,已是相当普遍。① 清初学者汤斌在任陕西潼关道按察副使时亦曾有言:"看得秦民多因区区小忿,兄弟叔侄争讼不已。风俗重利轻伦如此,真堪浩叹!"② 又如清人袁钧言:"自利之说起,而兄弟有致争讼者。"不仅如此,甚至出现了"今有父在,而兄弟交争,至于经官者"。③

清代学者卢文弨更是明确指出,家庭内因为财产之争,引发了大量诉讼案件:

> 俗之衰也,有以同气而争财阅讼者,即其所得,业已盈千累万,足称富翁,乃以小有赢绌之故,不惮匍匐公庭,行赇于长吏,致赂于要人,市欢于羽党,要以蕲一胜而后快,财一日不尽,则讼一日不止,彼贪吏之后更以此取祸者,未尝无也。④

作为儒家传统统治基础的家族,其内部因为财产之争而广泛引发诉讼,这不仅仅说明"俗之衰也",更说明好讼风气的形成,已经逐渐动摇了家族基础。

(三) 土地诉讼案件渐趋增加

明清两代官方教化理念乃至司法规定,通常将田土一类的民事诉讼归于宗族、乡约、里老调解的范围。毋庸讳言,在明代、清代立国之初,由于国家控制力量的强大,宗族、乡约、里老显然发挥了其应有的作用,此类争竞多因调解而息讼。然在明清两代的中后

---

① 冯贞群:《钱忠介公年谱》,崇祯十一年戊寅条,收入《钱忠介公集》附录,载《四明丛书》,第5册,第2844页。
② 汤斌:《汤子遗书》卷7《华州详吞业杀命事》,载《汤斌集》,上册,第428页。
③ 袁钧:《瞻衮堂集》卷10《静寄东轩一家言》,载《四明丛书》,第15册,第9012页。
④ 卢文弨:《抱经堂文集》卷29《周君坦之家传》,中华书局2006年版,第386页。

期,土地诉讼案件开始逐渐增加。

在明代,一般认为诉讼案件中最难于处理的是田地。其中关于田地诉讼,其情状更是变幻不一:"有恃豪势而强占者,有因连界而吞并者,有已卖与人而重卖者,有见其耕荒而成熟争取者,有贿嘱牙保而称虚钱实契者,有将他产献势家,甚至聚众相杀,图赖人命,蓦越诉告。"①

在浙江淳安,民间一直有"山无界,直凭赖"的说法。这反映了当地民间词讼中争山比例的增加。山地因为四至不清,无可查据,而且真正的业主不过是数年才登山巡查一次,再加上相邻业主也很难凭问,于是山地往往成为当地人们争夺乃至混赖的主要财产。即使经过官府多次判定,还是竞论争讼不断。根据海瑞的统计,淳安县民事诉讼案件中,"每状十纸,争山必居五六",②其中的比例也是相当之大。在福建邵武县,明末关于田地、宿债此类涉及经济纠纷的诉讼案件也在不断增加。万历四十一年(1613),吴甡出任邵武知县,就发觉田地、宿债的争讼相当普遍。按邵武当地风俗,置田者称"田骨",佃田者称"田皮",各自费价若干。年代一久,因为田骨权与田皮权的混淆,卖田之家,"辄告增价,讼不肯息"。此外,邵武的一些"乡市无知",为了图赖宿债,或者因为与人争讼败诉,就采用一种极端的做法,就是吃断肠草,倒卧到对头人家而死,他们的"子弟族人,哄夺健告,以为利"。③

至清代,"健讼"之风,更是"大半起于田土"。在田土的买卖过程中,确乎如史料所言,"夫时值有贵贱,岁月有远近,价贱而添,年近而赎,亦恒情也"。然令人称奇的是,在宝山县月浦镇,"乃有田

---

① 《明宪宗实录》卷33,成化二年八月辛丑条。
② 海瑞:《海瑞集》上编《兴革条例·吏篇》,中华书局1981年版,第49—51页。
③ 吴甡:《忆记》卷1,浙江古籍出版社1989年版,第388页。

价已足,岁月已远,刁徒动以侵占为名,至乡民谨愿者多讼师煽之"。① 相同的情形也存在于浙江天台县。时任浙江天台知县的戴兆佳更有如下揭示:"天台民情刁诈,明明是中明契正,久经割绝之产,不曰'债尾叠剥',则曰'暂时契抵';不曰'丢税陷粮',即曰'追找完粮'。纷纷抱牍,纠缠不已。及至对簿,十无一实。"②虽说相关土地诉讼"十无一实",但此类涉及家庭财产官司的增加,不得不说是"好讼"社会的真实反映。

(四) 妇女出面告状风气的形成

按照传统的观念,妇女应该减少出头露面,尤其必须顾惜自己的"颜面"。即使是牵涉奸情案的妇女,当时官场的通行准则亦是不到万不得已,不令妇女到官。究其原因,一方面,完全出于传统的礼教规定,亦即所谓"阃言不出,礼有明文",或者说"妇女之道,首重三从",借此达臻"别男女之嫌,杜奸淫之渐";另一方面,正如清人万维翰所言,妇女出头露面,一旦成为习惯,顽钝无耻,就有流变为"肆行无忌"的危险。③

但事实并非如此。明清史料已经明确显示,当时妇女出面控告,出入公庭之举已经颇成风气。根据清代栾城知县桂超万的揭示,"夫男兴讼,妇女出头",已成栾城的一大"恶习"。而在兴化县,很多"狱讼"之兴,亦多"使妇女出头",而且"相习成风,恬不知耻"。④ 妇女出面告状,或者率领妇女在途中"肆行混搅",其起因

---

① 张人镜纂:《月浦志》卷9《风俗志·风俗》,载《上海乡镇旧志丛书》,第10册,第191页。
② 戴兆佳:《天台治略》卷10《一件叠剥栖房等事》,载《官箴书集成》,第4册,第221页。
③ 万维翰:《幕学举要·奸情》,载《官箴书集成》,第4册,第739页。
④ 桂超万:《宦游纪略》卷2,载《官箴书集成》,第8册,第346页;周石藩:《海陵从政录·劝民十约》,载《官箴书集成》,第6册,第233页。

大多不是人命官司,而是为了"蝇头之利",甚至不过是"雀角之嫌"。更有甚者,即使是"忝在绅衿之列"的家庭,其妇女亦"罔顾廉耻之防","使母露面于公庭","纵妇挺身而健讼"。① 至于妇女出面兴讼,其动机则正如当时史料所言,不过是"恃妇逞刁,希图泼赖",或者"乡里中偶有口角,辄率妇女途闹,以为莫之敢撄"。②

明清家庭内男子"恃妇逞刁公庭",或者说妇女"涉讼"风气的广泛出现,起始不过是因她们的父亲与丈夫纵容所致,但随着此类习气的深入人心,一至其后,她们的行为,即使是自己的父亲与丈夫亦逐渐不能制约,最后导致"街坊口角,村舍纷争,一家有事,亲族随之,众口难调,蔓延不了"。③ 这是身为父亲与丈夫的这些男子始料未及之事,却是"好讼"社会的典型征候。

(五)僧人涉讼案件之增加

按照常理,作为已经出家的僧人,自应云瓢雨笠,到处为家,或者闭门修斋诵经,保持一种六根清净的本色。

从明清史料尤其是一些法律文献来看,僧人涉讼案件确有增加的趋势。若对明清僧人涉讼案件细加剖析,大抵可以分为以下两类:一为僧人因为涉及通奸、强奸乃至杀人之事,而被人起诉。这是僧人主观的犯罪行为而导致的被动涉讼。二是僧人因为诸如房产、田产、池塘等财产之争,甚至为了"衣衲"一类的"细事"而主动兴讼。这是值得关注的社会现象。如浙江天台县,僧人会明,与俗家告争房产;僧人秀峰,因为田产买卖过程中缴纳赋税问题,而与买家发生争讼;更有僧人,与民间百姓为了争夺池塘而"兴

---

① 桂超万:《宦游纪略》卷2,载《官箴书集成》,第8册,第346页。
② 周石藩:《海陵从政录·劝民十约》,载《官箴书集成》,第6册,第233页。
③ 周石藩:《海陵从政录·严禁妇女途闹》,载《官箴书集成》,第6册,第247页。

讼"。① 又如山东蒙城县,僧人性慧,已经是年近80的老僧,却因为"衣衲细事",亦即为了向高士周讨要衣衲,不惜弄虚作假,"具控公庭"。②

僧人涉讼案件的增加,固然说明明清僧人群体不过是一群贪、嗔、痴不泯的"野狐禅",是佛教世俗化的真实反映,但更可成为"好讼"社会形成的重要佐证。

(六)地域性"好讼"之地的形成

在明清时期,"好讼"固然已经成为社会的普遍现象,但更值得关注者,则是地域性好讼之地的形成,诸如江西、浙江绍兴、福建泉州等地,均成为闻名于世的好讼之地。

明代地方诉讼风气,一般说来,江南多于江北。同是江南,又以江西为最盛。究其原因,明人张弼作了下面推测:"然天下观之,南土则文于北土者也。北土寡讼,而南土之讼乃繁。以南土较之,江右若文于诸邦矣。诸邦寡讼,而江右之讼实繁。何哉?岂习经好文之士,反工为口语,巧于评讪乎?"③

从明代正统史料记载来看,江南的民风显然是以刁伪为其特征。于是,也就出现了"词讼动饰诈欺"的现象。诉讼活动采用诈欺的方式,其小者表现如下:"或伪作契券,揩改簿约,以负财赖业;或本因喧争,诬称打夺,本因索债,便作劫掠。"④而其大者则体现为以人命诬陷人,其目的在于希望官府对此案进行重新开棺检尸。官府一旦准理这样的词状,被告就会被当作凶手,破家受刑,苦恼

---

① 戴兆佳:《天台治略》卷10《一件势豪占吞事》《一件僧秀峰具》《一件背据屠僧等事》,载《官箴书集成》,第4册,第216、221、223页。
② 陈朝君:《莅蒙平政录·为恶棍坑杀朽僧命事》,载《官箴书集成》,第2册,第787页。
③ 张弼:《原讼》,载《明文海》卷131,第1318页。
④ 陈槐:《闻见漫录》卷上《警官箴四》,载《四明丛书》,第13册,第7508页。

百般。经过多次审讯,最后确知是诬告,而原告也招认是诬陷,但诬告者所受之刑不过是徒罪而已。正如海瑞所言,"所诬之刑,不能少偿被诬之毒万分之一"。① 这显然无法避免诬告成风。

此外,如福建泉州、浙江绍兴等府,均是好讼成风。如在明代,福建泉州原本"民淳讼简",为此而被人称为"佛国"。其后却发生了变化,以致"旧俗浸改,讼牒动以数百计":"或上司行部,环遮马首而噪者,络绎也。于是为郡县者,转苦其难;而为节推专刑名者,益不得辞其劳矣。"② 即使像泉州府属下的晋江县,古称"民淳讼简",号称易治,然自成化以后,"今之词讼,一日或投数十百纸"。③ 清代的绍兴,更是"奸民"辈出,"其俗习于刀笔,以健讼为能,每驾词以耸听"。史称每逢放告之期,"多至二三百纸。状内多引条例以为言,谓如是可以挟制也"。④

上述诸多记载,无不说明明清时期确实已经形成一个"好讼"社会。这是相当明显的社会变迁现象,亦即从"乡土社会"转向"好讼"社会。清朝人龚炜已经真实地记录下了这一变迁:在礼教秩序稳定的乡土社会里,村民言及官吏,"俱有怖色";然在"好讼"社会里,一旦家中"小裕",便开始与胥吏"亲热"。遇到"小故",更是"辄控吏一二事,遂视公庭如熟路"。⑤ 乡村已经如此,那么城市更是可想而知。在"好讼"社会里,一方面,案牍日繁则是其普遍现象,而且多为"无情之诉",亦即上诉者虚假成分越发增多。如戴兆佳自任浙江天台知县以后,披阅的呈诉,共计"千有余纸"。在这千

---

① 海瑞:《海瑞集》上编《续行条约册式样》,第256页。
② 蔡清:《虚斋集》卷3《赠节推葛侯报政之京序》,上海古籍出版社1991年版,第823页。
③ 蔡清:《虚斋集》卷3《送县尹邓侯述职序》,第824页。
④ 卢文弨:《抱经堂文集》卷30《浙江绍兴府知府朱公涵斋家传》,第398页。
⑤ 龚炜:《巢林笔谈续编》卷下《陆清献息讼示》,中华书局1997年版,第228页。

余件司法案件中,"或假人命,或捏奸情,或因小事而以大事装头,或以微隙而以重情控告,或牵累多人,欲逞罔诈之私,或词连妇女,图泄一时之忿,或事属赦前,不填年月,或案经久结,另换新题",大多还是不实之诉。① 另一方面,则是"嚣竞成习","三尺童子,皆有上人之心,一介匹夫,每多傲物之态。反唇谇语,辄起争端;至性天伦,遽为残毁"。② 然究其"好讼"的目的,很多还是"争货利",或者说"争财"。于是,为了"一木一石之微",可以"驾词控告";为了争夺"货利",可以"不认亲朋";为了"尺斗粟之熏心",可以"称兄弟为买奴";其目的分明是"争财",却可以"妄云抢劫"。③

"好讼"社会成因分析

欲究"好讼"社会之成因,必须先剖析诸多诉讼案件的源起。明清两代,词讼日渐繁多,无疑已成一种趋势。至于词讼繁多的原因,则因论者的不同,而其概括各有差异。这说明诱发诉讼日繁的原因其实相当复杂。

明隆庆三年(1569)九月,刑科右给事中许天琦上奏,专门就刑

---

① 戴兆佳:《天台治略》卷7《严禁刁讼以安民生事》,载《官箴书集成》,第4册,第172页。
② 黄六鸿:《福惠全书》卷11《刑名部·劝民息讼》,载《官箴书集成》,第3册,第332—333页。
③ 戴兆佳:《天台治略》卷10《一件捐基造仓事》,载《官箴书集成》,第4册,第222页;潘月山:《未信编》卷3《刑名》上《灾荒停讼示沈临汾稿》,载《官箴书集成》,第3册,第72—73页;陈宏谋辑:《学仕遗规补编》卷3《仕学一贯录抄》,载《官箴书集成》,第4册,第573页。

狱之滥的原因提出了自己的看法。①他归纳了下面六点:一是有司秉承上官意志,杀人媚人;二是官员信任书吏,因公行威,舞文析律;三是以赃罚为名,多接受民间词讼案件,而阴济其贪;②四是那些干誉悦名之士,务求苛察刻深,称为"风力",即使心中知道是冤案,但还是一概错下去;五是凭威严喝令百姓诬服,甚至不敢上诉;六是地方长吏不注重教化,导致民间百姓弃仁义而死财利。在这六条原因中,在外的有司衙门,尤其喜欢词讼繁多,究其原因,就是"便于科罚肥己"。于是,"或一事而干连十数人,或轻罪而淹禁一两月,使之旷废本业,甚有连累至死者"。③可见,词讼繁多的原因,主要还是在于"科罚"。正如明代史料所言:"不肖有司视批词为奇货,朘小民之脂膏,任清入罪,假公济私,登报者十之一二,渔取者十之八九,民穷彻骨,转相窜亡。"④

清人潘月山将"好讼"缘由概括为以下三点:一是"倔强之徒"之情性"乖戾"。他认为,"一种倔强之徒,见理不明,好刚斗胜,略有小事,以出头状告为才能,以熟识衙门为体面"。二是地方"喇唬"一类无赖流氓的介入。他认为,"一种贪恶之人,意想诈人,遇事生风,讦私扬短,未告则放风熏吓,已告则使党圈和,不遂其欲,叠告无已"。三是讼棍教唆。他认为,讼棍"心实虎狼,迹同鬼蜮,原无恒业,专哄平人告状,讼端既兴,则运用笔锋,播弄诡计,代为打点。愚者落局倾财,彼则暗中分扣。又多首鼠两端,原被俱收掌

---

① 《明穆宗实录》卷37,隆庆三年九月丁未条,台北"中央研究院"历史语言研究所校印本,1966年。
② 明末著名学者高攀龙在论及当时的多讼原因时,指出"无情之词,十无一实"。究其原因,则是"县官贪取赎罪,辄多准词状"。说具氏著:《高子遗书》卷7《申严宪约责成州县疏》,上海古籍出版社1993年版,第456页。
③ 《明神宗实录》卷3,隆庆六年七月辛亥条,台北"中央研究院"历史语言研究所校印本,1966年。
④ 《明神宗实录》卷173,万历十四年四月甲戌条。

股,甚至鸠众公举,匿名揭告,谋代调停,撞吓大钱。迨词虚伏法,罪坐出名之人,而彼乃居然事外,有利无累"。①

　　清人王又槐所著《办案要略》,对诉讼的源头乃至变迁加以条分缕析,可以作为讨论的基本依据。根据王氏的记载,诉讼的源起,显然是民间调解的失败。换言之,很多诉讼案件的源起,原先未必都是"不法之事","乡愚器量偏浅,一草一木,动辄争竞,彼此角胜,负气构怨"。一旦产生争竞,民间百姓首先想到的是寻求族邻、地保的"排解"。假若族邻、地保果真能善于调处,委曲劝导,那么争竞的双方就会心平气和,最终归于"无讼"。事实并非如此。在调处的过程中,一旦不当,往往"激而成讼"。除此之外,尚有下面诸多因素导致诉讼案件的兴盛:一是地保人等希图从诉讼案件中分肥,甚至幸灾乐祸,唆使两造"成讼";二是两造原本不愿兴讼,但因旁人扛帮,误听谗言,因而"成讼";三是有些人"平素刁健,专以斗讼为能",他们往往遇事生发,诱使两造兴讼;四是专有一些人捕风捉影,"平空讦讼";五是有些人讹诈不遂,"故寻衅端";六是有人平常与人积下嫌怨,借诉讼"泄忿";七是有人看到他人孤弱可欺,以讼事加以陷害。②

　　当然,"好讼"社会之形成,尚有一些特殊的地域性原因。从史料记载可知,清代三吴一带流行这样一句谚语,叫"图准不图审"。何以如此?清人王有光曾以青浦、嘉定两县为例,作了详细的剖

---

① 潘月山:《未信编》卷3《刑名》上《饬禁刁讼并访拿讼棍示》,载《官箴书集成》,第3册,第72页。按:情性"乖戾"导致争讼频繁,显然在一定程度上把握了诉讼的本质。如明人冯柯就认为,"讼必起于争,争必起于愤,愤必起于不能下人"。换言之,为了在乡里乡党之间争得一个体面,因为一时之愤而引发诉讼,这也是符合情理之事。参见冯柯:《质言·杂议篇》,收入氏著:《贞白五书》,载《四明丛书》,第22册,第13257—13258页。
② 王又槐:《办案要略·论批呈词》,载《官箴书集成》,第4册,第769页。

析。两相比较,青浦县的"词讼事件",岁以"百计",而与此相邻的嘉定县,则岁以"千计"。究其词讼繁简悬殊的原因,尚应从两县衙门处理诉讼案件的差役说起。一般说来,词讼可以称为"官司",此称迄今尚有遗存。其实,"官司"一称,仅仅局限于官方衙门的一面,亦即通过诉讼,以求衙门官员判别曲直。而在清代,词讼又俗称"官私"。所谓"官",指"情理之曲直";所谓"私",指"经差之使费"。换言之,诉讼双方一方面必须由官府加以剖理曲直,另一方面又不得不面对案件具体承办人员的盘剥。在青浦县,差役使费,通常是由原告、被告共同支付,而且支付可以从缓。而在嘉定县,差役的使费则只由被告支付,而且"倾家而不顾"。于是,青浦县的百姓,虽有"一时之忿",但"缓则渐销",或者经过人们居间调解,最后不至于形成诉讼案件。与此相反,嘉定县百姓为了避免自己成为"后控"的被告,就争先向衙门呈递状纸,亲友解纷不及,亦不便于解纷。为此,就不免"装点情词,以图一准",只是为了"泄忿",至于"质审之虚实",就不在考虑之列。① 嘉定县诉讼案件之繁,盖由于此。

尽管兴讼的"情事"原因不一,但除调解失败而导致诉讼之外,上面的其他诸多成因,无不显示出明清"好讼"社会的基本特点。以此为思路,不妨对"好讼"社会形成的基本原因加以具体分析。除上面诸家之说外,如果对明清时期的法律史料细加分析,当时词讼繁盛的原因,尚可以概括为下面几点:

(一)商业化、城市化导致教化体制形同虚设

在以礼教等级秩序为宗旨的"乡土社会"中,通常采用的是一种教化先行的准则。与之相应者,则是一整套的教化制度,亦即通

---

① 王有光:《吴下谚联》卷4《图准不图审》,中华书局2006年版,第113—114页。

过乡约、里老、申明亭、旌善亭以及宗族等直接实施教化,进而调解民间的争端、纠纷。时至明清两代,商业化、城市化的发展已是不争的事实,由此而引发人情的诸多变化。一是人情趋于狡诈。清代学者纪昀称:"人情狙诈,无过于京师。"①现存钞本《行商遗要》亦云:"窃思近来世道,人心大变,不学孔孟,尽效墨翟。"又云:"昔年人皆亘古,你仁我义,交游信实,说一不二,渐渐人生刁狡,弊端两生。"②而按照清末人吴趼人的看法,当时的城市已经成为一个"鬼蜮世界",无论是官场、士类,还是商家等,无不以狡诈为事。真正的"忠厚君子",似乎已经只能从乡下人当中去寻找。③ 二是人情趋于势利刻薄。明人姚旅云:"今人知有轩冕,不知有道德。盗跖衣冠,莫不膻慕焉;丐人而孝友,敬之者寥寥也。"④明末清初小说《鸳鸯针》的编辑者,借"狗不咬君子"这句俗语,证明当时已经形成一种只重外表衣饰的"势利"习尚。⑤ 只重官位、钱财,不重道德、孝友,这确实是一种开天辟地的怪风俗。三是作假成为时尚。清末人吴趼人曾有一句出自愤慨的话,即"本来作假是此刻最趋时的事"。何以言此?这也有事实根据。如在清末,即使是命案的供词,也同样出现了造假的现象。⑥ 其实,在明清两代,假命案、真敲诈已成一时风气。

就此而言,明人海瑞对于词讼日渐繁多的原因分析,堪称一针见血。海瑞认为,词讼繁多源于下面两点:一是风俗日薄、人心不

---

① 纪昀:《阅微草堂笔记》卷17《姑妄听之》3,重庆出版社2005年版,第413页。
② 《行商遗要》,钞本,原藏山西祁县晋商文化博物馆,转引自史若民、牛白琳编著:《平祁太经济社会史料与研究》,山西古籍出版社2002年版,第533页。
③ 吴趼人:《二十年目睹之怪现状》第58回,人民文学出版社2006年版,第486页。
④ 姚旅:《露书》卷6《华篇》,福建人民出版社2008年版,第146页。
⑤ 华阳散人编辑,李昭恂校点:《鸳鸯针》第2卷第1回,春风文艺出版社1985年版,第69页。
⑥ 吴趼人:《二十年目睹之怪现状》第48回,405—406页。

古以后,民间百姓的求利意识日渐增强,为了利益,不惜经常兴讼;二是伦理不惇,传统的维系家族内和谐的伦理关系,在遭到私利的冲击后而变得千疮百孔,上下等级关系一旦破坏,难免就会使家庭温情面纱下的争执直接暴露在大众面前,成为赤裸裸的诉讼关系。①

世俗人情的诸多变化,最终导致"市道"的形成。一方面,市道开始向各种社会关系渗透。按照通常的说法,买田收租是儒家之"捷径良方",既不废清修,又不染"市道"。但至清代,在业主与佃户之间,"莫不以狙诈相尚",实与"市道"无异。② 另一方面,正如明人许梅屋所云:"子怨父贫,兄攘弟富,妻妾视丰俭为悲欢,奴仆视盛衰为勤怠。"③"市道不在门外",而是已经逐渐渗透到温情脉脉的家庭伦理关系之中。

按照传统的观念,安上治民,莫善于礼。《易》有"辨上下、定民志"之说,孔子有"为国以礼"之论。换言之,只有贵以治贱,贱以承贵,如身之使臂,脉络相贯,体统相维,而后才能"名分以肃"。然而人情之变化,以及市道对家庭与社会关系的冲击,最终导致传统等级制度趋于崩坏。明朝人王叔杲通过对浙江湖州、嘉兴二府风俗的考察,已经敏锐地观察到了风俗变化对礼教等级秩序的冲击。在他看来,"文盛则风靡而好竞,地饶则民逸而忘善"。正是江南具有"文盛""地饶"两大特点,才导致"风靡而好竞""民逸而忘善"。风俗发生如此转向,必然影响到传统的等级秩序,进而出现下面的现象:"士嚣于庠,民嗓于市,贻诉于搢绅,上闻于朝宁,吏于其土者

---

① 海瑞:《海瑞集》上编《兴革条例·刑属》,上册,第 114 页。
② 咸丰《南浔镇志》卷 21《农桑》,转引自中国人民大学清史研究所、档案系中国政治制度史教研室合编:《康雍乾时期城乡人民反抗斗争资料》,中华书局 1979 年版,上册,第 62 页。
③ 万表:《灼艾集》下,引《省约三章》,载《四明丛书》,第 27 册,第 16672 页。

不能一日安于其官。"①这部分反映了礼教等级秩序失控的历史真实。传统伦理纲常受到冲击,同样可以相关的史料加以证实。如明代史料云:"近年子叛其父,妻离其夫,妇姑勃豀,昆弟侮阋,奴不受主命,冠屦倒置,比比皆然。"②可见,在父子、婆媳、兄弟、主奴之间,当时确乎产生了一种秩序变动。传统秩序的动荡,显然也是摆在清代统治者面前的重大难题。乾隆十六年(1751)六月二十五日,礼部右侍郎秦蕙田从"乡里棍徒怀挟私愤,纠众罢市,甚至凌辱长官,无所顾忌",以及"顽佃抗租"等诸多事实中,不禁感叹"以贱凌贵"之类"刁风""恶习"的形成,已是一种无可挽回的趋势。③乾隆十二年五月二十四日,乾隆皇帝从当时诸多的动乱案件中,诸如福建有罗日光抗租拒捕之案,山东有张怀敬聚众殴差之案,江南有王育英号召罢市之案,广东有韦秀贞拒捕伤人之案,山西安邑、万泉有聚众抗官、守门索犯之案,不得不承认"民气渐骄"的事实。④

好讼、健讼风气的出现,究其原因,还是申明亭、旌善亭之类教化体系的形同虚设。⑤明初教化与法律合一。在教化体制健全的形势下,民间很多争竞,往往是在里老的调解下得以圆满解决,根

---

① 王叔杲著,张宪文校注:《王叔杲集》卷9《郡侯见弦汤公擢浙西宪使序》,上海社会科学院出版社2005年版,第206页。
② 汪天锡辑:《官箴集要》卷上《宣化篇·明纲常》,载《官箴书集成》,第1册,第270页。
③ 朱批奏折,载《康雍乾时期城乡人民反抗斗争资料》,上册,第3—4页。
④ 《清高宗实录》卷291,载《康雍乾时期城乡人民反抗斗争资料》,上册,第5页。
⑤ 如宣德年间,陕西按察司佥事林时言:"洪武中,天下邑里皆置申明、旌善二亭,民有善恶,则书于此,以示劝惩。凡户婚、田土、斗殴常事,里老于此判决,彰善阐恶,最是良法。今各处亭宇多废,民之善恶不书,无以劝惩罚。凡有争斗小事,不由里老,辄赴上司。狱讼之繁,皆由于此。"又正统三年(1438)六月,顺天府宛平县上奏,亦言"本县旌善、申明二亭,年远废弛,其基址皆沦为民居",云云。参见《明宣宗实录》卷86,宣德七年春正月乙酉条;《明英宗实录》卷43,正统三年六月己未条。

本用不着诉诸法律。而一旦教化体制徒具形式,那么民间百姓就只好抛弃教化,诉诸法律。

礼教秩序与诉讼行为之间显然是一种相反相成的关系。若是礼教秩序稳定,自然会形成一个温情脉脉的"反讼"社会。反之,"好讼"社会的出现,必然以礼教失序为前提。而"好讼"风气对传统伦理所形成的冲击,就是最好的例证。清人裕谦曾著《戒讼说》一文,从十个方面阐述了好讼之害,其中有下面两点揭示了好讼对传统伦理之冲击:其一,"伤天伦"。他认为,父子、兄弟、夫妻,本来应该是"天亲至爱",一旦"或意见不合而相责备,或钱财费多而相怨尤,或事涉牵缠而株连坐累",引发一种诉讼,就足以伤及"天伦"。其二,"失家教"。他认为,仁、义、礼、智、信"五常",是家教的基础。人一旦"好讼",就会居心刻薄、事理失宜、挟怨忿争、倾赀破产、欺诈百姓,"五常"皆失,进而致使"家人妇子之见闻",无非恶习,很难"内外和顺",最终导致"悖常而乱德"。此即"讼之足以失家教"。①

从明清两代的史实来看,家庭内由争竞而引发的诉讼案件已日渐增加。如明代的辽东,时人已有"患其族大而常相争"之忧。② 按照一般的说法,家庭内兄弟之间的纠纷,理应在家族内通过调解的方式自行解决,而不应诉诸法律。但从清代的实际情况来看,正如清人袁钧所言:"自利之说起,而兄弟有致争讼者。"不仅如此,甚至出现了"今有父在,而兄弟交争,至于经官者"。③ 无论是"悖论伤化"之说,抑或"悖慢淫乱"之论,不仅说明"衣冠禽兽"

---

① 徐栋辑:《牧令书》卷17《刑名》上《戒讼说》,载《官箴书集成》,第7册,第394页。
② 贺钦:《医闾先生集》卷3《言行录》,载《四明丛书》,第12册,第7246页。
③ 袁钧:《瞻衮堂集》卷10《静寄东轩一家言》,载《四明丛书》,第15册,第9012页。

遍及于世,更可证明"好讼"对传统伦理关系构成不小的冲击。①

清代的很多史料亦足以证实,"好讼"风气可以引发传统伦理等级制度的松懈。如史称:"妇有长舌,欲竦人怒,居然诬执翁奸;子有兽心,不论天伦,竟敢明证父罪。"②这是诉讼对传统婆媳关系、父子关系的冲击。又云:"或以奴仆胁主人,或以顽佃诬业主,或以卑幼制尊长。"③这是"好讼"对伦理等级制度的冲击。

(二)讼师与"好讼"风气相辅相成

讼师的大量出现,显然与当时的好讼风气相辅相成。在地方官员的眼里,这些讼师通常被认定是"放刁把滥之徒",而且大多"皆系奸民猾吏"。至于他们平日所行,则是"专窥觇官府差错,采摘富家过失,或自身陈告,或教唆他人,兴灭词讼,把持官府"。④又明代史料言,"农人多不知法,或少争竞,则奸者诱讼之,足及公门,而官吏卒隶皆喜,曰:'我佃户来矣。'"⑤可见,农民原本"少争竞",正是"奸者"的"诱讼",才导致他们"足及公门"。此外,按照明清

---

① 如清初人汤斌在任陕西潼关道按察副使时,曾有言:"本道省览民词,见凌孤逼寡,诈奸诈盗;爱富欺贫,逐婿停婚;兄弟阋墙,妇姑谇诟。悖伦伤化之事累累见告。"清末人汪康年亦载:"近来风俗日败,悖慢淫乱之事见于报及成为讼案者,不知凡几。大率在大家学子,官场尤甚。而大孝奇行,反在至贫极苦之人,故特著此,以愧衣冠而禽兽者。"相关的记载,参见汤斌:《汤子遗书》卷7《禁革乱俗以正伦常事》,载《汤斌集》,上册,第417页;汪康年:《汪穰卿笔记》卷4《杂记》,第161页。
② 潘月山:《未信编》卷3《刑名》上《灾荒停讼示沈临汾稿》,载《官箴书集成》,第3册,第72—73页。
③ 陈宏谋辑:《学仕遗规补编》卷3《仕学一贯录抄》,载《官箴书集成》,第4册,第573页。
④ 汪天锡辑:《官箴集要》卷上《宣化篇·治刁》,载《官箴书集成》,第1册,第271页。
⑤ 孙世芳等纂修:《宣府镇志》卷20《风俗考》,《新修方志丛刊》,台湾学生书局1969年版。

两代惯例,诉讼必须遵循一种自下而上的原则,法律禁止越级诉讼。尽管如此,自明宣德以后,民间越级诉讼已是相当频繁。尤其是明英宗即位初年,在北京郊区的张家湾,更是聚集了很多专门替人"告讦"的奸诈之徒,说白了就是讼师,负责替到京城告御状的人打官司。① 这些讼师,在清人蔡世运看来,其实就是"健讼之徒"。他们的惯用伎俩,无非"指无为有,饰毫末之事,以为滔天"。其目的则是引起"上官"的重视,为之"听理",而其结果,则无疑会导致"小民身家,荡散无余"。②

无论是明洪武年间所定的教民榜文,还是随后的官员建言或榜文,无不倡导一种"息讼"的观念。凡是民间词讼,如果"自愿息讼者听,事不干己而相告讦,及官吏罗织以媒贿赂者有罚。果有冤抑实情,亦宜以次陈诉,果有全家被害,方许亲邻伸诉"。然自正统以后,根据南直隶巡抚周忱的上奏,这种息讼观念已经受到了冲击,以致狱讼腾涌。究其原因,主要在于"刁民"的大量出现。而其形式则主要表现在下面两个方面:一是"图赖人命",因为只要牵涉人命,就可以耸动官府,惊吓小民;二是"牵连杂事",因为只要是杂事,最终会很难审理,可以借此欺诈取财,甚至牵制官府。即使事情败露,被充军摆站,或纳米运砖,又可以逃潜,变换姓名,重新欺

---

① 关于讼师的大量出现,可以引下面两则史料加以说明。第一则云:"今江西等处人民越诉者,问发充军,已有禁例。但奸诈之徒,稔恶罔悛,多群聚于张家湾等处,骗害乡民,或匿名代人告讦,或附名牵告,别境良善其被诬告者,多因累致死。宜申明禁约,并行兵马司搜索发遣。"第二则云:"直隶苏、常等府,常熟、江阴等县罢闲吏典、刁泼无籍之徒,往往替人写状,捏词教唆,驀越赴京奏告。又有富豪大户,不安本分,用钱雇觅他人,出名告状,报复私仇,排陷良善,牵连人众不得安生。"参见《明英宗实录》卷5,宣德十年五月丙申条;戴金编:《皇明条法事类纂》卷40《教唆写本状人发边卫充军例》,日本古典研究会1966年版,下册,第193页。
② 陈宏谋辑:《从政遗规》卷下《蔡文勤公书牍》,载《五种遗规》。

灭词讼。①

这种唆讼之人,一般被称为"刁徒",而且专门以"刀笔"为职业。正如李开先所言:"又民贫必刁,有等刁徒,以衙门为养身之窟,刀笔为肥家之资。当门陷阱,平地风波。众推巧佞者,鼓游舌如笙簧,告词而期官司之必准;顽泼者,甘重刑如饮食,强词而致良弱之难支。因一事而牵扯数十事,告一人证佐数十人,有累岁不结之狱,千金立破之家。"②从万历十三年(1585)奏定的《真犯死罪充军例》中可知,当时已经广泛出现了唆讼或起灭词讼的"讼棍"。这些讼棍大多是"刁军""刁民"或"无籍棍徒"。其从事的活动主要有以下三个方面:其一,专门挟制官吏,陷害良善,起灭词讼,结党捏词缠告,把持官府,使官府不得行事。其二,私自串结,将原本与自己并不相干的事情,捏写本词,声言奏告,勒索钱财。其三,代人捏写本状,声称要奏告叛逆等项机密,或者是捏称人命、强盗等项重事,教唆或扛帮他人赴京城告御状,或者到巡按御史、按察司处告状。③

在清代,讼师参与民间诉讼活动亦相当频繁。在官方文书中,讼师通常又被贬斥为"讼棍",或称"打网游棍"。他们靠讼事"衣食是赖",若是一日无讼,则一日无生财之所。他们"架词妄控,多半空中楼阁,变幻离奇,批不胜批,驳不胜驳"。然讼棍敢于如此佁张者,其根本原因还是在于"图准不图审",包准不包赢。所以,"一准即和,既和又告者相随属也"。如莱阳县知县庄纶裔莅任伊始,就严办讼棍案不下数十起,其中有名有姓者分别为刘云起、于绍

---

① 《明英宗实录》卷39,正统三年二月庚午条。
② 李开先:《闲居集》卷12《足前未尽》,载氏著:《李开先全集》,文化艺术出版社2004年版,中册,第869页。
③ 《真犯死罪充军例》,载怀效锋点校:《大明律》附录,法律出版社1999年版,第319—320页。

堂、刘德盛、于绍南、刘全甲、刘黄云、夏朋儿、王绪庆、展正仁、左裕昆、左建章、王即三、崔显俊、程仁格、吕云年、崔成九、刘东溪、任焕文、鲁有宗、隋兰香、盖华廷、刘培十、郑王氏、张史氏。① 至于那些"打网游棍",一旦碰到上司词状,更是"将平日仇人,不论事之相干、无干,一概俱入在内,甚至一张状,单款纷纷,牵连数十人者"。② 清初人汤斌在任陕西潼关道按察副使时,同样认为当地诉讼恶风盛行的原因,还是在于"刁民心怀奸伪,志在得财"。他揭示道:"家中但无营生,就要搜寻告状。或教唆别人,或投充劲证,或捏写无影虚词,或隐匿年月名姓,或以活人作死,或抱人墓检尸,或混告二三十人,或牵连无干妇女,或假冒籍贯,或擅用粘单,或一状未问,一状又投,或上司衙门连递数纸,以致批问纷纷,提人乱乱。"③

在明清时期,讼师的存在主要基于代书人的缺陷。在民间诉讼官司中,代书人在替人书写状纸之时,其词往往质而不文,不能打动地方官员,导致官员不予受理。鉴于这一原因,民间百姓不得不"谋之讼师"。这些讼师一旦发现民间百姓有不平之事,则教唆诉讼,"佐之请谒,而旁缘以自资"。讼师行业组织,始于宋代的"业觜社"。至明代,分别出现了"躲雨会""三只船"之类的讼师组织。④ 入清以后,讼师组织更是大张,随之出现了"破靴党"。

破靴党显然起源于地方儒学生员吃"荤饭"之风,亦即生员出入衙门、包揽词讼。清人戴兆佳就言及浙江天台的士人,一旦成为

---

① 庄纶裔:《卢乡公牍》卷2《示谕严拿讼棍告文》,载《官箴书集成》,第9册,第574页。
② 佘自强:《治谱》卷4《词讼门·上司词状》,载《官箴书集成》,第2册,第110页。
③ 汤斌:《汤子遗书》卷7《特禁恶风以安良善事》,载《汤斌集》,上册,第339页。
④ 相关的探讨,参见陈宝良:《中国流氓史》,中国社会科学出版社1993年版,第117、180页。

生员,"便寻荤饭,结纳胥吏之欢,引同心于刀笔滑稽舆厮之伍,因而出入衙门,包揽词讼,武断乡曲,侵蚀钱粮"。①而破靴党一称则起源于明代。如明陆人龙所编《型世言》小说记:"次日王秀才排了'破靴阵',走到县中,行了个七上八落的庭参礼。"②可见,"破靴"二字,主要形容堕落秀才的穿着打扮。至清代,清人杨光辅已经将破靴党定义为"生监之不守分者"。③至清末,吴炽昌记载:"江右有所谓破靴党,侔张为幻,无所不至。讼者咸师事之,坏法乱纪,此其极也。"④显然,破靴党已经成为讼师的领袖集团。

不止如此。在清代的嘉定,像沈天弛、杨玉川等讼师,更是对自己的诉讼技能相当自负,甚至以科举中的"状元"相炫。此后,金荆石、潘心逸、周道卿、陈心卿等诸位讼师,与沈、杨两位相较,其技能尚有所不逮,但也算得上是讼师中的能品,动辄称自己所写诉状堪与《战国策》《国语》相媲美。⑤

(三)代书人成为一种合法职业

所谓"代书"或"代书人",主要指替人代写诉状之人。在明清两代,为了避免出现唆讼这种现象,在法律上严厉禁止"唆

---

① 戴兆佳:《天台治略》卷4《再行劝勉以端士习事》,载《官箴书集成》,第4册,第124页。
② 陆人龙:《型世言》第26回,中华书局1993年版,第363页。
③ 杨光辅:《淞南乐府》,上海古籍出版社1989年版,第173页。
④ 吴炽昌:《客窗闲话》卷4《书讼师》,长春时代文艺出版社1987年版,第69页。
⑤ 张启泰纂辑,陆世益编:《望仙桥乡志稿·民蠹》,载《上海乡镇旧志丛书》,第2册,第27页。

讼"。① 法律规定,若是教唆词讼,就会被处以"与犯人同罪"。但法律中同样存在下面的补充条款,即假如见到别人不能伸冤,而出来替人打官司,这不在"教唆"之例。究其原因,告状之状词,其最大的功能就是"达情"。民间百姓有了冤抑不能申雪,只能"借词以达之"。但是,对于状词内容,官方也严格限制"浮言巧语",下令禁止"无情之词"。鉴于此,民间百姓在诉讼过程中,只能选择"代书人"替自己陈情。② 至于替人代写词状,法律也给以适当的区分:凡是在所写词状中有"增减情罪、诬告人"的情形,法律予以严厉禁止,但如果仅仅是替人写词状,而并没有在词状中对罪行加以增减,那么不在"教唆"之例。③ 可见,合法的替人写状纸,明清两代并未加以禁止。

从明代的实际情况来看,在一些县衙门的门口,确实聚集着一批写状之人。时日一久,此类替他人代写词状的写状行为,逐渐成为一种合法化的职业。有些在衙门口写状的人,甚至变为一种职役,进而得到了官府的默许。④ 而在清代,"代书"作为一种职业,地方官已经将其列入定期考核之列,希望借此取代讼师之职。

尽管代书已经作为一种合法职业,而且法律亦禁止其对原告

---

① 从某种程度上说,海瑞在巡抚应天时设立口告簿,其本意就是为了杜绝唆讼现象。海瑞认为,健讼之风的盛行,其根源在于唆讼之人的出现,但其根本原因则是"口告不行",一些人通过写状或教人打官司,可以从中获利。所以,海瑞在任应天巡抚之时,决定设立口告簿,凡是不识字百姓不能写状纸,他们可以当面口陈,不必再用诉状。参见海瑞:《海瑞集》上编《督抚条约》,上册,第251页。
② 张启泰纂辑,陆世益编:《望仙桥乡志稿·民蠹》,载《上海乡镇旧志丛书》,第2册,第27页。
③ 怀效锋点校:《大明律》卷22《刑律》5《教唆词讼》,第180页。
④ 西周生:《醒世姻缘传》第9、74回,上海古籍出版社1985年版,第137—138、1056页。

诉讼情节加以增减,但从当时的史实来看,代书显然亦不乏"驾虚谎告"之习。以浙江天台县为例,当地百姓诉讼成风,"每以极琐屑细微之事装点虚情,写呈控告,甚至将十余年前李、柯各任内久经审断之案,带叶牵枝,从新说起,连篇累牍,刺刺不休,至于原、被告名字,更翻叠换"。此等习俗,固然因为"小民刁健",但亦因代书"驾虚谎告,教猱升木之故"。① 换言之,代书确乎成为"好讼"社会形成的又一幕后推手。究其原因,一方面,在吴、楚、江、浙等地,替人代写诉状之人,"多出于流棍卜算者",他们"各有门类底本,在境外无名之人,以此得钱为生。在本县告状刁民,利于害人打网"。② 为了得钱、打网,他们必然会增减情词。另一方面,按照清人黄六鸿的说法,代书又"类多积年讼师,惯弄刀笔"。所以,"伤一牝毙,辄以活杀母子为词;恶少强奸,诱女以连辱见释"。③

(四) 讼师、地棍、衙蠹之勾串

从明清两代史实来看,讼师、地棍、衙蠹,均是凭借衙门吃饭之人,而三者之勾通合流,更是"好讼"社会的成因之一。

讼师唆讼,上面已有阐述,在此就地棍勾结衙蠹参与诉讼事务加以勾稽。地棍专以讹诈谋生,然亦不乏参与地方诉讼事务之例。如清代浙江仁和县,地棍"竿牍则代写代投,呈状俱包收包准,往往无事生为有事,小事变作大事,即使两造愿息,此辈钳制不休"。更有甚者,他们甚至"描模印信,捏造伪牌,假扮相公,携带仆从,或公

---

① 戴兆佳:《天台治略》卷7《一件严饬代书事》,载《官箴书集成》,第4册,第171页。
② 佘自强:《治谱》卷4《词讼门·告状投到状之殊》,载《官箴书集成》,第2册,第110页。
③ 黄六鸿:《福惠全书》卷3《莅任部·考代书》,载《官箴书集成》,第3册,第257页。

然结党提人,或设局拿讹诈害"。① 清人汪辉祖亦云,地棍一旦"讹借不成",就"造端评告"。所告之事,尤以"首赌、首娼"为主。事本无凭,却可以"将宿嫌之家一网打尽。无论冤未即雪,即至审诬,而破家荡产相随属矣"。② 据清人尹会一的记载,河南的恶棍大多"出入衙门,武断乡曲,颠倒是非,闾阎受其荼毒,良善何由安枕"。③ 而在兴化,地棍更是采用一种"搭台"诉讼之法,讹索地方百姓。所谓"搭台"诉讼,就是"每遇乡懦家稍温饱,即有一种不法棍徒,惯行假捏事由,装点情节"。简言之,就是不顾事实,自己搭台,自己演戏。他们"不遵告期,串通书吏,专俟承值之日,或朦混传辞,或颠顶喊禀,但图一准,出票签差,便可肆行讹索"。等到所欲既餍,"随以一和了事"。④

比较而言,讼师以唆讼为职责,地棍以讹诈为职业,而衙蠹则为讼师、地棍的内应。如清人汪辉祖云:"唆讼者最讼师,害民者最地棍。二者不去,善政无以及人。然去此二者,正复大难。盖若辈平日多与吏役关通,若辈借吏役为护符,吏役借若辈为爪牙。"⑤ 正可谓一语道破天机。此外,如清代史料言:"书役勾串地棍,择殷实而捏以奸、赌等事,诬告婪索。劣员任用,不加约束,最为民害。"⑥ 清人刘衡云,"讼师、地棍、店主",全与书役"狼狈为

---

① 刘兆麒:《总制浙闽文檄》卷6《饬禁棍徒诈骗》,载《官箴书集成》,第2册,第575—576页。
② 汪辉祖:《佐治药言·严治地棍》,载《官箴书集成》,第5册,第319页。
③ 尹会一:《健余先生抚豫条教》卷1《士民约法六条》,载《官箴书集成》,第4册,第699页。
④ 周石藩:《海陵从政录·严禁搭台讹诈》,载《官箴书集成》,第6册,第244页。
⑤ 汪辉祖:《学治臆说》卷下《地棍讼师当治其根本》,载《官箴书集成》,第5册,第282页。
⑥ 不著撰者:《治浙成规·严肃吏治各条》,载《官箴书集成》,第6册,第645页。

奸"。① 如此等等,无不证明讼师、地棍、衙蠹已经趋于合流,共同左右着地方诉讼社会。

"息讼"观念及其司法实践

好讼社会的现实,事实上已经打破了儒家"无讼"的理想境界,取而代之者,则是"息讼"观念的兴起。

在明清时期,词讼繁多是一种趋势。究其原因,还是一些官员将官司当成一种生财之道。但值得关注的是,词讼趋繁固然可以为地方财政创造收入,但同时也会成为"耗民之一孔"。② 百姓安居乐业是传统社会稳定的基础,一旦浪费百姓之财,无疑就会动摇统治的基础。由此可见,息讼观念的存在,本来就是为了维持统治的稳定。

在明清两代,一些儒家学者认为"讼非美事",所以,主张尽量避免打官司。如姚舜牧在《药言》中说:"讼非美事,即有横逆之加,须十分忍耐,莫轻举讼。到必不可已处,然后鸣之官司。然有从旁劝释者,即听其解已之可也。"③至于那些地方官员,更是谆谆告诫治下百姓,切忌轻易到衙门打官司。如明代一位知县,在衙门前曾挂出一副对联,云:"乡下有田宜早种,县中无事莫频来。"④可见,鸣之官司是百般无奈之下的举动。民间有了争执,最好还是不打官司,而是采用一种民间调解的形式。

---

① 刘衡:《州县须知·札各牧令严禁蠹役由》,载《官箴书集成》,第6册,第97页。
② 蕲学颜:《讲求财用疏》,载《明文海》卷5,第439页。
③ 项燕南、张越编注:《劝孝俗言》,中央民族大学出版社1996年版,第161页。
④ 张怡:《玉光剑气集》卷7《吏治》,中华书局2006年版,第346页。

那么,传统儒家的"无讼"之说,究竟是要达到一种"讼不待听而自无"的境界,还是经过听讼之后,达到一种使犯者无可争辩的境界?这显然值得进一步探讨。在传统时代,儒家学者大多对"无讼"有一种错误的理解,认为无讼,就是息讼,让小民无所争讼,于是也就有了"讼非美事"的见解。鉴于此,明初学者方孝孺坦然承认:"人之情不能无欲也,故不能无争。争而不能自直也,故不能不赴诉者,非人之所得已也。"他在解释孔子"无讼"一说时认为,即使经过"听讼"这一程序而获得实情,且判决丝毫无失,孔子尚且"非之",更遑论苛取于民而又禁止百姓诉讼!最后,他得出结论:"治天下不能使民无讼。"①

高拱在方孝孺之说基础上,对"无讼"进行了新的阐释,认为"无讼"就是经过"听讼"这一司法环节,最后达到"无讼"的境界。所谓无讼,究其实不过是使人无可争辩。高拱的解释主要包括下面两层意思:

其一,他认为,即使是在尧、舜之时,也"不无赴诉之人"。原因很简单,只要是人与人之间,就不免会产生是非曲直,这些是非曲直一旦不能自己决断,就只好上诉。假若想让天下均无是非曲直,即使圣人也无能为力。在儒家经典中,所称"必也使无讼乎!无情者不得尽其辞",这里所说的"无情者不得尽其辞",就是指"无讼"。假如说讼不待听而自无,那么经典中所谓"无情者"当指何人?而"不得尽其辞"当是何意?何况经典中又说"大畏民志",这是说民是靠畏而服。假若说民自无讼,则顾不自知,那为何又说"畏服"?

其二,他认为,听讼的功能,就是谳决公明,使是非、曲直各得

---

① 方孝孺著,徐光大校点:《逊志斋集》卷4《周礼辨疑》3,宁波出版社2000年版,第98—99页。

其理。尽管如此,那些"无情者"还是想骋辞以辩,这是因为听讼尚无法使其心孚。只有在圣人德威之下,威德明了,百姓的心志才会有所畏服,于是赴诉者各说其情而是非、曲直唯上所决,而不敢不服,不再骋辞以辩。①

高拱对"无讼"的解释,其中心思想同样可以从赵贞吉、李乐的看法中得到证实。赵贞吉在解释孔子所谓"无讼"时,曾作了如下发挥:

> 夫子此言是说,使民无讼,方才是甚难的事。惟在听讼的人至明以察他的情伪,则虚谎不实之辞,不敢尽来冒乱;又能至公以服他的心;刚果决断他的事务以服他的口。庶国法昭彰,公道明白,民皆惧怕,无不回心向善,此为大畏民志。如是,则讼可以渐无矣。②

这就是说,欲达"无讼"的境界,必先经过"至明"乃至"至公"的"听讼"环节。即使如此,亦只可达到"讼可以渐无"的境界。李乐也有相同的见解。他说:"孔子不取听讼而贵使民无讼。'使'之一言,有许大源头工夫在先,文王所以使虞芮质成也。"③细绎这句话的意思,也是主张在"无讼"之前,多做一些"源头工夫"。在这些源头工夫中,除行仁政以使百姓无争外,最为重要的,还是需要有一个"听讼"的过程。

关于儒家"无讼"思想,明人所作的新解释,均是在"听讼"之后方可达到"无讼"的境界。他们的解释,无不是从"讼"字开始的。这可以再引牛应允之说为例。他说:

---

① 高拱:《问辨录·大学改本》,载《高拱论学四种》,中华书局1993年版,第96页。
② 赵贞吉著,官长驰校注:《赵贞吉诗文集注》卷10《讲章》2《日讲直解》,巴蜀书社1999年版,第383页。
③ 李乐:《见闻杂记》卷9,上海古籍出版社1986年版,第763页。

> 讼者,争辩之谓。谳决公明,使是非曲直各得其理,听讼之能也。然而无情者犹骋词以辩焉,无以服其心故耳。惟圣人德威,惟德威明,惟明有以大畏民之心志,是以赴诉者各输其情,而是非曲直惟上所决,而莫敢不服,无复有骋词以辩者,是无讼也,非讼不待听而自无之谓也。①

可见,所谓"无讼",就是通过"谳决公明,使是非曲直各得其理",使原、被两造"莫敢不服,无复有骋词以辩者"。这是一种"听讼之能",而不是"讼不待听而自无之谓也"。

如何看待儒家的无讼思想,以及处理听讼与无讼之间的关系,清人袁枚的一段阐述,颇有启发意义,引述如下:

> 孔子曰:"听讼犹吾人也,必也,使无讼乎!"此圣人甚言无讼之难,非言听讼之易也。今之人不能听讼,先求无讼,不过严状式,诛讼师,诉之而不知,号之而不理,曰:"吾以息讼云尔。"比如防川,怨气不伸,讼必愈多。不知使无讼之道,即在听讼之中。当机立决,大畏民志,民何讼耶?②

细玩其旨,所谓"无讼",其中最为重要的一环还是"听讼",通过"当机立决,大畏民志",而真正达到"息讼""无讼"的理想境界。换言之,"无讼"不是无所为,即"诉之而不知,号之而不理",以"息讼"二字塞责,而是有所为,如此方是诉讼公正的理想境界。

此类见解,在清代学者或地方官员中亦广泛存在。如陆陇其说:"人情波靡,机事横生,已难使之无讼,惟尽吾情以听之而

---

① 牛应允:《质言》卷上《听讼章》,收入《天津图书馆孤本秘籍丛书》,中华全国图书馆文献缩微复制中心1999年版,经部第1册,第611页。
② 袁枚:《小仓山房文集》卷16《答门生王礼圻问作令书》,上海古籍出版社1988年版,第1526页。

已。"①细绎其意,达臻"无讼"的理想相当困难,只能通过"听讼"这一环节而达到"省讼"。陆陇其任灵寿知县时,在所出告示中,同样明确表达了"息讼"之意,认为"健讼"之风,最为民间大患,希望治下百姓均能成为"耕田凿井之民"与"孝友睦姻之民",而不是"匍匐公庭之民",甚至"便给善讼之民"。②又陆陇其在任嘉定知县时,其司法实践也是通过"听讼"而达到"无讼"之境界。史称:"其听讼也,以理喻,以情恕,如家人父子调停家事,渐成无讼之风。有兄弟争讼不休,公谓之曰:'弟兄不睦,伦常大变,予为斯民父母,皆予教训无方之过也。'遂自跪烈日中,讼者感泣,自此兄弟式好无尤。"③黄六鸿亦明确指出:"地方官纵能听讼,不能使民无讼,莫若劝民息讼。"他进而认为,"息讼"之要,主要包括以下两点:一是"平情",二是"忍"。④可见,这也是在"听讼"中寓"息讼"之意。而戴杰更是断言:"当今之世,而欲几于无讼,亦断断乎不可必矣。"所以,他尤其强调"清讼"的必要性,认为这是"听讼者"的职责,需要相当慎重,亦即"审呈词以判虚实,惩唆架以安善良,严传限以禁差扰,速讯结以省拖累",最后达到清讼的效果。⑤此外,刘时俊承认"滥讼"之害,所以倡导"息讼",不过他同时认为,息讼有道,"若以厌事之心求息讼,讼更不可息矣"。⑥显然,也是通过听讼而达到"息讼"。而汪辉祖更是认为,若有争端,"总不如忍性耐气,听亲党

---

① 陆陇其辑:《莅政摘要》卷上《听讼篇》第6,载《官箴书集成》,第2册,第626页。
② 龚炜:《巢林笔谈续编》卷下《陆清献息讼示》,第228页。
③ 钱泳:《履园丛话》1《旧闻·铁面御史》,中华书局1997年版,第21页。
④ 黄六鸿:《福惠全书》卷11《刑名部·劝民息讼》,载《官箴书集成》,第3册,第332—333页。
⑤ 戴杰:《敬简堂学治杂录》卷1《清讼论》,载《官箴书集成》,第9册,第36页。
⑥ 刘时俊:《居官水镜》卷1《杂说·省讼说》,载《官箴书集成》,第1册,第598—599页。

调处,归于无事"。① 鉴于此,汪氏进而提出"断案不如息案"的观念,认为与其"听断以法",还不如"调处以情"。② 刘时俊亦作《续情说》一篇,以"情"调节家庭、宗族乃至邻里之间的纷争。他认为,"天地间合成一个'情'字,乾坤不毁,情相续也"。所以,他主张凡有争端,必须以"解纷为主","对兄劝友,对弟劝恭,对亲邻劝和睦",不惟可以息一时之讼,而且能"阴消数世祸"。③

在倡导"息讼"观念的过程中,在明清两代具体的司法实践中,却开始出现了一种"息供"的风气。关于此,李乐有下面的揭示:

> 今日非奉敕旨明文,不知谁人作俑,倡为"息供"两字,原告硬中需索,被告悉如意,即具息到官,官一切准允,不加详察,虽抚按衙门贤者,在上犹然甘心为之。嗟乎!此劝民好讼之妙术,余不知其可也。④

所谓"息供",其实就是原告与被告之间的自相和解。尽管李乐对此风气持批评意见,但这种"息供"现象在当时显然相当普遍。

明清时期的诸多史料,显然已经证明,这种"息讼"观念开始向具体的司法实践渗透。王阳明在南赣所实行的"十家牌"法,其主旨就是各家"谦和以处乡里,心要平恕,毋得轻意忿争,事要含忍,毋得辄兴词讼"。⑤ 与海瑞巡抚应天时专门"放告"不同,王阳明在巡抚南赣时,却并不放告。他告诫民间百姓,"自今非有迫于躯命、大不得已事,不得辄兴词。兴词但诉一事,不得牵连,不得过两行,

---

① 汪辉祖:《双节堂庸训》卷4《应世·断不可启讼》,天津古籍出版社1995年版,第117—118页。
② 汪辉祖:《学治臆说》卷上《断案不如息案》,载《官箴书集成》,第5册,第277页。
③ 刘时俊:《居官水镜》卷1《杂说·续情说》,载《官箴书集成》,第1册,第597页。
④ 李乐:《见闻杂记》卷9,第763—764页。
⑤ 王阳明:《王阳明全集》卷16《十家牌法告谕各府父老子弟》,上海古籍出版社1995年版,第528—529页。

每行不得过三十字。过是者不听。故违者有罚"。① 吕坤在地方司法实践中,亦主张通过"和处事情"以达到"息争讼"的目的。其息讼之法,则是通过设立"和簿",由地方乡约调息词讼,即"如有不平,到那乡约中口禀一番,约正副差本甲人唤来一问,如系两约,请两处约正在一处同问,谁是谁非,眼同证见,一一问明,差那证见押着那理屈的,替那理直的些些礼物上门陪话,约史仍将所问事情来历始末一一记于'和簿'"。② 杨道亨任真定知府时,"吏抱案请署,先所急者,次第呼署,而抶其不当请者,曰:'太守为汝猾胥作地耶?'两造纷诹,公绝不顾,第摘其中款要,呼一二把讼大猾,厉声曰:'汝不吐实,立碎汝首矣!'以故听讼不数语而决。"从"抶其不当请者"与"听讼不数语而决"两语来看,同样符合儒家传统官员"省词讼"的标准。陶承学任徽州知府时,"徽俗健讼,讼牒满箧,或数十年不结"。陶承学常常慰谕原告道:"此处殊不易入,汝更思之,欲罢犹可,不汝责也。"遇到细事相关的案子,就说:"此何足烦官府,归与汝父老谋之。议而不当,为汝治未晚。"若是有人"讼杀人请检验者",他就事先告诫原告:"此非汝父即汝兄也,非有沉冤巨痛,而毁其腐骨,即与子弟杀父兄同律。"而在具体的判决过程中,若是原告"不得实",就加以"反坐,遂处一二人"。为此,徽州人称他为"半升太守",意思是说食米半升,即可了却讼事。方岳贡任松江知府长达19年,一意清静,与民休息。每次升堂治事完毕,就洞开重门,或据案读书,或披牍理事,或与客对语。若是民间百姓前来告状,均可直达座前,他立为判决,"吏胥无所行其私"。在考成

---

① 王阳明:《王阳明全集》卷28《告谕庐陵父老子弟》,第1027—1028页。
② 吕坤:《实政录》卷5《乡甲约·和处事情以息争讼》,载《吕坤全集》,中册,第1076页。

时,被称为"天下清官第一"。① 上面所举清官典型,无不以"省词讼"为旨归。更有甚者,清代一些地方官员通过创作俚俗歌曲,向民间百姓灌输"息讼"的观念。如清人柳堂在任广东惠阳知县时,公务之暇创作了《劝民息讼俚歌》三章,"一告以讼师之刁诈,二告以差役之恶劣,三告以青天在上",并将此歌刊印数千份,发给塾师、庄长,由他们"详为告诫",借此达到"人人知讼之害"的目的。②

息讼意识在明代官员中最广泛的体现,就是以"老人和事"的态度对待原告与被告双方。在明代官场,大多流传着处理词讼的不传之秘,就是将词讼作"四六分问",以此作为"息讼"的前提。何为"四六分问"?这就是说,在碰到一件诉讼案子时,若是给原告六分理,那么也必须给被告四分理;若是判原告六分罪,那么也必须判被告四分罪。通过这样一种原、被告曲直不甚相远的判案方法,避免百姓忿激再讼。这种"老人和事"式的判案方式,虽然可以息讼于一时,但实际上已经为争讼于日后埋下了伏笔。道理很简单,这种息讼的做法,对于民间老实的百姓来说,能得一半之理,也可以暂且心满意足;但对于那些本来就理曲而又健讼的人来说,假若让他们能得到一半之理,事实上就是使原本被诬之人获一半之罪,反而让他们达到了目的。下面的人揣摩上面的意向,于是狱讼反而会日渐繁兴。官员不再成为判别是非曲直的裁判官,而是成了和事老人。③

一至清代,在地方衙门的司法实践中,逐渐形成了岁暮"停讼"与"农忙止讼"的惯例。按照清代的惯例,凡是每年的十二月至第二年的二月,属于停讼之期。在此期间,除"真正人命逃盗"案件仍

---

① 张怡:《玉光剑气集》卷7《吏治》,第335、336、347页。
② 柳堂:《宰惠纪略》卷1,载《官箴书集成》,第9册,第492—493页。
③ 这方面的阐述,可参见海瑞:《海瑞集》上编《兴革条例·刑属》,上册,第117页。

允许不时呈告外,其他诸如户婚、田土、钱债、租息等词讼,概不准理。究其目的,就是让百姓"恬养休息,以待东作"。① 此外,每年正当乡农农忙之时,地方有司也会挂出牌匾,上面大字书写"农忙止讼"四字,若非"命盗、逃人重情",其他词讼一概不准。究其目的,也是显示"重农桑、裕邦本"。②

值得指出的是,正如清人房廷桢所言,劝息争讼,尽管体现了那些"仁人长者"为民惜身家、惜性命之苦心,而且他们所颁发的文诰,更是情词恺恻,计虑周详,但事实上不过是"徒悬息讼之令"而已。所以,息讼之劝虽殷,其实好讼之风不灭。③ 这确实道出了当时的实情。

结束语

明清两代,究竟是"乡土社会",抑或"好讼"社会? 显然是一个见仁见智的问题。毫无疑问,明清两代是一个社会的变迁时期。若以法律诉讼为视角,社会史层面确乎发生了巨大的转向,亦即从"乡土社会"逐渐向"好讼"社会转变。进而言之,人口的广泛流动,更是在一定程度上助长了"好讼"风气的形成。如明代凤阳府天长

---

① 相关的事例颇多,不详引,可分别参见潘月山:《未信编》卷3《刑名》上《岁终停讼示章获鹿稿》,载《官箴书集成》,第3册,第71—72页;刘兆麒:《总制浙闽文檄》卷6《岁暮通行停讼》,载《官箴书集成》,第2册,第600页;戴兆佳:《天台治略》卷7《一件遵例晓谕停讼事》《一件晓谕岁终注销案件事》,载《官箴书集成》,第4册,第174页。
② 黄六鸿:《福惠全书》卷11《刑名部·农忙停讼》,载《官箴书集成》,第3册,第334页。
③ 徐栋辑:《牧令书》卷18《刑名》中《严反坐》,载《官箴书集成》,第7册,第406页。

县,民风已经开始发生转变,即从"质愿"转向"虚浮",又从"力本"日趋"末艺"。更为甚者,来自江西、福建、苏州、徽州歙县的"流奸",往往因为"避罪",而纷纷逃匿到天长县的铜城、汊涧、杨村等镇,"结党煽祸,起灭教唆,而争讼渐烦"。① 又如扬州府之高邮县,其中的工商业者,均为"浮寓"之人,而非"土著",结果导致"或习为健讼,喜侜张而寡情实"。②

那么,对明清"好讼"社会又当如何看待? 就社会史的层面而言,正如清朝人黄中坚所言,明清时期是一个"横逆"的社会。所谓"横",就是"强凌弱,富欺贫";所谓"逆",则为"贱妨贵,小加大"。③ 按照传统的观念,为治之道,关键在于使民各安其分,亦即上下、贵贱、贫富之和谐相处。这正好是"乡土社会"的基本特点。一旦小民"犯上无礼",亦即礼教秩序沦丧,就会导致社会的动荡不安。"好讼"风气的形成,显然与"横逆"社会桴鼓相应。

尽管明清很多地方官员受传统的"无讼"观念的左右,希望通过"息讼"而"养民财力",而且民间百姓遇到细末琐事,亦希望通过调解而和息,然值得关注的是,民间百姓一旦遇到"情关迫切,势难缄默者",还是不得不"赴官鸣控"。④ 再加之明清社会的巨大变迁,最终导致"好讼"社会的形成。

在剖析明清"好讼"社会时,下面三点无疑值得格外关注并加以重新认识。其一,按照传统的观念,讼师这一职业显然被归于

---

① 顾炎武撰,谭其骧、王文楚、朱惠荣等点校:《肇域志·南直隶·凤阳府》,上海古籍出版社2004年版,第1册,第447页。
② 顾炎武撰,谭其骧、王文楚、朱惠荣等点校:《肇域志·南直隶·扬州府·高邮》,第1册,第349页。
③ 黄中坚:《征租议》,载《蓄斋集》卷4,转引自《康雍乾时期城乡人民反抗斗争资料》,上册,第25—26页。
④ 黄六鸿:《福惠全书》卷3《莅任部·考代书》,载《官箴书集成》,第3册,第257页。

"莠民"之列,地方官员还刻意加以渲染,将"好讼"风气的形成归于讼师之唆讼,借此推卸在任期间的责任。平心而论,讼师固然有唆讼及与衙门书役勾串的一个面相,但明清讼师行业团体的出现,以及讼师独立于衙门之外的司法角色,无不使其具有向近代律师转化的另一面相。其二,传统中国的法律,以伦理为立法的基础。如细玩《大明律》的立法宗旨,无不体现一种重视伦理的特色,亦即"导人修德""刑以弼教",其目的则是使人趋于"仁"。但从明代中期以后的司法实践来看,伦理因素开始逐渐消解,亦即"典狱司法"之官在具体的司法实践中,不再受传统伦理思想的约束,而是"因子而杖父,由侄而刑叔伯,以弟侄故而罚及其兄"①。这显然也是一种新动向。其三,在明清两代,无论是负责诉讼审判的地方官员,还是参与诉讼的民间百姓,并无"民事"诉讼与"刑事"诉讼的概念,仅仅是将"狱讼"之事分为以下两类:一是"要者",亦即紧要的讼事,包括人命、强盗、逃奸诸事;二是"小者",亦即因微末小事而引发的诉讼案件,包括户婚、田土一类的诉讼。② 但一至清末民初,上海租界的华人居民,对法律已经有了自觉的意识,亦即不再是只知守法的"愚者",而是成为"借法律以养成社会良好习惯"之"公民"。这种公民意识的存在,一方面体现在他们已能明确区分"民事"与"刑事",知道"命盗斗殴应向捕房控告,钱债人事应向会审公廨控告",另一方面则已知悉官吏不可"私逮擅逮",传统公堂衙门的"牌票拘人",属于一种"私拔人"的违法行为。③

综上所述,在明清两代,尽管儒家传统的"无讼"观念仍有遗存,而且部分渗透到当时的司法实践中,但就明清时期的社会现实

---

① 陈槐:《闻见漫录》卷上《明圣制二》,载《四明丛书》,第13册,第7493—7494页。
② 相关的看法,可参见黄六鸿:《福惠全书》卷11《刑名部·总论》,载《官箴书集成》,第3册,第326页。
③ 姚公鹤:《上海闲话》,上海古籍出版社1989年版,第46页。

而言,确乎可以称之为"好讼"的社会。于是,"无讼"的理想与"好讼"的现实必然产生冲突。其冲突的结果,则是明清两代的学者对"无讼"重新进行理性的思考。其思考的结果,则是认定"无讼"并不是一种无为而治的理想境界,而是通过具体的"听讼"过程而达到司法公正。于是,随之而来的则是"息讼"观念的流行,以及"息供""省词讼"一类司法实践的普遍化。

所谓"好讼""健讼",其实尚蕴涵着下面两层意思:一是朝廷法律通俗化的进程固然使一般民众在知法以后不再触犯法律,但同时也使一部分百姓在遇到不平之事时,知道通过现有的法律程序,诉诸公堂,以维护自己的权益;二是民间百姓一旦懂法,为一些纠纷而诉诸法律的事例就逐渐增多,以致诉讼成风,诉讼案件日趋繁多。按照传统的观念,明清时期"好讼"社会的形成,固然是"讼"在流变过程中所产生的弊端,与"无讼"的理想形成明显的冲突。若换一角度加以思考,明清"好讼"之风的存在乃至流行,未尝不符合"讼"的原始真精神,即通过"讼"这一程序而"攻乎不公者",亦即对现实社会不公正现象的一种反抗。

第四章　阴曹地府：文学中的阴司诉讼

引　言

在讨论阴司诉讼之前，有一个问题必须提出，即究竟是"阴阳相隔"，抑或"阴阳相通"？套用明清时期的话语，亦即究竟是"幽明异路"，抑或"幽明一理"？就此问题，明清两代的儒家精英与民间百姓均有各自的理解与回答。

就前者而言，按照清人纪昀的看法，在幽与明亦即人间与地狱之间，存在下面两种关系：一是幽明异路，凡是人间所能治理的案件，鬼神就不必更治，这是为了显示互相"不渎"。二是幽明一理，凡是人间所不能治理的案子，鬼神有时就可以代治，这是为了显示鬼神有"不测"之功。① 钱维城亦言："天之祸福，不犹君之赏罚乎？鬼神之鉴察，不犹官吏之详议乎？"② 这同样是鬼神世界与人间相符之论。

就后者而言，明清两代的民间百姓，大多相信阴司世界乃至其本身所拥有权力的存在。如在明代，就流传着下面一种说法，就是阳间皇帝死后，阴间的阎王都要为他戴孝。③ 这是

---

① 纪昀：《阅微草堂笔记》卷2《滦阳消夏录》2，重庆出版社2005年版，第35页。按：明初人瞿佑亦有"幽明无间"之说。参见瞿佑：《剪灯新话》卷4《修文舍人传》，上海古籍出版社1981年版，第95页。
② 纪昀：《阅微草堂笔记》卷1《滦阳消夏录》1，第19页。
③ 史载弘治十七年（1504），苏州城内鱄诸巷有一位百姓病死，到了地府见阎王，看到阎王的宫室服用，一概与人世相同，只是对阎王与吏卒都穿缟素感到奇怪，就私下询问，有小鬼告诉他："阳间天子崩，故为带孝耳。"参见陆粲：《庚巳编》卷10《升遐之兆》，中华书局1997年版，第116页。

民间观念中阴阳相通的最好例证。从明清两代的民间习俗来看,无不流行一种"烧纸钱"之俗。民间百姓相信,纸钱烧化之后,到了阴间,也就成为"孔方"。迷信者还相信,若是"多烧楮锭",可以替死者赎罪。① 清代四川的酆都县,更是民间所传人、鬼交界之处。县中有一井,每年都有很多人焚纸钱帛锭,投入井中,花费将近3000两银子,民间称之为"纳阴司钱两"。② 清代苏州的民间习俗,亦有"解天饷"之例,由各乡土地神庙收纳阡张、元宝(俗称"钱粮"),上缴到"玉帝殿庭"。③ 无论是"纳阴司钱粮",还是"解天饷",均说明民间相信天庭、地府的存在。

概括言之,按照中国传统的观念,人死之后,进入阴间,与阳世的亲人隔绝,理应属于"阴阳相隔"。不过,若就融合了佛道理念的因果报应而言,人死之后照例会根据死者生前或善或恶的行为而得到相应的报应:至善者升入天堂,甚或成为神灵;一般的善者虽灵魂进入地狱,却可投胎再生;至于恶者,则被打入地狱,承受非人

---

① 熊伯龙:《无何集》卷13《委宛续貂集·阴间辨一篇》,中华书局1979年版,第468页。
② 袁枚:《子不语》卷1《酆都知县》,重庆出版社2005年版,第6页。
③ 顾禄:《清嘉录》卷2《解天饷》,江苏古籍出版社1999年版,第54—55页。

的折磨,轻则转生为动物,重则永世不得超生。① 尤其是民间信仰中所谓"无常鬼"的存在,更使阴间与阳间之间得以正常沟通。中国的古谚云:"一旦无常万事休。"其意原本是说人生无常,终归一死,并非真的是说有"无常鬼"的存在。这句谚语到了民间百姓那里却得以发挥,演绎成为一个活生生的无常鬼形象:面瘦身长,穿白衣,戴白巾,手持雨具,肩挂纸钱。在很多庙中,都有无常鬼的塑像。此处所谓无常鬼,其实就是"死无常",是阴间派到民间勾魂的使者。此外,民间还创造性地幻想出了一个"活无常"形象。这些活无常,通常是由民间"生魂"扮演,不论男女,均可充当此职,于是也就形成了"走无常"的习俗。② 可见,所谓活无常,则是阳间派出与阴间沟通的使者。就上面所列事实而言,则又"阴阳相通"。

在明清时期的文学作品中,普遍存在一种现象,亦即作者通常喜欢刻意渲染一些不同于人世间的阴司之事。此类记载,看似千篇一律,甚至落入俗套,而且创作者的用意不一,然若能细加探究,

---

① 关于因果报应之说,可引小说《剪灯新话》《剪灯余话》为例加以简单说明。如《剪灯新话》对善恶报应作如下记载:某人开仓赈饥,得以"延寿三纪,赐禄万钟";某女割股孝姑,孝通天地,诚格鬼神,得以"生贵子二人","终为命妇";某官爵位已崇,却贪饕枉法,非理害民,最后"罹灭族之祸";某人家富,有田数十顷,仍贪纵无厌,务为兼并,最后"化身为牛,托生邻家,偿其所负"。诸如此类,无不是宣扬阴司"褒善罚罪"。《剪灯余话》亦就地府之狱多有刻画,分别有:"勘治不义之狱",专门惩治"不能恭友兄弟""惟重财利"之人;"勘治不睦之狱",专门惩治"不能和顺闺门,执守妇道"之妇女;"阎浮总狱",专收"九流百姓,诸等混杂之人";"剔镂"之狱,专门惩治"世之凶恶、虐害良善"之人;"秽溷"之狱,专门惩治谤毁君子的"小人";"惩戒赃滥"之狱,凡是人间"清要之官,而招权纳贿,欺世盗名,或于任所阳为廉洁,而阴受包苴,或于乡里恃其官势,而昐咐公事",所有"瞒人利己"之徒,均收入此狱。诸如此类,其目的亦为"美善刺恶"。参见瞿佑:《剪灯新话》卷3《富贵发迹司志》,第61页;李昌祺:《剪灯余话》卷1《何思明游酆都录》,上海古籍出版社1981年版,第156—157页。

② 熊伯龙:《无何集》卷13《委宛续貂集·阴间辨一篇》,第468页。

尤其是从法制史的视角加以观察,从中不难发现诸多可供研究者重新加以认识的法律内涵。

文学作品中所刻意创造的阴司以及与其相对的阳间,属于不同的两个世界。阴司属于"虚幻世界",而阳间则属于"现实世界"。文学作品所描摹的飘渺的虚幻世界,大抵反映了理想与现实的矛盾冲突及融合。换言之,一方面,虚幻世界是作者的理想世界,现实生活中的诸多不公正现象,通常会在这一理想世界中得到合理的矫正。另一方面,虚幻世界又是现实世界的真实反映。作者尽管不敢直接将批判的触角伸向残酷的现实世界,却可以通过诸如阴司一类的虚幻世界,对现实世界加以嬉笑怒骂。进而言之,现实社会中的不公正现象,乃至现实司法体制中的诸多陋习与弊端,通常会在虚幻世界中得到生动的反映。

正是就这一角度而言,文学作品的创作者通过虚幻世界的创造,使自己成为现实社会的最高裁判者。凡是被现实社会道德伦理所不容却又在社会上普遍存在的各色之人,作者照例通过虚幻世界给以重新安排,给他们更为合理的定位;①凡是现实生活中百姓所受诸多冤屈,不但会得到上天的感应,②甚至可以在阴司这一

---

① 明人汤显祖所作戏曲《牡丹亭》,就是最好的例证。该剧《冥判》一出,阎罗王殿下的"胡判官"对"枉死城"内四名男犯的判决,基本可以反映作者汤显祖的观点。这四名男犯及其在阳间所犯之罪分别如下:赵大,"生前喜唱歌";钱十五,则是"做了一个小小房儿,沉香泥壁";孙心,"些小年纪,好使他花粉钱";李猴,"好男风"。诸如此类,尽管均无多少罪行,却与世间的伦理纲常相违背。接下来胡判官的判罚则相当有意思:赵大喜唱歌,"贬做黄莺儿";钱十五住香泥房子,判他"做个小小燕儿";孙心使花粉钱,判他"做个蝴蝶儿";李猴好男风,则判他"做蜜蜂儿去,屁窟里长拖一个针"。如此判罚,尽管嬉笑戏谑,四人却是各得其所。参见汤显祖:《牡丹亭》第 23 出《冥判》,载氏著,钱南扬校点:《汤显祖戏曲集》,上海古籍出版社 1982 年版,上册,第 330—331 页。
② 元人关汉卿所作《窦娥冤》一剧,描写窦娥所受冤屈,最后引得"六月飞雪"异象的出现,堪称天人感应之典型例案。

虚幻世界中得到伸冤昭雪。

人治:清官的神化

无论是儒家精英的私家记载,还是民间文学作品,都普遍存在一种观念,即阳世清明公正的官员,死后可以成神,或者成为阎罗王,在阴间继续从事司法判案。明代无名氏所撰小说《百断奇观重订龙图公案》(今本改为《包青天奇案》)之《尸数椽》一则,借助受冤屈的巫梅之口,说明了小说作者对包公一类公正法官的崇敬。而包公之所以被人崇敬,就在于他"关节不到",而且"一生不听私书"。① 清代佚名所撰小说《五鼠闹东京》中的故事,更是明确地告诉我们,包拯是天上文曲星"降凡下界",赋予其"日则判阳,夜则判阴"的权力。② 就此而言,诸如清官神化一类的故事,正好说明了传统中国法律的"人治"因素。

在中国民间,一直流传着包公"治冥事"之说,而且在民间的戏曲作品中,包公被刻意描绘成"日断阳""夜断阴"一类典型的清官形象。其实,包公"阴判"之事在稗乘中均无可考,不过是从本传中"关节不到"一语附会而来。③ 此外,宋代名臣如范仲淹、寇准等,

---

① 无名氏撰,锦文标点:《包青天奇案》卷10,岳麓书社2004年版,第245页。
② 佚名著,吴薇、康怡点校:《五鼠闹东京·包文拯天庭见玉帝》,中国文联出版社2004年版,第170页。
③ 明末清初学者熊伯龙有言,"宋包孝肃公为人刚严,京师为之语曰:'关节不到,有阎罗包老。'世遂以包希仁为阎罗王。公为京尹,令行禁止,民莫不畏服,世遂谓在阴间为王,判断如神"。参见熊伯龙:《无何集》卷13《委宛续貂集·阴间辨一篇》,第467页。

一些野史记载也无不称他们已经成为阴间的"阎罗王"或"修罗王"。①

中国传统的民间文化,大多喜将忠臣、清官神化。这可以一方的守护神城隍神为例,加以更为系统的分析。清人钱泳记载:

> 《宾退录》极言城隍神之灵显,且各立名字,如汉之纪信、彭越、萧何、灌婴、张骞之类,不一而足。即祀典所云"凡御灾捍患,有功德于民,则祀之"之意。据苏州府城隍而言,向闻神是汤文正公斌,继又改陈榕门先生宏谋,既又改巡抚吴公坛继,又改观察顾公光旭。今闻又改陈稽亭主政鹤矣。②

从这段史料不难发现,在民间传说中,汉代纪信、彭越、萧何、灌婴、张骞等人,死后均成为城隍神。这种民间传说,从某种程度上说,正好符合官方祀典所云"凡御灾捍患,有功德于民,则祀之"之意。以苏州府城隍神为例,其神主亦处于不断变化之中。随着时间的推移,继任的地方官陆续取代前任而成一方城隍。上面记载中所提到的汤斌、陈宏谋、吴坛继、顾光旭、陈鹤之类,均为当时的清官与能臣。此外,陆陇其曾任嘉定知县。在任时,"日坐堂上课子读书,夫人在后堂纺绩"。陆陇其死后,民间亦传其成为嘉定县的城隍神。③

举例来说,很多忠臣往往被民间百姓附会成为城隍神。如浙江鄞县城隍神,原本是汉初纪信,但随后民间流传明末清初人钱肃

---

① 范仲淹为阎罗王之说,见于《中吴纪闻》;寇准为修罗王之说,则见于《广川书跋》。又据《翰苑名谈》、贺铸《庆湖遗老集》,寇准亦作阎罗王。详细的考订,参见沈涛:《铜熨斗斋随笔》卷8《范文正为阎罗王》,载《清人考订笔记》(七种),中华书局2004年版,第845页。
② 钱泳:《履园丛话》15《鬼神·城隍》,中华书局1997年版,下册,第400页。
③ 钱泳:《履园丛话》1《旧闻·陆清献公》,上册,第21页。

乐"嗣其任"。江西建宁城隍为明代总督揭重熙，广西桂林城隍为明总督张同敞，亦属此例。① 此外，南京城隍神为孙策，北京城隍神为于谦，杭州城隍神为周新。史又传于谦在每年八月，则司浙江城隍。② 于谦被诬死后，至成化二年（1466）得到平反，明宪宗下诏恢复其原官，并遣行人祭祀。弘治二年（1489），明孝宗下诏，在杭州为于谦建祠，称之为"旌功祠"。在祠中，东设梦兆司像，每年的八月，杭州的士民就"于此祈梦最盛"。③ 又如任洁，天顺年间任罗源知县，多善政。将殁，有人梦城隍庙打扫甚急，传呼新城隍至。至时一看，所谓新城隍，其实就是任洁。次日，任洁卒。④ 这则记载无非为了证明下面一个事实：任洁因为在任时"多善政"，死后成为罗源县的城隍神。

除城隍之外，民间观念中的地下神灵，尚包括东岳庙系统。按照清代民间流行的说法，北京朝阳门外二里许的东岳庙，庙中有七十二司，司各有神主。相传速报司之神为岳飞，最为灵异。"凡负屈含冤心迹不明者，率于此处设誓盟心，其报最速"。⑤ 这是前朝忠臣成为地下神灵的另一证据。

关于忠臣、清官死后成神，明清两代最为有名的例子当属周新与海瑞。两人生时，或以忠直闻名，或以清正著称，死后均成为一方守护之神，为民间百姓所崇奉。

关于周新成为浙江都城隍神的故事，史料有下面详细记载：

  周新，广东南海人。以举人为大理寺评事，有疑狱，辄一

---

① 全祖望：《鲒埼亭集》卷30《钱忠介公降神记》，商务印书馆1936年版，第384页。
② 金埴：《不下带编》卷2，中华书局1997年版，第24页。
③ 翟灏等辑：《湖山便览》卷8《南山路·旌功祠》，上海古籍出版社1998年版，第215页。
④ 张怡：《玉光剑气集》卷7《吏治》，中华书局2006年版，第320页。
⑤ 富察敦崇：《燕京岁时记·东岳庙》，北京古籍出版社1983年版，第58页。

语决白之。永乐初,拜监察御史,弹劾敢言,人目为冷面寒铁。长安中以其名止儿啼。转云南按察使,改浙江。新行部,微服视属县,县官触之,收系狱,遂尽知其县中疾苦。明日,县人闻按察使来,共迓不得。新出狱曰:"我是。"县官大惊,当是时,周廉使名闻天下,锦衣卫指挥纪纲者最用事,使千户探事浙中。千户作威福,受赇。会新入京,遇诸涂,即捕千户系涂狱。千户逸出诉纲,纲更诬奏新,上怒逮之,即至,抗严陛前曰:"按察使擒治奸恶,与在内都察院,同陛下所命也。臣奉诏书死,死不憾矣。"上愈怒,命戮之。临刑大呼曰:"生作直臣,死作直鬼。"是夕太史奏文星坠,上不怿,问左右周新何许人,对曰:"南海。"上曰:"岭外乃有此人。"一日上见绯衣而立者,叱之,问为谁,对曰:"臣新也。上帝谓臣刚直,使臣城隍浙江,为陛下治奸贪吏。"言已不见,遂封新为浙江都城隍,立庙吴山。①

可见,正是周新所抱"生作直臣,死作直鬼"的信念,再加之在任时有"冷面寒铁"之誉,所以即使受枉而死,仍能成为城隍神,在阴司继续"治奸贪吏"。

海瑞作为一个清官,登朝以后就以直声震天下。海瑞对江南百姓应该说是有功的,所以,在明代江南乡村的社庙中,"无不肖公像",他显然得到了民间广泛的奉祀。② 直至清代,民间还相当重视海瑞之名,甚至传说海瑞的书法作品可以"辟邪",以致赝品不断。③

由于司法公正性在制度层面的缺失,一方面,民间百姓将希望寄托于清官的公正廉明;另一方面,民间百姓只好求助于神灵。就

---

① 张岱:《西湖梦寻》卷5《西湖外景·城隍庙》,上海古籍出版社1982年版,第92—93页。
② 李绍文:《云间杂识》卷2,上海瑞华印书局1935年据上海黄氏家藏旧本印行。
③ 卢文弨:《抱经堂文集》卷16《海刚峰墨迹跋》,中华书局2006年版,第225页。

法律的角度而言,忠臣、清官、能臣死后为神的故事,其实已经道出了从"人治"向"神治"的转变历程。

"神治":神判与阴判

明清两代民间观念所想象的"神判"与"阴判",其实就是从人世间的道德层面向阴世间的宗教层面的转变。古代儒家的学说中,治民与事神是合一的,并无分别。所以,儒家经典有言:"未能事人,焉能事鬼。"假如一个君主无才无艺,不能事鬼神,又怎能望其君天下、子万民?

(一) 从观念、制度看"神治"

在明清两代,无论是朝廷的政策或制度,士大夫精英的观念及其行政实践,还是民间百姓的思想意识,无不信奉"神治"的力量。

明代开国皇帝朱元璋,尤其重视神对国法的辅助作用。当中都城隍神主像制成后,他就对宋濂说:"朕立城隍神,使人知畏,人有所畏,则不敢妄为。"①明成祖时《为善阴骘》一书的修纂,应该说是朝廷统治者借助于神治力量的最典型证据。所谓"阴骘",事实上包括两层意思。第一层意思是"天之阴骘",这是指"天之默相保佑于冥冥之中,俾得以享其利益,有莫知其然而然者"。第二层意思是人之"阴骘"。人之敷德,不求人知,而又无责保之心,也是"阴骘"。人之阴骘,固然与天无关,但上天同样给以很好的报答,其应如响。永乐十七年(1419)三月,《为善阴骘》一书修成。明成祖下令赐给诸王群臣,以及国子监和天下学校。又下令礼部,此书准同

---

① 余继登:《典故纪闻》卷3,中华书局1981年版,第47页。

《大诰》之例,即在科举考试时,从《为善阴骘》一书中出题。可见,明代科举考试出题,除四书、五经这样的儒家经典之外,还包括了《大诰》与《为善阴骘》,这说明明代的统治,除人治之外,尚借助于"神治"。

明清时期的士大夫精英同样相信"神治"的力量,极力倡导民间百姓行善积德。正如清人纪昀所言,劝导民间百姓为善,原本只有两条路径:一是帝王以刑赏劝善,二是圣人以褒贬劝善。刑赏有所不及,褒贬有所弗恤,于是第三条路径出现了,这就是佛教以因果劝人行善。① 这三条路径虽有差异,然欲达到的目的则一致,即以"神治"辅助"人治"。这种观念随后也见诸政治实践中。如明清时期官员走马上任,通常会举行一种向神设誓的仪式,以表明自己忠君爱民的心迹。②

民间百姓相信神灵,其虔诚的程度有时甚至超过相信地方官员。何以如此? 究其原因,可引明人杨循吉之说加以说明:"人有曲直,必告诸吏。至于水火、疾病之厄,吏无能焉,神斯专之。神之

---

① 纪昀:《阅微草堂笔记》卷9《如是我闻》3,第187页。
② 如崇祯十二年(1639)元旦,苏州府太仓州知州钱肃乐在本州城隍神前起誓,其中誓词有云:"自今以往,若犹任亲戚之分荣,不恤地方之后咎,则肃乐今年三十有三,妻三十,长男五岁,次男二岁,愿一时殄灭,以彰显戮。如或不然,则愿世世子孙生男为奴,生女为妾。"南明弘光朝时,王铎初次入阁成为内阁大学士之后,"为誓文告关圣,守颇介,然其后稍稍易也"。又汤斌在担任陕西潼关按察副使时,要求他属下的府、州、县官员,在每月朔、望,仿照赵清献焚香告天之遗意,"将半月内行过事实有关系者,直书一疏,焚之城隍庙中"。其目的就是表明官员"明畏功令,阴畏鬼神"。康熙二十三(1684)年,汤斌出任江苏巡抚时,亦在关帝神前起誓,道:"断绝交游,不畏强御。受贿徇情,神明殛之!"上面所引诸例,分别参见钱肃乐:《钱忠介公集》卷4《誓词》,载张寿镛辑:《四明丛书》,广陵书社2006年版,第5册,第2621页;李清:《三垣笔记》下《弘光》,中华书局1982年版,第118页;汤斌:《汤子遗书》卷7《再饬祥刑以重民命事》《严禁请托以肃官箴告谕》,载汤斌著,范志亭、范哲辑校:《汤斌集》,中州古籍出版社2003年版,上册,第371、559页。

治人比于吏,而其可凭过之,何也？吏不能皆公,神则无不公者焉。故人之凭神,甚于凭吏。宁欺吏,不宁欺神也。"①清人汪辉祖也有相同的说法："老释二氏之学,固儒者弗道。然庸夫、愚妇,不畏物议,而畏报应;不惧官长,而惧鬼神。"②换言之,人世间的官员"不能皆公",而神灵则"无不公者焉"。当人世间的冤屈无法得到昭雪时,民间百姓只能将希望寄托在神灵上。

"阴骘"观念是"神治"意识的核心内容。从明清时期的历史事实来看,这种"阴骘"观念,同样渗透到法律的具体实施过程之中,有时反而会"纵恶长奸,残害良善,败坏国事"。关于此,明人高拱有下面的揭示：

> 圣人制刑,所以诘奸禁乱,安天下之民也。固不可流于苛刻,亦不可流于放纵。乃今司刑者卤莽草略,既不尽心,却又每以出入人罪为长者,虽盗贼皆曲意放之,以为阴骘。若然,是谓明刑者为不仁也。纵恶长奸,残害良善,败坏国事,莫大于此。③

在一般民间之论中,常有"皋陶无后"的说法,其意思是说皋陶执掌刑法,不积阴德,以致有了"无后"这样的悲惨结局。为了积阴骘,于是有些地方官员就采取放纵盗贼的措施,将此举视为积累阴功之事。④ 与此同时,在读书或做官人中间,尚流传一种"公门中好修行"的看法,显然也是"阴骘"观念向司法实践的渗透。

---

① 杨循吉:《攒眉集·水仙大王庙碑》,载《长松筹堂遗集》,明钞本;又载黄宗羲编:《明文海》卷68,中华书局1987年版,第619页。
② 汪辉祖:《双节堂庸训》卷4《应世·不必议论二氏》,天津古籍出版社1995年版,第142页。
③ 高拱:《本语》,载《高拱论学四种》,中华书局1993年版,第57页。
④ 高拱:《本语》,载《高拱论学四种》,第66页。

(二) 神判、阴判举隅

人世间的法律,究竟如何与阴世间的神灵发生关系? 究之明清两代的司法实践,就是"神判"与"阴判"。这又可以从下面两点加以考察:一是民冤不得直,只好借神而白,这是中国法律中的神灵意识;二是官政通神明,如果是一个好官,就可以政通神明,于是导致了"神政"现象的出现。[①]

明清两代的神判、阴判,或为城隍庙伸冤、关神断狱,或为海神断案、祈梦断案,尽管形式不一,而其归趋则是"神治"。

1.城隍庙伸冤

在明代诸神中,城隍神的作用与法律更为密切。关于此,明人江盈科有下面的记载:

> 夫天地间,幽明二者而已。法度治明,鬼神治幽。法度所不及,而鬼神及焉。鬼神者,所以济夫法度之所不及也。夫匹夫孺子,挟智力大小,横里中为蛇蝎者,为蚊虻者,豺虎者,鲸鳄者,守令坐堂皇,操三尺绳之,彼且忍棰楚,甘图圄,轻以其身润斧锧。率匿肝胆,饰貌言,冀万一漏网,而时匍匐城隍前,辄吐其胸中隐慝,以祈无谴。彼其心,盖惧神之有时而谴我。惧神之有时而谴我,而以蒇告,庶几犹有悝而不敢恣睢自逞也乎? 故严祠宇,肃冠服,傍庑列诸轮回之像,使匹夫孺子见而指之曰:"是人而馁鬼,而犬牛马羊,鬼神罚也,恶报也。"又指之曰:"是鬼而人,是犬牛而羊而人,鬼神赏也,善报也。"诚欲就赏而避罚,庶几有惯而自新者乎?[②]

显然,在诸如"匹夫孺子"一类的民间百姓中,鬼神确实可以起到

[①] 陆粲:《庚巳编》卷10《张御史神政记》,第131页。
[②] 江盈科:《雪涛阁集》卷7《城隍庙记》,岳麓书社1997年版,上册,第339页。

"济夫法度之所不及"的作用。明人祝允明亦记载,在诉讼案件审理时,兴宁县民信奉城隍神,尤胜过朝廷的命官以及家族、乡侣。他记道:

> 凡民有事,两自谓直,不肯下,家族、乡侣判以理,未遽服,宁并走庙,号于神,矢之,愿福直祸枉,乃遂释去,虽沉痛重贷,置不复校,以为神司之矣。至两造于讼庭,或有疑,须左验,而人若券剂不存,将诹于众不顾,顾即神共誓,后便听如所拟,无复哗。其崇信祗畏如此。然其始盖诚,然既习以玩,则曲者亦恬然为之,又默而已矣。①

可见,若是民间诉讼无法通过"人治"得到合理解决,最后还是诉诸"神治"。

这有具体的事例为证。史载弘治九年(1496),浙江永嘉县三都民朱某之妻王寡妇(史称"王嫠"),丈夫死后无嗣,于是抱养了一个"血淤雏",即初生儿,取名朱守明。守明长大后,母子"拮据起家,置有资产"。朱某之弟朱纮觊觎守明家产,就与儿子守成谋划,打算"以异姓逐守明",进而吞并家产。为此,父子俩向知县林廷瓛告状,并向粮长、里长及邻佑行贿,让他们作出"保结",借此挤走守明。当时本都有一位耆老周守谧,深知朱氏起家之因、母子情爱之笃,独为力争。无奈,知县"泥于粮里亲支之说,反以为妄",周守谧只得辞去。到了晚上,朱守成又以衣服、布料馈赠守谧的妻子,借此要挟守谧,但为周守谧所拒。周守谧考虑到朱守成擅长"贿嘱",单靠自己之力不能替王寡妇母子雪冤,于是将详情写成一疏,让王寡妇向城隍神告状。史载:

> (王嫠)且背负其疏,沿街叩首,行呼称冤。如是者五日,

---

① 祝允明:《兴宁县城隍庙碑》,载《明文海》卷69,第622—623页。

萎忽疲倦仆地,恍见神降于前,纱帽绯袍,讯其事,取背负疏读之,且读且点首曰:好耆老,灶神直奏,汝可即图之。萎与守明奔告周,周遂为疏,俾焚于灶。越三日,晨兴,天忽晦冥,怒雷磕磕,县堂昏黑不可辨,尹惊起,吁天自讼。顷之,众薹见火光飞腾于县西南,时诸奸党方会饮于大州桥王家楼上,谋同具结覆县。有书生王汀者,读书楼上,忽腹痛起如厕,俄而火光遍烛楼中,雷轰然大震,纥与守成悉毙于座,褫其衣巾而碎之,挂檐牙间,投尸于地,其党王九慎,亦中雷斧,立陷其颈,濒死而苏,观者惊骇,倾于九市。①

为此,市民将此事奔告县衙,知县"愧服皇惧",速请周耆老到县,给他"奉酒挂彩,以鼓乐送归"。于是王寡妇一案得以审理,母子亦终身相依。史乘随后又记,周守谧此年55岁,正好有了孙子,诸位前来贺喜的客人,有感于"雷事",替他孙子取名周感。周感后中嘉靖四年(1525)乡试举人,"人咸谓周公阴骘之报云"。上述史料记载,或许朱纥、朱守成父子及其党徒王九慎被雷劈死是事实,但将之归于"报应"之事显然牵强,不过是凑巧之事。但有下面两点值得关注:一是王寡妇至城隍庙告阴状,这是事实,不容置疑;二是民间通常会将凑巧之事加以联想,以便与阴骘报应之说相合。

明清时期的文学作品中,有很多向城隍伸冤的例子,不妨稍作介绍。清代学者纪昀在《阅微草堂笔记》中,记载了很多城隍神治理案子的例子。其中一个例子如下:

> 曩有县令,遇杀人狱不能决,蔓延日众,乃祈梦城隍祠。梦神引一鬼,首戴磁盎,盎中种竹十竿,青翠可爱。觉而检案

---

① 王叔杲著,张宪文校注:《王叔杲集》卷17《王萎传》,上海社会科学院出版社2005年版,第360—361页。

中有姓祝者,祝竹音同,意必是也。穷治无迹。又检案中有名节者,私念曰:"竹有节,必是也。"穷治亦无迹。然二人者九死一生矣。计无复之,乃以疑狱上,请别缉杀人者,卒亦不得。夫疑狱,虚心研鞫,或可得真情。祷神祈梦之说,不过慑伏愚民,绐之吐实耳。若以梦寐之恍惚,加以射覆之揣测,据为信谳,鲜不谬矣。古来祈梦断狱之事,余谓皆事后之附会也。①

可见,地方官员在碰到疑难案件且难以判决时,通常会通过向城隍神"祈梦"的方式,求得神判。第二个例子是城隍神之阴断,云:

浙江有士人,夜梦至一官府,云都城隍庙也。有冥吏语之曰:"今某公控其友负心,牵君为证。君试思尝有是事不?"士人追忆勘断。都城隍举案示士人,士人以实对。都城隍曰:"此辈结党营私,朋求进取,以同异为爱恶,以爱恶为是非;势孤则攀援以求援,力敌则排挤以互噬;翻云覆雨,倏忽万端。本为小人之交,岂能责以君子之道。操戈入室,理所必然。根勘已明,可驱之去。"顾士人曰:"得无谓负心者有佚罚耶?夫种瓜得瓜,种豆得豆,因果之相偿也;花既结子,子又开花,因果之相生也。彼负心者,又有负心人蹑其后,不待鬼神之料理矣。"士人霍然而醒。后阅数载,竟如神之所言。②

相同的城隍判案的例子,在当时的小说中也有反映。如江左樵子编辑的小说《樵史通俗演义》,记明末忠臣杨涟在苏州府常熟县做知县时,"就有许多异政,日里问事,夜里常和城隍说话,百姓敬他

---

① 纪昀:《阅微草堂笔记》卷4《滦阳消夏录》4,第62页。
② 纪昀:《阅微草堂笔记》卷4《滦阳消夏录》4,第72—73页。

爱他,竟如神明一般"。① 这种说法是民间传说中包公日断阳、夜断阴的一种延伸。清代佚名撰小说《山水情》记载书生卫彩家小仆鹦儿因为主人卫彩被帮闲花遇春设计强迫成婚,深感不满,于是独自来到了城隍庙中,向城隍告状伸冤。② 这同样是城隍判案的典型例子。

2. 关神断狱

据清人袁枚的记载,在清代民间,凡是遇到疑难案子,一旦靠人力一时无法判定黑白,就会借助于神的力量,请神来断狱。其中关神断狱就是一例。袁枚记道:

> 溧阳马孝廉丰,未第时,馆于邑之西村。李家邻有王某,性凶恶,素捶其妻,妻饥饿无以自存,窃李家鸡,烹食之。李知之,告其夫。夫方被酒,大怒,持刀牵妻至,审问得实,将杀之。妻大惧,诬鸡为孝廉所窃。孝廉与争,无以自明。曰村有关神庙,请往掷珓卜之,卦阴者妇人窃,卦阳者男子窃。如其言,三掷皆阳。王投刀放妻归。而孝廉以窃鸡故,为村人所薄,失馆数年。③

---

① 江左樵子编辑,钱江拗生批点:《樵史通俗演义》第7回,人民文学出版社1989年版,第48页。

② 在小说《山水情》中,鹦儿道:"我想家主被花遇春这千刀万剐、狗娘养的哄去害了性命。如今杜相公家终日畏缩,不可与我家主伸冤,我又无门恳告,今日恰好到这里来,不免在神案下叩告一番,倘得神道有灵,去捉死了他,先出出气也是好的。"遂撞钟击鼓一回,跪下朗言祷告。云云。参见佚名著,王建华点校:《山水情》第6回《摄尼魂显示阿鼻狱》,中国文联出版社2003年版,第131—132页。

③ 袁枚:《子不语》卷2《关神断狱》,第18页。

在明清民间,俗传关云长为"伽蓝神"。① 关神只有一个,为何又有许多关神,"分享血食"？其实按照明清时期民间通行的观念,凡是村乡所立关庙,均属奉上帝之命,选择乡里鬼神中"平生正直者",代司其事。关羽神化之后,在明清一般民众百姓中具有至高无上的地位。即使是明末揭竿而起的农民军,他们在所到之处,可以为所欲为,包括毁坏孔庙与其他神庙,但对关公还是一直敬畏。据明末人徐世溥记载,当时的两湖地区,尤其是湖北一带,"经流寇数扰之余",已是一片萧条。他曾将沿途所见所闻,著成《楚谣》12首,其中第七首的自注有云:"贼所过,无问琳宫梵刹悉毁之,独关庙则畏慑远避。途中所存祠宇皆关庙也。"②此即其例。

3.海神断案

明刻话本小说中有一篇《王魁》,堪称海神断案的典型事例。小说记宋朝山东济宁府,有一位名叫王魁的秀才,字俊民。因上京应试下第而回,至莱阳县遇一相知友人,被邀至北市鸣珂巷妓家小饮,认识了妓女敫桂英。两人相见,已是目成心许。

王魁住在妓家,四时饮食、衣服,都由桂英备办。住了一年之后,又将应试,一切资装行李之具,皆是桂英置办。临行之时,两人不忍分手,桂英更是对王魁不放心,要求同到海神庙焚香设誓,各不负心,生同衾,死同穴,始终无二。两人誓毕,再拜而出。

谁知王魁中了状元之后,身已显贵,觉得自己不可娶烟花下贱之女为妻,竟对桂英产生了厌恶之心,气得桂英只好自刎而死。桂英死后,就将王魁负心之事告到了海神那里,并去阳间王魁那儿作

---

① 朱国祯撰,王根林校点:《涌幢小品》卷20《关云长》,上海古籍出版社2012年版,下册,第394页。
② 徐世溥:《榆溪诗钞》卷上《楚谣》,转引自徐明庭等辑校:《湖北竹枝词》,《总录·徐世溥》,湖北人民出版社2007年版,第5页。

祟。王魁无奈,只得请道士马守素书符召将,逐鬼驱邪。道士马守素神游到了海神庙,遇到一个海神前的判官,求判官看在王魁"状元及第、阳世为官"的情面上,在海神大王面前美言几句。判官的一番话,却说出了阳间司法衙门的势利。他说:

> 咳!可惜你是个有名的法官,原来只晓得阳间势利套子!富贵人只顾把贫贱的欺凌摆布,不死不休。堆积这一生的冤孽帐,到俺这里来,俺又不与他算个明白,则怕他利上加利,日后索冤债的多了,他纵官居极品,富比陶朱,也偿不清哩!况俺大王心如镜、耳似铁,只论人功过,那管人情面?只论人善恶,那顾人贵贱?料王魁今日负义忘恩的罪,自然要结了。你也不必替他修醮了,请回罢!①

最后,王魁因为负心,可惜一个状元大人,呜呼哀哉死了,而且还背上了千古骂名。此一诉讼案例在清代的民歌中也有反映。清人华广生编述的《白雪遗音》中有一首《阳告》,所言即为此事。②

4.祈梦断案

明清时期的记载通常会构造这样的事实,即地方官能侦破一桩疑难案子,往往得益于神的"梦告"。史载归有光任浙江长兴知

---

① 《王魁》,收入《明刻话本四种》,载《古本平话小说集》,人民文学出版社1984年版,上册,第89—94页。
② 清代歌曲云:"恨漫漫的天无际,负义的王魁,闪的俺无靠无倚。俺向那海神灵,诉说从前焚香的事,勾拿那、辜负贼赴阴曹地。这根由,天知和那地知,一同在神前焚香誓、负盟约,在刀尖上成粉齑,惨模糊将心瞒昧。一旦幸登了选魁,他气昂昂,忘却貂裘敝,别恋着红妆翠眉。他笑盈盈忙将糟糠来撇弃。心儿里,兀的不痛杀人也么哥,兀的不恨杀人也么哥。赤紧的、勾拿那厮,与咱两个,明明白白的对质。我的大王爷,谁知他,暗藏托刀计,奴只得,罗帕了终身,地府阴曹鸣冤去。"参见华广生编述:《白雪遗音·阳告》,载《明清民歌时调集》,上海古籍出版社1999年版,下册,第668—669页。

县时,尽管擅长文章,但听讼非其所长。当时有一乡豪,与他的儿媳通奸,被仆人所见,于是挥刀将仆人杀死。乡豪知道杀人之事难以掩盖,就入室又将一位使婢杀死,提起二人之首,赴县告状,说是"获之奸所",借此开脱自己的罪责。归有光偶然因为大雨被阻在城外,到了晚上,他就梦见城隍神将乡豪杀人之事本末告知。第二天早上,归有光坐在堂上,正好乡豪提着两人之头前来告状。未等乡豪说话,归有光就大呼道:"贼贼,汝杀人,如是如是。"乡豪只好认罪服法。① 这显然是一种刻意神化的说法,但从中也可透视出下面的信息,即当时民间均相信疑难案件可以通过神的指示加以判明。

凡是遇到一些疑难案子,明清时期的地方官就会去神庙斋宿,祈祷神灵能托梦给他们,从而将案子侦破断发。如在清代有一知县,遇到一件杀人案子,无法决断,就只好祈梦城隍祠,以求神在梦中的指点。按照通常的道理,碰到疑狱,只有虚心研鞠,才可审得案子背后的真情。这种祈梦断狱的做法,正如清人纪昀所言,不过是借助于神的名头,欺骗一些愚民,让他们吐露实情。自古以来,凡是祈梦断狱之事,都不过是事后的附会。假若真以梦寐恍惚之事,再加上射覆揣测,作为信谳,定会造成很多冤假错案。②

尽管道理是如此,而且当时也不乏清醒的士大夫能认识到这一点,但在实际的司法实践中,还是存在诸多祈梦断狱的事例。如明人张鸣凤,任浙江永康县知县时,"时武义有杀人狱久弗决,当道檄公治之。夜梦绯衣人语之曰:'得王十一乃了。'厥明物色其人,狱遂成,人咸神之。"③又如明代上海人沈云初任国子监学正时,梦

---

① 朱国祯撰,王根林校点:《涌幢小品》卷19《断狱》,下册,第378页。
② 纪昀:《阅微草堂笔记》卷4《滦阳消夏录》4,第62页。
③ 李绍文:《云间人物志》卷2《成化至正德间人物·张梧冈》,载《明清上海稀见文献五种》,人民文学出版社2006年版,第128页。

见一位妇人因服再拜,云:"妾名迎春,冤入死狱,惟公生之。"醒后而不知所谓。等到丁艰起复,又做了相同的梦。不久,沈云初出任汝宁州判,到任与同僚公宴时,忽然上司下发一案到州。宴会完毕,知州对他说:"有犯妇迎春事,公初政,当一鞫之。"沈云初听后愕然,道出以前所梦之事,众人皆以为异。"遂白其冤。计得梦时,此妇尚未获罪也"。①

5.喊冤习俗

在明清时期,民间尚存在很多到神前喊冤的习俗,大抵也是"神治"的真实反映。如明代楚人多尚鬼,事有不直,就向神灵喊冤。当时庐陵百姓互相争讼,愤弗能白,就抬上木偶神,置于庭中,日夕祷祝,"神衣红绡袍,俨如生"。② 又据记载,清代四川简阳县,民间百姓有了冤屈,若无法得到昭雪或辩白,就只好一同到神前恶誓,称为"赌咒"。或是拿着雄鸡,到有冤屈之家门前或神庙中,诉其冤苦,恳求神灵报应。然后定下规则,凡是能斩下鸡头者表明"理直",而不能斩断者则为"理曲",称为"宰鸡口"。至于那些妇女,若是有了冤屈,就披发烧香,身上挂黄纸钱,沿街呼叫神明,称为"背黄钱喊冤"。③

明末人陆人龙所著小说《型世言》也有相关习俗的记载。如第36回记载,杜氏书吏家的奶妈金氏被人诬陷偷盗,连带杜氏成为偷盗的窝家,他气愤不过,就"写一张投词,开出金氏生年、月、日,在本府土谷并青面使者祠前表白心事"。④

---

① 张怡:《玉光剑气集》卷7《吏治》,第320页。
② 宋濂:《銮坡前集》卷10《记冯寅宾言》,载氏著:《宋濂全集》,浙江古籍出版社1999年版,第546页。
③ 丁世良、赵放主编:《中国地方志民俗资料汇编》,《西南卷》上卷,北京图书馆出版社1997年版,第140页。
④ 陆人龙:《型世言》第36回,北京燕山出版社1993年版,第508页。

民间记忆中的天庭、地府

在明清时期的民间记忆中，存在很多天庭、地府的传说。所有这些传说，无不融合了佛、道两家之说，由士大夫精英阶层加以渲染，再通过通俗文学作品，渗透到民间思想意识之中。

(一) 天上世界：天庭

清代佚名所撰小说《五鼠闹东京》，为今人呈现了时人观念中天庭与地府之间的明确关系。小说记载了五个鼠精闹东京城的故事。故事的有趣之处在于鼠精变成了当朝的皇帝仁宗与国母，使朝中所下圣旨与懿旨同时有了两份。仁宗无奈之下，只好下旨从边庭召回包拯，将此事判个明白。

包拯回到京城之后，首先断明国母、仁宗是假，将他们下入监中，打算到了晚上"申牒交与城隍"，然后再审讯，自然可以分出真假。为此，五鼠中的一鼠又设法假扮成包拯，希望将事情搅混。所以，当真包公正出牒告城隍转衙时，忽见堂上已经有一个包公坐在府堂判事。真包公无奈，只好"诉之玉帝"。

小说后面的故事，更是明确地告诉我们，包拯是天上文曲星"降凡下界"，故有"日则判阳，夜则判阴"的权力。包拯尽管有判阴的特权，却亦无法解决五鼠精大闹东京城的尴尬局面，所以只好上报天庭，请出玉帝"查究是何妖怪为祸"，并乞求玉帝"差天兵剿除，以清凡世"。

当然，小说在这一回的描写中，同样将天庭作为人类最高的裁判机构描述得相当细致。从小说中可知，天庭上面，首先有把守天门的两员天将，一员是关元帅，另一员是赵元帅。玉帝上朝之地，则是云霄殿。服侍在玉帝身边者，则如凡间一样，是司天监的内使。至于具体的查办机构，则有十个"检察司曹"。玉帝听了包公上奏之后，就派遣检察司曹十人分头到四方察究，以查出究竟是何等怪物下凡为怪。小说随后的记载，显然更可说明，玉帝所管辖的范围，包括天上、人间、地府。从天上来说，分别有东八天、南八天、西八天、北八天；从人间来说，有四大部洲，分别为东胜神洲、南赡部洲、西牛贺洲、北狄芦洲；就地府来说，则有十重地狱，其领导者则为十殿阎罗王。值得关注的是，小说中的玉帝，还管辖着"多罗密殿"，这显然是佛教所领辖的神灵世界，中国道教神仙世界中的最高统治者玉帝也有派使者前去查询的权力。如小说所记最后除五鼠之妖，还是借助了西天佛国雷音寺世尊殿前宝盖笼中的一只玉面金猫之力，大抵亦可以说明此事。当然，玉帝与西天世尊的关系，显然不完全是一种统属关系。从小说记载不难发现，西天雷音寺为上界世尊如来请经说法的道场。每遇朔、望之日，世尊如来佛就坐在九层莲花宝殿上，请经说法。上至三十三天，下至十八重地狱，中至人间神灵，俱来听讲。毫无疑问，如来同样统治着上天、人间、地狱三大世界。就这种角度而言，如来与玉帝是不同宗教体系中的最高统治者。所以，玉帝必须派遣一个天使，领玉牒文一封，前往西天雷音寺世尊殿前，"求借玉面金猫"。从"求借"二字可以看出，道教的神仙世界与佛教的诸佛世界是一种平行的关系。①

(二) 阴司法庭

虚幻的阴司法庭的存在，其理论基础无疑就是"地狱"之说已为士大夫精英与民间百姓所普遍崇奉。根据明末清初学者顾炎武的考证，"地狱"之说，本于宋玉《招魂》之篇，诸如："长人""土伯"之说，转而成夜叉、罗刹之伦；"烂土""雷渊"，则演变而成"刀山"

---

① 相关的记载，可参见佚名著，吴薇、康怡点校：《五鼠闹东京》之《郑先生教施俊读书》《真施俊假施俊争妻告状》《包文拯天庭见玉帝》三篇，中国文联出版社2004年版，第138、166—171页。

"剑树"。宋玉之说尽管尚属文人寓言,但意思已经与后来的地狱相近。自魏晋以后,其说进一步加以演绎,并杂糅释氏之说,终于演变成为后世的"地狱变相"。①

那么,如何看待地狱之说?明末清初学者魏禧之论颇具代表性。他著有《地狱论》三篇。其中上篇认为,地狱"不悖于圣人",地狱之说具有两大功能:一是平人不平之心,二是人劝人惩。其中篇认为,正是孔子"名"教之缺失,才导致地狱之说的兴起,亦即"刑赏穷而作《春秋》,笔削穷而说地狱也"。其下篇认为,地狱之说、戒杀生之说,均可以"补前古圣人所未及"。② 清初人尤侗也持相同的观点,他说:"地狱之设,所以惩治恶人,使知害怕。倘无阎王,则乱臣贼子,接迹于后世矣。"③

其实,后世"好事者"所言阴间之事,无不是对"成事"亦即现实世界的模仿。举例来说,如说阴间之官亦有"阶级",鬼官有七十五品,其实事本《酉阳杂俎》;又如说蚊、虻、蛾、蠋属于"化生",又谓化生如一切地狱、一切饿鬼、一切中阴之类,则事本《鞞婆沙论》。④ 毫无疑问,所有这些说法,均属"好事者"所创异论,借此新人耳目而已。

明清时期,民间观念中的地府与天庭,究竟是何种关系,小说《山水情》提供了部分证据。据此记载可知,阳间人若是犯了伤"阴鸷"之事,先是由"伽蓝""土地"上报到"天庭",再由天庭下旨给

---

① 顾炎武撰,黄汝成集释:《日知录集释》卷30《泰山治鬼》,中州古籍出版社1990年版,第715—716页。
② 魏禧:《魏叔子文集外篇》卷1《地狱论》上、中、下,中华书局2003年版,第84—87页。
③ 尤侗:《艮斋杂说》卷10,中华书局2006年版,第191页。
④ 熊伯龙:《无何集》卷13《委宛续貂集·阴间辨一篇》,第467—468页。

"地府",由地府派人将犯人捉拿归案。① 民间观念中的阴司法庭,主要由法官、衙役两类人员组成。下面根据文学作品,再参之其他史料,对阴司法庭加以重构。

1.阴司法官

(1)东岳天齐大王系统

在中国民间,关于地狱之说,最为普遍的是泰山"东岳天齐大王府"。所谓东岳庙,所奉即此。根据李昌祺所著小说《剪灯余话》所载,泰山一府,统辖七十二司、三十六狱,下面有台、省、部、院、监、局、署、曹,以及庙、社、坛、墠、鬼、神。所有这些地府中的官员,大抵均由阳间所谓"好人"充当,诸如冢宰一类的大臣,则用阳间的忠臣、烈士、孝子、顺孙,或者是善人、循吏。即使如社公、土地一类的微末之职,亦"必择忠厚有阴德之民为之"。②

(2)阎王系统

在明清的民间,普遍信仰地下存在十殿阎罗,掌管着人间的生死。在十殿阎罗王中,最为著名的当数转轮王包公。明代曾流传着一句关于包公的俗语:"宋朝阎罗包老曾断七十二件无头案。"③所以,在明清时期的戏曲小说中,多有包公在阴司判案之说。如明代无名氏所撰小说《包青天奇案》中记载了很多包公坐阴床在阴司判案的故事。从小说的记载可知,包公在阴司断事或被民间神化的方式有下面几种:

第一,求助于"梦断"。很多疑案的发现,往往是通过"梦断"。如《观音菩萨托梦》一则,即为包公"夜梦观音引至安福寺方丈中,见钟下覆一黑龙",甚至第二、第三夜连梦此事,才产生了疑异;《嚼

---

① 佚名著,王建华点校:《山水情》第6回《摄尼魂显示阿鼻狱》,第48—49页。
② 李昌祺:《剪灯余话》卷4《泰山御史传》,第237页。
③ 周清原:《西湖二集》第33卷,人民文学出版社1989年版,第530页。

舌吐血》一则,是包公在判案困倦时,梦见死者托梦;《咬舌扣喉》一则,是包公夜阅案卷时,在精神疲倦、朦胧睡去时,梦见一女子,其似有诉冤之状;《锁匙》一则,是夜里梦见一人,峨冠博带,并掷竹答而去。

第二,求助于当地的"司土之神"、城隍。如《招帖收去》一则,记载包公在遇到疑难案件而狐疑不决时,会焚香祷告,以求司土之神的帮助;《窗外黑猿》一则,记载包公对案件有疑问时,斋戒祷于城隍司。

第三,动物告状。如《龟入废井》一则,记载包公正坐公厅,见一活龟两目睁视,似有告状之意;《鸟唤孤客》一则,则记包公出行时,听见鸟音连声叫唤:"孤客孤客,苦株林中被人侵克。"

第四,坐阴床理事。如《忠节隐匿》《巧拙颠倒》两则,记载了包公赴阴床理事,接得一纸状词。

第五,"阴风"的启示。如《死酒实死色》一则,记载包公夜里取案卷阅读时,忽阴风飒飒,不寒而栗,随即怀疑案子有冤;《辽东军》一则,记包公审案正在疑惑之际,忽然案前一阵狂风过,包公见风起得怪异,才发现了冤屈之事。①

包公坐阴床判案的故事不但见诸文学作品,即使是在一些野史笔记中,也同样可以得到印证。据清朝人许奉恩记载,广东肇庆府府署内,有空屋一椽,封镭甚严。相传宋时包孝肃守肇庆,日理阳事,夜理阴事,所谓"覆阴堂",就是包公理阴事之处。每个知府上任,更是"不敢不拜"。② 此即其例。

---

① 无名氏撰,锦文标点:《包青天奇案》卷1,第6、11、16、24、37页;卷2,第58、60页;卷3,第80、81、85页;卷4,第107页;卷5,第117页。
② 许奉恩:《里乘》卷7《肇庆府署五异》,重庆出版社2005年版,第204页。

(3) 城隍系统

明代名臣周新,曾任浙江按察使,死后在民间百姓的心目中已经成为"浙江城隍爷爷"。所以,在明代的小说中,一般就将周新生前断案加以神化,他的做官生涯也就成为"活神道"做官。举例来说,他所解决的冤狱之案,其中发现案子的蛛丝马迹往往借助于一些奇怪的"先兆"。诸如周新初到浙江之时,"道上忽有苍蝇数千,嗡嗡地飞到他马前,再赶不去",于是他就知道"定有冤枉",最后破了一起杀人劫贼之案;又周新坐堂之时,忽有二鹊"飞到案桌前悲鸣不已,似有诉冤之意",于是周新借此又破一起杀人之案;又一天,周新坐堂,"忽然旋风一阵,将一片大树叶直吹到堂上案桌边,绕而不散,其风寒冷彻骨,隐隐闻得旋风中有悲哭之声,甚是凄惨",周新借此断定必有冤枉,最后为死者雪冤。① 所有这些例子,无非说明人死后,通常会"冤魂不散",这是一种"天理"。为此,清官就可以借助冤魂所显示的蛛丝马迹,为死者伸冤。

2. 鬼卒

所谓鬼卒,其实就是文学作品中经常出现的"牛头马面"之类。从明清文学作品中不难发现,阴间鬼卒同样喜欢索贿,这与人世间的衙役如出一辙。如清代佚名撰小说《山水情》,其中描写了苏州寒山庵尼姑了凡因为破了色戒,而被鬼卒勾摄到了地狱。因阳寿未尽,在历遍地狱苦刑之后,被转轮王包龙图放回阳间。在放回过程中,鬼卒对了凡道:"我们两个送你回去,若肯大大把我们些使用,不引你到旧路上过了。"了凡道:"若得如此,我回庵去的时节,多拉几个道友,拜几部经忏,化些金银锭帛,报你德。"鬼卒听了凡出口许过,遂引她出了地府之门,教把门将军销了号簿。②

---

① 周清原:《西湖二集》第33卷,第534—547页。
② 佚名著,王建华点校:《山水情》第6回《摄尼魂显示阿鼻狱》,第50页。

3.阴司官场

按照民间的观念,阴司法庭也有自己的办公程序,譬如中秋节不办公之类。如清朝人就认为,阴间比阳间公事更忙,一刻不暇。唯中秋一日,例不办事。究其原因,就是阴司的"英魂"在这一天也要到阳间与亲人团圆。然必月朗风清,英魂方能行远。若是平常日子,便不得暇回到阳间。①

当然,阴司官场一如阳间官场,也是清官不得意。按照当时的说法,在阴司官场,清官显然也会遭人排挤。如杭州钱塘顾某,死后在阴间成为本处土地神,曾有如下自述:"因官职小,地方清苦,我又素讲操守,不肯擅受鬼词,滥作威福,故终年无香火。虽作土地,往往受饿。然非分之财,我终不受。"他生前朋友张望龄问:"汝如此清官,何以不即升城隍?"顾某答:"解应酬者,可望格外超升。做清官者,只好大计卓荐。"②

尤其值得注意的是,在当时人的观念中,更有"阴司最势利"之说。清人袁枚《子不语》中有《地藏王接客》一则,对此有所揭示。首先,借助阴司一卖纸老翁之口,直言"阴司最势利"。其次,又借助老翁之口,说出"纸钱正是阴间所需,汝当多备,贿地藏王侍卫之人,才肯通报"。说明"阳间有门包",阴间亦有门包。再次,刑部郎中朱履忠,尽管是"入粟得官",而且不过郎中之职,但到了阴司,一报朱大人到,地藏王下阁出迎。而裘南湖只是副榜举人出身,却无如此待遇,终于醒悟"果然阴间势利"。③

---

① 袁枚:《子不语》卷6《阴间中秋官不办事》,第64页。
② 袁枚:《子不语》卷8《土地受饿》,第91—92页。
③ 袁枚:《子不语》卷9《地藏王接客》,第103—104页。

阴司诉讼案例剖析

明清时期的文学作品中,存在诸多阴司诉讼的案例。仔细分析这些阴司诉讼案例,尽管不是历史的真实,仅仅是作者虚构的虚幻世界,却基本反映了下面两个事实:一是现实世界的司法公正性正在逐渐沦丧,所以文学作品的作者希望通过虚拟的阴司诉讼,重建法律的公正;二是在现实世界中,儒家的伦理道德秩序亦渐趋沦丧,而阴司诉讼的出现,从某种意义上说,同样不过是为了重建儒家伦理秩序。

(一) 法律公正的沦丧及其重建

在民间的法律诉讼中,百姓有了经济纠纷之事,首先想到的是求助于法律。一旦官员枉法,冤屈无法得到申诉,百姓就会求助于神灵。那么,阴司是否就是一方净土,能够体现真正的法律公正性?从当时的文学作品中可知,当时人对阴司的司法公正性同样提出了质疑。如明初人瞿佑所作文言小说《剪灯新话》中《令狐生冥梦录》一则,记载了一位刚直之士令狐譔至阴司打官司的故事。

小说记道,令狐譔生平不信神灵,傲诞自得。凡是有人谈及鬼神变化、幽冥果报之事,他就大言加以驳斥。他有一位近邻乌老,家资巨富,尚贪求不止,而且"敢为不义,凶恶著闻"。一天,乌老病卒,死后三日再次苏醒。有人问他死而复生的原因,乌老则说:"吾殁之后,家人广为佛事,多焚楮币,冥官喜之,因是得还。"令狐譔听说之后,尤感不平,感叹道:"始吾谓世间贪官污吏受财曲法,富者纳贿而得全,贫者无赀而抵罪,岂意冥府乃更甚焉!"于是愤而作诗一首,道:"一陌金钱便返魂,公私随处可通门!鬼神有德开生路,日月无光照覆盆。贫者何缘蒙佛力?富家容易受天恩。早知善恶都无报,多积黄金遗子孙!"诗成之后的当天晚上,令狐譔在梦中被勾摄到阴司,后遭逼供。阴司据以为罪证者,即为令狐譔所撰诗作中"一陌金钱便返魂,公私随处可通门"一句。为此,令狐譔作了供辩。在辩状中,令狐譔本来相信,"地府深而十殿是列,立锉烧舂磨之狱,具轮回报应之科,使为善者劝而益勤,为恶者惩而知戒,可谓法之至密,道之至公"。换言之,地府之说的存在,理应改变"以强凌弱,恃富欺贫"的社会现实,使"上不孝于君亲,下不睦于宗党",以及"贪财悖义,见利忘恩"之徒,在阴曹地府得到应有的惩罚。而事实并非如此,即地府"威令所行,既前瞻而后仰;聪明所及,反小察而大遗。贫者入狱而受殃,富者转而免罪。惟取伤弓之鸟,每漏吞舟之鱼"。地府号称公正,其赏罚之条,不宜如是。正因为此,令狐譔才大胆提出质疑。地府中的明法王览毕令狐譔的辩状,批道:"令狐譔持令颇正,难以罪加,秉志不回,非可威屈。今观所陈,实为有理,可特放还,以彰遗直。"仍下令复追乌老,置之于狱。① 这则故事大抵反映了下面一个事实,即地府中同样存在不公正。

尽管如此,明清时期的民间百姓还是相信,地府可以为他们的冤屈主持公道,所以才有大量阴司官司的事例出现。这种事例,同样在史料中可以得到印证。如明末的法律文书显示,原籍江西的医人萧德魁,住在广东已经多年,并与王遡琴为邻居。德魁家中有一使婢育英,因被遡琴挑逗而与之产生奸情。为此,萧德魁气愤不过,自认是"异乡孤踪,难与地方人角",于是就选择了"不声之官而诉之神",采用在城隍庙贴黄纸的方法,希望能得到神的公正待遇。② 这应该说是一种"情亦窘矣"的无奈之举,但也反映了民间百姓对神灵的崇奉。

---

① 瞿佑:《剪灯新话》卷2《令狐生冥梦录》,第34—35页。
② 颜俊彦著,中国政法大学法律古籍整理研究所整理标点:《盟水斋存牍》一刻,《署府谳略》卷1《首领擅差拘人责革衙役免供案》,中国政法大学出版社2002年版,第363页。

清朝人李西桥在为明代无名氏所撰小说《包青天奇案》所作之序中,就包公判案进入公案小说的原因作了相当详细的分析。首先,他强调了听讼之难。他说:"明镜当空,物无不照,片言可折狱也。然理虽一致,事有万变,听讼者于情伪百出之际,而欲明察秋毫,难矣。"其次,正因为听讼或者说判案如此之难,所以才出现了包公这样的人物,甚至进入民间的传说或小说之中,以至千古之下,对包公其人闻风敬畏,遇到无头没影之案,即说"非包爷不能决"! 进而言之,民间将包公说成是"阎罗主",所以京城有"关节不到,有阎罗老包"之说。第三,清朝人明白地知道,所谓阴司,根本就是子虚乌有之事。那么,为何民间将包公称为阎罗王?正是因为包公刚毅无私,所以民间才以"神明况之"。李西桥进一步提出:"夫人能如包公之公,则亦必能如包公之明;倘不存一毫正直之气节,左瞻右顾,私意在胸中,明安在哉!"①可见,还是公则明的道理。

至于阴司诉讼,按照民间的传说,其审理诉讼的程序也有一个等级层次,一般是先向当地的"社公"控诉。若是社公无法解决,则必须上诉到东岳行宫。小说《二刻拍案惊奇》为我们详细提供了这方面的证据。小说卷16记载了下面这样一件因为经济纠纷而引发的诉讼案件。

案件的原告方叫陈祈,是一个狠心不守分之人。被告方是一位富民,叫毛烈,平日贪奸不义,一味欺心,设谋诈害。两人一向交好。两人之交恶乃至诉诸公堂主要源于经济纠纷。原来陈祈家较为富裕,尚有三个兄弟。他害怕将来财产四人平分,就起了贪心,打算多占家产。为此,他就与毛烈商量。毛烈于是替他出主意,让他将好的田产暂且出典给他,就可以避免将来被均分。为此,两人就立下了文书,并请人做中间人,将田立券典给毛烈。考虑到这些

---

① 李西桥:《序》,载无名氏撰,锦文标点:《包青天奇案》,第1页。

田产将来都要取赎,所以典钱只收三分之一。

陈祈在将家产分割以后,就拿出赎田的银价,前来向毛烈取赎。拿出赎银后,毛烈借故原券不在,再过几日交还给陈祈。陈祈要求毛烈给一份收据,但毛烈还是百般搪塞。因为两人平日交好,陈祈就有点托大,不再要求收据。

过了两日,毛烈不再承认有典田之事。为此,陈祈将毛烈告到知县衙门。因知县得了毛烈的好处,且陈祈又拿不出典田的原始证据,于是被判败诉,甚至还被说"图赖人"。陈祈在受了冤枉之后,没处"叫撞天屈",心中气愤,只好宰了一头猪、一只鸡,买了一对鱼、一壶酒,将这些东西拿到社公祠中,跪在社神前,直诉自己冤屈,相信天理昭彰,神目如电,替自己伸冤,在三日内给毛烈一个报应。到了家里,晚上得一梦,梦见社神对他说:"日间所诉,我虽晓得明白,做不得主。你可到东岳行宫诉告,自然得理。"

次日,陈祈写了一张黄纸,捧了一对烛、一股香,径往东岳行宫。陈祈一步一拜,拜上殿去,将心中之事,是长是短,按照在社神前时一样表白了一遍。到了晚上,陈祈又到了东岳行宫,再次诉告。

本来世间的一件经济诉讼案件,于是也就变成了阴间诉讼。其结局则是毛烈因为犯了欺心之事,被索命而死,而陈祈也死去七昼夜,去阴司走了一遭后,回还人间。但陈祈因起先就已"欺心",所以被罚"阳间受报",得了心痛之病,不得不将原先欺瞒的家产再分给三个兄弟,最后此病随身,终不脱体,结果还是将家产消耗殆尽。①

小说的编者不厌其烦地渲染这一则故事,其目的无非说明诈欺之财不是很好受用的。"阴世比阳间公道,使不得奸诈,分毫

---

① 凌濛初:《二刻拍案惊奇》卷16,岳麓书社2002年版,第171—177页。

不差池"。毛、陈两人的显报,就是最好的例证。

(二)儒家伦理道德的沦丧及其重建

清代佚名所著小说《山水情》中,记载了一则苏州寒山庵尼姑了凡因为与书生卫彩偷情,而被牛头马面勾入地狱的故事。尽管从小说记载来看,了凡最后还是还魂,但她在地狱中所走的一遭,确实可以反映清代民间对于地狱审案的基本信念。细绎小说所载,大体包括下面几点。其一,通过尼姑了凡的地狱之游,重塑地狱在民间百姓中的可怕形象。如小说记阎罗天子殿前,"夜叉、罗刹分班布列,枷锁刑具森森摆出";小说又记阿鼻地狱的惨伤苦楚,诸如"但见此狱,周匝有七重铁城,七重重铁网罗覆其上,更有铁刀团团为林,无量猛火,纵广八万四千有旬。罪人之身遍满其中。如活鱼在熬油锅里,无处躲身之苦,复有无数铁嘴飞鸟,往往来来的啄罪人之肉"。其二,通过"阴骘"观念,重建儒家道德伦理秩序。如小说记载一起在阳间"夫妻忤逆的人犯",到了地狱"要凌迟碎剐"。又记书生卫彩,"好好的一个卫状元",原本是要封侯的,却因被了凡"诱入迷魂阵里,使他恋恋于心。后来复入庵中,淫污云仙,犯了逆天大罪。上帝降了他的爵禄,颠沛他的姻缘"。其三,通过鬼卒的索贿行为,小说借此证明,即使是阴司法庭,亦同样存在不公正。①

在明清时期的文学作品中,"阴判"或"阴断"是一种相当普遍的现象,而在这些相关的阴判例子中,尤以包公判案为主。明朝万历年间无名氏所著《包青天奇案》,属于一部公案小说集,收录的全是包公断狱的短篇故事,亦不乏包公借神断案的例子,但里面几则关于包公在阴间判案的故事,基本反映了小说作者乃至当时的百

---

① 佚名著,王建华点校:《山水情》第6回《摄尼魂显示阿鼻狱》,第48—50页。

姓不满于社会现状,亦不满于现实社会司法制度的不公正,只好求助于阴间,让在民间有"包青天"美誉的包拯判别是非,以获得公正的待遇。

为了能清晰地对阴判有所了解,不妨先引小说中的几则故事作为例子,对包公"坐阴床"断事或理事的经过加以详细地阐释。

第一则故事名为《忠节隐匿》,反映的是当时现实社会中忠臣、节妇被人隐匿,很难获得晋升或表彰的不公正现象。小说开门见山,引用当时的"常言",以说明这种现象的普遍性。一句是"朝里无人莫做官",另一句是"家里无银莫做官",这两句流行于平民百姓中的俗语,被小说作者认同,并被认为"深为有理"或"更为有理"。何以言此?小说作者作了下面的解释:

> 如今糊涂世界,好官不过是多得钱而已;你若朝里无人,家里无银,凭你做得上好的官,也没有人与你辨得皂白。就如那守节的女子,若不是官宦人家,又没有银子送与官吏,也不见有什么名色在那里。①

小说作者接着详细记载了河南一位县丞潘宾告阴状之事。从记载中可知,潘宾居官时一文不要,而且还御边有功。这样一位好官,尽管官职很小,身为上司者照理应该上奏朝廷,加升他的官职。但事实并非如此。他的上司竟然向他索要千两银子,作为给他保奏的条件。如此清廉的官员,根本无法凑出这么大数目的银子,潘宾最后被活活气死。

潘宾死后,到了阴间,还是咽不下这口气,所以当包公坐赴阴床断事之时,他就写了一纸状词,将当时的地方长官告到了阴司的法庭。状纸是这样写的:

---

① 无名氏撰,锦文标点:《包青天奇案》卷3,第79页。

> 告为匿忠事：居官不要一文，难道一文不值？御边自守百雉，难道百雉无灵？风闻的每诈聋耳，保奏的只伸长手。阳世叩阍无路，阴间号天自鸣。上告。

"阳世叩阍无路，阴间号天自鸣。"这基本已经道出了阴司告状故事在民间流行的根本原因，即那些在阳间的现实世界中受了委屈却又无法伸张正义的人，在死之后，只好求助于阴间的法庭，求得一个公正的待遇。所以，小说后面包公与潘宾的对话，基本是这种阳世与阴间对立观念的注脚。小说记载包公看完状纸之后，道："可怜可怜。潘宾果若为官清正，御边有功，满朝文武官员多多少少总不如你了。你在生何不自鸣，死后却与谁说？"潘宾听后，只好无奈地答道："在生时就如哑子吃苦瓜一样，没有银子送他，任你说得口酸，哪个管你三七二十一！可怜潘某生不得一个好名，死后如何肯服！"包公又问："待我回阳世奏过朝廷，当赠你一个美名，留芳青史，岂不美乎？"潘宾道："生前荣与死后名，总是虚空。但恨那要银子的官，在生不能与我保荐，如今没处出气。"包公道："有我老包在这里，任他阴阳人等，哪有没处出气的！你但把要银子的官写下姓名与我，我自有处。"

一个清正官员在阳世因为缺少银子可以行贿，而没得以保荐升官，于是将官司打到阴间，其目的倒并不全是自己的荣名，正如他自己所言，生前荣耀与死后名声，总是一场虚空，他只是不满于阳间世界的不公平，希望通过阴间法庭将那些索贿要银子的官员绳之以法，以泄自己心中的愤愤不平之气。

第一则故事中的另外一件事情，是一位节妇在阳世没有得到旌表，不得已只好在死后到阴间的法庭告状，以求得公正的待遇。这位女子递上的状词如下：

> 告为匿节事：夫作沙场鬼，从来未睹洞房花烛；妾作剑峰

魂,终身只想万里长城。男未婚,女不嫁,四十岁自刎而死;节不施,坊未建,微魂何所倚托?红颜之薄命难甘,污吏之不法宜正。合行自呈,不嫌露体。上告。

正如包公看完状词后所感叹,此女确是"好个节女"!从状词及节女后来的自述可知,此女姓方,因丈夫死于边疆,却又不愿改嫁二夫,一直守节到42岁,无以度日,才自刎身亡。但府、县官员一味贪贿,而女子之家又清贫,导致此女虽有节行,亦不过是默默而死,地方官员并没给她旌奖。女子无奈,只好到阴司"含冤求伸"。包公听了节女的申诉,道:"你且说府、县官的名姓来,我自有处。"

在审完这两件案子之后,包公并案处理,援笔写判牍如下:

> 审得:立忠立节,乃人生大行;表忠表节,尤朝廷大典。职系本处正官,为之举奏可也。乃一匿其忠,清操之孤魂何忍?一匿其节,红颜之薄命勘怜。风渺渺兮含哀,月皎皎兮在天。忠节合行旌赏,贪污俟用刑法。

写下判牍之后,包公对忠臣、节妇道:"你们二人且出去,待我启奏阳间天子、阴府玉皇上帝,叫你们忠臣节女,自有享福之处,那些贪污的官员,叫他们有一日自然有吃苦的所在。"[1]尽管小说没有说明包公所许下的这些诺言是否真正实现,但如此判案,至少对那两位在阳世没有得到公正待遇的忠臣与节妇,应该说是一个莫大的安慰。

第二则故事为《巧拙颠倒》,这是一位女子对阳世婚姻"巧拙相配"不满而到阴间告状之事,希望实现一种"巧者与巧者相配"或"拙者与拙者相配"。上告的诉状云:

---

[1] 无名氏撰,锦文标点:《包青天奇案》卷3,第79—81页。

> 告为巧拙颠倒事:夫妻相配,莫道红丝无据;彼此适当,方见皇天有眼。巧女子,拙丈夫,鸳鸯绣出难与语,脂粉施来徒自憎。世上岂无拙女子,何不将来配我夫?在彼无恶,在此无射。颠之倒之,得此咸施。上告。

这位女子上告的理由,无非认为夫妻相配,理应"彼此适当"。何为彼此适当?即她作为一个巧女子,理应配上一个巧丈夫;而现在的"拙丈夫",应该找一个"拙女子"相配。这无疑就是当时人们在婚姻关系上"人心不足"的最好反映。

包公在看了状纸之后,大笑道:"可笑人心不足,夫妻分上不睦。巧者原是拙之奴,何曾颠倒相陪宿。"说完,包公在状纸上批上数语,将其粘贴在大门之外。不久,那告状女子见了,连声叫苦叫屈,求见包公。包公道:"女子好没分晓,如何连连叫屈。"女子道:"还是阴司没有分晓,如何使人不叫屈?"包公道:"怎见得没分晓?"女子道:"大凡人生世上,富贵功名件件都假,只有夫妻情分极是真的。但做男子的原有巧拙不同,做女子的亦有巧拙两样。若巧妻原配巧夫,岂不两美?每见貌类嫫母行若桑间者,反配风流丈夫。以妾之貌,不在中女下,以妾之才,颇在中女上,奈何配着一个痴不痴、憨不憨、聋不聋、哑不哑这样一个无赖子,岂不是注姻缘的全没分晓?"包公道:"天下原无全美之事,国家亦自有兴衰,人生岂能无美恶?都象你要拣好丈夫,那丑男子就该没有老婆了。那掌婚司的各人定一个缘法在那里,强求不得的。"包公随即批道:

> 审得:夫妇乃天作之合,不可加以人力。巧拙正相济之妙,那得间以私意。巧妻若要拣夫,拙夫何从得妻?家有贤妻,夫不吃淡饭,匹配之善,正在如此。这样老婆舌,休得再妄缠。

批完之后,包公最后对这位女子提出发落意见:既然今世没有配得一个好丈夫,那么就"来世定发你一个好处托生"。①

第三则故事为《绝嗣》,所记为一位平日行善之人,自己却无儿无女,死后到阎王处告状的故事。小说记载东京城内有一位张柔,平时颇称行善,却临老无子;城外有一位沈庆,平日里种种作恶,与盗跖无异,倒有五男二女,七子团圆。张柔死后,颇为不服,到阎王那儿递上一张状纸,云:

> 告为绝嗣不宜事:谚云,积德多嗣。经云,为善有后。理所当然,事有必至。某三畏存心,四知质鬼;不敢自附善门,庶几可免恶行。年老无嗣,终身遗恨;乞查前数,辨明后事。上告。

包公看了状词后,道:"哪有为善的反致绝嗣之理?毕竟你祖父遗下冤孽,到司善簿上查来。"鬼吏查报,善簿上并无张柔的名字;包公再命到司恶簿上去查,鬼吏经查后报告,恶簿上有张柔的名字,他的三代祖张异,作恶多端,因此应该绝嗣。包公就对张柔说:"你虽有行善好处,掩不得祖宗之恶,你莫怪天道不平。"张柔说:"为何像沈庆这样作恶,反生七子?"包公吩咐道:"再替他查一查。"鬼吏报告:"沈庆一生作恶,应该绝嗣;只因他三代祖宗俱是积德的,因此不绝其后。"

可见,这场官司的缘故在于张柔对中国传统善恶观念的简单化理解,于是与现实社会发生了一些冲突,希望能在阴司讨一个说法。但包公随后的一番话,却正好代表了小说作者对传统善恶观念的正统理解:"正是积善之家,必有余庆;积不善之家,必有余殃。大凡人家行善,必有几代善,方叫做积善;几代不善,方叫做不善。

---

① 无名氏撰,锦文标点:《包青天奇案》卷3,第81—82页。

岂谓天道真无报应,远在儿孙近在身。张柔你一生既行得几件善,难道就没有报应于你? 发你来世到清福中享些快活。那沈庆既多为不善,发他转身为畜类,多受刀俎之苦。"随后,包公在状纸上批道:

> 审得:子孙乃祖宗继述之所赖,祖宗亦子孙绵衍之所托。故瓜瓞延于始祖,麟趾发其征祥。于公之门必大,王氏之荫自垂。是以三代积善,方许后世多嗣。一念之至孝,不及改稔恶之堂构;数端之微善,何能昭象贤之尝及? 虽非诬告,亦属痴想。在生无应,转世再报。①

可见,张柔这场阴司官司,其起因在于对现实的善恶观念的一种误解,而这种误解显然代表了当时民间的普遍看法,即对善恶抱一种现实与功利主义的态度,希望无论是行善,还是行恶,均能立竿见影,得到相应的报偿与惩罚。其实,传统的善恶观念,其报应的实现却是经过三代方见分晓,即三代积善,才能后世多嗣,三代行恶,才会后世绝嗣。尽管张柔在阴世中同样无法讨得一个自己想要的说法,但阴司也并未将他的上告判成"诬告",而且"转世再报"的结局,或许亦可以暂时抚平张柔的心中之愤。

"善有善报,恶有恶报,莫道无报,只分迟早。"这几句话不但是"阴间法令",而且也成为当时的"口头常谈"。但是,善恶之报是否完全可以相信? 同一小说中的《善恶罔报》一则,对此又作了进一步的回答。这则故事记载东京有个姚汤,姚家是三代积善之家,周人之急,济人之危,斋僧布施,修桥补路,种种善行,不一而足。所以,人人都说姚家必有好子孙在后头。当时西京有个赵伯仁,是宋家宗室,他仗着自己是金枝玉叶,谋人田地,占人妻子,种种恶端,

---

① 无名氏撰,锦文标点:《包青天奇案》卷4,第111—112页。

不可胜数。所以,人人都说赵伯仁仰仗自己是宗亲而横行无状,阳间虽无法奈何他,阴司必有冥报。令人感到惊奇的是,尽管姚家行善,最后倒还是养出一个不肖子孙,家私、门户被弄得"如烫泼雪";赵家尽管行恶,最后倒是养出绝好子孙,"科第不绝,家声大振"。那么,这究竟是什么原因?姚汤在阴间所打的这场官司,大抵可以说明情况。

小说记载姚汤死得不服,就到阴间告状,其状词云:

> 告为报应不明事:善恶分途,报应异用;阳间糊涂,阴间电照;迟早不同,施受岂爽。今某素行问天,存心对日,泼遭不肖子孙,荡覆祖宗门户。降罚不明,乞台查究。上告。

包公通过鬼卒,拘来了姚汤与赵伯仁对质。通过阴间的司法调查,断定赵伯仁所有恶行,均为李姓家奴所为。由此也就引出了如何看待明代乡绅在乡恶行问题。小说作者借助于包公之言,道出其中部分缘由:"人家常有家奴不好。主人是个进士,他就是个状元一般;主人是个仓官驿丞,他就是个枢密宰相一般。狐假虎威,借势行恶。"这当然是一个方面,但是否所有的乡绅横行乡里,均是奴仆、子弟的过错?换言之,是否乡绅就此可以将责任推得一干二净?毫无疑问,乡绅自己确实也缺少尽约束、管教奴仆、子弟之责,更何况有些乡绅自己就是地方一霸!

从这一点来看,小说作者尽管已经借用了民间久已流传的包公阴间断案的方法,希望给阳间受了不公平待遇的人一个公正的判决。但从这件事情来看,小说作者显然没有一种彻底揭露社会现实的勇气,从某种程度上说,还是在为地方豪强、乡绅开脱责任。为了更进一步说明这一问题,我们不妨引用小说中包公的一段议论作为依据。这段议论,已经被小说作者称为"真正发人所未发"。小说中的包公认为,尽管赵伯仁有种种不善的名色,其实"本心存好",不过是恶奴连累了他的名声,所以赵伯仁不但自己享尽富贵,而且子孙科第连芳。而姚汤尽管"一生行得好事",其实却"不曾存得好心"。何以言此?包公认为,姚汤所行诸如周人、济人、修桥、补路等类善事,不过舍得几文铜钱,其目的还是"要买一个好名色",其实心里对铜钱还是割舍不得,所以暗地里还是要算计人,去填补那些舍弃的铜钱。最后,小说作者借助包公之言,就善恶观念作了如下的阐述:"大凡做好人只要心田为主;若不论心田,专论财帛,穷人没处积德了。心田若好,一文不舍,不害其为善;心田不好,日舍万文钱,不掩其为恶。"①

小说中的《寿夭不均》一则,更是就"阴骘"延寿问题作了进一步的阐述。按照民间普遍流行的说法,阴间有个注寿官,可以注定人的生死。又传说阴骘可以延寿,人若是在世上做得些好事,不免又在寿簿上添上几竖几画;人若是在世上做得不好事,不免又在寿簿上去了几竖几画。换言之,人的年数寿夭尽管有所不同,但真正起决定作用的还是生来有善恶的差异。那么,这种阴骘延寿是否真正可信?小说下面所描述的一场阴司官司,同样说明了阴骘并不能完全决定寿数。

小说记载山东有一个冉道,持斋把素,一生常行好事,若损阴骘的,一无所为,人都称他是一个"佛子";又有一个陈元,一生做尽坏事,夺人之财,食人之肝,人都称他是一个"虎夜叉"。按照传统的阴骘观念,冉道应该长寿,而陈元则必得短寿。事实却并非如此。冉道没活多大年纪就夭亡了,而陈元却活到90多岁,以无病善终。这就引起了人心的不服,冉道死后就到阴司告状,道:

告为寿夭不均事:阴骘延寿,作恶夭亡;冥司有权,下民是

---

① 无名氏撰,锦文标点:《包青天奇案》卷7,第183—184页。

望。今某某等为善夭,为恶寿。佛子速赴于黄泉,虽在生者不敢念佛;虎又久活于人世,恐祝寿者尽皆效虎。漫云夭死是为脱胎,在生一日胜死千年。上告。

包公经过调查,获知冉道是"口善心不善",所以还是难逃早死的命运。当包公将此事明白告知冉道时,冉道算是"服罪"了,但还是对陈元这样的恶人能长寿感到心有不满。最后经过调查,方知陈元出生在"三代积德之家"。按照传统的阴骘观念,"一代积善,犹将十世宥之",更何况三代积善!所以,包公在判牍中对冉、陈两人的阴司官司作了下面的判决:

> 审得:冉道以念佛夭亡,遂怨陈元以作恶而长寿。岂知善不善在心田,不在口舌;哪晓恶不恶论积累,不论一端。口里吃素便要长寿,将茹荤者尽短命乎?一代积善,可延数世;彼小疵者,能不宥乎?佛在口而蛇在心,更加重罪;行其恶而长其年,难免冥苦。毋得混淆,速宜回避。

毫无疑问,作者借助这一阴司案例,无非为了传达这样一种信息:"大凡人生在世,心田不好,持斋把素也是没用的;况如今阳间的人,偏是吃素的人心田愈毒,借了把素的名色,弄出拈枪的手段。俗语说得好,是个佛口蛇心。"①换言之,若是佛口蛇心,即使整日吃素,这样的人只能欺瞒世上有眼的瞎子,还是难逃阴司孽镜。所以,这样的人若论罪孽,比起那些不吃素的人来说,反而更重。

上面三桩关于善恶报应或阴骘的官司,说明士大夫所普遍宣扬的阴骘或善恶报应的观念,与民间百姓的实际理解正在发生一些冲突。概括言之,民间百姓无论是行善、做善事,更多的是追求一种好的回报。这是一种功利主义的阴骘观,它所希望得到的是

---

① 无名氏撰,锦文标点:《包青天奇案》卷7,第184—186页。

现实的回报。而士大夫所宣扬的阴骘观念,或者说对善恶的理解,所关注的并不在于人做了多少善行,而是其"心田",这或许受到了明代王阳明心学的部分影响。

第四则故事为《恶师误徒》,所记为东家与西宾打阴间官司,其起因是"恶师误徒",反映了当时师生关系的一些变化。照理说来,教育子弟最重要的还在于择师,做先生的若是误了学生的终身大事,确实可恨。小说记载东京一位叫张大智的教书先生,生来一字不通,只写得一本《百家姓》而已。但那先生有一好处,惯会谋人家好馆,处了三年五载,得了七两八两,并不会教训一字,把学生大事耽误了却一概不管。张大智在一个叫杨梁的人家中教书,杨梁见自己儿子一直无成,死后就将张大智告于包公台下,状纸云:

> 告为恶师误徒事:易子而教,成人是望;夫子之患,在好为师。今某一丁不识,强谋人馆。束脩争多,何曾立教;误子无成,杀人不啻。乞正斯文,重扶名教。上告。

张大智却亦不服,专门上了一个诉状,云:

> 诉为诬师事:天因材笃焉,圣因人教哉。有朋自远方来,亦将有以利吾国乎?自行束脩以上,三月不知肉味。上大人容某禀告,化三千惟天可表。上诉。

可见,东家与西宾发生矛盾的焦点在于,东家因为看到先生不善教诲,所以在平常生活里怠慢了先生;而教书先生则反驳道,正因为东家怠慢了自己,"三月不知肉味",再加之弟子愚蠢,自己与弟子学无所成并无关系。包公通过亲自对先生加以考试,从先生"一字不识"中知道,这位先生误人子弟,确实名不虚传,所以才导致主人有"慢师"的行为。所以,包公在判牍中判决道:

> 审得:师有师道,黑漆灯笼如何照得;弟有弟道,废朽樗如

何雕得;主有主道,一毛不拔如何成得。先生没教法,误了多少后生,罚牛非过;主人无道理,坏了天下斯文,做猪何辞。从此去劝先生,不要自家吃草;自今后语主人,勿得来世受屠。

包公如此判决的理由如下:"先生误了学生,罪同谋财杀命。但主人家既请了那先生,虽则不通,合当礼待,以终其事,不可坏了斯文体面。"基于此,包公最后罚先生为牛,替主人家耕田,还了宿债;罚主人为猪,今生舍不得礼待先生,来生割肉与人吃。①

第五则故事为《屈杀英才》,所记载的是因为科场考试不公而引发的一场阴司官司。小说记载当时西京有一个饱学生员孙彻,生来绝世聪明,且又能苦志读书,经史无所不精,文章立地而就,吟诗答对,无所不通,被人公认为是一个"才子"。照理这样的才子,即使中一个头名状元也并不为过。而事实却非如此。孙彻虽是一肚子锦绣,却是连年不中。一次,孙彻参加科举考试,试官丁谈更是奸人一党。所以,这一科取士,比起别科来更是不同,只是论门第而不论文章,论钱财而不论文才。虽然名义上是粘卷糊名,其实还是私通关节,把那些有关系的人都录取了,然后再随手抽几卷填满了榜,就算是一场考试完了。这一科孙彻又是名落孙山。这显然是意料中的事情。令人奇怪的是,孙彻的同窗友人王年,平昔一字不通,反而高中。孙彻一气之下,最后郁郁而死。人死后,仍对现实科举制度的不公平甚为不满,所以到阎罗王案前告了阴状,其状词云:

告为屈杀英才事:皇天无眼,误生一肚才华;试官有私,屈杀七篇锦绣。科第不足重轻,文章当论高下。糠粃前扬,珠玉沉埋。如此而生,不如不生;如此而死,怎肯服死?阳无法眼,

---

① 无名氏撰,锦文标点:《包青天奇案》卷6,第158—160页。

阴有公道。上告。

阎罗王见了状词，又看到孙彻的文章"文字深奥"，到底还算是老实，自己承认"我做阎君的原不曾从几句文字上考上来，我不敢像阳世，一字不通的，胡乱看人文字"，所以，将官司发给"文曲星"包公。包公经过与孙彻、丁谈对质，作了下面公正的判决，判牍写道：

> 审得：试官丁谈，称文章有一日之短长，实钱财有轻重之分别。不公不明，暗通关节；携张补李，屈杀英才。阳世或听嘱托，可存缙绅体面；阴司不徇人情，罚做双瞽算命。王年变村牛而不枉，孙彻掇巍科亦应当。

包公的判决如下：作为考官的丁谈，考试中受贿，尽管阳数尚有一纪，但终究因为屈杀英才，当作"屈杀人命论"，罚其减寿一纪，丁谈推托自己眼昏看错文字，则又罚他来世做一个双瞽算命先生；王年以文字不通而侥幸获得科名，则罚他来世做牛，吃草过日子，作为一种报应；至于孙彻，虽然今生读书不曾受用，则给他来生早登科第，连中三元。

这场阴司官司，看似可笑，其实还是为了揭示，在明代这样一种考试社会中，尽管有其公平竞争的一面，但人情、钱财确实还是在起相当大的作用。正如小说作者所言："近来考试，文章全做不得准，多有一字不通的，试官反取了他；三场精通的，试官反不取他。正是'不愿文章服天下，只愿文章中试官'，若中了试官的意，精臭屁也是好的；不中试官的意，便锦绣也是没用。怎奈做试官的自中了进士之后，眼睛被簿书看昏了，心肝被金银遮迷了，哪里还像穷秀才在灯窗下看得文字明白，遇到考试，不觉颠之倒之，也不管人死活。"[①]可见，小说作者设计如此一场阴司官司，其目的还是

---

① 无名氏撰，锦文标点：《包青天奇案》卷8，第199—201页。

揭露科举社会的不公正。

其实,在明清科举社会下,考试的不公正现象也是随处可见。小说《西湖二集》的作者周清原,借助妓女曹妙哥之口,对此作了淋漓尽致的揭露。她说:

> 你只道世上都是真的,不知世上大半多是假的。我自十三岁梳拢之后,今年二十五岁,共是十三个年头,经过了多少举人、进士、戴纱帽的官人,其中有得几个真正饱学秀才,大通文理之人?若是文人才子,一发稀少。大概都是七上八下之人、文理中平之士,还有若干一窍不通之人,尽都侥幸中了举人、进士而去,享荣华,受富贵。实有打通文理之人,学贯五经,才高七步,自恃有才,不肯屈志于人,好高使气,不肯去营求钻刺,反受饥寒寂寞之苦,到底不能成其一官。从来说:"一日卖得三担假,三日卖得一担真。"况且如今试官,若象周丞相,取那黄崇嘏做状元,这样眼睛没了。那《牡丹亭记》上道:"苗舜钦做试官,那眼睛是碧绿琉璃做的眼睛,若是见了明珠异宝,便就眼中出火,若是见了文章,眼里从来没有,怎能辨得真假?所以一味糊涂,七颠八倒,昏头昏脑,好的看做不好,不好的反看做好。"临安谣言道:"有钱进士,没眼试官。"这是真话。[①]

周清原随后又揭示道:当今贿赂公行,通同作弊,真是个有钱通神,只是有了"孔方兄"三字,天下通行,管甚有理没理、有才没才。你若有了钱财,没理的变做有理,没才的反作有才,就是柳盗跖那般行径、李林甫那般心肠,若是行了百千贯钱钞,准准说他好如孔圣人、高过孟夫子,定要保举他为德行的班头、贤良方正的第一哩。

[①] 周清原:《西湖二集》第20卷,第333页。

世道至此,岂不可叹?你虽读孔圣之书,那"孔圣"二字全然用他不着。随你有意思之人,读尽古今之书,识尽圣贤之事,不通事务,不会得奸盗诈伪,不过做个坐老斋头、衫襟没了后头之腐儒而已,济得甚事?① 周清原的说法,可为上面这件阴司诉讼官司作一注脚。

第六则故事为《侵冒大功》,所记载的是一位总兵侵占下属士兵的功劳而引发的一场阴司官司。小说记载包公在奉旨犒赏三军时,总兵游某为了侵占士兵之功,将立功的九名小卒杀死。这九名小卒死后,就到阴司告状,状纸云:

> 告为侵冒大功事:兵凶战危,自古为然。将官亡身许国,士卒轻生赴敌,如为虎食之供,犹入枭羹之沸。生祈官赏半爵,故不惜万死;死冀褒封片纸,故不求一生。今总兵游某,夺人之功,杀人之头,了人之命,灭人之口。坐帷幄何颜折冲,杀犬鹰空思获兽。痛身等执戟荷戈,止送自己性命;拼身冒死,反肥主帅身家。颈血淋漓,愿肉骨于幽司;烟冰窟以生阳,更谁望哉!上告。

事情的原委如下。游总兵领兵征讨"鞑子",大败而归。其中九名小卒深感不平,晚上前去劫营,四下放火,全歼3000"鞑子"。回到本营,一心指望能够论功升赏,可游总兵却贪他人之功为己功,甚至还将九名小卒杀死灭口。

在同一则故事中,还有边地百姓的上告,亦为告游总兵滥杀无辜,拿老百姓的首级冒功。包公在听了小卒与百姓的上告后,作出了下面的判决:

> 审得:为将贵立大功,立功在能杀敌。今游某为将而不自立功,对敌而不能杀敌。没人之功,并杀有功之人以灭其口;

---

① 周清原:《西湖二集》第20卷,第334页。

不能杀敌,多杀边民首级以假作敌。有仁心者,固如是乎?今即杀游一人之身,不足以偿九人之命,而况枉杀边人数千之命乎?总之,死有余辜,永沉沦于地狱;报有未尽,宜罚及于子孙。

尽管游总兵最后是死有余辜,不但自己永远沉沦于地狱之中而不得超生,甚至自己的罪孽还将由他的子孙承担,但这一则小说所反映的确实是明代军政败坏的现实,这就是当时边地的一些将领侵冒军功,已是所在多有。而这种侵冒军功的方式,亦正如小说所言:"没人之功,并杀有功之人以灭其口;不能杀敌,多杀边民首级以假作敌。"①

第七则故事为《尸数椽》,所记载的是官员徇情枉法而导致的一场阴司官司。小说记载当时东京有一位叫任事的知县,凡事只听上面的说情,全不顾天理。凡是上司、同年来的说情书帖,他就一概依允,将官事当成自己的乡里人情,不管百姓遭殃,为此"不知屈了多少事,枉了多少人"。一天,收到监司齐泰的书信,将巫梅判了一个死罪,导致他全家流离。这位巫梅上天无路,入地无门,屈死之后,来到阴司,想到"关节不到,只有包老爷",而且包公"一生不听私书,又且夜断阴间",所以到阴司包公座前告状。其状纸云:

告为徇情枉杀事:生抱沉冤,死求申雪。身被赃官任事听了齐泰分上,枉陷一身致死,累害合门迁徙。严刑酷罚,平地陡成冤地;挈老携幼,良民变作流民。儿女悲啼,纵遇张辽声不止;妻子离散,且教郑侠画难知。只凭一纸书,两句话,犹如天降玉旨;哪管三番拷,四番审,视人命如草芥。有分上者,杀人可以求生;无人情者,被杀宁当就死?上告。

---

① 无名氏撰,锦文标点:《包青天奇案》卷8,第201—203页。

包公听后大怒,就叫鬼卒将任事拘拿归案,但任事在诉状中却给自己的行为百般辩解,道:

> 诉为两难事:读书出仕,既已获宴鹿鸣之举;居官赴任,谁不思励羔羊之节。今身初登进士,才任知县,位卑职小,俗薄民刁。就缙绅说来,不听不是,听还是不是;据百姓怨去,不问不明,问亦不明。窃思徇情难为法,不徇难为官。不听在乡宦,降调尚在日后;不听上司,罢革即在目前。知死后被告,悔当日为官。上诉。

这尽管是替自己辩解,却道出在当时地方官员普遍讲关节的风气下,做一个清廉公明的官员确实很难。这也是一种实情。所以,任事称自己听齐泰之命,而屈杀巫梅,也是不得已而为之。为此,包公又派遣鬼卒将齐泰拘拿归案。不过,齐泰也有自己的一套说法,替自己辩护道:

> 诉为惹祸嫁祸事:县官最难做,宰治亦有法。贿绝苞苴,则门如市而心如水;政行蒲苇,始里有吟而巷有谣。今任知县为政多讹,枉死者何止一巫梅?徇情太甚,听信者岂独一齐泰!说不说由泰,听不听由任。你若不开门路,谁敢私通关节?直待有人告发,方出牵连嫁害。冤有头,债有主,不得移甲就乙;生受死,死受罪,难甘扳东扯西。上诉。

齐泰为自己辩解的理由很简单,就是下面一句俗语:苍蝇不入无缝的蛋。他认为,假如任知县不肯"听分上",自己怎么敢去讲"分上"?两者如此互相推卸责任,似乎进入了下面一个怪圈:"听分上"者,认为自己位卑责轻,为了保得自己的官位,只能听上司的"分上";而"讲分上"者亦有自己的理由,认为假如下属不听"分上",上司怎敢去讲"分上"。当然,这是强词夺理的辩解,已被包公一语点破,即"责人则明,恕己则昏"。换言之,"听分上的不是,讲分上的也不是"。最后包公作出如下判决:任知县作为"听分上"者,是耳朵软,就罚他下世做个聋子;齐泰作为"讲分上"者,是口齿太会说,就罚他下世做个哑巴;而巫梅既然是屈死,就赏他来生一官半职。

这场阴司官司的过程,显然已经清晰地揭示出明代官场流行一种"讲分上"的风气。所谓讲分上,在绍兴一带称为"说公事",而在苏州一带则称"讲人情"。当时民间对这种说情作了一个形象的比喻,称为"僵尸数椽子"。换句话说,那些前去说情的人,进了地方上的迎宾馆,不论是府还是县,坐定就说情。若是那官肯听便好,笑容也是有的,话头也是多的;若是说情者略有不如地方官之意,那么一个看了上边的屋听着,一个看了上边的屋说着,犹如人死在床上,一时棺材准备不及,将面孔向着屋上边,今日等,明日等,直等到备办好了棺木,方可盛殓,所以称为"尸数椽"。① 说白了,就是讲情面,通关节,这是政治腐败的集中体现。

第八则故事为《鬼推磨》,所记载的是为金钱问题而打的一场阴司官司。小说记载有一位痴呆汉子张待诏,心里不十分爱钱,却逐渐发家致富,最后成为"张百万"。与此相反,邻居有一位李博士,生来乖巧伶俐,花钱没有计划,往往是东手来西手即去。李博士看到张待诏这样一个痴呆的人却能发家致富,而自己如此聪明却又没有钱用,最后抑郁成病而死。但李博士死后,还是不服,于是到阴司里将钱神告了,其状纸云:

> 告为钱神横行事:窃惟大富由天,小富由人。生得命薄,纵不能够天来凑巧;用得功到,亦可将就以人相当。何故命富

---

① 无名氏撰,锦文标点:《包青天奇案》卷10,第244—247页。

者不贫,从未闻见养五母鸡二母彘,香糵偏满肥甘;命贫者不富,哪怕他去了五月谷二月丝,丰年不得饱暖。雨后有牛耕绿野,安见贫窭子田中偶幸获增升头;月明无犬吠花村,未尝富家库里以此少损分毫。世路如此不平,神天何不开眼?生前既已糊涂,死后必求明白。上告。

李博士所告为钱神,按照传统的说法属于"注禄官"。他告钱神的理由如下:"今世上有钱的坐在青云里,要官就官,要佛就佛,要人死就死,要人活就活。那没钱的就如坐在牢里,要长不得长,要短不得短,要死不得死,要活不得活。世上同时一般人,缘何分得不均匀。"面对如此质问,负责阴司审案的包公作了下面的回答:"不是注禄分得不均匀;钱财有无,皆因自取。"李博士听后,还是不服,他一直耿耿于怀的还是他的邻居张待诏。若是钱财有无均由于"自取",那么李博士自信凭借自己的聪明,显然比张待诏"会取些"。

这显然提出了下面这样一个问题:究竟是聪明能够致富,还是痴愚能够致富?这场阴司官司似乎就是为了回答这个问题。张待诏在回答自己发家的秘诀时,确实说出了比较平实的话,说自己也"不会算计,也不会经运,今日省一文,明日省一文,省起来的"。可见,其致富的诀窍在于一个"省"字,这是传统儒家伦理所倡导的俭朴。然单纯的节省是否就可以发家?这个回答就连包公也觉得说"不明白"。于是就找来钱神(注禄官)要问个明白。钱神的回答显然可以让我们知道当时一部分人对钱财的看法。钱神道:

> 钱财本是活的,能助人为善,亦能助人为恶。你看世上有钱的往往做出不好来,骄人、傲人、谋人、害人,无所不至,这都是伶俐人做的事,因此,伶俐人我偏不与他钱。唯有那痴呆的人,得了几文钱,深深的藏在床头边,不敢胡乱使用,任你堆积

如山,也只平常一般,名为守钱虏是也,因此,痴呆人我偏多与他钱。见张待诏省用,我就与他百万,移一窖到他家去;见李博士奸猾,我就一文不与,就是与他百万也不够他几日用。

可见,判官钱神的观点代表了当时一部分人的看法,即痴呆人可以致富,因为他们不过是一个"守钱虏"而已;而伶俐人尽管聪明,但他们有"奸猾"的一面,再加之奢侈浪费,甚至做一些骄人、傲人、谋人、害人一类的恶事,所以就很难致富。显然,在智慧与恶结缘之后,就会与财富绝缘;反之,在愚蠢与善结缘之后,反而可以赢得财富。

包公在听了钱神的一番解释之后,作出了自己的判决,可以说代表了小说作者自己的看法。判决词道:

> 审得:人心以不足而冀有余,天道以有余而补不足。故勤者余,惰者不足,人之所以挽回造化也;又巧者不足,拙者有余,天之所以播弄愚民也。终久天命不由乎人,然而人定亦可以胜天。今断李博士罚作光棍,张待诏量减余赀,庶几处于半人半天之分,而可免其问天问人之疑者也。以后,居民者常存大富有天小富有人的念头,居官者勿召有钱得生无钱得死的话柄,庶无人怨之业,并消天谴之加。①

包公作如此判决的理由如下:贪财浪费最为可恶,所以罚李博士来世做个光棍;但有钱人家也应该行一些方便事,周济穷人,扶持善人,若是将钱徒然堆在那里,死了也带不去,不如散与众人,大家受用,免得下民有不均之叹。这就是包公在判词中那句相当有名的话,即"居民者常存大富有天小富有人的念头,居官者勿召有钱得生无钱得死的话柄",通过"天道"与"人心"的互补,亦即"处以半

---

① 无名氏撰,锦文标点:《包青天奇案》卷10,第247—249页。

人半天之分",建立一个"无人怨之业,并消天谴"的均平社会。

此外,小说显然也揭示出当时社会已经是一个被钱财支配的社会。小说作者借助两句俗谚加以揭露。一句是"有钱能使鬼推磨"。其意是说有任何做不来的事,只要有了银子,便做得来了,所以称"鬼推磨",意思是说有了钱,鬼都尚且可以听使唤,更遑论人了。另一句是"钱财可以通神"。天神应该说最具灵性,无不可通,何况是鬼。可见,钱财上可通神,下可使鬼。当时的社会,确实是"惟钱而已"。有钱的做了高官,无钱的做个百姓;有钱的享福不尽,无钱的吃苦难当;有钱的得生,无钱的得死。可见,在日趋商业化的社会中,"钱财"已经对传统社会秩序形成很大的冲击。

结束语

通过上面的诸多探讨,我们毕竟要问:为何明清文人如此热衷于描写"冥司",甚或渲染"阴司"诉讼?欲回答这一问题,必须从下面两点加以考察:

首先,需要正确理解"国法"与"天诛"之间的关系。朝廷的立法,或者说人世间的司法程序,均属于"国法"的层面;而阴司诉讼,或者说阴判或神判,则属于"天诛"的层面。明清文人热衷于描写冥司、地狱游记,刻意渲染阴司诉讼的场景,显然建立在他们对"国法"与"天诛"两者关系的理解之上。正如清朝人许奉恩所言:"天诛所以补国法之所不及,而较国法更为快意。何也?国法本乎律例,天诛本乎情理;律例但守乎经,情理可行乎权。"[①]换言之,他们

---

① 许奉恩:《里乘》卷6《雷击三则》,第168页。

希望通过阴司诉讼所体现出来的"天诛",以补人世间"国法"之不足。

其次,人世间"国法"公正性的缺失,从某种程度上也导致了文学作品中阴司诉讼场景的兴盛。明初人瞿佑所著《剪灯新话》之《修文舍人传》一则,曾对阳间与阴司作了很好的比较:人间可以贿赂而通,可以门第而进,可以外貌而滥充,可以虚名而猎取;而冥司用人,选擢甚精,必当其才,必称其职,然后官位可居,爵禄可致。① 两相比较,人间不公,而虚拟的阴司世界则颇见公正。可见,阴司诉讼的广泛出现,显然说明明清文人士大夫对人间之乐已经缺乏信心,进而不得不去追求一种"地下之乐"。

"清官"崇拜的存在以及由此而向民间意识的渗透,说明传统中国法律制度中"人治"因素的普遍性,法律无法脱离具体执法之人而独立存在。至于"阴判"或"神判",则正好说明传统中国法律具有"神治"的因素。换言之,传统中国的法律始终无法摆脱与宗教的纠缠,更准确地说,传统中国的法律确实包含了宗教性的因子。根据美国法律人类学家贺尔博(Hoebel)的说法,宗教主要关心人神关系的问题,而法律则是人际关系。宗教无法涵盖的人生问题,法律也不能。② 但德国社会学家、法学家涂恩瓦(Thurnwald)指出,宗教思想的路径与法律体系的紧密相连,主要表现在"发誓""诅咒"与"神判"等上面。③ 可见,就法律源头而言,它与宗教确实

---

① 瞿佑:《剪灯新话》卷4《修文舍人传》,第95页。
② 林端:《儒家伦理与法律文化——社会学观点的探索》,台北巨流图书公司1994年版,第51页。
③ 林端:《儒家伦理与法律文化——社会学观点的探索》,第51页。按:张永和也对诅咒(赌咒)、发誓与法律之间的关系作了比较研究。参见张永和:《信仰与权威:诅咒(赌咒)、发誓与法律之比较研究》,云南大学民族学与社会学院博士论文,2005年4月。

存在千丝万缕的联系。美国学者的研究成果表明,在几个主要的文明古国里,其早期成文法都具有一个显著特点,即法律的发展与宗教有紧密的联系。然而在中国,人们关于法律起源的观念与上述其他国家截然不同。有史以来,没有一个中国人认为,任何一部成文法源于神的旨意,即使是最完备的成文法也不例外。[①] 这正好与前说形成鲜明的对比。即使如此,中国的官方通常还是看重宗教对现行法律的辅助功能。而在中国的民间习俗与民间意识中,更是不乏"神治"之例。

那么,传统中国的法律制度,其关键性的因素究竟是"人治",抑或"神治"?从清官可以转化为神,继续主持阴司诉讼的例子中,显然已经不难得出清晰的答案,亦即"人治"与"神治"正在趋于合流。

[①] 〔美〕D. 布迪、C. 莫里斯著,朱勇译:《中华帝国的法律》,江苏人民出版社1995年版,第5—6页。

中编 制度溯源

第五章 佐治检吏：幕府人事制度

引　言

幕府与衙署，均属官府，却稍有差异：幕府属临时开府，最初无衙门，无专属佐治人员，需要自辟幕僚；衙署属专设官府，有衙门廨舍以供治事休息，且有专属幕官佐治。在明代，总督、巡抚开府地方，既是"添设官"，是在"诸司职掌"之外增设之官，又是"专敕官"，随带皇帝亲自赐予的敕谕，以规范其临时性的具体职掌。一至清代，幕府从临时开府转而变为专设衙署，总督、巡抚随之成为固定的地方大僚，幕府与衙署趋于合一。

在明清两代，幕府、衙署人员，大抵包括官、吏与宾。所谓官，其义为"倌"或"管"，"一职皆立一官，使之典管，而以治人为重，故又从倌"。可见，官的职掌偏重于"治人"。所谓吏，"即府史胥徒也，各役执事，亦庶人在官也"。[①] 吏的身份是庶人，他们服务于官府，其职掌偏重于"执事"。比较而言，官与吏如钱币之两面，不可分离。朝廷檄下地方，或云"该管官吏"，或云"官参吏处"。事无大小，有主持之官，即不能无承行之吏。[②] 所谓宾，即幕宾，是幕府、衙署长官私人聘请的佐治人员。唐代节度使、观察使开府地方，可以自辟僚属，称之

[①] 沈榜：《宛署杂记》卷3《光字·职官》，北京古籍出版社1982年版，第25页。
[②] 陈宏谋辑：《在官法戒录》卷1《总论》，载氏编：《五种遗规》，第19a页，清道光三十年重刊本。

为"记室""参谋"。此即明清幕宾的嚆矢。

揆诸明清两代的幕府人事制度,有两个倾向颇为值得关注:一是食朝廷俸禄的专设官员给事私人之室,此为官员入幕;二是私人聘请的幕宾,同样有获得出身并出仕为官的机遇。

朝臣给事私室,尤其是给事相府,则以明代为盛。隆庆六年(1572),高拱在上疏中,曾提及以下两大现象:一是"先年执政之臣,悦人媚己,于是憸夫之在庶寮者,托为奥援,入其幕中";二是外省的巡按御史,"见得进士推官、知县,有科道之望,乃曲加庇护,引为私人,托其查访"。① 又赵南星在上疏中云:"臣等看得相臣之有私人,非为相之日而后知也。"② 可见,相臣有私人,在晚明已是一种普遍现象。至于高拱所称"先年执政大臣",或许是指严嵩。史载严嵩将新进士"引入幕,为干儿"。③ 即使是高拱,门下也有山阴人吴兑,其被称为"吴学究",相当于《水浒传》中的"智多星"。④ 又如张居正门下,亦有官员成为入幕之宾。如高拱记载:"而楚人少卿曾省吾者,荆人幕宾用事者也,为力更甚。"⑤ 又云,吴文佳、周良臣,皆楚人,"吴、周皆其幕宾"。⑥ 小说《樵史通俗演义》记载弘光朝内阁大学士马士英,在衙门下设有"掌班堂候官"一职。⑦ 所谓掌班

---

① 高拱:《辨名分疏》,《明臣奏议》卷29,载《丛书集成新编》,台湾新文丰出版公司1985年版,第31册,第517页。
② 赵南星:《覆陈给事疏》,载陈子龙等编:《明经世文编》卷459,中华书局1997年版,第5021页。
③ 张怡:《玉光剑气集》卷31《惩诫》,中华书局2006年版,第1098页。
④ 谈迁:《枣林杂俎》圣集《先正流闻·张居正急才》,中华书局2006年版,第215页。
⑤ 高拱:《病榻遗言》卷2《矛盾原由上》,载高拱著,岳金西、岳天雷编校:《高拱全集》,中州古籍出版社2006年版,上册,第636页。
⑥ 高拱:《病榻遗言》卷2《矛盾原由上》,载《高拱全集》,第639页。
⑦ 江左樵子编辑,钱江拗生批点:《樵史通俗演义》第37回,人民文学出版社1989年版,第281页。

堂候官,从词义上推测,大抵应该是指长班的头目。假若说长班是官员的私役家人,而掌班堂候官理应食朝廷的俸禄,只是他们与大学士的关系相当密切,应该说也是幕府中的"私人"。

幕宾出仕为官,在明清两代不乏其例。以明代为例,苏州人冯亮工,以生员身份进入福建巡抚幕府之中,得到巡抚的赏识,最后凭借"年劳",得以升为福建游击将军。① 又嘉兴人周鼎,颖敏绝伦。他最初为工部尚书金濂"幕下士"。至正统末年,随金氏"讨闽中寇",因为从征之功,升为县典史一职。② 以清代为例,早在雍正初年,朝廷下令,地方督抚所延的幕客"如效力有年,果称厥职,行文咨部议叙,授之职位,以示砥砺"。③ 乾隆初年,兵部侍郎吴应总请求督抚设七品幕职二员,布政、按察两司设八品记室二员,府、州、县设九品掾司一员。④

清人邵晋涵云:"今之吏治,三种人为之,官拥虚名而已。三种人者,幕宾、书吏、长随。"清人汪辉祖进而解释道:"今之为治,必不能离此三种人。"⑤幕宾、书吏、长随三种人,无疑是深入解析明清幕府人事制度的关键。至于这三种人进入幕府、衙署,左右幕府、衙署的行政,则显然起源于明代,且在清代日趋定型。清因明制,由此可证。

通观前人研究成果,明清幕府幕宾的起源,大抵有下面三种说法:一种说法认为,幕友可能起源于明代京官出外任地方督抚时

---

① 钱谦益:《有学集》卷22《冯亮工六十序》,载氏著,钱仲联标校:《钱牧斋全集》,上海古籍出版社2003年版,第5册,第906页。
② 黄晖:《蓬轩吴记》卷上,收入不著辑者:《烟霞小说》第1帙,《四库全书存目丛书》影印明万历十八年刻本。
③ 田文镜:《州县事宜·慎延幕宾》,载《官箴书集成》,黄山书社1997年版,第3册,第675—676页。
④ 周寿昌:《思益堂日札》卷1《幕僚》,中华书局2007年版,第223—224页。
⑤ 汪辉祖:《学治续说·用人不易》,载《官箴书集成》,第5册,第302页。

"随带京吏"的官场习惯;①另一种说法认为,南宋的狱吏趋于专业化、世袭化,经过元明清历史演变,私募化的狱吏队伍日益壮大,极易成为地方官员竞相聘用的专职法律帮办,名为"刑名幕友";②还有一种说法,根据明万历年间王肯堂的一则记载,认为可以将"讼师"作为"刑名幕友"前身之一,当然这不能作为后来幕友都由讼师起源的证据。③

仔细考察上面三种说法,幕友源于明代京官出外任地方督抚时"随带京吏"的官场习惯,显然可以得到史料的印证,这在明代称为"奏带人役"。按照明代惯例,总督军务等官,到了地方,大抵均有"奏带人役"。故毛伯温在上疏中,要求上任时奏带"官舍、通事、吏差、医士人等",借此"传报号令、译审夷情、催督军需、书办写本、疗病等项";此外,又要求奏带"弟男并侄以备肘腋,家人以供使令"。所有这些在军门效用的人役,均由朝廷支给口粮、马匹、草料。④ 在这则奏疏的旁批中,《明经世文编》的编者刻意加批云:"军中用人,断不可拘拘朝廷现任职官,非开府辟召不可。"可见,这些奏带人役,绝非朝廷现任职官,而是来自"开府辟召",属于自己用人。然这种自己用人,由于尚需朝廷支给口粮、马匹、草料,故很难称为真正意义上的自己用人。相同的情况亦见诸杨一清出任提督陕西三边军务之时。嘉靖四年(1525),杨一清重新出任提督陕

---

① 缪全吉:《清代幕府人事制度》,台北"中国"人事行政月刊社1971年版,第7—11页。

② 戴建国:《南宋基层社会的法律人——以私名贴书、讼师为考察中心》,载《史学月刊》,2014年第2期。

③ 王肯堂:《王仪部先生笺释·原序》,载杨一凡编:《中国律学文献》第2辑,黑龙江人民出版社2006年版,第3册,第9页。参见邱澎生:《以法为名——讼师与幕友对明清法律秩序的冲击》,台北《新史学》,第15卷第4期(2004年),第135—136页。

④ 毛伯温:《陈征南方略疏》,载《明经世文编》卷158,第2册,第1588页。

西三边军务,经兵部题准,跟随他上任的人员,包括书掾、头目、家人等,且"听从选带,仍具奏闻"。在这些奏带人员中,主要包括三类人员。一是"书掾"。如杨一清到陕西后,因为各项文移浩繁,且缺少人书写,就"奏讨书掾"。其中南直隶镇江府丹徒县的省祭官任汉、镇江府两考役满的胥吏李棠,因为"写字端楷,谙晓行移",跟随杨一清至幕府,成为幕府中的"书办"。二是"医士"。如杨一清上任之后,因年老多病,再加之"感患痰嗽,日久未愈",就专门从老家镇江府"选带"医士钱汝俭,使其"跟随军门",调治疾病。三是"家人"。鉴于三边地方险远,杨一清又奏带"亲信家人跟随使用"。在奏带的家人中,只有二名照例"支给口粮",其余家人均从杨一清自己的"廪给内食用,不支口粮"。① 这种奏带人役,其后逐渐扩展到奏带"赍执旗牌,督兵干事"的武职也在幕府内"参随委用"。② 又从杨一清所有奏带人役的事例中,可以证实以下两点:一是根据兵部的意见,地方开府的封疆大吏允许选带自己的人役,但必须奏闻,并得到皇帝的批准;二是所有奏带人役的出路问题,他们可以凭借在幕府的勋劳,而进入仕途。③ 刑名幕友来源于南宋以来专业化、世袭化的狱吏一说,尽管明代不乏书吏入幕之例,终究缺乏确立二者必然联系的充足证据。至于讼师成为刑名幕友的前身问题,仅仅有证明讼师成为刑名幕友的个案,却并不能成为幕友起源于讼师的有力证据。

---

① 杨一清:《关中奏议全集》卷11《为军务事》《为再陈恳悃乞容照旧休致事》,载氏撰,唐景绅、谢玉杰点校:《杨一清集》,中华书局2001年版,上册,第401—402页。
② 杨一清:《关中奏议全集》卷11《为军务事》,载《杨一清集》,上册,第418—419页。
③ 杨一清:《关中奏议全集》卷18《为军务事》,载《杨一清集》,下册,第691—693页。

笔者曾撰有关明代幕宾制度一文,其意有二:一则厘定幕宾的起源;二是系统阐述明代的幕宾制度。① 很多学者论定幕宾的起源,大多喜引用王阳明《答方叔贤》一信,信中提到了"荐贤于朝"与"自己用人"的不同。② 此信写于弘治四年(1491),过去的研究者多以此为依据,证明至迟在弘治初年即有"自己用人"之例,③而幕宾则为自己用人的典型产物。可是,引用此说者又无法找出实例,证明弘治初年即有幕宾的存在,只是以嘉靖年间胡宗宪幕中徐渭、王寅、沈明臣诸人为例。瞿同祖据况钟《明况太守龙冈公治苏政绩全集》卷3《太守列传》之记载,"内署不延幕客,一切奏疏、榜谕、谳案,皆公所亲裁",证明宣德、正统年间已有幕宾的存在。然此说为房兆楹所反对,理由很简单,况钟文集为其后人所编定,其中所言无法作为可靠的证据。④ 在旧文中,笔者根据前人的研究成果,再结合一些发现的新材料,大抵断定:明初幕府制度即已存在,它是元末群雄四起时,自置幕府、自己用人的延续;而至少在正统年间,即已出现幕宾人员入幕的例子。至于王阳明的"自己用人"说,更

---

① 陈宝良:《明代幕宾制度初探》,载《中国史研究》,2001年第2期,第136—148页。
② 王阳明:《王阳明全集》卷21《答方叔贤》,上海古籍出版社1992年版,第828页。
③ 郑天挺:《清代的幕府》,载《明清史国际学术讨论会论文集》,天津人民出版社1982年版,第189页。
④ 相关的阐述,可参见〔日〕中岛乐章:《明末清初绍兴の幕友》,载《山根幸夫教授退休纪念明代史论丛》,东京汲古书院1992年版,第1062页。按:中岛氏在文中分别引用了瞿同祖之说,以及房兆楹的不同意见。瞿同祖、房兆楹之论,分见:T'ung-tsu Ch'u, *Local Government in China under the Ch'ing*, Cambridge and London: Harvard University Press, 1988, pp.258-259, note 9; L. Carrinyton Goodrich and Chaoying Fang (eds.), *Dictionary of Ming Biography, 1368-1644*, New York: Columbia University Press, 1976, p754.

非空口白言。① 在此,笔者拟在旧文的基础上,以"幕宾""幕友""师爷"三个称谓为考察中心,对明清幕府人事制度重加论定。

幕府:从帷帐到衙署

所谓幕府、幕宾,"幕"字正音应读若"莫",入声。在清代,北方读若"慕",有时亦读若"模";而南方则一概作"慕"音,幕府、幕宾分别读若"慕府""慕宾"。这显然是"南方误为北音"。清人金埴曾在扬州问一人何业,此人答曰"作幕","幕"读若"莫",被金埴叹为"江北居然正音矣"②

据清人平步青引王衍梅《绿雪堂遗集》卷17《幕学类要序》,以及赵翼《陔余丛考》可知,"幕府"一词,最早出现于《汉书·李广传》"莫府省文书"一语。"莫"有"大"义,如卫青征讨匈奴,"绝大莫,帝就拜大将军于莫中府,故曰莫府"。"莫府"之名,始于此。然据颜师古注,"莫府"之"莫",并非"大"义,而是指"军幕",古字"莫"与"幕"通用,亦即"帐幕"与"帷幄"。"幕"作为帷幄的通称,见于《周礼·天官》《仪礼·聘礼》及《左氏传》,如廉颇、李牧市租皆入幕府,并非卫青时始有"莫府"一称。由此可见,"幕府"一名始于战国。但古人所谓幕府,原本指将帅在外之营帐而言,亦即指兵门帷帐,官吏衙署并不称"幕府"。《后汉书·班固传》载,永平初,

---

① 关于阳明自己用人,可举儒士岑伯高为例。此人"奔走服役""效劳于下"。王阳明又称:"本院抚临之初,即用此生,使之深入诸夷,仰布朝廷之德,下宣本院之诚,是以诸夷孚信之速,至于如此,本生实与有力焉。"参见王阳明:《王阳明全集》卷18《犒奖儒士岑伯高》,第642—643页。
② 金埴:《巾箱说》,中华书局1997年版,第145页。

东平王苍以至戚为骠骑将军辅政,开东阁,班固奏记于王曰:"今幕府新开,广延英俊。"后世称衙署为幕府始于此,且成为"连帅"(如唐之观察使、节度使)的通称,如陈琳称袁绍幕府,即为此例。于是,幕府转而为衙署,幕府与衙署之间的区别随之消失。①

追溯幕府、幕宾的起源,秦汉时期郡守、县令的"宾客"无疑同样值得关注。当时的郡守、县令之权极重,"虽一令之微,能生死人,故为之宾客者,邑人不敢不敬"。② 入唐以后,藩镇幕府兴盛。唐代的士人初次登科或尚未出仕,"多以从诸藩府辟置为重"。从韩愈的序文可知,石洪、温造二位处士,曾赴河阳幕下;诗人杜甫,亦被剑南节度使严武辟为参谋;韩愈,被徐州张建辟为推官。③ 在唐代,诸方镇有权自己辟士,"士之挟奇抱艺不获售于有司者,辄辟置幕府,与参谋画"。在幕府时日一久,幕主疏请于朝,入幕士人同样可以"通籍中外,渐跻崇显",与明经、进士诸科方轨并骛。④ 从唐代的一方墓志可知,太原人王仲堪,大历七年(772)进士,擢第解褐,授太原府参军事。后丁太夫人忧服阕。本道节度使"奏充节度使参谋,拜监察御史"。可见,自肃宗、代宗以后,藩镇跋扈,诸使寮佐皆辟自幕府,无复命自天朝,故王仲堪以幕僚遥拜监察御史。⑤

---

① 平步青:《霞外捃屑》卷7上《无饥其师非宾师之师》,中华书局1959年版,第511页;赵翼:《陔余丛考》卷21《幕府》,河北人民出版社1990年版,第340页。按:近人关于"幕府"的探讨,可参缪全吉:《清代幕府人事制度》,第2页;郭润涛:《官府、幕友与书生——"绍兴师爷"研究》,王庆成序,中国社会科学出版社1996年版,第1页。
② 洪迈:《容斋三笔》卷15《秦汉重县令客》,中华书局2005年版,下册,第612—613页。
③ 洪迈:《容斋续笔》卷1《唐藩镇幕府》,中华书局2005年版,上册,第227页。
④ 黄凤翔著,林中和点校:《田亭草》卷2《送张山人之宁夏序》,商务印书馆2018年版,第50—51页。
⑤ 沈涛:《交翠轩笔记》卷1,载《清人考订笔记》(七种),中华书局2004年版,第379—382页。

五代之时,节度使幕下,仍置有幕宾。① 如裴说,为裴宽的侄孙,"佐西川韦皋幕"。② 又据元末明初人戴良所记,可知在元代,内而朝廷,外而方面,"皆为之设幕府以广其赞助",其目的在于借此"勖道劝德、补政益治、出入询谋、言动献替"。③

(一) 幕府兴起的原因

明清两代,幕府兴盛,私人聘请幕宾成风。究其原因,大抵有如下四个:

其一,幕府缺乏官属。自明代出现专敕的总督、巡抚之后,并无专门的衙署,因而缺少属官听用。尤其是身处边地的总督、巡抚,举凡军马、钱粮、城池、关隘,皆其职掌所关,凭借一人而兼摄众事,平时或能竭力支持,而到了倥偬之日,思虑恐难周悉,才识也不能兼该。值此之时,征辟幕府佐治人员尤显重要。

为了解决这一难题,总督、巡抚大致采用以下两种方法。一是从现任官员中选任幕僚,使其充任参赞、赞画、纪功诸职。如早在正统年间,韩雍与胡共之同为都察院监察御史。成化元年(1465),韩雍出任总督两广军务,胡共之则正好担任广西右布政使,韩雍就将胡共之"礼致幕下,凡行师机宜,多与共之计"。④ 这是现任官员充任总督幕僚之例。明代一有大的军事行动,除由总督加以督理

---

① 如史载,蜀东西川之人,常互相轻薄,西川人言:"梓州者,乃我东门之草市也,岂得与我耦哉!"节度使柳仲郢闻之,谓幕宾曰:"吾立朝三十年,清华备历,今日始得为西川作市令。"闻者皆笑之。故世言东西两川人多轻薄。此则记载,足证梓州节度使柳仲郢幕下同样置有幕宾。参见钱易:《南部新书》辛,中华书局2002年版,第129页。
② 钱易:《南部新书》壬,第140页。
③ 戴良:《九灵山房集》卷13《送冯员外序》,载李军、施贤明校点:《戴良集》,吉林文史出版社2009年版,第144页。
④ 韩雍:《送胡共之方伯之任四川序》,载《明经世文编》卷55,第1册,第437—438页。

之外,总督幕下通常设有参赞、纪功二职:"参赞者,筹画之辅;纪功者,赏罚之司。"①参赞有时又称"赞画",大抵也是从现任官员中选任。如明代总督宣府、大同、偏头关、保定四镇总督,开始只是专督兵马,后来事务渐繁,兼理四镇钱粮,而且各边文移往还,靠一人批答,更是"昼夜不遑",所以专设兵备道一员,"赞理边务"。②此外,如张祚,中景泰五年(1454)进士,出任湖广道监察御史,擢为广东按察副使。当"猺獞作乱"时,朝廷下诏,由韩雍出任总督征讨,张祚"从幕画便宜,共事征讨";③袁恺,中景泰二年进士,授刑部主事,升任江西按察司佥事,改任广东按察司佥事,他曾"率偏师驻全州督军饷",后来又任梧州总督府的赞画,追随韩雍"征大藤峡,躬冒矢石";④张经任总督时,选任部属为赞画一职,仪制司郎中盛南桥出任此职。⑤可见,明代总督幕下幕僚之选,或由部属官选任,或由地方官铨选。有时朝廷会在在京、在外官员中,会推晓畅军事、雅有志操之人十数员,作为各边巡抚都御史"幕僚之选","每边差委一二员前去,补其谋议之缺,相战守之宜"。⑥明万历年间,东征之役,朝廷派遣张养蒙为督理粮饷侍郎,为此,张氏专门上奏,要求赋予自己权力,并厘清与督抚之间的关系,其中有两条牵涉增设自己幕府属员。如要求选择贤能司官二员,作为赞画,随他一起"计

---

① 叶盛:《边务疏》,载《明经世文编》卷59,第1册,第463页。
② 赵炳然:《题为条陈边务以俾安攘事》,载《明经世文编》卷252,第4册,第2651页。
③ 李绍文:《云间人物志》卷1《洪武至天顺间人物·张乐善》,载《明清上海稀见文献五种》,人民文学出版社2006年版,第88页。
④ 李绍文:《云间人物志》卷1《洪武至天顺间人物·袁舜举》,载《明清上海稀见文献五种》,第95页。
⑤ 何良俊:《四友斋丛说》卷11《史》7,中华书局1983年版,第93页。
⑥ 储巏:《防虏疏》,载《明经世文编》卷96,第1册,第843页。

画";又要求添设"员役",譬如添设"吏书以供缮写,官舍以备赍差"。① 二是奏带人役。明代总督军务等官,"俱有奏带人役"。如毛伯温在开府外地时,就要求奏带官舍、通事、吏差、医士等若干员,甚至自己携带家人"以供使令"。②

其二,各级衙门幕官权力受到长官的侵夺,时常处于一种尴尬的境地,无法发挥佐治的职能。长官下属幕官,其职掌有类于幕宾,故在明代将幕官同样称为"幕宾"。如布政司中幕职都事,其职掌是"以代书记之劳";府一级衙门中的幕职经历、知事,属于"古莲幕之职",相当于"古参军、掌记之流",其职掌是"参军之事也";军事单位卫下属的幕官经历,属于"古掌书记之任",其职掌是"赞军政、辅戎机,治籍幕下,以文事佐诸武臣"。③ 明代各级衙门所设幕官,显然出现了两大变化,进而导致幕官陷入尴尬的境地,甚至形同虚设。这两大变化分别为:

一是幕职从地方长官自辟,进而变为朝廷铨选。如按照明代的制度,布政司下的都事一职,布政使无权自辟,故"废置悉诏于朝";卫下属的经历,在明代也是"以资选"。④ 鉴于此,明代有官员提出自选掾吏的设想,建议"州、县以上,皆得自选所部之贤而能者

---

① 张养蒙:《条议饷务疏》,载《明经世文编》卷427,第5册,第4665页。
② 毛伯温:《陈征南方略疏》,载《明经世文编》卷158,第2册,第1588页。
③ 徐学谟:《徐氏海隅集·文编》卷3《赠金都事之任闽藩序》,《四库全书存目丛书》影印明万历五年刻四十年徐元嘏重修本;蕲贵:《戒庵文集》卷8《赠经府曹君崇本序》,《四库全书存目丛书》影印明嘉靖三十九年蕲懋仁刻本;沈炼:《青霞集》卷3《送陈蓝田赴赣州幕府序》,《四库明人文集丛刊》本,上海古籍出版社,1993年;董份:《董学士泌园集》卷18《赠蔚州卫经卫萧君考绩序》,《四库全书存目丛书》影印明万历董嗣茂刻本。
④ 徐学谟:《徐氏海隅集·文编》卷3《赠金都事之任闽藩序》;董份:《董学士泌园集》卷18《赠蔚州卫经卫萧君考绩序》。

以佐其理",①其实也不过是一种理想而已,并未得到朝廷重视而付诸实施。二是自宋以后,尤其是到了明清,幕官权力逐渐受到削弱,无法真正发挥佐治的功能。地方府、州、县衙门中,其长官与佐贰、幕官之间的关系,自宋代已有所改变,即长官逐渐剥夺了佐杂官处理地方司法事务的权力,并将司法权完全揽入自己手中。明清两代,朝廷三令五申,下令佐杂官"不准擅受"词讼,②就是最好的例证。

地方长官不能自辟幕官,或者逐渐削弱幕官的权力,其弊端相当明显。长官不能自辟幕官,无所别择,结果造成"幽栖僻处之贤,多不得自致于宾客之选,而为之使者,亦无所借以托心膂焉"。③ 权力受到削弱,则导致铨选而来的幕官,"类若浼焉而不屑为,则其才德之浅薄,不足以举其职故耳",④有些幕官甚至"不乐于职"。⑤ 这就使幕官陷入一种尴尬的境地。正如明人王士骐云:"幕僚之体最琐,而其寄最轻,其居最不易。"换言之,幕官很难有所成就,即使有些幕官想有所自立,成就一番事业,也会导致"上且笑之,下且诽之,而不吾信"。⑥ 明人蔡清直言:"天下之官,惟作县最难,而典县幕者为尤难。作县而得上官之奖励者固难,至于县幕而得奖励者为尤难。"⑦可谓一语中的。

---

① 萧仪:《重刻袜线集》卷5《送南昌府橼葛中孚赴京序》,《四库全书存目丛书》影印清乾隆五年重刻本。
② 梁章钜:《浪迹三谈》卷3《佐杂擅受》,中华书局1997年版,第442页。
③ 徐学谟:《徐氏海隅集·文编》卷3《赠金都事之任闽藩序》。
④ 蕲贵:《戒庵文集》卷8《赠经府曹君崇本序》。
⑤ 董份:《董学士泌园集》卷18《赠蔚州卫经卫萧君考绩序》。
⑥ 王士骐:《中弇山人稿》卷3《送州幕朱君之沔池簿叙》,《四库全书存目丛书》影印明万历刻本。
⑦ 蔡清:《虚斋集》卷3《贺典幕蔡君承上官奖励序》,上海古籍出版社1991年版,第831页。

其三,权在胥吏。官设幕官一旦失去佐治检吏的功能,结果必然形成一种权在胥吏的局面。揆诸宋、元、明以降的政治史,虽号称"官治",实则不过是"吏治"而已。究其原因,主要还是在于治国人才的选拔,出现了很大的转变,即从"吏与士同途",转而变为"儒吏分为两途"。吏与士同途,"吏习于民事,故循绩易奏","人不耻为吏"。如汉代之于定国、丙吉、赵广汉、尹翁归、张敞、王尊,均为以吏入仕,成为汉代名臣。科举兴起,儒吏分为两途:科举凭借文采声华取士,以致士人"不习民事";吏习于民事,却"不得美仕"。吏日下,士日尊,判然两途。其结果,则是"士之子恒为士,降而为吏,即为隳其家声,于是吏益以无赖",甚至有些胥吏甘心于顽钝无耻,唯日以舞文黩货为事。最为值得关注的是,官有除降,而吏则长子养孙;官须避本籍,而吏则土著世守。这更使胥吏得以把持地方政治,作奸犯科,为所欲为。① 事实确乎如此。如明代四川的吏典,自洪武以来,"多不给由,在乡起灭词讼,把持官府,良民受害"。② 科举出身的官员,因为对地方政务并未谙练,只得"拱手仰成,以吏为师。吏满三年,金箱玉囊,动盈千数"。③

其四,读书仕进之途受堵,缺乏出路,只得靠入幕维持生计。明清科举取士,举人、进士均有定额,一个庞大的读书人群体中,能中举人、进士而得以出仕者终究是少数幸运儿,其中绝大多数的读书人,往往止步于生员这一科名身份。

明清两代庞大的生员群体,其谋生之路,大抵不出处馆、入幕、从医、做讼师,尤以处馆、入幕居多。就明清两代入幕人员的身份而言,其中流品,相当错杂。正如清人万维翰所云:

---

① 相关的阐述,可参见阮葵生撰,周保民校点:《茶余客话》卷7《吏之重要》《论吏道》,上海古籍出版社2012年版,上册,第142—144页。
② 王翱:《边情事》,载《明经世文编》卷22,第1册,第171页。
③ 霍韬:《第三札》,载《明经世文编》卷185,第3册,第1886页。

> 幕中流品,最为错杂。有宦辙覆车,借人酒杯,自浇块垒;有贵胄飘零,摒挡纨绔,入幕效颦;又有铁砚难磨,青毡冷淡,变业谋生;又有胥抄谙练,借栖一枝;更有学剑不成,铅刀小试。其中优劣不一。力能赞襄识者,未尝不加敬礼。乃有委蛇进退,碌碌无所短长者,滥厕吹竽,于是莲幕客侪于佣伍矣。①

试就明清入幕人员的身份来源而言,确乎如万维翰所言,堪称流品错杂:或由举人入幕,如周敏成,字政甫,中万历四十六年(1618)乡试举人,崇祯四年(1631)以后,给辽东巡抚方一藻上书,被征辟为"赞画辽东军事";②或由教书先生入幕,如周鼎,有时以教授为业,有时以卖文为生,正统末年,成为金濂的"幕下士";③或由卜士入幕,宁波府鄞县布衣胡弘,尽得《易》理之秘,景泰初年,都御史张楷征讨"闽寇",将胡弘"延之军中,所言奇中,卒赖成功";④或由画家入幕,如画家陈惟允,"为潘左丞客"。⑤ 甚至还有女性成为幕宾,如明末南京珠市之妓郝文姝,史称其人谈吐慷慨风生,下笔亦可成琬琰,后成为宁远大将李如松之媵妾。辽东战事时,郝文姝承担掌记之职,称为"内记室",凡所有奏牍,均由其负责。⑥

即使如此,明清幕府中的佐治人员,还是以生员居多。不妨试

---

① 万维翰:《幕学举要·总论》,载《官箴书集成》,第4册,第734页。
② 钱谦益:《有学集》卷35《周参军墓表》,载《钱牧斋全集》,第6册,第1238页。
③ 杨循吉:《苏谈·桐村事武》;杨循吉:《苏谈·桐村健文》;黄晖:《蓬轩吴记》卷上。均载王稼句点校、编纂:《苏州文献丛钞初编》,古吴轩出版社2005年版,上册,第165—166、171、197—198页。
④ 万表:《玩鹿亭稿》卷5《海寇议》,载张寿镛辑:《四明丛书》,广陵书社2006年版,第27册,第16887页。
⑤ 王稚登:《丹青志》,载《宝颜堂秘集》续集,文明书局,1922年。
⑥ 厉鹗:《玉台书史》,载虫天子编,董乃斌等校点:《中国香艳全书》五集卷1,团结出版社2005年版,第1册,第530页。

举几例:如明人梁朝锺,广东番禺人,为县学廪生。当时任两广总督的熊文灿,欣赏梁朝锺的文才,就将他"延为馆宾"。至熊文灿出任总理九省军务时,又将梁朝锺携入军中,"参谋军务"。① 明人吴甡任山西巡抚时,阳曲县生员梁云辉,被吴甡聘为"西席","凡诸生有所鸣于吴公,梁从中赞成之。"② 又清人赵大润,后改名肃,常州府江阴县人,为府学诸生。赵大润的友人贡息甫任建平知县时,邀请赵大润前往相助,代为处理县内讼牍。③ 清人费元杰,岳州巴陵人。18岁时,成为府学生员,随后每次考试,均"冠其曹"。前后两任湖广学使,均聘费元杰"佐衡校之人,所取士,率满人望"。④

读书人谋生之具,以处馆、入幕居多,此即所谓"书馆"与"幕馆",且均被称为"馆宾"。馆宾一称,至晚见于元末记载。如孔齐记载:

> 脱欢大夫在建康时,有一馆宾早起,闻堂上有人声,意谓大夫与僚佐也。久而视之,但见二人中坐,一人云:"付之火。"或云:"不可,恐延及他人。"一云:"付之灾。"或云:"其家亦有未当死者。"一云:"付之脱欢。"言讫不见。馆宾惧,疑其主将有祸也,遂不告而去。是日,脱欢出门,忽有讼者诉某处巨室,豪横害民,因受状追问。后没入,其家皆杖配远方,乃知豪民恶贯满盈,神人共怒也。逾年,馆宾复至,大夫问其故,始言及

---

① 黎景义:《二丸居集选》卷7《梁未央私传》,《四库禁毁书丛刊》影印旧钞本。
② 傅山著,刘贯文、张海瀛主编:《傅山全书》卷33《因人私记》,山西人民出版社1991年版,第1册,第573页。
③ 卢文弨:《抱经堂文集》卷29《瞰江山人传》,中华书局2006年版,第387页。
④ 卢文弨:《抱经堂文集》卷33《赠奉直大夫永顺县教谕费君墓志铭》,第431—432页。

其所见云。①

上述史料中所云"馆宾",是教书先生,抑或入幕之宾,不可遽下论断。然从孔齐另一则记载可知,所谓"馆宾",即"村馆先生"之流,亦即教书先生。② 此类馆宾,在明代尚有遗存。如李廷机,中隆庆四年(1570)乡试解元。当时的主考是申时行,将李廷机"留为馆宾,转馆于董宗伯家"。③

书馆、幕馆虽均为明清读书人无奈之下的谋生手段,然在当时人的眼中,却有高下之分。如吕留良论道:"惟幕馆则必不可为,书馆犹不失故吾,一为幕师,即于本根断绝。"在吕留良看来,入幕成为幕宾,尽管"其名甚噪,而所获良厚",但最终会坏人心术,"人品至污极下,一总坏尽,骄谄并行,机械杂出",其行为甚至类同于法律所称的"光棍"。④ 万维翰认为:"书馆、幕馆,较分丰啬。然读书可以进取。若簿书佣值,舍田耘田,经年远客,三径就荒,或亲老无养,或中岁乏嗣,或有子失教。此亦得失相半。"⑤可见,吕、万两人,均认为书馆优于幕馆。相较而言,读书人"托客授为活",虽称得上是本分事,"实不足给俯仰",无奈之下,读书人只好"去而为从事、

---

① 孔齐:《至正直记》卷1《馆宾议论》,载《宋元笔记小说大观》,上海古籍出版社2007年版,第6册,第6507页。
② 如孔齐记载:"村馆先生惟乡中有德行者为上,文章次之,不得已则容子弟游学从师,求真实才学者,亦在德行为先也。浙西富豪之家延馆宾皆不以德行,馆宾亦不以儒者自任,所以往往刁评,有玷儒风,至于破馆主之家者有之。"此即其例。参见孔齐:《至正直记》卷4《村馆先生》,载《宋元笔记小说大观》,第6册,第6648页。
③ 朱国祯撰,王根林校点:《涌幢小品》卷7《失中三元》,上海古籍出版社2012年版,第121页。
④ 吕留良:《吕晚村先生文集》卷4《与董方白书》,载氏撰,徐正点校:《吕留良诗文集》,浙江古籍出版社2011年版,上册,第89—90页。
⑤ 万维翰:《幕学举要·总论》,载《官箴书集成》,第4册,第734页。

为衙推者,如恶影而走日重,非计之得也"。① 可见,幕馆更是读书人末路中之末路。

(二)明代幕府的兴盛

明代中期以后,幕府趋于兴盛。一方面,大臣开府地方,幕下宾客云集;另一方面,文武各级衙门,大多自己聘有幕宾佐治。

明代的大臣幕府,以胡宗宪、孙承宗、史可法幕府为盛。胡宗宪总督浙江时,幕下会聚幕客数十人,较为著名者有沈明臣、王寅、徐渭。② 明末孙承宗督师时,曾设立占天、察地、译审、侦谍、异材剑、大力六馆,"招天下豪杰,奇材剑客,争摩厉以求自效"。③ 在孙承宗的幕下,聚集了很多幕宾。如周文郁,字蔚宗,常州宜兴人。其人能谈文武大略,当天启年间,满族势力攻占辽阳时,他就仗剑出关,谒见孙承宗,首上四卫之议,被孙承宗称为"紫髯将军",留在幕中,"参预谋议"。④ 孙承宗幕府中的人物,最为有名者当数茅元仪。茅元仪,著有《武备志》《冒言》诸书,为诸生时即"试于京师"。后被人所荐,充任赞画一职,留于孙承宗幕下。⑤ 史可法督师时,开府扬州,曾设礼贤馆,"招四方智谋之士及通晓天文、阴符、遁甲诸

---

① 周广业:《三余摭录》卷1,载氏著,祝鸿熹、王国珍点校:《周广业笔记四种》,浙江古籍出版社2019年版,上册,第28页。
② 钱谦益:《列朝诗集小传》丁集中《沈记室明臣》《十岳山人王寅》《徐记室渭》,上海古籍出版社1983年版,第496、511、560页。
③ 钱谦益:《初学集》卷47《特进光禄大夫左柱国少师兼太子太师兵部尚书中极殿大学士孙公行状》,载《钱牧斋全集》,第2册,第1180页。
④ 钱谦益:《初学集》卷73《紫髯将军传》,载《钱牧斋全集》,第3册,第1628—1629页。
⑤ 茅元仪:《督师纪略》卷6,明末刻本。

术者",①一时幕客丛集,人才济济。②

在明代,文武官员聘幕成风,甚至太监、监生,亦私人聘有幕宾。以文官为例,知府上任,就需要聘请幕宾佐治。如明末清初小说《鸳鸯针》记广东潮州知府前去上任,"要在本地请个幕宾"。最后秀才时大来前去应聘,讲妥聘金六两,每年的俸金120两,先兑一半安家。③ 武将聘幕,其例甚多。早在明初,大将常遇春幕中,就有一位姓上官的幕客,"专掌书记"。④ 即使是卫的指挥解粮进京,也要聘请一个"略得通文理,记得帐的"的幕宾,每年俸金30两。⑤ 至于大将,他们的幕下更是幕客、幕弁、私人云集。如嘉靖二十九年(1550),蒙古人侵犯京城,明世宗尤其宠信大将军仇鸾,而仇鸾也因此广招天下奇才剑侠入幕。当时仇鸾听到茅乾的名声之后,就将其招之入幕府,并尊之为"上客"。⑥ 嘉靖年间,倭寇起于海上,康从理即追随将军刘子高入吴,成为幕下宾客,"闻关兵革间,濒死数四"。倭寇平定后,刘子高官拜大将,"幕下士日众"。⑦ 据汪道昆的记载,当戚继光领兵入闽之时,汪长公就以布衣的身份随从入闽,并且献计建功。为此,"诸戚将军客善长君,则交誉长君戚将军所"。汪道昆又称,在戚继光幕下的"诸儒"有若干

---

① 唐振常辑:《史可法别传》,载《史可法集》附录,上海古籍出版社1984年版,第145页。
② 关于史可法幕府人物,可参见何龄修:《史可法扬州督师期间的幕府人物(上)(下)》,载《燕京学报》,新3期(1997年)、新4期(1998年)。
③ 华阳散人编辑,李昭恂校点:《鸳鸯针》第2卷第1回,春风文艺出版社1985年版,第70页。
④ 谈迁:《枣林杂俎》和集《丛赘·镇海卫指挥》,第540页。
⑤ 华阳散人编辑,李昭恂校点:《鸳鸯针》第1卷第2回,第26页。
⑥ 茅坤:《茅鹿门先生文集》卷23《伯兄少溪公墓志铭》,载氏著:《茅坤集》,浙江古籍出版社1993年版,下册,第677—678页。
⑦ 张怡:《玉光剑气集》卷16《义士》,第639—640页。

人,无不是"济济良士"。① 可见,戚继光幕下也聚集了不少幕客。明末崇祯十二年(1639),杨嗣昌在上疏中称:"督监各携幕弁,镇将各有私人。"②各镇将所带的"私人",其实就是私人聘请的幕宾。如山人许氏,河南开封人,曾被举为茂才。崇祯年间,曾向杨嗣昌献剿贼三策,不为杨氏所用。随后,许氏成为东平侯刘泽清的幕客,又因言语不合,辞去。③

更有甚者,明代的太监、监生,亦自己聘有幕宾。如一般史料认为,赵鸣阳为魏忠贤的幕宾。其实不然。赵鸣阳应该是万历时太监魏学颜的幕宾,被魏学颜重金聘请,"训其侄入庠"。④ 至于天启年间魏忠贤幕下的宾客,且代魏忠贤主笔者,相传有数人,其中就有汶上举人毛昂霄。史载但凡自内而出的"一切谕旨",大多出自毛昂霄之笔。⑤ 小说《樵史通俗演义》记载,弘光朝有一位田太监,因至江南选秀女而认识了一位常秀才,"倒要聘他做西宾起来"。受聘之后,常秀才"从此日日进去,夜夜出来,帮那田太监做些好事"。⑥ 鲁监国时,白洋朱氏家族有一位朱赞元,字懋声,号振岳,少极贫,卖卜京师。"内监神其术,荐入高起潜幕,授都司衔"。⑦ 小说《鸳鸯针》记秀才卜亨科举失利之后,想通过纳赀进入

---

① 汪道昆撰,胡益民、余国庆点校:《太函集》卷1《汪长君论最序》、卷24《止止堂集序》,黄山书社2004年版,第48、524页。
② 杨嗣昌撰,梁颂成辑校:《杨嗣昌集》卷31《敬陈赏罚等事疏》,岳麓书社2005年版,第765页。
③ 毛奇龄:《桑山人传》,见张潮辑:《虞初新志》卷13,载《笔记小说大观》,江苏广陵古籍刻印社1983年版,第14册,第280页。
④ 张怡:《玉光剑气集》卷30《杂记》,第1068页。
⑤ 张怡:《玉光剑气集》卷31《惩诫》,第1118页。
⑥ 江左樵子编辑,钱江拗生批点:《樵史通俗演义》第36回,第277页。
⑦ 平步青:《霞外捃屑》卷4《白洋朱氏》,第203—204页。

南京国子监。为此,"要做些勾当,少不得用个幕宾"。① 这是监生私人聘请幕宾之例。

入幕之人:"幕宾""幕友"与"师爷"

入幕之人,称谓众多。最为闻名者,当数"幕宾""幕友"与"师爷",通称"幕僚"(又作"幕寮"),一身而兼具宾、友、师三重身份。按照王衍梅《绿雪堂遗集》卷17《幕学类要序》的解释,所谓幕寮,大抵是指寮属,若称幕寮,则"近乎卑";若是依从"德",称之为"师",则"过乎尊";至于称"幕宾",则以礼而论,且"介乎尊与卑之间"。近乎卑、过乎尊,或者介于尊与卑之间,多不合理,于是转而改称"幕友"。王衍梅认为幕宾称"师"之例,出于韩愈《送石处士文》"使大夫无饥其师"一语。然据平步青的考证,此语中的"师"字,当指"军卒",而非"尊师之师"。② 这就需要就幕宾、幕友、师爷诸称谓起源及其含义稍作考辨。

(一) 幕宾

入幕佐治之人,为何称为"幕宾"?对此,小说《醒世恒言》对幕宾有下面的解释:

> 如何叫做幕宾?但凡幕府军民事冗,要人商议,况一应章奏及书札,亦须要个代笔,必得才智兼全之士,方称其职,厚其礼币,奉为上宾,所以谓之幕宾,又谓之书记。有官职者,则谓

---

① 华阳散人编辑,李昭恂校点:《鸳鸯针》第3卷第3回,第142页。
② 平步青:《霞外捃屑》卷7上《无饥其师非宾师之师》,第511—512页。

之记室参军。①

由此可见,所谓幕宾,又称"书记"。称之为"宾",是因为幕主将入幕之人"奉为上宾",故有此称。其起源来自唐之节度使、观察使赴任时自己征辟幕僚,即"参谋""记室"之类。然唐代参谋(又称参军)、记室,是有官职之人。明清幕府佐治之人,属私人聘请,已无官职,所以称为"幕宾"。②

早在唐宋两代,就有幕客与幕宾混称之例。③ 至明清时期,幕客与幕宾通常也并称。如小说《儒林外史》中,曾记载按察使"这日叫幕客叙了揭帖稿,取来灯下自己看"。紧接此文之后,小说又记载按察使"吩咐书房小厮向幕宾说:'这安东县不要参了。'"云云。④ 这就需要就幕客与幕宾稍作辨析。幕客始于春秋以后列国养士之风,当时儒术之士,只要名闻诸侯,即可以成为列国的"客卿",陈述王霸之道。自中和以后,藩镇、道的宾客,亦被称为"客卿"。⑤ 然幕客终究与幕宾稍异。幕客为大臣、名公所养之士,类似于早期的门客,以及明清时期的山人、清客。换言之,幕客为一通称,如宋秦桧门下有"十客",分别为门客、亲客、逐客、娇客、刺客、羽客、庄客、狎客、说客、吊客。⑥ 又如宋人晏元献,以文章名著一时,"所至延宾客,一时名士多出其门"。罢枢密副使后,为南京留

---

① 冯梦龙:《醒世恒言》第32卷,岳麓书社2002年版,第412页。
② 相关的阐述,亦可参见田文镜:《州县事宜·慎延幕宾》,载《官箴书集成》,第3册,第675—676页。
③ 钱易:《南部新书》辛,第129页;江休复:《江邻几杂志》,载《宋元笔记小说大观》,第1册,第573页。
④ 吴敬梓:《儒林外史》第24回,人民文学出版社1982年版,第242页。
⑤ 李涪:《刊误》卷下《客卿》,中华书局2012年版,第256—257页。
⑥ 叶向高辑,林茂槐增定:《说类》卷28《人物·幕客》,引《老学庵笔记》,《四库全书存目丛书》影印明刻本。

守,"幕下王琪、张亢最为上客"。① 然宋代的幕客,大多是陪主人赋诗,或陪官员游山玩水。如大观初年,开封尹宋乔年的幕客周子雍,曾替主人答复宋徽宗的和诗。② 又如范成大游览峨眉山顶时,"同登峰顶者:幕客简世杰伯隽、杨光商卿、周杰德俊万、进士虞植子建及家弟成绩"。又记"幕客范谟季甲、郭明复中行、杨辅嗣勋皆自汉嘉来会,而不及余于峰顶。"③此即幕客陪同官员游山玩水之例。

有一个史实必须引起关注,即明代承继唐代节度使、观察使自辟幕下属官的惯例,将地方各级衙门的幕官称为"幕宾"。如明代史料云:"佐贰官,职居次而辅政者也,皆当钦敬长官,友爱幕宾。"④其中所云佐贰官,指同知、通判、县丞、主簿之类,而幕宾显指幕官。

在明代省一级的都司衙门中,其中的幕官即称"幕宾"。按照袁忠彻的看法,都指挥使可以称为"元戎",其职责在于"当一面之重,整齐兵甲,折冲御侮而为朝廷之倚赖";而都事一类的幕官,则称"幕宾",其职责在于"植密赞画军政,从容于樽俎之间,以制其过而泄其不及"。⑤ 元戎与幕宾,是一种互为表里的关系。早在明初,即有称幕职为幕宾之例。如罗亨信在一篇送人出任幕职的序文中言:"东莞黎公无逸时在选列,凡经三拣一试,然后得录用之数,擢交址同利邑幕宾。……今得膺邑幕之寄,秩虽卑,而有人民社稷之

---

① 欧阳修:《归田录》卷1,载《宋元笔记小说大观》,第1册,第614页。
② 洪迈:《容斋四笔》卷2《大观元夕诗》,中华书局2005年版,下册,第652页。
③ 范成大:《吴船录》卷上,载《范成大笔记六种》,中华书局2004年版,第202—203页。
④ 汪天锡辑:《官箴集要》卷上《职守篇·佐贰》,载《官箴书集成》,第1册,第268页。
⑤ 袁忠彻:《符台外集》卷下《送浙江都阃幕宾陈侯献绩序》,载《四明丛书》,第26册,第15979页。

重,位虽小,而有狱讼、钱谷之繁。"① 又如广东德庆州所属封川县,"同安夏公良来长厥邑,喟然叹曰:是出政令之所,何颓敝若此! 乃谋诸同寅邑丞莆阳何公瓒、判邑三山林公佛、幕宾仙溪傅公光远,各捐己俸,维新是图"。② 上面两则史料所谓幕宾,均指县典史一职。

(二) 幕友

在明清两代,入幕佐治之人,又可称为"幕友"。幕友一称,来源于幕主称幕宾为"朋友"。至于何以称为幕友,清人何士祁云:"幕宾谓之朋友,顾名思义,庶指臂之助可收。"③换言之,主、宾之间,应该情意相协,方可收以友辅仁之功。

"朋友"一称,广见于明清科举时代士人相交时的称谓惯例。清人吴敬梓所著小说《儒林外史》在说到明代知识圈社交习惯时,有云:"原来明朝士大夫称儒学生员叫做'朋友',称童生是'小友'。比如童生进了学,不怕十几岁,也称为'老友';若是不进学,就到八十岁,也还称'小友'。"④这是生员、童生称"友"之例,只是"朋友"是儒学生员(俗称秀才)的专称。在清代官场,同样将幕宾称为"朋友"。如清代史料云:"外荐来之朋友,或官府,收与不收,吾辈在官面前美言相助,零星使用,稍有资助若干,实无可奈何。"⑤在明清两代,幕宾的身份以儒学生员居多,幕友一称,显是将

---

① 罗亨信:《觉非集》卷1《送同利邑幕宾黎公赴任序》,《四库全书存目丛书》影印清罗哲刻本。
② 嘉靖《德庆州志》卷9《创设下》,《天一阁藏明代方志选刊续编》本。按:相同的例子亦见于河间府吴桥县,参见嘉靖《河间府志》卷5《宫室志·学校》,《天一阁藏明代方志选刊》本。
③ 徐栋辑:《牧令书》卷4《用人·幕友宜待之以礼》,载《官箴书集成》,第7册,第81页。
④ 吴敬梓:《儒林外史》第2回,第18页。
⑤ 不著撰者:《外官新任辑要·大略须知》,载《官箴书集成》,第6册,第756页。

知识圈的社交称谓引入官场所致。

至于幕友一称的起源,可以先引清人觉罗乌尔通阿编辑的《居官日省录》为例加以疏证。此书引用明代苏州知府况钟上任时所行各政,凡17条,其中一条云:"严查家丁撞骗。幕友须有品方延,匪人勿请。"①况钟出任苏州知府是在宣德至正统年间,然此书为清人所编,尚不能完全证明宣德至正统年间已经有幕友一称。至嘉靖四十二年(1563),王叔杲任常州府靖江县知县,在任期间,在《与严洞庭先生》书牍中,有云:"适县友告行,草率附此奉候,伏惟俯垂照之。"②书牍中所谓"县友",虽不能遽下确断,然就文意推测,疑指县衙中的幕友。

至明末,王思任的一段记载,足证当时幕友一称已经颇为常见,其中云:

> 沃土之民谑,瘠土之民忍。谑者不过身体口腹之有余也,从身体口腹起见,而忍者已在心性之间矣。吾乡姚人处瘠土,即簪笏奕望,身体口腹常不足。游学走三吴,三吴有余者每谑之。常不为吴语,作姚语,而实暗庇其心性,十七为师,十三友也。三吴人不论其师其友,而但论其土之瘠。③

这是一则相当重要的史料,却被过去的研究者忽略。史料大抵可以证实以下两点。一是绍兴府属下的余姚县,读书之风兴盛,以至"簪笏奕望",再兼"人处瘠土",身体口腹常感不足,只好"游学走

---

① 觉罗乌尔通阿编辑:《居官日省录》卷1《莅任》,载《官箴书集成》,第8册,第9页。
② 王叔杲著,张宪文校注:《王叔杲集》卷12,上海社会科学院出版社2005年版,第252页。
③ 王思任:《杂序·〈醉吟近草〉序》,载氏著:《王季重十种》,浙江古籍出版社1987年版,第47页。

三吴"。这是绍兴人大量外出游学、游幕、游寓的确证。二是余姚人游学至三吴,"十七为师,十三友也"。所谓"师",指处馆谋生;而所谓"友",则指入幕为友,亦即做幕友。

入清以后,入幕之人,已经多称"幕友"。如清初人钮琇《觚賸》正编,成于康熙三十九年(1700),其中记载:"张玄著先生起自海中,部落解散,窜身僧寺。杭守臣觇得之,与爱仆杨贯玉、幕友罗自牧同被执。"①刘献廷云:"江西吉安安福人胡耐庵,卞总制幕友也,后题授云南易门县知县。"②又《福惠全书》记载:"州邑事繁,钱谷、刑名、书启,自须助理之人。若地当冲剧,钱粮比较,词讼审理,与夫往来迎送,非才长肆应,势难兼顾。幕友又须酌量事之烦简,而增减其人。"③可见,入清以后,幕友已成州县衙门钱谷、刑名、书启三席的通称。

(三)师爷

究"师爷"一称,来源有二:一为府州县学校的学官,二为家馆中的塾师。衙门中的书吏、承差,或者家族中的仆人,为了对学官、塾师表示尊敬,因而称之为"师爷"。其后,幕中杂役人员,亦随之敬称幕宾为"师爷",该称甚至出现于官府文书中。此外,在清代民间,"师爷"一称更是广泛使用,无不体现一种他尊甚至自尊之义。④

在明代,一般将教官称为"师爷"。如小说《二刻拍案惊奇》记一位廪膳生员高广,一向以处馆为业。通过挨贡,选授山东费县教

---

① 钮琇:《觚賸》卷1《吴觚》上《布囊焚余》,上海古籍出版社1986年版,第5页。
② 刘献廷:《广阳杂记》卷1,中华书局1957年版,第39页。
③ 黄六鸿:《福惠全书》卷1《筮仕部·延幕友》,载《官箴书集成》,第3册,第228页。
④ 以清末的成都为例,除幕宾被尊称为"师爷"外,举凡学徒称师父或学生称老师的父亲,市民的普通尊称,各局所的司吏、各署的管案先生,各店铺的东家管账人,以及无功名顶戴之人,均可被尊称为"师爷"。参见傅崇矩编:《成都通览·成都人之称谓·师爷》,成都时代出版社2006年版,第227页。

官。后来他的学生出任巡按御史,派承差前来相请至任上。这位承差就称高广为"高师爷"。①

入清以后,史籍、小说多称学校教官为"师爷"。不妨引述两例如下:

> 予邑(东莞——引者)钟冠斗先生,良平乡人也。才思富丽,善于属文。康熙初,冒籍风行,钟随叔至廉州,得典试。(中略)康熙十七年(1678)七月念九日,钟如省制锦屏为祝叔寿,偶经双门,遇钦(钦州——引者)学役,学役喜对钟曰:"师爷望秀才来战棘闱,眼穿千里矣,今及时也。"挟同诣学官,欣悦,录送监临,钟不得已,遂逐队入试。②

> 先生倒有一个。你道是谁?就是咱衙门里户总科提腔顾老相公家请的一位先生,姓周,官名叫做周进,年纪六十多岁,前任老爷取过他个头名,却还不曾中过学。顾老相公请他在家里三个年头,他家顾小舍人,去年就中了学,和咱镇上梅三相一齐中的。那日从学里师爷家迎了回来,小舍人头上戴着方巾,身上披着大红绸,骑着老爷棚子里的马,大吹大打,来到家门口。③

对于上面提到的"师爷",小说整理者在校注中作如下解释:"指儒学教官。教官是管秀才的,尊称'学师'或'学里老师',一般没有称'师爷'的,这里也是作者描摹夏总甲口吻的写法。"④此说为是。

---

① 凌濛初:《二刻拍案惊奇》卷26,岳麓书社2002年版,第276、281—282页。
② 欧苏:《霭楼逸志》卷1《文冠斗》,载李龙潜等点校:《明清广东稀见笔记七种》,广东人民出版社2010年版,第165页。
③ 吴敬梓:《儒林外史》第2回,第17页。
④ 吴敬梓:《儒林外史》第2回,第24页。

学校中的书役以及如小说中夏总甲一类,为了表示一种尊敬,方称学中教官为师爷。

至于家塾中的塾师,官宦人家的仆人有时亦敬称其为"师爷"。如丁腹松,博学能文。30岁中举人,屡次参加会试不第。当时正是明珠当国,听闻他的名头,"延之课子"。丁氏后又参加会试,在发榜前数日,明珠府中宠仆安三忽然入贺道:"师爷中式矣。"①此即仆人称塾中教师为"师爷"之例。

仿照上述之例,清代民间亦称幕宾为师爷。据清末人傅崇矩记载,成都民间一概将就幕之人称为"师爷",或尊称"师大老爷""师老爷"。至于军营中的"书记",一般称为"师爷",或称"师太爷"。② 仿此例,进而出现"师大人"一称。如在武营中,一般尊称办文案的幕宾为"师大人";各衙门办文案的幕宾,外间亦尊称为"师大人"。③ 时风所染,以至官方文书中,亦有地方官员称入幕之人为"师爷"的例子。如清代地方官文书有云:"凡刑钱批过副呈,即送官府阅过,交管黑笔师爷誊正,对明批语不错,即在批之示尾用官府图章盖上一颗。有誊错者,或添改涂抹者,即用官府图章遮盖。"④此"黑笔师爷"一称,即指幕宾。

(四)相公与先生

在明清两代,入幕的幕宾,通常又被称为"相公"与"先生"。

究"相公"一称,在明代所指有二:一是内阁大学士,二是秀

---

① 徐珂:《清稗类钞·考试类·丁腹松中进士而辞馆》,中华书局2003年版,第2册,第660—661页。
② 傅崇矩编:《成都通览·成都人之称谓·师爷》,第227页。
③ 傅崇矩编:《成都通览·成都人之称谓·师大人》,第227—228页。
④ 不著撰者:《外官新任辑要·计开各款》,载《官箴书集成》,第6册,第740页。

才。[①] 入清以后,秀才被称相公,同样不乏其例。清代咸丰以前,奴仆之于尚未入仕之人,如监生、诸生,均称"相公"。有时将其姓或名或号"列冠于上",称"某某相公"。[②] 有时又会加入排行,如小说《儒林外史》曾提到"梅三相",此人中过秀才。小说整理者对此称作如下解释:"科举时代,社会上尊称秀才做'相公'(对一般读书人也这样称呼),按他的弟兄排行称几相公,是表示亲热。这里的'梅三相'是'梅三相公'的省称,指下文讲到的梅玖。"[③]相公原本是一种"贵称",有意思的是,在清代,胥吏、优伶有时亦僭称"相公"。如小说《儒林外史》中,其中提到的"顾老相公",就曾任县中户总科提控;[④]按照清代南京的土俗,相公一称,亦"加于优伶"。[⑤]

至于幕宾被称"相公",显然源于明代的"主文"与"主文相公"。明人王廷相云:"各衙门积年主文、书手、老人、皂隶、弓兵、门子、马夫,由其凡百事情,无所不知,经历乖滑,无处不透,是以通同作弊,易如吹毛。主文则改抹文卷,出入罪名。"云云。[⑥] 文中所云"主文",即"主文相公"。随后,明代史料已经出现"相公掌稿"一称,云:"刁悍之地,多有保歇诈骗,私向人犯称云:我能打点衙门,我能关通相公掌稿。"[⑦]所云"相公掌稿",同样是指"主文相公"。

仿上述之例,清代也称幕宾为"相公"。如小说《儒林外史》

---

① 参见陈宝良:《明代儒学生员与地方社会》,中国社会科学出版社2005年版,第173页。
② 徐珂:《清稗类钞·称谓类·相公》,第4册,第2176—2177页。
③ 吴敬梓:《儒林外史》第2回,第24页。
④ 吴敬梓:《儒林外史》第2回,第17页。
⑤ 甘熙:《白下琐言》卷6,南京出版社2007年版,第110页。
⑥ 王廷相:《浚川公移集》卷3《巡按陕西告示禁约》,载氏著,王孝鱼点校:《王廷相集》,中华书局2009年版,第4册,第1164页。
⑦ 佘自强:《治谱》卷4《词讼门·衙役不许作保》,载《官箴书集成》,第2册,第111页。

记道:

> 这周学道虽也请了几个看文章的相公,却自心里想道:"我在这里面吃苦久了,如今自己当权,须要把卷子都要细细看过,不可听着幕客,屈了真才。"①

在这段记载后面,整理者对"幕客"一称作如下解释:"一般指的是受地方官私人聘请,帮助官员办理公事的人。学政聘请的幕客,只管看考生的文章,就是前面说过的'看文章的相公'。② 又《儒林外史》记范进中进士后,历任山东学道。在考童生时,'随即在各幕客房里把童生落卷去来'。又云:'一会同幕客们吃酒,心里只将这件事委决不下。众幕宾也替疑不定。'"③可见,这些学道内的幕客,其实就是"主文相公",又称"幕宾"。当然,这些主文相公,一方面替学道看看卷子,另一方面又可以在学道幕中读书,为自己以后参加科举考试作准备。如小说《儒林外史》中,范进任山东学道时,幕中有一位少年幕客蘧景玉,就自称:"家君做县令时,晚生尚幼,相随敝门伯范老先生在山东督学幕中读书,也帮他看看卷子。"④

根据《儒林外史》所载,幕宾称为"相公"者,又分"刑名相公"与"钱谷相公"。⑤ 有时又"幕宾相公"连称。如小说《儒林外史》记道:"不说别的,府里太尊、县里王公,都同他们是一个人,时时有内里幕宾相公到他家来说要紧的话。百姓怎的不怕他!像这内里幕宾相公,再不肯到别人家去。"⑥

---

① 吴敬梓:《儒林外史》第3回,第29页。
② 吴敬梓:《儒林外史》第3回,第39页。
③ 吴敬梓:《儒林外史》第7回,第74页。
④ 吴敬梓:《儒林外史》第8回,第83—84页。
⑤ 吴敬梓:《儒林外史》第26回,第256页。
⑥ 吴敬梓:《儒林外史》第46回,第449页。

幕宾称"先生",源起于明初的"门馆先生"。① 其后,方称幕宾为"先生",随之出现了"幕宾先生""内幕先生"诸称。如小说《儒林外史》记载蘧公子蘧景玉说自己父亲任知县时,有言:"家君在这里无他好处,只落得个讼简刑清;所以这些幕宾先生,在衙门里都也吟啸自若。"②又清人谢金銮云:"内幕先生,有刑名,有钱谷,固矣。"③此即清人称幕宾为"先生"的佐证。先生原本是一种尊称,但在清代南京,当地人也称卜相贱流为"先生"。④

佐治检吏:幕宾职掌及主幕关系

明清私人聘请的幕宾,其职掌主要在于佐治、检吏两个层面。这两项职能,原本是由朝廷铨选的幕职承担。关于幕官职责,明代史料有如下详细阐释:

> 幕官之职,干系甚重,衙门大小事务,无不与焉。乃六曹之领袖,一署之喉襟也。一应文卷,必须立意起稿,然后该吏书写完备,赴幕司,自下而上佥押。苟或禀议未定,未可下笔,须商榷停当。或堂上主议,中间事体有妨,宛转敷陈利害,从长官择其所长。衙门事有迟错,即便检举,吏典作弊,即便究治。若正官与佐贰官不合,中间必须劝解,切不可面是背非,彼此相斗,又不可越礼犯分,专权擅主,有失体统。须要事承

---

① 明太祖钦录:《逆臣录》卷上,北京大学出版社1991年版,第15页;陈洪谟:《治世余闻》下篇卷4,中华书局1985年版,第62页。
② 吴敬梓:《儒林外史》第8回,第84—85页。
③ 徐栋辑:《牧令书》卷4《用人·居官致用》,载《官箴书集成》,第7册,第84页。
④ 甘熙:《白下琐言》卷6,第110页。

正官,严拘吏典,赞佐衙门,事无滞迟,政有仁声,上下和睦,黎庶安宁,可为称职矣。①

这段史料记载,大抵可以说明幕官职责有二。一是幕官为"六曹之领袖",若是吏典作弊,"即便究治"。此即所谓"严拘吏典",有检饬吏典之责。二是幕官为"一署之喉襟",但凡衙门"事有迟错,即便检举",若是正官与佐贰官不合,幕官也"必须劝解"。此即所谓"赞佐衙门",有佐治之责。

事实却并非如此。自明代以后,一方面幕官不再由长官自辟,而是改由朝廷铨选;另一方面,幕官之权已被长官侵夺,成为形同虚设的冗员。随之而来者,则是胥吏承担了佐治之职,甚至舞文作弊,把持衙门之政。正如清人陈宏谋所云,胥吏因为熟悉律例,地方官员用其所长,可以"断狱、决狱";但因缺少幕官的检饬,胥吏通常又会借此"舞文",甚至"务为深入",其结果则是"流毒不可当"。② 更有甚者,书吏因为舞弊作奸,惧怕"不为官长所容",于是"窥伺长官阴私,以为挟制把持之计"。③ 诸如此类的"奸蠹",导致地方长官不得不私人聘请幕宾,借此佐治检吏。

在明代,幕宾大抵已经承担刑名、钱谷、书启三大职掌,但尚未系统归类,更未出现专职的幕席。至清代,随着幕府人事制度的定型化,幕宾开始有所区别,幕席随之专门化,职掌随之细化。如钱谷一席之中,又可细分为"案总""钱粮总""征比";书启一席之中,又可细分为"书禀""号件""红黑笔"等。④

---

① 汪天锡辑:《官箴集要》卷上《职守篇·防出幕官》,载《官箴书集成》,第1册,第269页。
② 陈宏谋辑:《在官法戒录》卷1《总论》,载《五种遗规》,第2a页。
③ 陈宏谋辑:《在官法戒录》卷4《戒录》,载《五种遗规》,第23a页。
④ 徐栋辑:《牧令书》卷4《用人·居官致用》,载《官箴书集成》,第7册,第84页。

(一) 幕宾职掌

细究明清幕宾的职掌,大抵可以分为主持文稿、参赞军事、阅卷、钱谷、刑名诸项。下面分类述之。

一是主持文稿。幕宾主持文稿,源于记室、书记、掌记诸称。在早期,幕宾有"记室"之称。所谓记室,是指"宾佐"。① 明清私人聘请记室以掌文稿,其例甚多。如山人黄之璧,自负其才,旁无一人,被西宁侯宋氏延为"记室";②昆山徐乾学的祖父,在明朝时曾为严讷的"记室",当三吴发生水灾时,代严讷"具疏草请赈"。③

书记一称,同于记室,其职掌可以由家人承充。如练子宁死国时,有侍妾抱其幼子匿于民间,辗转入闽,后幼子"为人佣保"。练子宁的六世孙,在万历二十六年(1598),替一位陈姓举人"掌书记"。从需要"赎取"可以看出,这位练氏子孙替人"掌书记",实与"书佣"身份相近。又明代有一位胡姓佥事,是徽州人,任职贵州按察使佥事,随带的仆人胡文训、胡文学,"掌书记,得其意"。④ 地方官上任,一般的"套启套书,俱发礼房誊写"。至于那些"密禀密事",则完全依靠"内书"。在明代,对于"内书"一职,新官上任时多视"书仆"为首选,一般将善书、通文义,且又可"托腹心"者视为"内书"的上佳人选,其次方为"不通文义,而善书"的仆人。只有本家无此内书,才"聘掌稿进衙,凡事倚赖"。⑤ 这种外聘的掌稿,就是书记,主要负责文稿事务。如余怀自称,在崇祯十三、十四年(1640、1641)以后,"入范大司马莲幕中,为平安书记";⑥清初勇略

---

① 彭乘:《墨客挥犀》卷4《名位称呼》,中华书局2004年版,第319页。
② 周晖:《金陵琐事》卷3《买太史公叫》,南京出版社2007年版,第128页。
③ 钱泳:《履园丛话》13《科第·种德》,中华书局1997年版,下册,第336页。
④ 张怡:《玉光剑气集》卷6《忠节》、卷16《义士》,第235—236、639页。
⑤ 余自强:《治谱》卷1《初选门·内书算》,载《官箴书集成》,第2册,第88页。
⑥ 张潮辑:《虞初新志》卷20,载《笔记小说大观》第14册,第326页。

将军赵良栋入成都时,有一位浙人王某,任赵良栋"幕下掌书记",负责"削稿"之事。① 有时一些官员出游,也随带"书记"。如王思任游苏州虎丘时,除友人陆务滋、沈叔贤之外,身边随带的还有"书记"刘文僮、王端;②王思任出游台州雁荡山时,曾"敕一书记、一童子、一庖、一管办、二粗力人行矣"。③

至于掌记,原本指剧本或执剧本以提示台词者,类似于后世的场记。如元高安道《哨遍》套(嗓淡行院):"带冠梳硬挺着粗脖颈,恰掌记光舒着黑指头。"《永乐大典戏文三种》元佚名《宦门子弟错立身》12 出:"(末白)都不招别的,只招写掌记的。(生唱)我能添插更疾,一管笔如飞,真字能抄掌记,更压着玉京书会。"④入明之后,掌记演变为"掌书记",已成幕宾之职。如昆山人王逢年游京师,为内阁大学士袁炜"掌记";⑤郑晓任刑部尚书时,已知严嵩必败,"不欲以一名刺留其记室",于是倡议,"自今各部大僚往来名刺,率以月朔命掌记聚往本官"。⑥ 此为掌记掌管官场官员间名刺往来的例证。

书记掌管幕府中的"削稿"事务,这是明清幕府的普遍特征。如崇祯十七年(1644),皖督马士英开府江、浙,幕下有一位秀才顾观生,"与谋削稿"。对此,钱谦益有诗云:"东南建置画封疆,幕府推君借箸长。铃索空教传铁锁,泥丸谁与奠金汤?旌麾寂寞盈头雪,书记萧闲寸管霜。此夕明灯抚空局,朔风残漏两茫茫。"⑦由此,

---

① 钮琇:《觚剩》卷6《秦觚·秦将礼客》,第109页。
② 王思任:《杂序·〈语石居〉序》,载《王季重十种》,第83页。
③ 王思任:《游唤·纪游》,载《王季重十种》,第105页。
④ 王锳:《宋元明市语汇释》(修订增补本),中华书局2012年版,第143页。
⑤ 谈迁:《枣林杂俎》义集《炯鉴·狂诞》,第318页。
⑥ 姚士麟:《见只编》卷上,载《盐邑志林》卷53,影印明刻本。
⑦ 钱谦益:《有学集》卷7,载《钱牧斋全集》,第346页。

形成一种幕客文章。但凡幕府大僚文集中的升迁贺序,均属应酬文章,无不是"假时贵之官阶,多门客为之"。① 这些幕客所为文章,在清初人郑禹梅看来,不过是"以割裂为修辞",根本算不上是真正的文章。②

二是参赞军事。早在秦汉之时,专设一幕职,"在宾幕中筹画戎机",且由"多学深识者"担任。③ 在明代,各边巡抚都御史幕下,选取在京、在外"晓畅军事"的官员作为幕僚,"补其谋议之缺,相战守之宜"。④ 其后,参赞军事,多由私人聘请的幕宾承担。如孙燧开府江右时,新建有一位李生,入孙氏幕中。当时宸濠反谋已显,李生"数密言当预为之备"。⑤ 此即幕宾参赞军事之例。

三是阅卷。明清两代,学使、知府校文地方,时常私人聘人阅卷。所聘之人,除学官之外,多以幕宾居多。如明景泰年间,聂大年凭荐举出仕,任仁和县学训导,为地方官员与达官显宦所礼重。景泰四年(1453),正值大比之年,两广,湖、湘、山西、云南"皆以较文来聘"。聂大年"以老而废学就辞以疾",兼以诗谢之云:"名藩较艺遭征书,使者频烦走传车。老大难遵太行路,平生厌食武昌鱼。五羊城古仙游远,八桂霜寒木落疏。寄与青云旧知己,莫因辞赋荐相如。"不过,最后还是应"云南之聘"。⑥ 此即学官被聘阅卷之例。

---

① 黄宗羲:《南雷诗文集》,《寿序类·施恭人六十寿序》,载氏著:《黄宗羲全集》,浙江古籍出版社2005年版,第10册,第689页。
② 黄宗羲:《南雷诗文集》,《寿序类·范母李太夫人七旬寿序》,载《黄宗羲全集》,第10册,第688页。
③ 李涪:《刊误》卷下《参谋》,第257页。
④ 储巏:《防房疏》,载《明经世文编》卷96,第843页。按:储巏此文又收入其所著《柴墟文集》卷12,标题为《题议防房患》,《四库全书存目丛书》影印明嘉靖四年刻本。
⑤ 张怡:《玉光剑气集》卷9《识鉴》,第391页。
⑥ 蒋一葵:《尧山堂外纪》卷84《国朝·聂大年》,明万历刻本。

至于私人幕宾参与阅卷之事,其例更多。以明代为例,如沈金马,少有俊才,为文率意口占而成,"督学御史与之有故,檄令读卷,玄朗不屑意,故为妄言却之,御史莫能致也"。① 事虽未成,然督学御史聘人阅卷,显已成为惯例。冯继龙,14岁即入学为生员,每试必居高等,蔡鹤田、吴默泉两位学使,"皆奇其文,往校他所,亦挈与俱"。② 又如蒋弘宪,"学校中指为眉目,文誉殷然江湖间"。其后,"苏守宁公云鹤、江宁守孙公芳试士,皆请之阅卷"。③ 王光承,作为八股文的大家,在明季颇有盛名。入清以后,张安茂"提学浙省,聘往阅文",宋征舆"提学八闽,亦来征聘",无不情词恳切,但王光承均坚拒不往。王光承之弟王烈,与光承齐名。李愫提学河南,"坚请阅文,亦谢不往"。④ 清人费元杰,18岁时补府学生员,随后每次考试,均"冠其曹"。前后出任湖广提学的官员,如董养斋、李渭湄,"咸聘佐衡校之人,所取士,率满人望"。⑤

四是佐理钱谷之事。佐理钱谷之事的幕宾,一般被称为"钱谷师爷"。此类幕宾,当源起于元末私家之"掌事",以及明代商人聘请的"掌计簿"之人。在元末,有些人家会聘请"掌事",具体掌管财货出纳,属于"佣工受雇之役"。掌事所管账簿,一般称为"黄簿",

---

① 归有光著,周本淳校点:《震川先生集》卷24《玄朗先生墓碣》,上海古籍出版社1981年版,第563页。
② 焦竑:《澹园集》卷27《蜀府纪善双山冯公墓表》,中华书局1999年版,上册,第401—402页。
③ 黄宗羲:《南雷诗文集》,《碑志类·蒋万为墓志铭》,载《黄宗羲全集》,第10册,第493页。
④ 曾羽王:《乙酉笔记》,载《清代日记汇抄》,上海人民出版社1982年版,第30—31页。
⑤ 卢文弨:《抱经堂文集》卷33《赠奉直大夫永顺县教谕费君墓志铭》,第431—432页。

又称"帐目",其式分为"旧管""新收""开除""见在"四柱。① 这几与钱谷幕宾所管之事相近,所异者不过一服务于私家,一服务于官家。此外,在明代商人的经营中,也有一种专门替商人"掌计簿"之人。这些人尽管自己识得一些字,并懂会计之术,却因为没有资金,只能替一些商人掌管"计簿"。②

明代程大位《算法统宗》一书,具有专门讲珠算的特点,显然属于"胥史商贾之书",③并为钱谷幕宾的广泛出现提供了帮助。而明代的记载更是证明,知县上任,有时也会聘"写算人"。此类写算人,其实就是钱谷幕宾。如小说《警世通言》记一位范举人选为浙江衢州府江山县知县后,就需要寻一个"写算的人"。当时有一位名叫宋金的人,因为自幼学得一件本事,会写会算。经过范知县的考察,其人确是"书通真草,算善归除"。于是就将他留下,并一同上任。小说称此类人为"门馆先生"。④

五是佐理刑名事务。至晚在元代末年,就已经出现了"宪幕宾"的称谓。如孔齐《至正直记》记载:"时安吉凌时中石岩为宪幕宾,一见甚喜。"⑤这或许就是刑名师爷的源起。至明初,如湖广、江西、直隶府州县,六房大多有"主文老先生书写,积年把持官府,蠹政害民"。⑥ 这是胥吏"主文"之例。其后,明代知县上任,则开始

---

① 孔齐:《至正直记》卷3《出纳财货》,载《宋元笔记小说大观》,第6册,第6642页。
② 魏禧:《魏叔子文集》卷10《善德纪闻录叙》,《四库禁毁书丛刊》影印清道光二十五年宁都谢庭绶绂园书塾重刻本。
③ 凌廷堪:《校礼堂文集》卷32《书程宾渠算法统宗后》,中华书局1998年版,第286—288页。
④ 冯梦龙:《警世通言》第22卷,岳麓书社2002年版,第167页。
⑤ 孔齐:《至正直记》卷4《先君教谕》,载《宋元笔记小说大观》,第6册,第6655页。
⑥ 万表:《灼艾别集》上,引《传信录》,载《四明丛书》,第27册,第16746页。

出现私人聘请"主文"之风。如李乐最初出任江西新淦县知县时，其兄考虑到李乐"不理会民事"，建议"请一老主文同行"。李乐虽未采纳建议，但在明代官场，知县聘请主文之风甚盛，"雇主文行者，十有四五"。① 明末清初人魏禧曾记载其长兄魏际瑞客居北京时，"有按察使要之入幕，坚不肯往"。魏际瑞不入幕的理由很简单："刑名之事，吾未素学。此人命所系，岂可以骤习幸中而苟富其利乎？"②可见，魏际瑞为按察使所聘者，担当刑名师爷一职。

入清以后，幕宾佐理刑名事务，其风更盛。如清顺治十四年（1657），姚廷遴自记：

> 是年四月，因老家人吴元受、顾明甫等商议，对大兄二兄曰："看来我家官私还有，不如将大官进一房科，一可熟衙门人面，二可习熟文移律例，后日好去作幕，每年可得百金，比处馆者差几倍。"因此乘阊县将去，随入供招房，拜徐翰远为师，学习律例起，自此沦落十五年，后悔无及。③

这段记载提供了以下三个信息：一是进入刑房为胥吏，通过熟悉"衙门人面"，或者习熟"文移律例"，拜人为师，其目的是"后日好去作幕"；二是"作幕"脩金，每年可得百金，明显优于处馆；三是相较于处馆，"作幕"更是一种"沦落"，是读书人的无奈之举。即使如此，清代士人出任幕宾，佐理刑名事务，仍然相当普遍。如赵大润，常州府江阴县人，为府学生员。其同门友人贡息甫任建平知县时，邀请赵大润前往相助。史载："邑多地讼，岁久不决，一案之牍，高几盈尺。山人不惮烦，为之一一爬梳，要领既得，先以曲直之大判

---

① 李乐:《见闻杂记》卷8，上海古籍出版社1986年版，第706页。
② 魏禧:《魏叔子日录》卷1《俚言》，《四库禁毁书丛刊》影印清道光二十五年宁都谢庭绥绂园书塾重刻本。
③ 姚廷遴:《历年记》中，载《清代日记汇抄》，第74—75页。

明示之,而期日与质,两造往往各自输服,请无对簿,而愿寝息者过半矣。诸欲为奸鬻狱者,咸不便山人所为,谗言繁兴,而终不得闲,于是建平之政声为群有司最。"① 这是幕宾佐理刑名事务的典型例证。

(二) 主幕关系

揆诸明清两代士人入幕之风,不过是哗咄落魄之士的下场头而已,其目的在于从幕主那里获取"筐篚之赠遗、蓬蒿之沾润而已耳"。毋庸讳言,在幕主与幕宾之间,"间亦以意气之投,缔为石交",但很少有幕主"汲汲求士者也"。② 正如清初学者张履祥所言:"近世居官恶劳,辄延幕客;书生不安贫,辄求为幕宾。"官员聘幕宾治事,其本意是"相与有成",而结果则反使"官方"与"士行"两败。③

幕主与幕宾之间,是一种相互依凭的关系:幕主得幕宾之助以治事,幕宾得幕主之脩金以糊口。幕主与幕宾之间,是一种东翁与西宾之间的关系。在幕宾眼里,幕主是主人,是东翁。如在明代军队中,幕宾若是稍为雅谈,一般称总兵官为"兵主"。④ 在幕主眼里,幕宾则是客,是"西宾""西席"。如明末清初小说《鸳鸯针》记秀才徐鹏子答应给解粮进京的卫指挥做幕宾之后,心里想道:"这解粮官,有职事去,无职事来,我同他到了北京,转来可以不消用我的。到那里看,有机缘,央人荐到个大老幕中作个西宾,岂不快活。"⑤ 至于西宾、西席称谓的由来,则源于衙门建筑的固有特点。按照制度规定,所谓"塾",属于门外之舍。一般说来,家庙在东,西

---

① 卢文弨:《抱经堂文集》卷29《畇江山人传》,第387页。
② 黄凤翔著,林中和点校:《田亭草》卷2《送张山人之宁夏序》,第50—51页。
③ 张履祥:《杨园先生全集》卷40《备忘》2,中华书局2002年版,下册,第1096页。
④ 谈迁:《枣林杂俎》智集《逸典·勋嫡》,第17页。
⑤ 华阳散人编辑,李昭恂校点:《鸳鸯针》第1卷、第2回,第27页。

堂为塾。塾师则称"西宾""西席",后转将幕宾称为"西宾""西席"。①

从根本上说,幕宾是幕主的"心腹"。② 正如清人叶可润所云,"作令不能不用幕友"。③ 究其原因,实则在于幕宾有佐治之功。除却主人私事不必与闻之外,其他只要是"在官之事,以及官声之所系",如"门丁之有无舞弊,书差之有无朦混,押犯之有无淹滥",均属幕宾职掌。④ 换言之,就身份地位而言,幕宾具有宾与师双重身份,即"幕友居宾师之位分,第本非甚卑"。⑤ 一方面,幕宾是客,"主人以宾礼待之,见主人用晚生帖";另一方面,幕宾又是师,"有师道,不可屈"。⑥

有鉴于此,幕主对幕宾,必须以礼相待。如聘请幕宾时,必须下一"关聘",即所谓聘书。下引一则格式化关聘为例:

敦请

某翁先生办理某处上下刑钱席(或征比、书启、号件、红黑笔等席)

每岁敬奉脩金若干两,按月致送。此订。

道光　年　月　日　本　分称呼姓名拜订⑦

这大抵还是因为幕宾职掌之事,如钱谷、发审、书启、征收、挂号、朱

---

① 朱国祯撰,王根林校点:《涌幢小品》卷4《衙宇房屋》,第74页。
② 徐栋辑:《牧令书》卷4《用人·用人为仕宦亟务》,载《官箴书集成》,第7册,第78页。
③ 徐栋辑:《牧令书》卷4《用人·幕友》,载《官箴书集成》,第7册,第80页。
④ 张廷骧:《赘言十则》,收入不著撰者:《刑幕要略》附录,载《官箴书集成》,第5册,第27页。
⑤ 张廷骧:《赘言十则》,收入《刑幕要略》附录,载《官箴书集成》,第5册,第26页。
⑥ 徐栋辑:《牧令书》卷4《用人·署规》,载《官箴书集成》,第7册,第78—79页。
⑦ 不著撰者:《外官新任辑要·请幕友关聘》,载《官箴书集成》,第6册,第738页。

墨、账房及一切杂务之属,均属"佐官治事者也"。所以幕主对待幕宾,必须做到"有休戚事,必尽吾情;良时佳节,致敬尽欢"。①

就明清幕府人事制度而言,幕主对待幕宾并非一概如师、如宾、如友,情洽无疏,而是存在一些疏隔。一方面,居官者"间有薄视幕友,趾高气扬,遇事独出己见,不待商榷",幕宾与幕主"难与共事"。② 另一方面,在幕宾群体中,其才品也是参差不齐,难得全才。细分之,大抵有如下三等:上等的幕宾识力俱卓,才品兼优,例案精通,笔墨畅达;中等的幕宾人品谨饬,例案精熟,笔下明顺;下等的幕宾人品不苟,例案熟练,而笔墨稍逊。③ 更有甚者,有些幕宾立品不端,"宾主少有失意,辄操其短长,恐吓诈骗,往往有之"。④

结束语

幕宾俗称"师爷"。今日一论及幕宾,就联想到"绍兴师爷"一称。对此,缪全吉有自己的初步解释。⑤ 而郑天挺对"绍兴师爷"一称有所质疑,认为绍兴府属八县并非人人都学幕,而幕友来源也不仅仅限于绍兴附郭之山阴、会稽两县,更不是除绍兴以外无人学

---

① 徐栋辑:《牧令书》卷4《用人·幕友宜待之以礼》,载《官箴书集成》,第7册,第81页。
② 张廷骧:《赘言十则》,收入《刑幕要略》附录,载《官箴书集成》,第5册,第26页。
③ 张廷骧:《赘言十则》,收入《刑幕要略》附录,载《官箴书集成》,第5册,第26页。
④ 黄六鸿:《福惠全书》卷1《筮仕部·延幕友》,载《官箴书集成》,第3册,第228—229页。
⑤ 缪全吉对"绍兴师爷"一称的起源有考察,认为"幕宾殆多京吏出身,谅与明代部吏独多绍兴人有关"。尽管可具一说,但并不全面。参见氏著:《清代幕府人事制度》,第10—11页。

幕。① 此说承袭清人梁章钜之说,且具一定的道理,但仍然没有解决"绍兴师爷"一称的起源问题。

在清代有两则俗谚,大抵可以证实绍兴人之行遍海内。一则俗谚是"无绍不成衙"。其意是说绍兴人遍及各地衙门,已经成为各地方衙门佐治人员的主要来源。这则俗谚可以从明代的史料与小说中得到印证。如明人崔铣云:"越、闽胥人革役者货县胥,窜名吏籍中,上部,往往冒官去。"② 冯梦龙在小说《醒世恒言》中,更是直云"天下衙官,大半都出绍兴"。③ 另一则俗谚是"麻雀豆腐绍兴人","此三者,不论异域殊方,皆有"。④ 此谚出自范寅《越谚》,其意是说绍兴人如麻雀、豆腐一样遍布全国各地。

其实,并非绍兴人天生好游,轻弃乡土,而是时势所迫,为了维持一家生计,不得已而为之。细究绍兴人远游的原因,大抵不外以下两点:

一是绍兴"地窄民稠",生存压力骤增,为求生计,不得不外出。对此,万历年间纂修的《绍兴府志》有系统的记载。据此可知,在经历了六朝东徙、宋代南迁之后,绍兴已是"生齿甚繁,地更苦狭,非复昔之地广人稀矣"。⑤ 明末绍兴人祁彪佳的记载,更将绍兴"地窄民稠"而导致粮食自给不足的窘况暴露无遗。祁彪佳对山阴一

---

① 郑天挺:《清代的幕府》,载《明清史国际学术讨论会论文集》,第 213 页。
② 崔铣著,周国瑞选编:《崔铣洹词选·刘少傅传》,中州古籍出版社 1993 年版,第 89 页。
③ 冯梦龙编小说《醒世恒言》,就说绍兴地方,"惯做一项生意",就是花钱钻谋地方佐贰官,进而认为"天下衙官,大半都出绍兴"。参见冯梦龙:《醒世恒言》第 36 卷,第 470 页。可见,至晚从明代中期以后直至明末,"无绍不成衙"一谚,确已成事实。
④ 范寅著,侯友兰等点注:《越谚点注》卷上,人民出版社 2006 年版,第 32 页。
⑤ 萧良幹等修,张元忭等纂:万历《绍兴府志》卷 12《风俗志》,载《中国方志丛书》,台北成文出版有限公司 1983 年版,第 951 页。

县作了初步的统计,全县田仅 62 万余亩,"民庶之稠",人口则超过 124 万。这无疑是"以二人食一亩之粟",即使是丰登之年,亦只供半年之食,所以"每藉外贩,方可卒岁"。① 正如明末绍兴人王思任所言,"民稠则欲不足,欲不足则争,争之不得则骛,骛之思,必起于贤智者"。绍兴既是"贤智之乡",且又是"喜骛又善骛者也",所以"骛必极于四方,而京师尤甚,得其意者什三,失者什七"。②

二是绍兴人识字率高,士人科举仕途竞争加剧,那些在科举仕途上已经绝望的士子,只好外出寻觅生计。在明清时期,绍兴人好学成风,史称:"下至蓬户,耻不以《诗》《书》训其子;自商贾,鲜不通章句;舆隶亦多识字。"③明末清初人张岱,更是说余姚风俗,"后生小子无不读书"。他记道:

> 余因想吾越,惟余姚风俗,后生小子无不读书,及至二十无成,然后习为手艺。故凡百工贱业,其《性理》《纲鉴》,皆全部烂熟。偶问及一事,则人名、官爵、年号、地方,枚举之未尝少错。学问之富,真是两脚书橱,而其无益于文理考校,与彼目不识丁之人无以异也。④

尽管所读之书尚浅,而且在有学问的人看来,也"无益于文理考校",但终究与目不识丁者不同。上述两则记载,大抵已经证明绍兴人读书成风,识字率相对较高。这就造成以下两大结果:一是绍兴一府科名甚盛,二是绍兴人外出处馆成风。就此而论,王士性说

---

① 祁彪佳:《祁彪佳集》卷 6《节食议》,中华书局 1960 年版,第 116 页。
② 王思任:《杂记·二还亭记》,载《王季重十种》,第 189 页。
③ 萧良幹等修,张元忭等纂:万历《绍兴府志》卷 12《风俗志》,载《中国方志丛书》,第 947 页。
④ 张岱著,云告点校:《琅嬛文集》卷 1《夜航船序》,岳麓书社 1985 年版,第 49 页。

"宁、绍盛科名缝掖",①显非空穴来风。

早在明代,绍兴人已经遍布天下,且不乏入幕府成为幕宾的例子。如憨山大师记载:"时越人吴天赏者,先籍名诸生,屡试不售,遂弃举子业,从史椽,奉部檄为制府记室。"②此即绍兴人入幕府为幕宾的典型之例。又会稽人郑元化,"少喜谈兵,读《韬》《钤》诸书,尤工于风角乌占",属于一位"机智勇辨之士"。他曾北抵宣府、大同,东历辽东、蓟州,"掀髯谒诸边帅,谈笑油幕间"。③ 从"谈笑油幕间"可知,郑元化应属出入于边帅幕府的幕宾。不只如此,明代还出现了像徐渭这样闻名的师爷。即使如此,就明代绍兴人外出佐治而言,大抵还是以入京城、地方衙门为胥办与佐贰官居多。如明人王士性云:"山阴、会稽、余姚生齿繁多,本处室庐田土,半不足供,其儇巧敏捷者入都为胥办,自九卿至闲曹细局无非越人。"④又如绍兴府山阴县人胡兆龙,就"佐书铨曹",同县人丁某"亦同事相善"。⑤

众所周知,根据明代的制度规定,鉴于浙江及苏州、松江二府,均属财赋之地,且江西士风谲诡,所以此三处士人,不得出任户部官员。然户部的胥吏,大多是"浙东巨奸",尤其是绍兴人。他们"窟穴其间,那移上下,尽出其手,且精于握算,视官长犹木偶"。⑥ 京城官员,无论是政事,还是拜客赴席的日课,均不得自由,

---

① 王士性:《广志绎》卷4《江南诸省》,中华书局1981年版,第67页。
② 憨山著,福善日录,通炯编辑:《憨山老人梦游集》卷23《忠勇庙碑记》,第11a—b页,清光绪五年江北刻经处重刻本。
③ 唐顺之著,常州市唐荆川研究会编:《唐顺之诗文集》卷10《郑君元化正典序》,凤凰出版社2012年版,第282页。
④ 王士性:《广志绎》卷4《江南诸省》,第70—71页。
⑤ 谈迁:《北游录》,《纪闻》下《离婚》,中华书局1997年版,第352页。
⑥ 沈德符:《万历野获编补编》卷3《历法·算学》,中华书局2004年版,下册,第889页。

"前后左右皆绍兴人"。其结果,则是衙门政事把持在绍兴人手上,即史料所云"坐堂皇者如傀儡在牵丝之手,提东则东,提西则西,间有苛察者欲自为政,则故举疑似难明之案,引久远不行之例,使其耳目瞀乱,精彩凋疲,必至取上谴责而已"。①

入清以后,尽管"六部直省胥吏",仍然是"大半为浙东游手窟穴",②然就其大势而言,绍兴人则更是游幕天下。如汪辉祖云:"吾越业儒无成及儒术不足治生,皆迁而之幕,以幕之与儒近也。"③清代湘乡人知府罗镜堃所撰《公余拾唾》自序亦云:"天下刑名、钱谷幕友,盛称浙之山阴、会稽。父诏其子,兄勉其弟,几于人人诵法律之书,家家夸馆谷之富。"④据清人梁章钜的记载,清代更是有绍兴"三通行"之说,分别是绍兴人、绍兴酒与绍兴师爷。尤其是绍兴人的"刑名钱谷之学","本非人人皆擅绝技,而竟以此横行各直省,恰似真有秘传"。⑤ 可见,至清代,"绍兴师爷"一称方最终定型,并与绍兴话、绍兴酒二者相合,"通行海内",成为绍兴的地方名片。

---

① 沈德符:《万历野获编》卷24《畿辅·京师名实相违》,中华书局2004年版,中册,第610页。
② 阮葵生撰,周保民校点:《茶余客话》卷7《禁回民任胥吏》,上册,第144页。
③ 汪辉祖:《双节堂庸训》卷5《蕃后·幕道不可轻学》,天津古籍出版社1995年版,第180页。
④ 刘声木:《苌楚斋随笔》卷10《论幕派骄横》,中华书局1998年版,第221页。
⑤ 梁章钜:《浪迹续谈》卷4《绍兴酒》,第317页。

第六章 护卫重赀：标兵与镖局的起源

引　言

镖局与镖师走镖之规矩，乃至镖行内特有之行话，诸如此类的镖局故事，无不因清道光以降说部演义小说的流行而为普通大众所稔知。最为著名的说部演义如《施公案》《彭公案》《永庆升平》等，内容固然多属文学虚构，却使清代的镖局故事深入人心，并为后世学者追踪镖局起源提供了进一步思考的路径。

关于镖局的起源，已有的研究成果可谓众说纷纭。一种说法认为镖局与山西的"票号"有关。如著名的山西票号志诚信的东家太谷县沟子村员家后人员文绣在其回忆文章中说，清康熙十八年（1679），其先祖员成望创设了志诚信票号，"在太谷西大街设总号，随即在北京打磨厂开办了义合昌汇兑庄和志一堂镖局（也称隆盛镖局）"。借助此回忆文章，有学者断定镖局创立时间至迟在清康熙年间。[①] 此说仅基于个人的追忆，尚无其他留存史料支撑。另外一种流行的说法，认定创设镖局的鼻祖为山西人神拳无敌张黑五。此说来源于《万籁声武术汇宗》一书，书中记载张黑五开设的镖局为清乾隆时在北京顺天府前门外大街设立的兴隆镖局。经卫聚贤的考证，此说亦属传说，不足为据。卫氏详细地引证并考辨史

[①] 孔祥毅：《镖局、标期、标利与中国北方社会信用》，载《金融研究》，2004年第1期，第118页。

料,进而证实镖局出现的时间至迟在清康熙二十八年。卫氏认为,镖局的创设,其创始者为戴廷栻、顾炎武、傅山等人,是为了反清"革命"而成立,而促成的背景则是山西商人长于经商且足迹远涉天下,故由镖局而衍生出"票号"。① 卫氏之后,镖局起源尚有两说:一说认为镖局出现于明末清初;②另一说则认为清康雍乾时期处于"盛世",方有"镖行"的诞生。③ 这两种说法,因较为笼统且缺乏论证的史实基础,大抵可以忽略不论。在关于镖局起源的诸家说法中,最为值得重视的说法是日本学者加藤繁及中国台湾学者陈国栋的。经过他们两人的考证,大抵确定保镖行业滥觞于明万历末年至崇祯初年。他们两人的卓见,在于将镖局起源与明代松江府大宗布商外销北方的"标布"联系起来,进而认定"镖"当作"标",非属兵器。④

这是值得进一步思考的新看法。其实,所谓标,有时指"酒标",也就是酒家所挂的幌子。⑤ 至迟在南唐时,出现了"打标舟子"之称,且在官府通过端午龙舟竞渡校阅军队时,胜者可以获得"彩帛银碗",随之赋予其争夺锦标之意。⑥ 此即所谓"夺标"。后世端午龙舟竞渡时"结彩为标",竞赛的双方,"先至者得之",大抵即体现了"夺标"的遗意。⑦ 无论是员文绣认为从票号衍生出镖局,卫聚贤认为从镖局衍生出票号,还是加藤繁、陈国栋认为镖局

---

① 卫聚贤:《山西票号史》,经济管理出版社 2008 年版,第 4—5 页。
② 古彧:《镖局春秋》,朝华出版社 2007 年版,第 11 页。
③ 方彪:《镖行述史》,现代出版社 1995 年版,第 9 页。
④ 相关的梳理,参见王尔敏:《从社会生态看清代民间镖局》,载氏著:《明清社会文化生态》,广西师范大学出版社 2009 年版,第 394—409 页。
⑤ 张履祥:《杨园先生全集》卷 46《近古录》4,引钱薇《厚语》,中华书局 2002 年版,第 1346 页。
⑥ 邓之诚:《骨董琐记》卷 2《打标舟子》,北京出版社 1999 年版,第 38 页。
⑦ 姚旅:《露书》卷 8《风篇》上,福建人民出版社 2008 年版,第 195 页。

起源于贩卖松江"标布"布商所设之"标行",无不证明镖局与商业繁盛之间的内在联系。这是别具卓识的灵心之见,且为我们厘定镖局起源提供了新思路。

简言之,"标兵"是指明代军事将领或地方文武统帅亲自率领的中军,有护卫统帅之责,后又被广泛用于护卫军饷的组织。① 镖局是明清两代通行于北方的一种职业护卫组织,其职责在于负责保障远行商旅的安全。基于对明代军事制度的具体考察,笔者认为镖局当起源于明代的标兵,而镖局之"镖",原当作"标","镖局"则当作"标局"。

明代的标兵及其组织特点

明代标兵渊源于以往的亲兵,始于明嘉靖二十二年(1543),至嘉靖二十五年正式成立。自嘉靖二十五年以后,从九边到东南沿海,从边方到内地,各镇相继建立起标兵。②

既然断言清代颇为盛行的镖局与明代的标兵有关,那么就有必要对标兵加以深入考察。何为标兵?明代史料作如下解释:"盖闻推毂登坛,必拥旄提鼓以号召将吏,故五阵之法,独称中权。标兵,此其体舆矣。"③明末户部尚书毕自严亦云:"夫督抚标下中军

---

① 细检文献,就明代标兵进行专题讨论者,仅有肖立军《明代的标兵》一文(载《军事历史》,1994年第2期)。此文主要内容后又收入氏著:《明代省镇营兵制与地方秩序》(天津古籍出版社2010年版)第2章。尽管肖氏的研究有创辟之功,然尚较为粗疏,对标兵与镖局之关系的探讨更是付之阙如。
② 肖立军:《明代的标兵》,《军事历史》,1994年第2期,第126—131页。
③ 万历《郧台志》卷7《兵防》第7《标兵》,载《中国史学丛书》,台北学生书局1987年版。

所统之兵,名曰标兵,必其弓马熟闲、膂力出众者充之,摧锋陷阵,非此不可,即京营之选锋也。"①由此不难断定,所谓标兵,大抵是指将领或统帅亲自率领的中军。就京营而言,标兵则是京营的"选锋"。明隆庆二年(1568)三月,明代名将戚继光,更是就标兵出现的原因乃至作用作了相当详细的阐释。根据戚继光的阐释,标兵的出现,其原因在于边疆守备力量的削弱、兵士的减少。为了加强边备,明朝廷从各将领所属军士中,选取其中最为精壮之人,数不过数千,使其分别隶属于总督、巡抚、总兵的标下,于是就有了"标兵"的称谓。而这数千标兵,却成为北方边镇"所恃以为战阵之具者",亦即备战的主力。②

(一) 标兵之种类

明代标兵之种类,因其所属衙门体统的不同而繁多。前述戚继光谈到的总督、巡抚、总兵标下之标兵,仅仅是其中的几种名色而已。细分之,大抵可以区分为督师标下之标兵、兵部标下之标兵、总督巡抚标下之标兵、守巡道标下之标兵、武将标下之标兵五类。

1.督师标下之标兵

督师始于明万历末年,所挂多为内阁、兵部之衔,故又称"阁部督师"。督师外出弹压、专理军旅事务时,无专门官属,需要临时聘募。而督师上任或任职期间,出于个人安全的考虑,则更需要添设"护行之兵"。如明崇祯十六年(1643),吴甡出任督师一职。他在上疏中提出多项建议,其中之一即为自己上任时添设"护行之兵"。

---

① 毕自严:《度支奏议》,《新饷司》卷9《题给昌平兵马月饷疏》,上海古籍出版社2008年版,第2册,第644页。
② 戚继光著,张德信校释:《重订批点类辑练兵诸书》卷3《辩请兵》,中华书局2001年版,第90页。

从吴甡的疏文可知,督师上任之时,尽管兵部已经安排设置了中军、旗鼓等官,但护行之兵,则需要从边兵中调遣,尚待时日。无奈之下,吴甡只好从京营中挑选护行之兵2000名,专门用来"防护敕印"。① 可见,此类护行之兵,其实就是阁部督师标下的标兵,其职责除"防护敕印"之外,显然尚有护卫督师的安全。

2.兵部标下之标兵

兵部尚书标下之标兵,可称为"部标"。照理来说,兵部专职调度,无论是九边之兵,还是腹里之兵,都是兵部属下之兵,原本不必设立部属标兵。早在明景泰、弘治年间,兵部尚书时常统率提督京营,虽无专设标兵,然京营之兵,实际上"亦与标兵同用"。自嘉靖中叶之后,在兵部专设协理侍郎,使尚书不再典兵,兵部麾下,再无属兵。一旦畿辅有危,兵部再来调度边兵入援,一则呼应不灵,远水难解近渴,二则骄兵惰将,御之无术,鼓之不前,显然难以担当起披坚执锐、赴汤蹈火之责。② 部标之设,盖有其因。

早在明万历三十四年(1606),因南京"妖人"刘天绪图谋不轨,于是南京兵部开始专设标营。标营由精兵与家丁构成,其中精兵为1400人,家丁为120人,且委派专人负责管理。③ 至明末崇祯年间,兵部标营分为马兵、步兵两类,均附于京营中接受训练。其中马兵400人,"时听差遣,为各衙门护送银两之资";步兵2000余人,"练习火器,有警分地札营而已"。④ 其中之马兵,显已有了护镖的职能。

---

① 吴甡:《柴庵疏集》卷18《谨议讨贼机宜吁恳乞圣裁立赐部覆行疏》,浙江古籍出版社1989年版,第360—361页。
② 杨嗣昌撰,梁颂成辑校:《杨嗣昌集》卷30《再议增整部标疏》,岳麓书社2005年版,第735页。
③ 周晖:《续金陵琐事》卷下《标营》,南京出版社2007年版,第258页。
④ 杨嗣昌撰,梁颂成辑校:《杨嗣昌集》卷29《增整部标疏》,第730—731页。

3.督、抚标下之标兵

明代地方总督、巡抚标下,例有标兵之设。譬如在宣府、大同、山西三边,分别设有巡抚、总兵,再以总督加以统辖。根据制度规定,巡抚的职掌在于不离重地,而总兵更是各自行兵,所以在总督之下,只有标下掖营,可供总督直接管辖、驱驰。三边总督辖下掖营之制,初定于万历四十五年(1617),分为左掖营、右掖营、东京营三营,其中左掖营官军共2537名,右掖营官军共2580名,东京营官军1936名。至崇祯七年(1634),杨嗣昌总督宣府、大同、山西时,曾上疏要求将总督标下标兵扩大至五营,每营马兵、步兵各半,定额2000名,五营共计10000名。①

至于巡抚标下标兵,至迟在明嘉靖年间即已设立。如京畿昌平巡抚标下,就设有左营标兵与右营标兵。其中左营标兵设于嘉靖四十二年(1563),"专候应援",下辖游击一名、中军一名、千总三名、把总五名;右营标兵设于嘉靖三十八年,"专候应援并修工",下辖游击一名,中军一名,千总二名,把总八名。② 又郧阳抚治标下标兵,始于万历十六年(1588),共计300名,分别为郧县60名,房县60名,竹山县60名,郧西县60名,上津县60名。当时都御史裴应章下令,将五县民兵改隶抚治标下,分班听中军官操练,每班150名,半年一换。每兵每年在7.2两工食钱之外,另外月给0.45两,又每年给衣甲银0.5两。标兵军饷,分为上下两季关领。③

至崇祯年间,巡抚标下标兵,定制为"以三千为率",即共计为3000名标兵。其实,满额者少,缺额者多。以山西巡抚标兵为例,

---

① 杨嗣昌撰,梁颂成辑校:《杨嗣昌集》卷7《请定标营疏》,第143—144页。
② 顾炎武撰,黄珅等点校:《天下郡国利病书》,《北直隶备录》上《昌平添设武职》,上海古籍出版社2012年版,第1册,第120页。
③ 万历《郧台志》卷7《兵防》第7《标兵》。

原额只有标兵734名。崇祯二年(1629),耿如杞任山西巡抚,开始添设军丁,增至1063名。其后,又添设至1500名。山西巡抚名下标营,下设中军官、坐营官、千总、把总等职。其特点在于单独设置一营,"不许与战兵牵混",且其待遇优于其他军兵。①

在明代末年,很多省份巡抚标下标兵,多属临时招募成营。如陕西省的标兵,大多从各边新募成营,有些甚至来自"降丁",且携带家眷,侨寓省城。② 更有一些巡抚标下,无专门之标营与标兵,却有另设之"材官""亲兵"。如崇祯年间,登莱巡抚孙国桢,"惟取浙、直无赖充材官、亲兵名色"③。此类材官、亲兵,同样承担着护卫巡抚之责。

4.守巡道臣标下之标兵

明代省下之道,主要有分属布政司的分守道与分属按察司的分巡道,此外还有挂按察司衔的兵备道。这些道臣的权限,尽管无法与巡抚比拟,然照例亦设置标兵加以护卫。如郧阳抚治所属上荆南兵备道标兵,创始于都御史王世贞。其标兵的来源主要为荆州府所辖民壮,分别是江陵县39名,石首县21名,夷陵州16名,长阳县13名,监利县44名,兴山县八名,枝江县21名,后改由荆州卫加以操练。又郧阳抚治下属商洛兵备道标兵,亦始自都御史王世贞。其来源主要是各州县的民壮与机兵,分别是商州16名,洛南县54名,山阳县67名,镇安县55名,专门拨充防守官加以操练。④

何以道臣麾下必须设有标兵?究其原因,正如杨嗣昌在明崇

---

① 吴甡:《柴庵疏集》卷12《标兵经制允宜画一疏》,第262—263页。
② 孙传庭:《孙传庭疏牍》卷4《与枢辅札》《又回兵部议发陕西兵回镇咨》,浙江古籍出版社1983年版,第142、143—144页。
③ 瞿式耜:《瞿式耜集》卷1《先剔遗奸疏》,上海古籍出版社1981年版,第35—36页。
④ 万历《郧台志》卷7《兵防》第7《标兵》。

祯六年（1633）三月的上疏中所云：

> 冲边战守无时，道臣监军责重，闻警或躬驰口外，临障必亲履行间，与腹里雍容坐啸者不同。骄将悍兵，所在而是，平时简练调戢，有事发遣驱董，皆道臣也。使无一旅亲信之兵少资弹压，则脱巾倒戈种种可虞，非道臣之患，而封疆之患。有兵无兵，利害甚明。①

由此可见，标兵之设，关键在于一方面原先的军队如卫所、招募之兵，早已成为"骄将悍兵"，不听文臣调遣；另一方面，作为自己麾下"亲信之兵"的标兵，可以在遭遇军兵"脱巾倒戈"之时，得尽弹压之作用。

这些来自招募的民壮、机兵等道下标兵，人数相对较少。而有些道臣标下标兵，因其兵员来自原设之营兵，标兵人数则明显比招募的为多。如驻扎于安徽池州府且分防池州、太平二府的道臣，其标下所属标兵，分别有来自池阳营兵600名、忠勇营兵500名、荻港营兵600名，共计达1700名。②又如泰州营，嘉靖三十三年（1554），由于倭寇侵犯，故改隶海防兵备道，成为中军营，驻扎泰州，其实就是海防道标下的标营。该标营原设官兵1200名，择各卫指挥贤能之人担任中军官，后减至490名。万历二十五年（1597），新增300名。万历二十八年，再次裁去80名，只存700余名。③

除来自原先的营兵之外，道臣辖下的标营兵，大多来自招募。应募之人，开始多为非本地人之"客户"，"无家室以累其心"。其后，土著之民应募日渐增多，"卒无一试于用"。至万历中叶之后，

---

① 杨嗣昌撰，梁颂成辑校：《杨嗣昌集》卷5《道臣标兵关系疏》，第108页。
② 刘城：《峄桐集》卷4《池州防守后议》，《贵池二妙集》本。
③ 顾炎武撰，黄珅等点校：《天下郡国利病书》，《扬州备录·兵防考·营寨》，第3册，第1268页。

不得不增加标营人员。①

5.武将标下之标兵

在明代,总兵为一方要员,本来就是统兵一方的大将,麾下兵将如云。然从明代的军制演变来看,晚明像总兵一类的武将,其标下亦设有直属的标兵。如明嘉靖四十二年(1563)十月,北方蒙古部落侵犯墙子岭。当时兵部经过会议,主张添设昌平镇总兵辖下标兵3000名,其标营军士的组成,分别为从永安营摘发军兵2000名,招募家丁300名,新军400名,蔚州等州县清解军兵300名,共计3000名,立为一营,设游击一员加以统率。② 至崇祯年间,甘肃总兵,有"标下坐营都司一员","日支银二钱五分";又有"标下旗鼓守备一员","日支银一钱八分"。③ 可见,同样设有标营,唯人数不详。

(二)标兵之组织特点

所谓标兵,既是各级文武官员直属的亲信之兵,又负护卫之责。至于标营的武官,面对主官,时称自己为"标下"。那么,标下有何含义?在明代地方大臣帐下,时有"中军"一职。那么,标兵与中军的关系又是如何?还有明代地方大臣麾下,通常设有"旗牌"一职。那么,标兵与旗牌的关系又是如何?如此等等,无不需要给以进一步的阐释。

1.释"标下"

标下之称,在明清两代相当流行,与标兵的兴起颇有关系。一

---

① 文德翼:《练乡兵议》,收入光绪《嘉兴府志》卷83,载《中国地方志集成》,上海书店1993年版。
② 顾炎武撰,黄珅等点校:《天下郡国利病书》,《北直隶备录》上《昌平添设武职》,第1册,第120页。
③ 孙传庭:《孙传庭疏牍》卷1《报甘兵抵凤并请责成疏》,第5页。

般说来,在明清两代,武官面对受辖之官时,通常称之为"大帅""大人",而自称为"标下"。其中之"标",又有"军标""督标""抚标""提标""镇标"之别。细绎其义,标下有门下、麾下、旗下、帐下诸多含义,其意是说自己在其标下供职。①

所谓标兵,在明代又被通称为"标下名色",一方面是"游兵",另一方面又是"精兵"。这就是说,在边镇地区,凡是镇守太监、总兵等官,在现操军马中,有权自行拣选自己标下的标兵,其数或四五百名,或六七百名。遇到追剿"贼寇",本官前去,这些标兵方才跟随。至于其他如副将、参将等官,均不能带游兵,更不敢拣选精兵为自己标下名色。②

在名色繁多的标下中,以督师标下最为著名。明代督师的标下,大抵由中军、坐营、标镇三部分组成。如南明永历年间,瞿式耜担任督师期间,其标下中军为林应昌,曾经挂"平粤将军"之印;标下坐营,则为锦衣卫堂上金书、左军都督府都督同知徐高;标下总兵,即所谓"标镇",为总兵官、都督佥事戚良勋。这些督师、总督、巡抚标下的坐营、标镇,很多都挂将军之印。如总督何腾蛟、巡抚堵胤锡标下之坐营、标镇,"蒙恩挂印者甚多"。③ 除中军、坐营之外,标镇官至总兵,虽亦直属督师标下,但与标兵关系不大。除此之外,一些中央官员因为管理练兵事务,同样设有"标下"。如明泰昌元年(1620),徐光启以詹事府少詹事兼河南道监察御史管理练兵事务,其中就设有"标下"。据他自己在上奏中所言,因为上任之时,孤子无资,并无原设官属可以委用,无奈之下,只得收录一些

---

① 徐珂:《清稗类钞·称谓类·标下沐恩》,中华书局2003年版,第4册,第2177页。
② 马文升:《为大修武备以豫防房患疏》,载陈子龙等编:《明经世文编》卷64,中华书局1997年版,第1册,第542页。
③ 瞿式耜:《瞿式耜集》卷1《请给标将敕印疏》,第143页。

"海内材官技士",使其成为自己的"标下"。① 在徐光启的标下,既有募选"教师","为众兵师范";又有"内丁",类似于亲兵。②

2.标兵与中军

明代的总督、巡抚,其列衔大多为"提督军务",故必须设有中军官,而中军官直接统率之兵,即为标兵。根据万历十六年(1588)郧阳抚治裴应章的上疏所言,中军官的地位乃至职责是,"所借以传宣号令、整肃步伍,上听军门之指麾,下为三军之领袖,体统之所维系,血脉之所贯通",其职掌相当重要。当然,在巡抚麾下的中军官中,亦分两等:一是像南赣巡抚麾下,则为"钦依中军官",即由朝廷颁给敕文;而一般巡抚衙门麾下的中军官,则无敕文,不过以所属卫分闲住守备等官充任。③

按照惯例,明代巡抚标下,既设有"中军",又设有"旗鼓""抚夷"等官。④ 巡抚标下中军,有时由参将、游击出任,有时由副总兵出任,有时甚至带五军都督府之衔。总体而言,"初以卫官摄之,事权綦重,攸关不细,类求老将咨部题升,阶级递崇焉"。⑤ 当然,很多巡抚标下,中军仅为守备之职。如应天巡抚标营,"新设守备一员";又应天巡抚中军,新设旗鼓守备一员。⑥

巡抚标下中军营,有时又可称为"标营"。以明代凤阳巡抚为例,其中的标营,就是巡抚的中军营。按照明代原先的制度,以凤

---

① 徐光启:《徐光启集》卷3《酌处民兵事宜疏》,上海古籍出版社1984年版,第161页。
② 徐光启:《徐光启集》卷3《简兵事竣疏》,第166页。
③ 裴应章:《条议善后事宜以图久安疏》,载万历《郧台志》卷9《奏议》第9。
④ 瞿式耜:《瞿式耜集》卷1《佐边储疏》,第23页。
⑤ 顾炎武撰,黄珅等点校:《天下郡国利病书》,《北直隶备录》上《遵化县志·营制》,第1册,第108页。
⑥ 顾炎武撰,黄珅等点校:《天下郡国利病书》,《苏松备录》,第2册,第675—676页。

阳巡抚兼理总督漕运,驻扎于淮安府,而中军大营,则以都司统领。万历二十六年,将漕运并于河道总督职责内,另外在泰州分设巡抚,而中军营仍留于淮安,因此重新在泰州设立标营,称之为"内中军","择废闲将领统其众"。① 而有些总兵标下,又设有"坐营中军"一职。如昌平镇,嘉靖四十三年(1564)春,巡抚建议在总兵标下,设坐营中军官一员,"以都指挥体统行事"。②

此外,如分巡道、兵备道标下,亦有设立中军守备之例。如苏松道标下新设中军守备一员;常镇道标下新设中军守备一员。③ 又如崇祯年间,山西巡东道标下,设有加衔守备一员,辖官兵91名。④ 崇祯十一年(1638)七月,杨嗣昌曾说及湖南常德巡道标下设有中军官,统率新募兵600名,由一守备统领,显属巡道标下的中军官,其目的在于"上有禀承,下无违抗"⑤。当然,正如瞿式耜所言,兵备道标下设立中军官,原本不过是"武流疏通之计",但一旦中军官变成"钦依"之官,薪红等费,"自不能不与额设守备一体支领",⑥有时甚至较额设守备为优。

3.标兵与旗牌

何谓旗牌？正如明人吕坤所言:"今督抚总兵,朝廷授以旗牌,俾之开府建牙,违节制、犯军令者,得以擅杀。故旗牌所在,即是天

---

① 顾炎武撰,黄珅等点校:《天下郡国利病书》,《扬州备录·兵防考·营寨》,第3册,第1268页。
② 顾炎武撰,黄珅等点校:《天下郡国利病书》,《北直隶备录》上《昌平添设武职》,第1册,第108页。
③ 顾炎武撰,黄珅等点校:《天下郡国利病书》,《苏松备录》,第2册,第676页。
④ 吴甡:《柴庵疏集》卷16《边警孔棘秋防戒严预发防边兵马分信责成疏》,第327页。
⑤ 杨嗣昌撰,梁颂成辑校:《杨嗣昌集》卷25《修练屡奉敕旨疏》,第608—609页。
⑥ 瞿式耜:《瞿式耜集》卷1《佐边储疏》,第23页。

威所在。"①由此可见，所谓旗牌，就是钦降之令旗、令牌，亦即"令"字旗、牌，有此即可便宜行事，它所代表的是"天威"，亦即皇帝的权威。无论是总督、巡抚，还是总兵官，无不通过钦降之旗牌，节制所属部下官军，进而掌握生杀大权。

然考明代制度的变迁，当巡抚初设之时，原本尚无自己统率之标兵，所以朝廷并未颁发旗牌给巡抚。因此，巡抚只有纠察将领勇怯之权，却无法决断将领战阵胜负的功罪。其后，随着边疆多事，总兵官所辖之正兵，分布在各自的信地，远离巡抚驻扎之地，一有缓急，不能会行，且调遣不时，于是各巡抚标下分设自己统率之标兵，多者千余名，少亦五六百名。每当蒙古部落侵犯，这些巡抚标下的标兵无不冲锋克战，颇建奇功。然巡抚标下标兵，自设立后尚无专官加以统率，只得任用闲住将官，暂时代行中军官之职。按照明代制度，副将、参将、游击、协守等官，各有钦赐旗牌，可以对所属军伍实施军法。相比之下，巡抚标下中军所率标兵，或临阵退宿，或平时骄悍，巡抚因无钦赐旗牌，无权加以严刑责究，反而威令难以施于官军。②

另外，就地方总督、巡抚关系而言，尽管地方官兵尽受总督节制，然巡抚同样需要具有便宜行事的权力。以总督为例，原先称为"总制"，所以有"制府"之名，后陆续改称总督。明代设立的总督，按照时间的先后，分别有两广总督、三边总督、宣大总督、蓟辽总督、浙福总督。这些总督开府一方，当幕府启闭之时，分列"金钲""旗牌""铙歌""鼓吹"，③既代表一种礼仪，又是威权的象征。以巡

---

① 吕坤：《摘陈边计民艰疏》，载《明经世文编》卷416，第5册，第4510页。
② 王崇古：《陕西四镇军务事宜疏》，载《明经世文编》卷319，第4册，第3391—3392页。
③ 苏祐：《逌旃璅言》卷下，《四库全书存目丛书》影印明嘉靖刻本。

抚开府地方为例，有些持有朝廷特给的旗牌，而有些却并无钦赐旗牌。如浙福总督辖下，其中福建巡抚就特给旗牌；两广总督辖下，广西巡抚亦特给旗牌；开府于江西赣州的南赣巡抚，朝廷亦赐给旗牌、鼓吹。除此之外，诸如蓟州、辽东、保定等巡抚，却均未有旗牌。①

综上所述，所谓旗牌，一般由总督、巡抚、总兵标下中军官所掌管，它代表的是朝廷赐予的特殊权力。地方大员，一旦握有旗牌，既可节制麾下标兵，又可对所属官军便宜行事。

保镖的起源：从"标兵"到"标客"

明代雇佣私人保镖，尽管不乏其例，然职业"标客"的出现，显然与"标兵"颇有渊源。换言之，唯有仔细考察从"标兵"到"标客"的演变历程，才能厘清保镖的真正起源。

(一) 明代之私人保镖

揆诸明代的史实，无论是官府，还是民间的富豪之家，无不有雇佣私人保镖之例。就官府而言，如巡抚上任之时，均有"随任家丁"。② 这些家丁，除应付日常繁琐事务之外，尚有护卫之责。

明代出现的"打手""杀手"之名，同样与私人保镖有一定的渊源。打手始自成化初年。据史料记载，当时巡抚金都御史韩雍暂时雇佣一些"敢勇"，借此征讨"寇盗"，事平罢之，不为定例。正德

---

① 汪道昆：《蓟镇善后事宜疏》，载《明经世文编》卷337，第5册，第3610页；苏祐：《逌旃璅言》卷下。
② 瞿式耜：《瞿式耜集》卷1《佐边储疏》，第23页。

中叶,苍梧总督府原本由镇夷营中军士镇守梧州城,后因人建议,将广东卫所余丁老幼,每户征取一人,号称"精兵",取代原先的镇守军士。至嘉靖初年,右都御史张嵿会同三司议定,改用轮班精兵的月粮,另外雇佣"精壮打手",以备战守之事。其后每遇征战,改行广州等府别行雇募,编立千长、甲总加以统领,而守城仍用镇夷营中军士,自此成为常规。此外,又下令南雄府始兴等县,雇募所谓"杀手",送到梧州总督府坐营听用。这些杀手往往因为难以领到工食银,转而流为盗贼。再往后,又下令地方府县雇募"打手"。① 于是,这些打手也就成为地方衙门官员的保镖。

至于地方上的富豪之家,则多喜雇佣一些"拳勇"之人,成为自己的私人保镖。如史载有一位富室,为了防盗,出钱招募"拳勇"数人,"备旦暮之警",而且使之教富室子弟习技较力。这些拳勇之人借机进言主人道:"衣冠客何济缓急?不若以金钱结市里有膂力者为心腹。"主人听从其言,于是让其子弟"引无赖少年与友"。② 可见,无论是"拳勇"之人,还是"无赖少年",大抵已经成为富豪之家的私人保镖。

(二) 从"标兵"到"标客"

尽管明代官私双方,无不有雇用保镖之例,然从"标兵"到"标客"的演变历程,应该说是考察保镖起源的关键。换言之,明代的标兵,理应是职业保镖的真正源头。何以言此?不妨引用明末清初人魏禧之说加以说明:

> 临清北路一带有标兵,善骑射,用骏马小箭,箭曰"鸡眼",马曰"游龙",往来飞驰,分毫命中。巨商大贾常募捐款以护重

---

① 顾炎武撰,黄珅等点校:《天下郡国利病书》,《广东备录》上《广东通志·打手》,第5册,第3155—3156页。
② 张履祥:《杨园先生全集》卷38《近鉴》,下册,第1031页。

赀,彼与俱则竖红标,故曰"标兵",贼不敢伺。有时为逆,即是"响马",劫掠孔道,以鸣镝为号,闻鸣镝则响马至矣。矢不从后发,每逾人之前行,回镞反向,行路者须弃物走,不则致命。亦有善射者,辄下马步趋傍马之侧,张弓向贼,引而不发。彼见之,知为能手,亦不敢动。响马与标兵,皆劲兵也。①

这是一则相当重要的历史记录,大抵已经道出标兵与保镖、镖局之间的关系。细绎文义,可以概括成以下六点。一为盛产标兵之地,则以山东临清居多,此显与山东、北直隶一带响马盛行有关。二为标兵所用装备兵器:装备有骏马,号称"游龙";兵器有小箭,号称"鸡眼"。此类小箭,史文无明说,稍作推定,大概为袖箭、袖镖一类。三为标兵护镖之责,即巨商大贾通过募集款项,雇请标兵,"以护重赀"。四为标兵称谓的缘由,即标兵护镖时,通常竖立"红标",作为自己的标识,这大概已经类似于后世镖局镖车上竖立镖局旗号标帜。五为标兵与响马之互动,标兵有时亦"为逆",成为响马,如此因缘又为他们护镖积累了很好的人脉资源。六为响马劫道套路,即响马拦路抢劫时,一般"鸣镝为号",此即所谓响箭。且此箭射向商旅之前,而后"回镞反向",以示警告。

上述史料所言临清北路一带的标兵,是否就是明代中期以后军伍中广泛出现的标兵,当然不能遽下论断。然撰诸史料记载,明代军伍中的标兵,大多负有护送银两与护饷的职责。按照明代的制度规定,陕西、宣府、大同诸边镇,大多用来抗御北方蒙古部落,其中调发兵马之时,所需粮草,一般事先在沿途城堡积贮,以便支给行军之伍。当军兵临阵对敌时,军兵自带"棋炒""肉丸"一类的干粮。其后因军事行动频繁,边镇粮饷渐趋不支,只好由中央户部

---

① 魏禧:《兵迹》卷7《华人编·标》,载陶福履、胡思敬编:《豫章丛书》,江西教育出版社2002年版,第414页。

单独拨付饷银。中央拨付给边镇的饷银,理当由专门的军兵加以护送。为此,兵部就选择标兵,"专一护送粮饷"。早在嘉靖年间,就已经设立参将或佐击将军之类,率领"护饷官军","专在京城内外听用"。① 在运输官方饷银的过程中,为了保证路途的安全,需要有专门的"护从"人员加以保护,这在明代的史料记载中可以得到具体的印证。如嘉靖三十三年(1554),王时槐奉南京兵部尚书之命,领运南京兵部银两 35 万两,前往北京。至山东济宁后,弃舟登陆,"乃雇骡车,载银鞘,从陆行旷野无人之路,护从者皆有戒心,幸无虞",②云云。可见,在领运官方银两时,通常亦有专人"护从"。

至明末崇祯年间,由标兵护送银两之事,更是广而见之。如崇祯四年(1631),户部、兵部两部各发银五万两,解往陕西,作为赈济之用。为了保证这批赈济银两的安全,兵部专门从自己标营选锋中选择标兵 50 名,以便"途中押护银两"。③ 至崇祯十一年十二月,杨嗣昌在上疏中也提及,兵部所属的标兵,其中分为马兵、步兵两种。其中马兵"时听差遣,为各衙门护送银两之资"。④ 此外,自明万历二年(1574)之后,江南的钱粮银在解送漕司之后,除其中十分之三付给运官之外,剩下的十分之七则通过运河上的标船直接运送到通州仓。⑤ 这是运河运军通过标船护送太仓银两之典型例证。这种标船,同样成为普通商人出门经商常用之交通工具。如成书于万历年间的《金瓶梅词话》第 66 回,就提及西门庆等人,准备搭

---

① 王忬:《申明饷务事宜恳乞定议以便遵守疏》,载《明经世文编》卷283,第4册,第2990、2992页。
② 王时槐:《王塘南先生自考录》,载氏撰,钱明、程海霞编校:《王时槐集》,上海古籍出版社2015年版,第646—647页。
③ 毕自严:《度支奏议》,《新饷司》卷17《题参奸书索贿疏》,第3册,第356页。
④ 杨嗣昌撰,梁颂成辑校:《杨嗣昌集》卷29《增整部标疏》,第730页。
⑤ 乾隆《江南通志》卷77《食货志·漕运一》,《景印文渊阁四库全书》本。

乘"标船"出门"办货"。① 即使到了清康熙年间,总督之标下,仍然担负起护镖的职责。如康熙时人项学仙,有膂力,擅长飞镖,曾经游历秦、晋、燕、赵之间,为沿路强贼所钦佩。陕西总督听闻其名之后,将其礼聘至总督府,给以优厚待遇,隶属"标下"。其后,总督为了讨好朝中权臣明珠,就让项学仙押送黄金5000两、白银三万两至京城,献给明珠。②

综合上述史料可知,明代军伍中的标兵,实已负有护送粮饷之责。这些标兵一旦事定散伍,或者私自脱逃,流入民间,显然还会凭借自己的技艺,继续从事替巨商大贾护镖之事。随之而来者,标兵逐渐流变为"标客",成为后世镖局护送银两、押运镖车之始。这还可以拿以下两条史料加以证实。一条是清道光二十四年(1844)八月二十日蔚泰厚京都与苏州的信稿中言及,镖局动身之时,随带"标兵"三人。另一条是清初《聊斋志异》的作者蒲松龄在他所作的《磨难曲》第22回记载,一位山西举人,因时局大乱,出行时雇用了"二十名标枪"。③ 卫聚贤将此条记载与护行保镖的镖局联系在一起,这是其高明处。然卫氏将"标枪"之"标"解释为"飞标",将"标枪"之"枪"解释为"长枪",似尚可商榷。根据明代的史实稍加推测,"标"应指"标兵","枪"应指"枪手"。在明代中期以后募兵制兴盛之后,除上述"杀手""打手"之外,北直隶、山东一带,地方豪家均养有"枪手""梃手"。一旦官府招募军兵,这些枪手、梃手中的头目应召入伍,"标下"就立即聚集数百人。④ 故"标枪"合称,应指为私人提供保镖服务的标兵或枪手、梃手。

---

① 兰陵笑笑生:《金瓶梅词话》第66回,人民文学出版社2002年版,下册,第926页。
② 徐珂:《清稗类钞·正直类·项学仙请移赈充赈》,第7册,第3022页。
③ 卫聚贤:《山西票号史》,第4—5页。
④ 苏祐:《逌旃璅言》卷下。

(三)职业标客之出现

在明代,军伍中的标兵,尽管已经负有护饷之责,但尚未属于职业的标客。等到明末山东临清一带职业标兵的出现,标兵遂流变为标客。有鉴于此,需要对"标客"这一称谓及其相关称谓之演变加以适当地厘定。

1.释"标客"

从字义称谓渊源上看,标客可以追溯到汉代"票客"一称。如《汉书·功臣表》载韩信入汉后,成为"连敖票客"。颜师古注云:"以其票疾而宾客礼之,故云票客。"① 由此可见,后世称保镖之人为"镖客",大致亦取其"票疾"之义。正是借用此义,故清代又称镖客为"骠客"。如清代普遍设立专门替人护送银两或家产的镖局,其护镖之镖师有时又称"骠客"。② 尽管"保镖"一称已为今人所熟谙,且自清代开始,称职业的护镖之人为"镖客",然从源头上看,镖客原本在明代应作"标客",或作"剽客"。入清以后,方才"标客""镖客""镳客"诸称混用。

在明代,"标客""标行"已经出现,通常是指贩运江南标布的客商和贩卖标布的铺面买卖。此类标客,在明代来往于北京、山东、江南之间,且会集于山东临清、北直隶南宫县一带,有时又被后人解读为护镖之"标客""标行"。如史料记载明代松江府朱家角镇,"商贾辏聚,贸易花布,京省标客,往来不绝"。③ 明代江南诸多市镇,如枫泾、朱家角、朱泾、安亭、魏塘、硖石等,棉布业相当发达,史

---

① 方浚师:《蕉轩随录》卷5《连敖票客》,中华书局1995年版,第200页。
② 丁柔克:《柳弧》卷5《易筋经》,中华书局2004年版,第303页。
③ 顾炎武撰,谭其骧、王文楚、朱惠荣等点校:《肇域志·南直隶·松江府》,上海古籍出版社2004年版,第1册,第298页。

称"前明数百家布号,皆在松江、枫泾乐业,而染坊、踹坊商贾悉从之"。① 又明末清初人陈龙正亦谈及嘉兴府"以纺织为业,妇人每织布一匹,持至城市易米以归"。这些布匹,通常需要等待"标客"前来收买。② 还有小说《金瓶梅词话》第 55 回言及西门庆,"家里开着两个绫段铺,如今又要开个标行,进的利钱也委的无数"③。关于上述几则史料,傅衣凌的解读精当无误,认为"枫泾、洙泾有几百家布号、标行,朱家角则京省标客,往来不绝"④。可见,仅将标客解读为开设棉布标行之布商。至于为何分别称贩卖棉布的商号、商人为"标行""标客",傅氏没有明言,其实亦不必细说,因为治明清经济史的学者无不明白,明清时期以松江为中心的棉纺业相当兴盛,尤其以生产"标布"著名。显然,标行、标客之名,源自他们贩卖的产品标布。

当然,将此类贩运标布的标客解读为护卫之责的镖客,盖亦有因。这主要基于下面三点理由:一则明末徽州商人,大多在山东济宁经商,成为贩布的"标客"。⑤ 然据《天禄识余》引《程途一览》云:"临清为天下水马头,南宫为旱马头,镖客所集。"⑥清郝懿行《证俗文》又云:"都会为马头,架手为镳客。"⑦贩布的"标客"与护镖的

---

① 顾公燮:《丹午笔记·芙蓉塘》,江苏古籍出版社 1985 年版,第 103 页。
② 陈龙正:《几亭外书》卷 4《救饥法十五条·乡村收布三》,载《续修四库全书》,上海古籍出版社 2002 年版,第 1133 册,第 355 页。
③ 兰陵笑笑生:《金瓶梅词话》第 55 回,上册,第 749 页。
④ 傅衣凌:《明清时代江南市镇经济的分析》,载氏著:《明清社会经济史论文集》,人民出版社 1982 年版,第 234 页。
⑤ 高宇泰:《雪交亭正气录》卷 2《乙酉纪》,载张寿镛辑:《四明丛书》,广陵书社 2006 年版,第 6 册,第 3546 页。
⑥ 梁章钜:《称谓录》卷 30《保镖·镖客》,中华书局 2002 年版,第 467 页。
⑦ 郝懿行:《证俗文》卷 17,载氏著:《郝懿行集》,齐鲁书社 2010 年版,第 3 册,第 2621 页。

"镖客""镖客",史料记载中同时出现在济宁、临清、南宫等地,一方面易使后人误会混淆,另一方面二者之间确实颇有渊源。二则明末人余缙在记述崇祯十七年(1644)三月北京被李自成攻克后避难南方的过程时,曾有如下记载:"已抵临清,患水道阻,虽策蹇陆行。将至济宁,忽闻人马驰骤声。须臾,飞骑数百拥至,众恐怖无人色,引骑却立道左,俟其过讫,视末数骑,则同年归君起先也。马上相视,举手微笑,振策驰去。询其从骑,始知前骑者江南标客,而三吴士大夫变服以从者良久。"①此则史料中的"江南标客",所指亦并不明晰,除指贩运标布的"标客"之外,从其"飞骑数百",乃至江南士大夫"变服以从"方面稍加蠡测,实已有护卫他人的"镖客"之义。三则那些贩布标行的标客,若是货物量大,为了商旅的安全,标客同样会雇请镖客护行。如明人袁世振云:"窃谓各镇标商,输税几何,尚有沿途护送,要以通行旅耳。"②标商出行之时,沿途均有"护送",借此"以通行旅"。可见,为贩布标行保镖之人,同样可以称为标客。于是,有不同职责的标客,随之也就有了概念互换的可能。

除《程途一览》中已有"镖客"一称外,明代万历年间的史料中,同样出现了如同清代职业"镖客"一类的"剽客"。如明人徐观澜《山西布政使林公应标传》中,有"此非剽客流"之说;③又明人瞿九思的记载中,亦有"是时番僧五人善舞棍,剽客三人善舞刀"的记载。④此处所谓"剽客",显已不再会产生歧义,与后世所谓"镖客"一般无异。

---

① 余缙:《大观堂文集》卷18《伯兄岸修甲申南旋逸事记》,载《清代诗文集汇编》,上海古籍出版社2010年版,第61册,第235—236页。
② 袁世振:《盐法议四》,载《明经世文编》卷474,第6册,第5217页。
③ 焦竑:《国朝献征录》卷97《山西》,载《续修四库全书》,第530册,第452页。
④ 瞿九思:《万历武功录》卷2《山贼刘汝国列传》,载《续修四库全书》,第436册,第196页。

2. 职业标客之出现

以护镖为职责的职业标客,其出现的原因主要有以下两点。一则响马、强贼之横行,增加了商人旅途的不安全性。如北方响马横行,一直是商人旅途的心腹大患。为此,一些明代出版、供商人旅行之用的路程书,亦刻意记载响马出入之地,以提醒商人出行时格外小心,加以防范。如云:"自北京之徐州,响马时出,必须防御。"又云:"自颍州之大名府,响马贼甚恶,出没不时,难防。卫辉、彰德近有坑墙,稍可避。"①还有福建产茶,茶商往来之地,盗贼出没其间。陆路抢夺,水路扒舱,无所不有。为了求得行旅的安全,茶商不得不雇请"勤能丁役缉捕护送"。② 二则尽管自明末开始,已经陆续出现了"票号"乃至相关汇兑业,但发展并不繁盛,且其分号有地域之限。故当时有些巨商外出经商,通常还是以随身携带巨资为主。旅途响马横行,再加之身携巨资,商人出于旅途安全的考虑,雇请职业标客护行,遂成一时风气。

从清代的记载来看,"镖客"原本应该作"标客",而"保镖"则作"保标"。许指严所作《十叶野闻》中有一则《磨盾秘闻》,对其中诸称之关系及标客走镖之江湖险恶,颇有详细记载,不妨摘述如下:

有一位四川某县的知县,当官多年,积有宦囊,想带着这些积蓄回家,但又担心路上群盗纵横。迟疑未行时,正好知县的表弟曹某到了衙门。曹氏一向以拳勇著称,可以力敌百人。知县大喜,为他置酒洗尘,终席之间,夸奖曹氏,喋喋不休,最后将自己打算让他

---

① 黄汴:《一统路程图记》卷1《北京至南京、浙江、福建驿路》、卷6《巢县由汴城至临清州路》,载杨正泰:《明代驿站考》附录,上海古籍出版社1994年版,第146、189页。
② 陈盛韶:《问俗录》卷1《建阳县·茶盗》,书目文献出版社1983年版,第55页。

护资还家的想法,和盘托出。衙门中的幕客蔡氏兄弟听说后,就对知县说:"令表弟的武艺,可以给我们露一手吗?"知县目指曹氏,曹氏慨然称可。当即撤去宴席,腾出中堂,曹氏手持两刀起舞,刀光闪闪,不可逼视,座客无不称异。只有蔡氏兄弟看后沉默无言。知县问:"何如?"蔡氏兄弟说:"不敢说。"知县再三追问,才道:"因为是大人的表弟,故难言。"曹氏听后大怒,道:"你们瞧不起我,尊驾兄弟行吗?"蔡氏兄弟说:"尊驾凭借如此武艺前往,不但命且不保,更遑论囊中银子了。"曹氏还是不服,想考一下蔡氏兄弟的武艺。蔡氏兄弟对仆人道:"拿我们的兵器来!"仆人离去不久,就携带一枪、一刀、一盾回到堂上。蔡氏兄弟接过兵器,一句"献丑了"之后,一人持枪,一人持刀、盾,互相扑击,往来跳跃,轻如飞鸟。斗到紧要关头,更是如飘风骤雨,座客无不目眩。

曹氏观后大服,道:"凭二位的武艺,为何不去做'标客',借此获得重酬,反而甘心寂寞,做衙门幕客?"蔡氏兄弟道出实情,说:"我们兄弟俩原本也是'保标'之人。有一年在北京,有商人布标银30万两,打算让'标行'护持至苏州。标行感到难以胜任,认为'非蔡氏兄弟,难以护持此标'。我们家在南方,正好借此回家,就应承了此标。出京之后,到了山东境内,天雨道泞,只得止宿在客店。一天,偶然倚楼闲望,见对面楼上一个少年,倚窗观书。当时我们正好吸烟,少年说:'好烟,称得上是南中奇香。'我们因为寂寞,就过去与少年攀谈,带去一包烟赠给他。问少年姓名,不答,只是问:'你们行将何往?'告知以后,少年忽然摇头道:'如今绿林豪客甚多,前行大为不易。'正谈论间,楼下有一人路过,虬髯绕颊,肩上挂着铜钱十数贯,忽然失足颠仆,童稚环睹而笑,虬髯之人徐徐而起,将钱整理好,仍旧肩挂而去。少年目送其人,不移稍瞬。我们问:'此不过行路之人,为何久久注视?'少年笑道:'你们不知绿林暗号吗？虬髯，就是盗的意思。跌非真跌，不过是在阶下做一暗号，他的同党路过此地，就知道标银在店中，以便认明会集，下手行劫。你们身为标客，难道不知道此等关目吗？'听罢此言，我们惶悚而退。过一日天霁，次晨将行，少年携酒一壶，熟鸡一只，直据上座，取鸡、酒且酌且啖，大言道：'我来看你们的武艺，何不演示一下？'我们兄弟就取来矛、盾，使出平生武艺，尽情表演。少年观后道：'命可保住了，但标银还是难保。'我们就问：'怎么办？'少年答道：'此亦天缘，我当送你们一行。前去路上，一切听从我言。'我们就应诺他，与他偕同前行。开始走了数程，少年都说'无妨'。安睡不惊。一日，少年对我们说：'明日宜早住客店，而且应住某店有楼的房间，只能住我们这些人，务必不留宿外客。'一切按照少年吩咐行事。到了晚上，少年让把囊中之银尽数移置楼中，与我们相约道：'你们兄弟俩各携器械守护前、后门，楼上我一人独挡，另外再让一个仆人跟随我。你们听到有声音响动，切勿妄动，我让你们来才过来。'这一天晚上，我兄弟俩守在前、后门，一直未见强盗前来，只是听见院中有刀杖之声。少年不呼，我们也不敢进去。天色更晚，少年才招呼道：'所幸无事了，我已斩杀强盗十数人，强盗已经退却。'我等正感错愕，少年就将我们拉到后院中，只见地上血迹淋淋，满地皆是。我们就问所杀强盗在何处。少年道：'已移掷到 20 里外了。你们前途珍重，更无他虞，我亦将从此离去。在离去之前，有一言奉赠，你们此后不要再保标了。'言毕，飘然而去。我们就召来楼上仆人，询问其所见。仆人老实讲了事情的经过。初无动静，少年只是对灯默坐。近三鼓时，屋瓦嘎嘎作响，少年已然不见，随即听到后院有刀杖之声。不久，少年又回到座上。如此者数次。忽一人闯了进来，立在灯前，绕颊虬髯如刺猬一般，忽与少年一同不见。少年不久又回到座上。听到楼下大声说：'究竟楼上是何人？'

少年应声答:'我就是九郎。'楼下人啧啧太息道:'何不早言,徒伤弟兄无数。'随后寂然无声,最终还是不知少年究竟为何许人。我等自此以后,不再敢做保标。如今凭君微末技艺,尚不如我们,可挟重资远行吗?"曹氏听后大汗淋漓,唯唯而退。①

关于这则记载,点校者怀疑"标"当作"镖"。此乃不知"保镖"一词起源所致。其实,从源头而言,因保镖起源于明代的"标兵"以及贩卖"标布"的"标客",故后世所流行的"镖客""保镖"诸称,实当源于"标客""保标"。

在明代史料记载中,尽管尚有个别史例称"标客"为"镖客",然大多还是以"镖"作"标"。入清以后,"标""镖"二字,逐渐混用,不再有别。替人护卫保镖之人,清代史籍多称"标客",或称"保标"。这方面的记载甚多。以"标客"为例,下面几个例子已足以为证。一为山东胶东有"标客"孙良,技勇绝伦。他生有一女,其女完全传承了父亲的武艺。当时因为道路堵塞,孙氏就闲居授徒。四乡大姓之家,担忧受到强贼的抢劫,争相聘请孙氏替自己看家护院。孙氏无不应承,于是将自己的徒弟分为十余部,各遣一队,"以护大姓"。② 二为清末上海的洋行,大多自置船只,前往东西两洋贸易,每船必聘请"标客","以御盗贼"。每当洋船开行之时,就招优演剧,"大宴标客",标客甚至可以位列"首座",以示尊崇之意。③ 三为在川、陕交界之处,设有铁厂、纸厂、木厂、木耳厂,为了提防"啯

---
① 许指严:《十叶野闻·磨盾秘闻》,中华书局2004年版,第162—164页。
② 吴炽昌:《客窗闲话》卷4《孙壮姑》,长春时代文艺出版社1987年版,第65页。
③ 吴炽昌:《续客窗闲话》卷1《难女》,长春时代文艺出版社1987年版,第149页。

匪"劫夺,往往聘有"标客",均为一可当十的壮士。① 以"保标"为例,清代史料已经作了较为详细的阐述。如广东潮州嘉应人一向贩卖烟土,来往于浔州、梧州及湖南边界。烟土本系违禁之物,沿途不免会受到土豪、地棍的借名抢夺,乃至节节阻滞。所以贩卖烟土之人,即使结合成千百人之帮,犹不免遭致劫夺,失货丧资。无奈之下,只好邀请接帮、送帮之人,"重其酬谢",称之为"保标"。② 关于保标之称,亦可举下面几例为证。一为标客金氏,为浙江嘉兴人。此人幼年习武,能运气敌金刀。壮年时,就外出"保标",江湖上赫赫有名,盗贼闻风而惧。等到老年,有了一些积蓄,就不再外出保标,而是在江南的清河开设了一家船行,悠然自得。③ 二为有一位常正吾,不知其家乡何处,只是率领其两个儿子,凭借锻铁之艺居住在山东即墨。常氏擅长射箭,有时亦替旅客护送装资,称为"保标"。④ 三为有一位武林人金三先生,擅长拳术,"以保标至山西"。⑤ 四为琼州人武良,父亲曾为"标客",凭借拳勇著称。当武良幼年之时,其父就用药炼其筋骨,使其肤坚如铁。武良母亲早亡,其父每次外出,必将他带上。有一年,武良曾随其父替某一商人"保标"至太原,中途其父生病。在路过济南时,突然跳出数十名强盗,拦路抢劫。武良父亲因病不堪任战,被盗贼伤了眼

---

① 徐栋辑:《牧令书》卷21《备武·三省边防备览策略》,载《官箴书集成》,黄山书社1997年版,第7册,第503页;戴肇辰:《学仕录》卷12,收入严如熤:《三省边防备览策略》,载《四库未收书》史部第2辑第26册,北京出版社2000年版,第662页。
② 张德坚辑:《贼情汇纂》卷11《贼数·老贼》,载《续修四库全书》,第445册,第770页。
③ 吴炽昌:《续客窗闲话》卷4《金客》,第215—216页。
④ 曾衍东著,徐正伦、陈铭选注:《小豆棚选注》,浙江古籍出版社1986年版,第151页。
⑤ 朱翊清:《埋忧集》卷6《金三先生》,岳麓书社1985年版,第109页。

睛。武良大怒,操刀一跃,距地七八丈,出盗不意,急速而下,挥刀砍盗贼之颅,致其脑裂而毙,群盗受惊,四散逃窜。其父负伤甚重,不久伤发而亡。武良保护商资抵达山西后,才扶榇返回琼州。鉴于父亲之死,武良才抛弃故业,深自潜晦,以小小的负贩作为谋生的手段。①

当然,清代史料多有"镖客""镖师""镖者""保镖"之称。相关的例子亦很多,不妨试举几例如下。一为徽州人汪某,以武勇著称,有一个大商人,延聘他为"镖客",使其"卫之入陕"。② 二为同治八、九年之间(1869—1870),山东大饥,寇盗横行,胶州以东无一安乐之土。当时胶东有一"镖客"倪孝,擅长武艺,胶东富人"争以重金为聘,以备非常"。③ 三为雍正年间,年羹尧帐下有很多"材官"。自年羹尧败后,这些材官散之四方,往往走江湖,成为"镖者""镖客","为商旅护行"。④ 四为乾隆、嘉庆之际,到北京做官或至北方经商者,最为担心的就是北方强贼横行。当时有一位在京做官的四川人,想将做官攒下的数十万两银子运回家乡四川,于是就前往"镖师行",打算延聘镖师押镖。当时行中镖师均已押镖外出,只留下一位十岁左右的小女孩,行主让她应召押镖。⑤ 这是镖师行中有女镖师的典型例子。

镖客的成员组成,当然均为精于武艺之人。然在这些擅长武艺之人中,有两类人容易成为职业镖客:一是职业武术之士,凭借自己的武艺替人保镖;二是从标兵转而为保镖者,因为原先已有护卫幕府的经历,改为职业镖客亦可谓轻车熟路。除此之外,尚有以

---

① 徐珂:《清稗类钞·技勇类·武良与盗徒搏》,第 6 册,第 2994 页。
② 徐珂:《清稗类钞·义侠类·盗尼戒多杀人》,第 6 册,第 2769 页。
③ 徐珂:《清稗类钞·义侠类·倪惠姑护主杀盗》,第 6 册,第 2791 页。
④ 徐珂:《清稗类钞·技勇类·智海掷铜钱》,第 6 册,第 2879—2880 页。
⑤ 徐珂:《清稗类钞·技勇类·镖师女以碎杯屑毙盗》,第 6 册,第 2904 页。

下两类人，也容易成为临时性的镖客。一为绿林强贼、响马，其中一些人改邪归正之后，就凭借过去在绿林道义上的朋友关系，改为替人保镖。即使如此，保镖终究是临时性的职业，且正规的镖局，亦多排斥这些身家不清之人。二为习学武举之人，因一时命运乖蹇，亦有改业护镖之举。其中最为典型的例子，就是清代河南人陆葆德。此人曾中过武举，因入京与一位宗室比试武艺，失手将宗室打死，抵罪入狱。遇到大赦之后，就成为职业镖客。后在护镖途中，结识了一位劫盗头目，成为此头目的乘龙快婿。又兼陆氏原本能文，改而参加文科举，得以高中进士，入庶常馆，散馆后出任四川某县知县。① 镖客中有如此复杂经历者，堪称特例。

镖局的兴盛：从"标局"到"镖局"

在明代，虽有"标兵"替人护卫之例，且亦有"镖客"之称，然尚未见专门的镖行、镖局记载。入清以后，由"标兵"而衍生出"标局"一称，且以"镖局"之称而名传天下。

(一) 从"标局"到"镖局"

在清代，商人外出经商，或者官员致仕回乡，鉴于旅途缺乏安全，通常会花费重金雇请"勇士"作为自己的护卫。如清嘉庆末年，四川、陕西之"寇"，湖广之苗民，尽管先后得以平定，然绿林豪客纠集逋匿之人，躲入山泽林箐，探丸鸣镝，阻截要隘，所在多有。当时鸦片贸易开始兴盛，其贸易的中枢在广州。鸦片从广州贩往各地，主要有两条私贩路线：一是由广州往北，取道大庾岭，出钞关，下赣

---

① 徐珂：《清稗类钞·技勇类·陆葆德随盗上屋》，第 6 册，第 2943 页。

水,再进入三吴;二是泛舟湘江、漓江,道经衡州、永州,西通滇、黔、巴、蜀。沿途所遇强盗甚多,鸦片商人就用重金雇请"勇士为卫"。即使如此,其货尚时时为强盗所劫。当时有一位湖南人杨老光,以精于技击著称,由他押护之货,"盗犯者辄创之,终不稍失"。到了晚年,杨老光不再护镖,而是至陈氏家族做"技师",亦即武术教师,教授陈氏子弟。① 由此可见,这些精于技击的勇士,所从事的职业则大多是为人护镖。勇士董金瓯,则是另外一个典型个案。据称,董氏为湖州人,曾经替人随身携带千两银子至京。当路过山东开成庙时,有一位盗贼尾随而行,将伺机劫取。经过打斗,盗贼不是董氏的对手。经过询问,此盗之父"亦为人保镖",②足证保镖与盗贼之间的互动关系。

　　大量精于技击的勇士的存在,为镖局、镖行提供了足够的镖师。如楚二胡子,为无锡北乡人,曾随江南一位镖客学习武艺。三年之后,武艺大成,就时常为客商"保卫辎重,往来齐、楚、燕、赵间"。③ 又淮人李善,原本为农家子弟,年少多力。因曾经跟随一位僧人学习拳术,故更名为李武。当时江淮一带多盗,经商之人就邀请李武与他们一同前行,群盗无不屏息。从此以后,李武就以"护商为业,十余年未尝有所挫"。④ 还有一位易三,湖南沅陵人。史称其少时学剑,恣游于武昌、汉口之间,"为巨商卫藏"。⑤ 在这些镖师、镖客中,甚至不乏女流之辈,镖行中颇不乏女镖师。如光绪初年,张家口有一位叫邓魁的镖师,能传承其始祖鸣谦之业,擅长剑术、枪法。邓魁有一女儿叫剑娥,年方14岁,因其父在护镖时被贼

---

① 徐珂:《清稗类钞·技勇类·杨老光与盗独身斗》,第6册,第2912页。
② 袁枚:《子不语》卷8《董金瓯》,重庆出版社2005年版,第88—89页。
③ 徐珂:《清稗类钞·技勇类·楚二胡子抒腰带》,第6册,第2920页。
④ 徐珂:《清稗类钞·盗贼类·王二李善以盗除盗》,第11册,第5321页。
⑤ 徐珂:《清稗类钞·艺术类·易三受医于张老人》,第9册,第4142页。

杀死,就矢志不嫁,继承其父护镖之业。剑娥武艺精湛,能立在马上,"击空中雕鹗,枪无虚发,皆贯其目,他无伤也"。一日,剑娥忽然禀告其母道:"火器盛行,武技渐绌矣。盗之器械皆视我为精,今惟以情谊名誉羁之耳。父果以何而殒命乎?生活之资今已粗具,不如改业之为愈也。"经母亲允诺,自此以后,就在奉天西关外置买田产,"闭门以居"。①

专门用于护卫的行当,后世称为"镖行""镖局"。就其起源而言,实当作"标行""标局"。根据清人酉阳所著《女侠盗传》,可知在山东临清一直往天津杨柳青一带,响马出入。按照"北道"风俗,"妓寮多逐尖站",每当客人至,唱小曲数出,以获取客人所给数百津钱。这些妓女中间,颇有一些人与响马勾结。此外,在天津杨柳青,设有"标局",显然属于护送客人的专门保镖组织。② 至于称为"标局"的缘由,大抵还是以悬挂之旗作为自己的标帜。这种标帜,又可分为两类。一为镖行自己的标帜,借助自己的名头,震慑沿途的劫盗。正如前引史料所言,明末以来山东临清一带标兵为商贾护卫时,就在车前竖立"红标"作为自己的标帜。入清以后,保镖走镖之时,通常悬挂自己镖行之旗作为标帜,绿林豪客见此,即使垂涎货物,亦"勿与校"。③ 二为这些镖行,为了行道的安全,通常也会与响马劫盗保持联系。若是获得响马领袖的信物即"三角小旗",将此悬挂于镖车之前作为标帜,那么在路上再也不会受到响马的骚扰。④

鉴于上述,大致可以总结如下。无论是保镖,还是镖局,原本

---

① 徐珂:《清稗类钞·技勇类·邓剑娥掷俄将于地》,第6册,第2998页。
② 虫天子编,董乃斌等校点:《中国香艳全书》五集卷3,团结出版社2005年版,第1册,第605—606页。
③ 徐珂:《清稗类钞·技勇类·楚二胡子挦腰带》,第6册,第2920页。
④ 虫天子编,董乃斌等校点:《中国香艳全书》五集卷3,第1册,第605—606页。

应作"保标""标局"。究其原因,正如卫聚贤所言,车上或驼轿上插一小旗,旗上写明"标师傅"的姓,沿途强盗,看见标帜上的人,就知道此为某人"保标",且其人武艺高强,不可侵犯。可见,所重在于"旗标",故称"标局"。① 至于镖局,则属后起之称,所重在于镖客所用兵器。至于其中的缘由,日本学者桑原隲藏已是一语道破:"镖是一种类似以前梭镖的武器,派出携带这种武器的镖师,守护行者,负责他们的安全,镖局的称呼也由此而来。"②

(二) 镖局之兴盛与走镖规矩

尽管在明代已经出现了替人护卫的镖客,但镖局大规模出现乃至兴盛,则还是在清代。在清代,上如京城库兵,需要雇请保镖护卫;即使如行商车帮,亦当雇用镖师。以前者为例,如清代京师银库,防范弊窦极其严厉,库设管库大臣一员,以户部侍郎兼任,设郎中为司员,下有库书数人,库兵12人。库书不入库,而入库者只有库兵。外省解饷到库,每万两须交纳解费60两,虽非明文所定,解费被库书、库兵瓜分。然库兵入选之日,户部门外必须先设十数名镖客护卫他们离去。究其目的,主要是防止库兵被人掳去勒赎。③ 以后者为例,如清代山西行商,运货来往于关外诸地。为了防盗,这些行商往往结为车帮,相当于西方的商队。每帮车多者达百余辆。商帮所用之车,略似大轱辘车,仅轮子稍小,一车约可载重500斤,用一牛驾驶,而一个驾车之人,可以驾驶十余辆车。商帮出行,日落而行,至夜半而止。在白天,只是牧牛,且必求有水之地露宿。因此,商帮并无定程,每天通常只行三四十里。每个车帮必

---

① 卫聚贤:《山西票号史》,第4页。
② 〔日〕桑原隲藏:《中国人的妥协性与猜忌心》,载氏著,钱婉约、王广生译:《东洋史说苑》,中华书局2005年版,第170页。
③ 平斋:《春明梦录》,载《〈青鹤〉笔记九种》,中华书局2007年版,第185页。

定携带犬数只,行则系诸车中。止宿之时,则列车为两行,成一椭圆形,以为营卫。驾车者聚集帐篷中,镖师数人更番巡逻。镖师就寝后,则以犬代为巡视,称其为"卫犬"。有些商铺、镖行所畜养之犬,不但凶猛,而且有灵敏的嗅觉,可以凭嗅觉追踪宵人踪迹,甚至借此破获盗案。① 此为镖行随带犬只护卫之例。

对于镖局的出现乃至在清代的盛行,李尧臣在《保镖生涯》一文中作了如下回顾:

> 旧时代,社会挺不安宁。各地都有贼人铤而走险。有七八十人一伙的,有二三十人一伙的,也有三五成群的,盘踞在各地。所以行路的人,就得找会武术的人保护。起先,有些会武术的人,住在客店里,等候客人雇用。他们只推着一个小车子,客人雇妥了,就推着小车子上路,一天要走八十里地,这是保镖的源起。后来买卖一天比一天发达,就自己立个字号,开一家车店,各有轿车,听候客商雇用,这就是镖局子了。到了后来,又在各地设上了分号。②

可见,从保镖到镖局有一个演变过程。做一个保镖的基本条件,就是会武术,掌握精湛的武艺,可以为客人或客商保障旅途的安全。一旦职业化的保镖趋于繁多,且其买卖日趋兴旺,必然造成职业镖局的出现。据前人的回忆,清末北京有八大镖局,分别为"会友""永兴""志成""正兴""同兴""义友""光兴""□□",都开设在前门一带。③ 其中一家其名已佚失不详。此外,可考者尚有一家"贯城李",也是北京镖局之一,镖主自称是小说《施公案》所云神弹李

---

① 徐珂:《清稗类钞·农桑类·山西行商有车帮》,第5册,第2309—2310页。
② 李尧臣:《保镖生涯》,载《人在江湖》,香港中原出版社1990年版,第2、4页。
③ 李尧臣:《保镖生涯》,载《人在江湖》,第2、4页。

五的后裔。①

镖局中镖师走镖护卫,固然依靠自己的精湛武艺,但也必须遵循走镖的规矩,方可做到走镖不失。否则,仅凭武艺或血气之勇,反而会坏事。借助江湖义气,镖局中的镖师与落草为寇的强贼之间,维持着一种相当不错的关系。这就是说,在"镖行"与"贼"之间,维持着一种互相利用的关系。正因为有了"贼",而且"贼"又讲江湖义气,镖局才得以立足,吃得开。所以,从绿林响马摇身一变而成为镖师者,从前引史实中足证不乏其例。然镖局与"贼"终究"道"不同:"贼"做的是无本的买卖,多半是些因走投无路而铤而走险的光棍;而镖局中的镖师多是有身家的人。一个人有一身武艺,然要进镖局,并不很容易,必须确实可靠,且有人知底担保。所以,做"贼"的人,尽管镖局称他们为"朋友",但又有"贼"绝不能进镖局做事的惯例。②

为示说明,不妨详细引用山东人王遂的例子。史载山东人王遂,曾经客居京城,成为人家的佣仆。其人力大无比,甚至能举起大栅栏关帝庙前重达五六百斤的石狮,并跃上高一丈多的墙垣,被人称为"神勇"。王遂年少之时,曾在燕、赵为盗。其劫道规矩,是先将铃铛系于箭杆,去掉箭镞,跃马郊外,伺机劫道。等到客商的车队路过,就射出响箭,作锵鸣之声,借此警告车队停车。行道客商,一遇劫道,就无不倾囊献赀,以保全自己的性命。

其后,王遂因与同辈产生龃龉,就弃去强贼不为,改投京城的"万盛镖局"。这个镖局的掌柜年已60余岁,见到王遂,就问王遂懂何武艺。王遂颇为自负,道:"随便。"掌柜就将他带到后院,地上放着一个铁块,三尺见方,高亦大体相同。掌柜示意道:"就试着击

---

① 徐珂:《清稗类钞·盗贼类·贼以剪绺术慑盗》,第11册,第5358页。
② 李尧臣:《保镖生涯》,载《人在江湖》,第13页。

打此铁块吧!"王遂运气于拳,一击之下,铁块陷入土中寸许,颇自矜负。掌柜见此,颔首道:"可。"显然并不感到惊异。王遂心生愠怒,就请掌柜一试。掌柜无奈,一击之下,铁块没地,王遂不觉气折。掌柜就对他说:"你新来,用不着担当大事。现在刚好有一位官员,有8000两银子需要带回济南,你若不嫌,就试着押一次镖如何?"王遂欣然答应。掌柜替他酌酒饯行,并给王遂一面小旗,道:"将小旗竖在镖车上,担保行旅无虞。"王遂押镖启程,心想自己也曾经做过响马,响马不一定都有精湛的武艺,不过是靠虚声吓唬客商,借此劫取赀财,这次在途中当看一下响马究竟有何技能。想到此,就将小旗放到怀中,并未竖在镖车上,而自己高坐在车辕上。到了中途,遇到响马十余骑飞驰而来,如例发出响箭。王遂佯装不知,让镖车继续前行,就是想看这些响马究竟能怎样。响马莫测底细,不敢过分逼近,就抽矢搭上箭镞,再次射向王遂。王遂听到箭射来时仍是锵鸣有声,以为还是响箭,并无箭镞,不做任何防备,突然被箭射中肩膀,疼痛难忍。无奈之下,只好急忙从怀中掏出小旗一扬。响马见到小旗,下马道:"错了。为何不竖小旗?"说完,拿出金疮药替他敷药救治,并护送到济南。

  王遂回到京城,来见掌柜。掌柜特加慰问,问其箭伤是否痊愈。王遂大惭,不敢出声。掌柜对他说:"吾辈镖师走镖,并无败事,难道靠的就是勇绝他人的武艺吗?其实不然,所凭借的还是平日里与绿林豪客有一些交谊。只有遇到顽梗且不可与之讲道理者,实在无奈,才显示一下武艺,借此震慑其他强贼。若像你这样徒逞武艺,必定会败事。"说完,就将王遂辞退不用。[①]

  王遂从一个响马强贼,转而混迹于镖局,乃至最后被镖局辞退。这一典型案例,已经足以证明镖局与"贼"之间虽有关系,但毕

[①] 徐珂:《清稗类钞·技勇类·王遂拳铁块陷土》,第6册,第2978—2979页。

竟属于两条道上的人。

(三)镖师武艺

镖师走镖,大抵凭借自己精湛的武艺。从镖师的武艺来看,最为常见的还是习练少林武艺。清代北方五省,史称镖客大多属于一些"有大力者",他们一般都练少林的《易筋经》。① 镖师习练少林武术,孙贡玉堪称典型一例。史称孙氏以勇猛著称,曾经在少林寺习学拳法,深得内家之法。学艺既成,从寺后夹弄打出。孙氏从少林回到家乡后,就出任镖师,替商贾护卫行旅。他的同乡中有一位不逞之子,曾为北方强贼之魁,素称骁勇,有"大刀柳"之号,但深知孙氏技击之术,告诫自己手下,轻易不要劫夺孙氏所护之镖,故其手下时常"望帜即驰去"。②

镖师所用兵器,最为常见者为飞镖、袖镖。如左宗棠幕府中有一位谢伯麟,习练武技,擅长掷镖,百发百中。曾在墙上插上香枝,密如星点,相距百步,远远以镖掷之,掷中之处,香枝悉坠。③ 此"镖"字,原本亦作"标",称"飞标""袖标"。如清康熙年间,有一位号称"木雅零"的人,本姓朱,是明朝宗室的后裔。此人擅长制作奇器,且身具奇怪的技艺。能将 12 枝"铁标"藏于两袖之中,举手即发。④ 又江西南昌人万春蘖精于技击,移家居住于安义的西山,所见南北棒师剑客,技艺无不出己之下。万氏性厌城市,不想再与江湖武士争夺时名。光绪年间,德馨任江西巡抚,有一位幕客何某"以标自负",并擅长拳勇之术,遍识城中武师,并未找到对手。这位幕客在听说了万春蘖的名头后,羡慕之余,不免嫉妒,于是派遣

---

① 丁柔克:《柳弧》卷5《易筋经》,第 303 页。
② 徐珂:《清稗类钞·技勇类·孙贡玉碎钱箸》,第 6 册,第 2979—2980 页。
③ 徐珂:《清稗类钞·技勇类·谢伯麟掷镖》,第 6 册,第 2939 页。
④ 刘献廷:《广阳杂记》卷 3,中华书局 1957 年版,第 152 页;徐珂:《清稗类钞·物品类·铁标及屏风》,第 12 册,第 6011 页。

使者到安义,将万氏请入南昌城比较技艺。两人比拼飞"标"的方法,就是在墙壁上自上至下,画细圈数十,看"标"能否尽中。① 上述两例,可谓"镖"称"袖标""飞标"之例。有时"镖"亦作"镰",其实,"镖""镰"两字相通。如戏台上经常出现的窦尔敦,这是他的乳名,他本名叫窦开山,因其兄叫大东,故又叫二东,是献县的剧盗。此人擅长舞枪,若人在对面放"镰",十镰齐发,窦尔敦都能用枪抵住镰锋,使其反射,十不失一。② 此为史籍"镖"作"镰"之例。

结束语

综上所述,中国传统镖局的出现,主要基于以下两点。一是因经济长足发展而带来的自由商旅,商人时常结帮远行天下。二是商人经商途中,水陆道路不宁,又常常会遇到抢掠的劫盗。为了保证旅途安全,不得已出重赀雇请保镖,以防抢掠。前者是经济的繁荣与发达,而后者则是通过军事防御而保证旅途的安全。两者的自然结合,方有镖局的诞生。

基于此,则又可以进而断言,镖局的源头有以下两个:一是镖局起源于至松江府贩卖标布的"标客"与"标行",时间大约为明万历末年至崇祯初年;二是镖局起源于明代的"标兵",时间早则在明嘉靖以后,晚则在明隆庆、万历时期。至清代,镖局达臻全盛。

毫无疑问,镖局的职责在于维护商旅的安全。行经强盗时常出没之处的商旅,只要给镖局交纳一定的保险金,镖局便会派出镖

---

① 徐珂:《清稗类钞·技勇类·万春蘽以气不以力》,第 6 册,第 2965 页。
② 徐珂:《清稗类钞·盗贼类·窦开善盗妇女》,第 11 册,第 5316 页。

车护送旅客出行。镖车上事先插有标帜,经常行劫之人见有镖局的标帜就会罢手不劫。就此而论,正如日本学者桑原隲藏所言,这与其说是忌惮镖师的武艺,"莫如说是镖局事先已和行劫之人作了妥协,双方达成一种妥协和默契"。由此可见,"妥协性"确实是中国人的"国民性"之一。①

正如卫聚贤所言,镖局最初设立的目的是保护行旅,随之而来者,则包括代运现金之责。可见镖局的设立,是为了解决商人携带现款的困难。而由镖局衍生出来的票号,则更是为了抵制镖局转运现金运费的高昂。② 其实,票号起源于明末已经出现的"会票",大致与镖局同时出现。由镖局、票号诸问题,其实更可推论出一系列题外之说,即许多盛行于清代的公私制度,如幕宾师爷、镖局、票号、天地会或洪门、青帮之类,无不可以将其源头追溯到明代。诸如此类的课题,或已有人初作探讨,③或则有待于后来者进一步加以探究。

---

① 〔日〕桑原隲藏:《中国人的妥协性与猜忌心》,载《东洋史说苑》,第169—170页。
② 卫聚贤:《山西票号史》,第7页。
③ 相关的研究成果,参见陈宝良:《明代的秘密社会与天地会的渊源》,载《史学集刊》,1994年第1期;陈宝良:《明代幕宾制度初探》,载《中国史研究》,2001年第2期。

第七章　招徕乡人：会馆的起源及其功能演变

引　言

传统中国的会馆，既是一种同乡组织，又是一种行业团体。探究传统中国经济型会社，不能不注意行业性的结社，这就是行会、会馆、公所与商会。将行会、公所、商会归于经济型会社，自然无疑。至于会馆这一类组织团体，固然具有同乡会与举子应试停息之所的特点，从而夹杂着诸多政治性的因素，但就其起源以及本身所具有的善会、合会等职能而言，仍与经济型会社关系颇深。至民国初建，伴随着新国家建设的需要，更基于振兴实业的目的，各种实业团体随之应运而生。①

传统中国的行会源远流长。然就其源头而言，传统的行会只是商人之间松散的团体，甚至是应付朝廷徭役的组织，无固定的聚会场所，不过凭行以示区分而已。相对于行会而言，

---

① 根据日人宗方小太郎的调查，此类实业团体，主要有"中华民国实业协会""中华民国实业联合会""上海总商会""农业促进会""中华民国盐业协会""中华民国工党""工商勇进党""工业建设会""工党共进社""工界同盟会""农工商业共进会""中华民国商学会""国货维持会""铁道工会""中华民国铁道协会""中华民国铁路协会""中华物产研究会""中华实业共济会""中国实业会""民国矿政研究社""国计维持会""航业党""国际贸易协会""民生团""中华民国协济会""蒙藏交通公司""垦殖协会"，以及江浙改革漕粮之"革漕团"、计划垦殖江北安徽地方水利之"江皖垦殖水利协会""民国农圃公会""通国临业联合会""女子实业进行会"等。参见氏著：《一九一二年中国之政党结社》，中华书局2007年版，第213—224页。

同业会馆的崛起,则使商业团体无论在规模上还是在组织结构上,无不得到长足进展。

作为同乡、同业组织的会馆,虽是借用其他组织名称而来,却有其自身特殊的涵义。关于会馆,近人何炳棣有如下定义:"会馆是同乡人士在京师和其他异乡城市所建立,专为同乡停留聚会或推进业务的场所。狭义的会馆指同乡所公立的建筑,广义的会馆指同乡组织。"①毋庸讳言,在研究会馆的学者中,对会馆的定义通常会因关注视角的差异而各有不同。有人将会馆视为工商业者的行会,有人则把会馆看作是一种同乡组织;有人把会馆分为一般同乡人的会馆和商人的会馆,有人则认为会馆既可以是同乡组织,也可以是同行组织。② 综合诸家所论,大抵可以将会馆归为以下两类:一类是业缘性的工商行会,另一类则是作为地缘组织的会馆。

会馆起源蠡测

会馆作为一种组织团体,无论是同乡会馆抑或同业行会,其起源大抵可以从传说与史实两个方面加以考察。

首先,就传说而言,其起源甚至可以追溯到远古甚至先秦时代。根据西人马士《中国行会考》及阿维那里乌斯所编《中国工商同业公会》两书,中国的会馆或同业公会之创始时间,远较欧洲为早。会馆的起源甚至可以追溯到史前神话传说中的帝舜时代。据传,帝舜曾创立统一的度量衡制,并且规定每隔三年进行一次检

---

① 何炳棣:《中国会馆史论》,中华书局 2017 年版,第 12 页。
② 相关的梳理,参见王日根:《明清时代会馆的演进》,载氏著:《明清民间社会的秩序》,岳麓书社 2003 年版,第 175—176 页。

查。他还下令对违反度量衡制的人通过鞭笞加以严惩。一般认为,最古老的中国同业公会组织出现于宁波。在其章程内,曾言此会创始于周朝。又如在北京的"盲人会"(即三皇会)中,甚至保存有汉高祖时所定的章程。

显然,上述始于远古的说法,仅仅是几种传说而已。究其原因,这些记载仅仅限于西人引述,而且其引述的依据亦不过是会馆、公所章程中的追溯之言,目前尚无法得到史料的印证。

其次,就史实来说,早在明清两代乃至民国初年,很多学者将会馆的起源追溯到后汉时期的"郡邸"。如朱国祯言:"会馆,古郡邸之遗也。"①这是直接将会馆的源头追溯到后汉的郡邸。在另外一则记载中,朱氏的阐释更为详细:"汉时郡国守相置邸长安,唐有进奏院,宋有朝集院,国朝无之,惟私立会馆。然止供乡绅之用,其迁除应朝者,皆不堪居也。"②这无疑是将明代的会馆与汉代的郡邸、唐代的进奏院、宋代的朝集院联系在一起。清人程景伊在《会馆增南院书斋记》中云:"古者郡国于京师各有邸舍。考之前汉《百官志》,郡国邸舍设长丞主之。其后历代相沿,虽不领于官,而会馆之设,实祖其意。"③程氏在《增建京都会馆记略》一文中,也有几乎相同的阐释。④ 至清末民初,如周寿昌《后汉书注补正》亦言,后汉时期的"郡邸",是"公置之邸,犹今同乡会馆也"。⑤

---

① 朱国祯著,何立民点校:《朱国祯诗文集》,《序·会馆条约序》,浙江古籍出版社2016年版,下册,第421页。
② 朱国祯撰,王根林校点:《涌幢小品》卷4《衙宇房屋》,上海古籍出版社2012年版,第73页。
③ 徐世宁、杨熠续录,徐光文、徐上埔重录:《重续歙县会馆录》,《续录》后集,香港大东图书公司1977年版,第26页。
④ 江登云辑,江绍莲续编,康健校注:《橙阳散志》卷末《备志·歙风俗礼教考》附,安徽师范大学出版社2018年版,第338页。
⑤ 转见何炳棣:《中国会馆史论》,第13页。

这一说法，无疑值得引起重视。这可以从以下两个方面观之：

其一，在近人的研究中，根岸佶是最早关注这一点的日本学者。他在所著《支那行会的研究》中，将会馆的起源追及汉代的"郡邸"。全汉昇引用《说文解字》《汉书·宣帝纪》对郡邸的解释，证实"汉代的郡邸，确实属于同郡官员的寄宿舍"。① 针对根岸佶、全汉昇之说，何炳棣对于将汉代郡邸视为会馆前身的说法提出了质疑。究其原因，关于周寿昌之说，早在清人惠栋的《后汉书补注》中，即已提出了不同的佐证，证明东汉郡邸属于郡守"自为之"之物，即属郡守的私产，而并非一郡的公产。何氏在惠栋之说的基础上，认为"两汉诸郡因每年上计，在京师不得不有郡邸，郡邸就是各郡在京的办事处，并不是同乡组织"，因此断言会馆起源于两汉时期的郡邸，是一种误解。②

其二，毫无疑问，就郡邸与会馆的性质而言，两者确乎有所差异：郡邸属于官立，通常"领于官"；而会馆则属于"私立"。这一点在明人朱国祯的记载中已经明确道出。即使如此，将后汉时期的"郡邸"看作会馆古老而久远的源头，说会馆的设立实祖郡邸之意，或会馆是"古郡邸之遗也"，其实也未尝不可。其中的理由有二。一是汉代地方各郡，确乎在京城设有可供同郡人入京时居停的郡邸。如《汉书·朱买臣传》云："初，买臣免，待诏，常从会稽守邸者寄居饭食。"这种郡邸无疑具有同乡会馆的性质。又《后汉书·史弼传》亦云："（魏劭）与同郡人卖郡邸，行贿于侯览。"李贤注以为郡邸即"寺邸"，《集解》引惠士奇之说亦以为如此。唯周寿昌认为郡邸即平原郡公置之邸，犹如同郡会馆。针对此说，邢义田认为，

---

① 全汉昇：《中国行会制度史》，河南人民出版社2016年版，第92—93页。
② 何炳棣：《中国会馆史论》，第14页。

若寺邸则属官舍,魏劭与同郡人安能卖乎?相比之下,似周说稍通。① 从郡邸、寺邸可以自由买卖这一条记载来看,郡邸显然并非尽是官设,同样也有私立的属性。二是全汉昇引《三辅黄图》元始四年(4)长安城南北所设"会市"的记载,进而说明汉代郡邸除政治功能外,尚有商业的意义,认为"当时共同组织设此种郡邸的太学生并不专去读书,还要去作买卖,那就是各自本郡的土产之出售"。这无疑将郡邸的商业功能加以凸显。② 郡邸的商业属性,同样可以从另外的史料记载中得到印证。如仲长统所著《昌言》中亦云:"井田之变,豪人货殖,馆舍布于州郡。"由此可见,豪人在"货殖"之时,在各处州郡均设有"馆舍"。其中所云"馆舍",或许亦与"郡邸"有关,这有待于进一步加以证实。

会馆的形成,显然离不开以下三大要素:一是同乡的联结纽带;二是同业的商业纽带;三是具体的组织场所,亦即所谓馆舍。下面以此为考察的出发点,进而对会馆的起源作如下蠡测:

其一,同乡关系及其联结纽带。人在他乡,同乡人组成会社团体,堪称渊源有自。早在宋代的京城,已经有了"乡会"这样的组织。南宋时期,居住在杭州的"外郡寄寓人"中开始出现互助活动,甚至这些外郡寄寓之人还举行"社会"。这有两条证据可以证实:一条是吴自牧《梦粱录》卷18"恤老济贫"条,另一条则是同书卷15"社会"条。全汉昇根据这两条论据断言,在南宋的杭州,虽没有名义上的"会馆",但从外郡人在杭州干的事情与后来会馆的事业无异这一点来看,显然不能否认有会馆这一回事。不仅如此,杭州的

---

① 相关的探讨,可参见邢义田:《汉代的父老、僤与聚族里居——〈汉侍廷里父老僤买田约束石券〉读记》,载梁庚尧、刘淑芬主编:《台湾学者中国史研究论丛·城市与乡村》,中国大百科全书出版社2005年版,第35页。
② 全汉昇:《中国行会制度史》,第92—93页。

同乡者又有组织会社来敬神的事迹,这也可见当时都会里同乡相互间不是没有活动的。① 这种推测无疑很有建设性。到了明代的弘治年间,常州府无锡县在京城做官的官员,借助于一年四季的节日,开始举行同乡会。此举始于弘治六年(1493)春,邵宝因"入觐京师",而得以在顾氏所居"芹轩"与"同乡缙绅诸公"相会,且一起赋诗作为留念。其后,凡是元夕、上巳、清明、端午、七夕、中秋、重阳、长至各节,无锡同乡在朝的官员20余人,无不相会,亦即所谓"会以节举"。尤其是弘治十一年的重阳节,无锡在京的官员再次举行聚会,与会人员"人为诗一章",结集后的诗作称《重阳会诗》。② 明代京城官员的这种同乡聚会,其特点是"节举一会,以要乡盟",显然也是为了维系同乡的关系纽带。

其二,同业关系及其联结纽带。同业之行亦即所谓行会,其起源有宗教团体说、同乡团体说、政府之不法说、人口与事物之不均衡说、家族制度说等五种说法。③ 全汉昇较为认同家族制度说,认为这一说法"较有理由",并以此为讨论基础,将中国行会的起源时间,追溯到周末至汉代,认为这个时期"手工业行会已有存在的事实了"。④ 全汉昇认为,"行"这种组织,其形成"一定是很缓慢的,经过了长期不为人知的历史",才最后确立"行"这一名称。他在北魏杨衒之《洛阳伽蓝记》中,就找到了当时的洛阳便有这种典型的同业商店区的证据。此外,他借助唐人韦述《两京新记》、宋人刘义庆《大业杂记》、元代《河南志》诸书的记载,最终还是认定,"行"的

---

① 全汉昇:《中国行会制度史》,第94页。
② 邵宝:《容春堂别集》卷5《芹轩诗序》《重阳会诗序》,上海古籍出版社1997年版,第45页;邵宝:《容春堂前集》卷13《重阳会诗序》,上海古籍出版社1997年版,第135—136页。
③ 相关的梳理,参见全汉昇:《中国行会制度史》,第2—5页。
④ 全汉昇:《中国行会制度史》,第17页。

名称最初见于记载是在隋代。①

至唐代，更是广泛出现了各色行会组织，诸如"梨园会""鼓乐板"等同业公会，大约均始于唐代中叶。② 根据全汉昇的考察，宋代尽管尚无公所、会馆一类的名称，但他根据吴自牧《梦粱录》与《宋会要》记载中的"上行""住行"之说，断定宋代已经出现了会所，即行会的办公地方，同时又成为同业者共同祭祀其本行祖师的场所，并将此类"上行"或"住行"的会所，视为后世会馆或公所的"前身"。当然，宋代各行开会的场所，并不全限于会所，有时更多的是在"茶肆"。③

其三，作为同乡、同业纽带的"会馆"一称的出现。刘侗、于奕正所著《帝京景物略》卷1"文丞相祠"条记载，庐陵人在顺天府学宫之外设祠祭祀文天祥，称其为"怀忠会馆"。④ 全汉昇以此为据，断定会馆的名称最初见于明代。⑤ 将会馆真正出现的时间定于明代，这一点并无疑义，但若将会馆这一名称断为始于明代，这一点显然并非完全准确。换言之，同乡会或同业行会出现办公场所，或者说"会馆"一称的真正确立，应该与元末明初直至明代中叶广泛兴起的"文会馆""经馆""讲学会馆""公馆""试馆""同善会馆"等有着密切的关系。尤其是试馆的出现，更是与同乡会馆有着直接的渊源。如明末，士子到北京应试，由旅居北京的官僚，为其乡人士子集资购产，辟有房屋馆舍，为应来岁考试的旅居之所，名曰"试

---

① 全汉昇：《中国行会制度史》，第29—36页。
② 彭泽益主编：《中国工商行会史料集》，中华书局1995年版，上册，第76、117—118页。
③ 全汉昇：《中国行会制度史》，第67—69页。
④ 刘侗、于奕正：《帝京景物略》卷1《文丞相祠》，北京古籍出版社1983年版，第14页。
⑤ 全汉昇：《中国行会制度史》，第92页。

馆",后亦称为"会馆",但性质与商人会馆有所不同。下面以此为线索,从以下四个方面论之。

一是"文会馆""经馆""讲学会馆"与会馆之关系。从已有的史料记载不难发现,会馆一称,始见于"文会馆"。早在元代,文会之设,颇为兴盛。此类文会,实则与科举士子的关系相当密切。如元人谢良曾在金山西南的吕巷镇,设立"应奎文会"。① 文会之举,通常是临时的举措,原本并无固定的会所。至元代,开始出现了固定的文会场所。如在湖广岳州府就建有一亭,称"文会亭",以供学者们在其中"讲磨经史,议论斯文"。② 这种文会亭,即为文会馆的渊源。

至明代,科举士子的文会尤为繁盛,随之出现了各种"文会馆",甚至"馆以会设,会以文名",③亦即文、会、馆最终趋于合流。如成化年间,苏州府昆山县的一些士大夫致仕之后,与一些在乡里隐居的贤人,结成雅会,称"斯文会"。此会参与者共有15人,每月举行一次,人各赋诗,又将参与文会之人绘成一图。文会原本设有会所,因较为狭小,不能容身。至弘治初年,昆山知县杨子器撤去一些祠庙,将其改建为文会馆,以便于当地士大夫举行文会。④ 万历五年(1577),淮安府宿迁县知县俞文伟,在新城南门内设立文会

---

① 章鸣鹤著,范械士校:《谷水旧闻》,载上海市松江区博物馆、华东师范大学古籍研究所编:《明清松江稀见文献丛刊》,第1辑,上海古籍出版社2015年版,第15页。
② 张文启:《文会亭记》,载嘉靖《湖广图经志》卷7《岳州府》,《日本藏中国罕见地方志丛刊》本,书目文献出版社1992版。
③ 江东望:《建聚星文社馆序》,载《橙阳散志》卷12《艺文志》3,第216页。
④ 黄云:《斯文会诗后序》,载嘉靖《昆山县志》卷4《第宅》,《天一阁藏明代方志选刊》本,上海古籍书店1982年版。

馆,称"凌云会馆"。①

明清两代的文会馆,尤以徽州府歙县为盛。康熙元年(1662)的史料已有如下记载:"歙城市乡镇,各立文会馆,其间华丽者居多。"②揆诸史实,确乎如此。如歙县牌镇人江道文曾倡建"歙东文会馆",以此作为"士子读习之所"。③早在万历年间,巡抚江东之、知府程道东已在歙县前山岭东"举兴文社",即"聚兴文社"。然在当时,尚未建有士子举行文会的场所。至天启三年(1623),在程师尹、江茂承两位"翩翩佳公子"的"辟址助赀"下,最终建立了"聚星会馆"。④聚星会馆,中为"绿漪堂",南为"奎楼",并设有书舍,作为士子肄业的场所。更为甚者,在文会馆的门额上,题曰"聚星会馆"。此外,歙县始建于明代的文会馆,尚有鹏扶会馆,始倡于明万历年间,至清嘉庆六年(1801)最终建成;⑤联云会馆,在云川后,面对三台山,由万历间署县丞江东会建;⑥瑞金文会馆,建成于天启五年(1625)之前。⑦

明末文社"公寓"的出现,更足证文社、文会与会馆已经紧密联

---

① 万历《宿迁县志》卷2《建置志·学校》,《天一阁藏明代方志选刊续编》本,上海书店1990年版。
② 江永治:《重修聚星会馆序》,载《橙阳散志》卷12《艺文志》3,第217页。
③ 江登云辑,江绍莲续编,康健校注:《橙阳散志》卷3《人物志》1《士林传》,第82页。
④ 程道东:《聚星文社序》;江学海:《重兴聚星文社序》;江世济:《建聚星文社馆序》;江东望:《建聚星文社馆序》;江道振:《聚星会馆告成序》。均载《橙阳散志》卷12《艺文志》3,第214—217页。
⑤ 江登云辑,江绍莲续编,康健校注:《橙阳散志》卷8《舍宇志·书院》,第136页;吴锡麒:《兴建鹏扶会馆记碑》,载《橙阳散志》卷10《艺文志》1,第167—168页。
⑥ 江登云辑,江绍莲续编,康健校注:《橙阳散志》卷8《舍宇志·书院》,第136页。
⑦ 江世济:《议建瑞金文会保龙序》,载《橙阳散志》卷12《艺文志》3,第213—214页。

系在一起。据吴应箕的记载,"江上"亦即安徽一带,文士至苏州之后,为了参与文社的活动,一至苏州虎丘,尽管"精舍相望",但也不得不"卜之而僦馆",以致"税骖之费恒苦不继"。鉴此原因,陈名夏与吴应箕商议,会集江上的"同声之友",共同筹措资金合计银150两上下,买一所僧寮,作为文社之士的"公寓"。公寓一旦设立,则使江上之士到了苏州之后,可以有"寓屋"可居,给人"身至如归"之感。不仅如此,公寓还负责文社之士的"寄餐",以及书信往来,使"邮筒不致沈绝"。①

值得注意的是,上述歙县所设各种文会馆,如聚星会馆、蟾扶文社、鹏扶文社及其会馆,并系于"祭祀"项下,与春社、秋社之祭相混;聚星会馆、联云会馆、鹏扶会馆,又系于"书院"项下,说明与书院在功能上有趋同之势。事实确乎如此。在明代,这种文会馆,有时又称"文会堂",或称"会讲堂"。正如周洪谟在《文会堂记》一文中所言,文会堂确乎起到了精舍一类的作用,使生员在其中可以商讨学业。他说:

> 兹又创斯堂者,盖以学之有明伦堂,即所谓厅事,有东西肄业之斋,即所谓精舍,居有定所,即有定业,不可纷纭以紊规矩。故建斯堂,使诸生疑者必会于此,相与讨论而问辨也。②

一般说来,明代很多地方学校,其校舍建筑,除明伦堂之外,仅有东、西斋,以供生员学习与生活,并无此类会讲堂、文会堂。只有湖广荆州府学才额外设置了这类建筑。这当然也是有原因的。自明代中期以后,生员的肄业乃至生活场所,有了一些改变。生员已不再在学校内学习与生活,而是改而在一些公私建立的书院、精舍中

---

① 吴应箕:《楼山堂遗文》卷6《虎丘公寓序》,载氏撰,章建文点校:《吴应箕文集》,黄山书社2017年版,第651页。
② 嘉靖《湖广图经志》卷6《荆州府》。

生活与学习。文会堂的建立,部分适应了这种趋势。徽州的"斗山文会"即是典型的例证。从崇祯十年(1637)兵部右侍郎毕懋康为《斗山文会录》初刻时所作序文可知,斗山文会最初即为斗山书院,湛若水、邹守益、耿定向、王畿等人,先后在此讲学。至万历年间,许穆、凌琯"请于当事",使之作为徽州府歙县士子的"文会"。①

何炳棣凭其敏锐的目光,发现了讲学会馆与会馆之间的渊源关系。他引乾隆《吉安府志》所记,证实明正德年间王阳明讲学青原山时,有"青原会馆"之设。至万历年间,吉水人邹元标倡阳明之学,又建"九邑会馆"。从此类讲学会馆中,何氏进而得出如下结论:"本地非经常性讲学聚会的所在,也可称为'会馆'。在王学极盛的 16 世纪,吉安每个属县都有'会馆',而且不久都有'公田备饩'。这虽是自 16 世纪初叶起江西一个区域的现象,但会馆一名词之已被借用,亦足表明京师郡邑会馆确已具有相当时期的历史,而其性质与功能则尚未固定。"②

将讲学会馆与会馆联系在一起,并指出此类讲学会馆的性质尚未确定,这是何氏眼光的独到之处,但认为讲学会馆借用了郡邑会馆之名,则或许颠倒了前后关系。从上揭元代出现的文会馆,以及明代初期、中期以后文会馆、讲学会馆的普遍出现即已可知,事实上理应是郡邑会馆借用了文会馆、讲学会馆之名。

所谓讲学会馆,究其功能来说,不但有学者在其中讲学,而且可供学者肄业、居住。从源头来说,此类会馆,远者为孔子聚徒之杏坛,近者则为精舍、书院。在明代,书院不列于学宫,而精庐、学堂、讲舍,更是"因俗为制,要在作人,非以标异也"。③ 明代的讲学

---

① 许承尧撰,李明回、彭超等校点:《歙事闲谭》卷 1《斗山文会录》,黄山书社 2014 年版,上册,第 21—222 页。
② 何炳棣:《中国会馆史论》,第 17 页。
③ 万历《广东通志》卷 7《书院》,《稀见中国地方志汇刊》本,中国书店 1992 版。

会馆,史不乏例。除何炳棣所列之外,至少尚有如下几个讲学会馆:桐城县的"桐川会馆",其中所设,有崇实堂、先正堂、尽心斋、左右室、更衣所、养正所。每次讲学,不仅桐城的荐绅、举人、生员、父老子弟聚集会馆,而且尚有来自邻近府县的"贤豪"。① 桐城之学,首倡于何采,并由耿定向、张绪发扬光大。而桐川会馆,则由耿、张二人的门人方学渐所建,其用意在于"以待四方同志之来会者"。② 石埭的"陵阳会馆",于万历十七、十八年(1589—1590)由毕一衡创设。当时毕氏讲学石埭,"一时从游者,至屦满户外",于是拟建别馆"以居之",未成而殁,后由其弟毕一素最终建成。会馆中有讲堂三楹、明经堂三楹,"左右两楹翼焉"。③ 江西吉安府庐陵县的"西原会馆",位于西原山能仁寺之左,万历十二年,由吉安府人陈嘉谟等捐金买地共建,题名"求益堂"。会馆置有田30亩,"供会馔"。④ 西安的"关中书院",万历年间当道为冯从吾讲学而设。在书院中,"堂构岿然,号舍布列,前开泮沼,后起中天阁,肖至圣像于其上,岁时祀之"。⑤ 冯从吾在里中讲学,即有《辅仁馆会语题辞》一篇,⑥足证关中书院又称"辅仁馆"。桐城县枞阳镇的"辅仁会馆",原本为布衣童定夫的讲学之处,由其弟子"醵金为建"。至天启三年(1623),钱澄之之父继承讲席,并与童心鉴"倡率同志,一

---

① 焦竑:《澹园集》卷4《桐川会馆记》,中华书局1999年版,第829—830页。
② 叶灿:《方明善先生行状》;陆嘉猷:《东游记·序》。均载方昌翰辑,彭君华校点:《桐城方氏七代遗书》,黄山书社2019年版,第1、69页。
③ 焦竑:《澹园集》卷4《陵阳会馆记》,第830页。
④ 万历《吉安府志》卷15《学校志》,《稀见中国地方志汇刊》本。
⑤ 翟凤翥:《重兴关中书院序》,《冯少墟续集》卷5《书院记》,载冯从吾著,刘学智、孙学功点校整理:《冯从吾集》,西北大学出版社2015年版,第573页。
⑥ 冯从吾:《冯少墟集》卷16,载《冯从吾集》,第322页。

遵昔规,以每月十三日会于馆所"。①

综上不难发现,明代的会馆,有时实指士子听讲、肄业的场所。以此为准,会馆有时又称"经馆"。如东莞人任柱,在出任舞阳县知县时,曾创设"五经馆","以教邑之多士"。② 可见,五经馆也是地方学校生员的肄业场所。相同的例子也见于六安州。如当地有一所"安湖会馆",位于六安州的西南,由州同知邓向荣构筑;又六安州的"青云会馆",在州学宫前右,属于知州杨际会的生祠。这两所会馆,均有"诸生肄业于此"。③ 此外,明代的会馆,有时又指书院、社学。以书院为例,如宁国府宣城县,有一所"同仁会馆",位于宣城西门内,始建于万历年间。同仁会馆,是为了应付祁门县贡士陈履祥所需而设,"旁置庐舍,取租以备修葺"。每月一会,府县官员、荐绅、父老、子弟,"讲学歌诗,或具馆谷"。④ "法华会馆"同样具有书院的性质。法华会馆位于湖广嘉鱼县,最初是由法华寺改建,后在寺庙的西南隅建堂,"翼廊辟门,除路,厥制焕如,厥观伟如",题曰"法华会馆"。⑤ 以社学为例,如广东惠州府兴宁县,有一所会馆,原在城北。万历十八年,惠州府推官王栋署理兴宁县知县时,买民居鼎建,与社仓、社学相连。⑥ 这段史料被放置在"社学"目内叙述,显然这一所谓会馆,性质相当于社学。

二是"公馆"与会馆之关系。公馆又称"宾馆",究其设立之意,原本不过是为因公外出的官员提供歇息之所。如明代宁夏城内,

---

① 钱澄之:《田间文集》卷22《童翁郜石墓志铭》、卷29《先考敬修先生镜水府君行略》,黄山书社1998年版,第440、549页。
② 湛若水:《湛甘泉先生文集》卷18《五经馆》,《四库全书存目丛书》影印清康熙二十年黄慨刻本。
③ 万历《六安州志》卷2《营建志·学校》,《日本藏中国罕见地方志丛刊》本。
④ 嘉庆《宣城县志》卷8《学校》,《稀见中国地方志汇刊》本。
⑤ 尹相:《法华会馆志》,载乾隆《重修嘉鱼县志》卷6,《稀见中国地方志汇刊》本。
⑥ 崇祯《兴宁县志》卷2《学校》,《稀见中国地方志汇刊》本。

有"皇华馆",在城南五里,靠近大路之东,宣德八年(1433),由庆靖王朱㮵所建,"以为迎接诏书之所"①。在潞安,同样有一所"皇华馆",作为经过"使客"歇息的宾馆。馆中之堂,称"四咨堂"。② 宁国府泾县、旌德县之间,设有一所"仰贤公馆"。此馆为弘治十二年(1499)南畿巡抚彭礼下令修建,最后由宁国知府、泾县知县具体实施建成。公馆有大厅、左右厢房。③

自明代中期以后,公馆的性质开始出现了转化,甚至带有会馆的性质。这主要体现在以下两个方面。一则公馆有时亦称"会馆"。如在宁国府,设有"三府会馆",从其设立的目的来看,显然属于公馆。据史料记载,距离太平县治百里之远,有一个村落,称郭村,其地"带徽蹑池",成为宁国、徽州、池州的"襟喉"。每次各道官员到达此地之后,只能"寄宿民舍",甚为不便。弘治六年(1493),就在郭村修建了一座公馆,称为"三府会馆","凡有公务于三郡者,皆得以栖止焉"。④ 二则公馆与书院之间出现了一种互动的趋势。一方面,公馆成为地方学校生员肄业的场所,进而带有书院的性质。如嘉靖年间,福建龙溪县知县林松憩息于"金沙公馆",见到诸生周一阳、陈科选等人在公馆肄业,于是,就将公馆改为书院。⑤ 又福建建宁府公馆,在府城内从化坊。成化七年(1471),由通判李明

---

① 胡玉冰、孙瑜校注:《(正统)宁夏志》卷上《公宇》,中国社会科学出版社2015年版,第33页。
② 程嘉燧:《松圆偈庵集》卷上《新筑皇华馆记(代方方石)》,载氏著,沈习康点校:《程嘉燧全集》,上海古籍出版社2015年版,上册,第317页。
③ 杨守阯:《碧川文选》卷5《宁国府泾县仰贤公馆碑记》,载张寿镛辑:《四明丛书》,广陵书社2006年版,第26册,第16414—16415页。
④ 邹旸:《三府会馆记》,载万历《宁国府志》卷13,《稀见中国地方志汇刊》本。
⑤ 林希元撰,何丙仲校注:《林次崖先生文集》卷10《金沙书院记》,厦门大学出版社2015年版,下册,第391页。

建,作为清理军政之所,后改称"东瓯书院"。① 另一方面,书院有时又可转变为公馆。如福建泉州府同安县的文公书院,始建于元至正十年(1350)。至明代,"书院鞠为府馆,人有遗恨"。②

三是"试馆"与会馆之关系。会馆有时又被称为"试馆",大抵源于京城会馆为公车举子提供便利。究试馆的起源,可以追溯到南朝时期的"贡计馆"。史载南朝设有贡计馆,"在建康县东二里洲子岸上,诸州府秀才选举,皆憩此馆"。③

何炳棣关于会馆起源的讨论,其敏锐之处在于从方志中勾稽出诸多的府城试馆与省垣试馆,但或许囿于所检方志多为清代方志,故其对府城试馆、省垣试馆的勾稽,除最早建立于明季的南昌乐平试馆外,其他均为清代所建试馆,如广东顺德于乾隆期间在广州城外建立的"邑馆",湖南邵阳于道光四年(1824)在长沙建立的"试馆"。④ 其实,入明以后,不仅京城设有诸多试馆,而且在很多地方,同样也设有为士子提供便寓的试馆。一般说来,在明代各级考试中,除中央的会试与各省的乡试有专门的贡院之外,各地提学道举行的童试,通常只是临时搭棚举行,并无专门的试馆。至明代末年,就陆续出现了试馆。此类试馆,或称"校士馆",或称"试士馆",或称"弘文馆"。以温州府为例,所谓校士馆,即"督学使者所驻以校六庠者也"。⑤ 此外,如崇祯十五年(1642),在浙江严州府

---

① 黄仲昭纂:《八闽通志》卷40《公署》,福建人民出版社2017年版,上册,第164页。
② 林希元撰,何丙仲校注:《林次崖先生文集》卷10《重建文公书院记》,下册,第386—387页。
③ 赵彦卫:《云麓漫钞》卷6,中华书局1958年版,第92页。
④ 何炳棣:《中国会馆史论》,第34—35页。
⑤ 王叔杲著,张宪文校注:《王叔杲集》卷9《校士馆记》,上海社会科学院出版社2005年版,第237—238页。

建德县，就建有"试士馆"一所，"外为头门三间，进为仪门三间，中为大堂，两庑各十楹，鳞次编号，可容千人座。后堂为督学阅文之所。内外书役房、门房，无一不备"。① 崇祯年间，在浙江嘉兴府设立的"弘文馆"，由知府郑瑄建，其实也属于督学道校士的试馆。弘文馆"东厅中建大堂，东西号房可坐千人。其仪门、宾馆、东西府县馆、左右鼓亭，一如巡道分司之制。堂北寝室五楹，后建一亭，东为书房，西为庖室"。②

试馆与会馆的关系颇为密切。闽县人程树德云："京师之有会馆，肇自有明，其始专为便于公车而设，为士子会试之用，故称会馆，自清季科举停罢，遂专为乡人旅京者杂居之地，其制已稍异于前矣。"清代闽县人陈宗蕃说："会馆之设，始自明代，或曰会馆，或曰试馆。盖平时则以聚乡人，联旧谊，大比之岁，则为乡中来京假馆之所，恤寒畯而启后进也。"③另一条史料也说："各省会馆，莫盛于京都，原为乡会场寓考而设。"④

针对此说，何炳棣提出了质疑。他认为，明代会馆"大都为已仕之人暂居聚会之所，尚非试馆性质。近人有谓会馆专为同乡参加会试之人而设，故曰会馆之说，亦欠正确"。⑤ 其实，何氏之说，也并不全面。究之崇祯年间刘侗、于奕正编撰之《帝京景物略》，在关于会馆起源的问题上，就明白地有如下记载：

> 尝考会馆之设于都中，古未有也，始嘉、隆间。盖都中流

---

① 康熙《建德县志》卷2《营建志》，《稀见中国地方志汇刊》本。
② 康熙《嘉兴府志》卷5《公署》，《稀见中国地方志汇刊》本。
③ 李景铭：《闽中会馆志》，程树德、陈宗蕃序，转引自王日根：《明清时代会馆的演进》，载《明清民间社会的秩序》，第181页。
④ 《江南会馆义园征久录》卷4《会馆落成公议条规》，清刻本。
⑤ 何炳棣：《中国会馆史论》，第17页。

寓十土著,游闲廛士绅,爰隶城坊而五之。台五差,卫五缉,兵马五司,所听治详焉。惟是四方日至,不可以户编而数凡之也,用建会馆,士绅是主,凡入出都门者,藉有稽,游有业,困有归也。……继自今,内城馆者,绅是主,外城馆者,公车岁贡士是寓。①

细绎刘、于二氏之说,已明确道出明代会馆分为两种:一是内城的会馆,为缙绅所主,成为同乡仕宦的寓居之所;二是外城的会馆,则为举人、岁贡生所寓之处。前者为同乡会馆,后者则可归入试馆。

从具体的史实来看,京城会馆寓居人员,确非仅仅限于仕宦之人,而是各色士人荟萃,尤其是乡、会试之士子。关于此,史料有如下记载:

> 京师为万方辐辏之地,风雨和会,车书會至,彩缨纤组之士于焉云集景从。遇乡会试期,则鼓箧桥门,计偕南省,恒数千计,而投牒选部,需次待除者,月乘岁积,于是寄庑僦舍,迁从靡常,欲珠薪桂之叹,盖伊昔已然矣。时则有置室宇以招徕其乡人者,大或合省,小或郡邑,区之曰会馆。②

仔细分析这段记载,同样可以证明会馆为以下两类人员提供了寓居的方便:一类是仕宦官员,包括"投牒选部,需次待除"的官员,亦即"彩缨"之士;另一类是科举士子,包括参加乡试、会试的士人,亦即"纤组"之士。清初人施闰章在论及京城宣城会馆时,除"以会邑

---

① 刘侗、于奕正:《帝京景物略》卷4《嵇山会馆唐大士像》,第180—181页。
② 《京师休宁会馆公立规约》,民国十一年重订本。

之游宦往来者也"之外,①也明确说自己至京城参加博学鸿儒考试,先是僦屋寓居,后入寓会馆。他记道:"刻下寓舍湫隘,暑热难居。欲另僦屋,又甚费,欲暂移入会馆,再看光景。"②云云。可见,参加博学鸿儒考试的士人,同样可以寓居会馆之中。至于清初人汪琬所记,认为会馆的寓居人员,除"贵自仕宦"之外,而且"下讫商旅",并"寓敦睦救恤诸遗法于其中",更是将会馆与同乡商人联系在一起。③

四是"同善会馆"与会馆之关系。早在明代末年,作为慈善组织的"同善会",也开始设有公所,并称之为"会馆"。如嘉兴府嘉善县的"同善会馆",即崇祯十四年(1641)由陈龙正设立,以思贤书院旧址改建而成。④

入清以后,同善会馆继续存在。如在娄县枫泾镇,就设有同善会馆。此馆设在镇南均安桥北,于乾隆二十年(1755)由全镇士民公建,共计有房屋20余楹。咸丰十年(1860),毁于火。外有市房六楹,在米筛桥北,改为"公所"。⑤

---

① 施闰章:《施愚山集·文集》卷11《宣城会馆记》,黄山书社1992年版,第227—228页。
② 施闰章:《施愚山集·补遗》卷1《试鸿博后家书十四通》之六,第127页。
③ 汪琬:《钝翁前后类稿》卷25《文稿》13《序》3《代青阳馆规序》,载氏著、李圣华笺校:《汪琬全集笺校》,人民文学出版社2010年版,第2册,第569—570页。
④ 光绪《嘉兴府志》卷24《养育》,《中国地方志集成》本,上海书店1993年版。
⑤ 许光墉、叶世熊修辑:《重辑枫泾小志》卷2《志建置·义建》,载上海地方志办公室编:《上海乡镇旧志丛书》,上海社会科学院出版社2004版,第6册,第26页。

会馆的正式形成

当然,同乡组织立有会馆、公所,①究竟始于何时,显然存在争议。明人沈德符论会馆云:"京师五方所聚,其乡各有会馆,为初至居停,相沿甚便。"②此虽道出会馆之功能,但尚未点出其出现的时间。按照较为常见的文献,一般认为同乡会馆始于嘉靖、隆庆年间,更为确切的记载是嘉靖三十九年(1560)。如刘侗、于奕正《帝京景物略》,即有以下之说:"尝考会馆之设于都中,古未有也,始嘉、隆间。"③又万历十四年(1586),许国在为京城歙县会馆所撰的碑记中,也仅模糊地记载歙县会馆的创始时间为"嘉靖季年",进而认为其经始于嘉靖四十一年十二月,落成于嘉靖四十二年十二月。郑涛曾为《歙县会馆录》撰写了序言,时间为嘉靖三十九年。④ 此外,歙县会馆中有题为"崇义"一匾,清人徐光文在按语中,也说嘉靖三十九年题于菜市中街,后移置新馆。日本学者和田清最早在

---

① 所谓"公所",其实在清代的典籍中,大抵与会馆相当,均是中国的行业社团,类似于欧洲的行会,或行业公会、商社。关于公所一称的字面意义,美国人马士(H. B. Morse)在《中国行会考》一书中曾有简单的考释,认为公所是"公共事务所"或"公共场所",又可被解释为"考虑公众(以别于私人)利益的地方"。可具一说。此外,又如西人玛高温《中国的行会》所言,所谓公所,"通常是由零售商和工匠组成,其起源远较商会协会为晚,几乎很少有达一百年历史者。它们得以产生的早期根源,今天还是能辨别出的,但以今日之公所而论,其已效法会馆了"。在清代,民间俗语中虽有"三百六十行"之说,但只有那些常见的行业才会结成诸如公所一类的会社。综上可知,从源头上讲,行业公所虽与会馆稍有差异,但在清代已经"效法"会馆,与会馆趋于合流而难以区分。相关的记载,参见彭泽益主编:《中国工商行会史料集》,上册,第12、58页。
② 沈德符:《万历野获编》卷24《畿辅·会馆》,中华书局2004年版,第608页。
③ 刘侗、于奕正:《帝京景物略》卷4《嵇山会馆唐大士像》,第180页。
④ 徐世宁、杨熠续录,徐光文、徐上埔重录:《重续歙县会馆录·续修会馆录节存原编记序》,第13页。

1922年即引用刘、于二氏之说,加藤繁亦采纳此说。仁井田陞及杨联陞先后根据道光十四年(1834)《重续歙县会馆录》所保存的原序,认为会馆最早创设于嘉靖三十九年。由此可见,将会馆创设的时间定为16世纪中叶以后,过去似已成为定论。①

毫无疑问,这一说法存在可疑之处。换言之,同乡会馆真正出现的时间,并非晚至嘉靖末年。西人马士在《中国行会考》中,认为早在明初(1368),已有确切的证据证明,在北京开始设有江苏会馆。② 马氏的这一说法,不知出自何种记载,迄今尚未找到足够的证据加以证实。何炳棣借助两种史料,将会馆起源的时间,完全超越原先的嘉靖三十九年之说,进而追溯至永乐年间。何氏所用史料有二:一是民国八年(1919)的《芜湖县志》,其中记载北京前门外长巷上三条胡同的芜湖会馆,是芜湖县人工部主事俞谟于永乐年间所建;二是清初周亮工《闽小纪》所载一则关于林璧的轶事,证明在嘉靖初叶以前,亦即15世纪后半叶,福州京官已在北京建立福州会馆。③ 王日根借助乾隆《浮梁县志》与同治《重修广东旧义园记》两种史料,得以证实以下事实:在永乐年间的北京,出现了浮梁县人吏员金宗舜鼎建的浮梁会馆,以及礼部尚书王忠铭等人所倡建的广东会馆。④

根据已有的史料,再综合何、王二家之说,可知同乡会馆最早出现于明永乐年间。但至少在嘉靖末年以前,关于会馆的资料仅有零星的记载。至嘉靖末年之后,会馆趋于勃兴,且可以得到更多的史料佐证。如据吕作燮的勾稽,嘉靖年间,南京已经出现了两所

---

① 何炳棣:《中国会馆史论》,第14—17页。
② 彭泽益主编:《中国工商行会史料集》,上册,第76页。
③ 何炳棣:《中国会馆史论》,第15—17页。
④ 王日根:《明清时代会馆的演进》,载《明清民间社会的秩序》,第178页。

会馆,分别是福建莆田的文献会馆,以及广东潮州会馆。① 福建福清在北京的福清会馆,始于嘉靖末年。叶向高记载:"福清之有会馆,始于嘉靖之季。久之浸圮,其地亦湫垫,往来不便。吾乡人谋欲更之,乃相与醵金,买宅一区于城之西隅,饬以为馆。"②在北京,尚有莆田会馆,"馆之楼上祀莆城隍"。③ 史载万历四十一年(1613)十二月初七日,北京莆阳会馆傍"人家生猪,一头一口四眼四耳,项以下分两身,身为雌雄,生已即死,悬以示人"。④ 这则史料足以证明,北京的莆田会馆至晚在万历四十一年就已创设。徽州府休宁县在北京的会馆,"始自明万历间,经营草创,规制未闳"。⑤ 青阳会馆,创设于"前明万历中",且刻有《馆规》30则。⑥ 浙江湖州在京城的会馆,位于玉河桥之东,原先属于休宁会馆的旧址,创自万历二十六年(1598),并订有《会馆条约》。⑦ 万历年间,北京尚有延陵会馆,位于顺城门内的石虎胡同。⑧ 陕西三原县在北京有两所会馆,"诸宦游、计偕、权子母人往往入都,即暂寓其中,如抵家舍,甚便焉"。至崇祯四年(1631),陕西泾阳人也开始在北京创设会馆,位于正阳坊。⑨ 据陈舜系崇祯八年的记载,此年

---

① 吕作燮:《南京会馆小志》,载《南京史志》,1984年第5期。
② 叶向高:《苍霞续集》卷4《重刻福清会录序》,明万历刻本。
③ 姚旅:《露书》卷13《异篇》上,福建人民出版社2008年版,第308页。
④ 姚旅:《露书》卷10《错篇》下,第244—245页。
⑤ 《京师休宁会馆公立规约》。
⑥ 汪琬:《钝翁前后类稿》卷25《文稿》13《序》3《代青阳馆规序》,载《汪琬全集笺校》,第2册,第570页。
⑦ 朱国祯著,何立民点校:《朱国祯诗文集》,《序·会馆条约序》,下册,第421—422页。
⑧ 计六奇:《明季北略》卷19《董心葵大侠》,中华书局1984年版,下册,第348—349页。
⑨ 王徵著,林乐昌编校:《王徵集》卷16《创建泾阳会馆记》,西北大学出版社2015年版,第298页。

他进京时,寓居于岭南会馆。他是充任里长解送黄册进京。同行者有袁州府推官吴鼎元,因浮躁而改调,也赴京补铨。① 可见,在崇祯八年之前,京城岭南会馆即已创设。此外,崇祯年间,在北京尚有山会会馆,为绍兴的同乡会馆。会馆馆址为太监诸升的故宅,位于长安右门之外受水塘。②

会馆的功能及其演变

从会馆的起源、形成来看,明清会馆的功能及其演变存在以下几种趋势。一是从文会馆、讲学会馆等向同乡会馆的转化。这一转化过程关乎明清会馆的起源,理应加以重新关注。二是从同乡会馆向同业会馆的转化。这一转化过程体现为会馆从乡缘转向业缘。三是会馆名称呈一种多样化的变化趋势。这一趋势足以证明会馆在功能上得到了更好的拓展。在此略去第一种转化不论,就后两种会馆功能的转化稍作深化讨论。

(一)从同乡会馆到工商会馆

在明清会馆的形成及其演变历程中,商人除是同业会馆、公所的热心支持者之外,也开始参与同乡会馆的建设。相关的例子颇多,仅引下面四例加以说明。一是北京的歙县会馆,在嘉庆十九年(1814)重修会馆时,其捐款人中,除在京绅士、京外诸公之外,又多了茶商、姜店店主两类人。其中茶商在这次捐款中,共计有 73 人

---

① 陈舜系:《乱离见闻录》卷上,载李龙潜等点校:《明清广东稀见笔记七种》,广东人民出版社 2010 年版,第 8 页。
② 刘若愚:《酌中志》卷 22《见闻琐事杂纪》,北京古籍出版社 1994 年版,第 199 页。

捐款,而姜店则有两家捐款,分别为锦春号、锦新号。① 二是设于广西省城的全浙会馆,其目的是"以为乡之仕宦、游幕、商旅之初莅者解鞍息肩之所"。② 可见,商人同样可以得到同乡会馆的庇护。三是清代北京的鄞县会馆,即为鄞县商人共同筹集资金所建,进而供士人至京城参加会试时"解鞍息驾","无赁僦之劳,获如归之乐"。③ 四是会馆、公所大多附设义园、善堂,从而成为一种慈善团体。如在四川,浙江会馆就设有贞节堂,并附设恤嫠局,至于恤嫠名额,"官场十名,幕场十名,商贾十名,共三十名"。④ 上述四条材料说明,会馆同乡人员的组成,除同乡籍官员、幕宾以外,尚包括商贾。这足证同乡会馆与商人会馆正趋于合流。

商人会馆在明代已经出现。入清,更趋繁盛。如在苏州,建于山塘桥西的岭南会馆,就为万历年间由广州商人建立。东莞会馆,亦始建于天启五年(1625)。此外,如冈州会馆,俗称扇子会馆,清康熙十七年(1678)义宁商人建;东齐会馆,清顺治间胶州、青州、登州商人建。⑤ 自清中期以后,商人设立会馆的发展势头更趋迅猛。如南濠在苏州阊门外,为水路要冲之区。凡南北舟车、外洋商贩,毕集于此。各省大贾,自为居停,所设会馆,"极壮丽之观"。⑥ 尤其至清末,由于商人到处贸易,有些在贸易之地侨居,或联同业之

---

① 徐世宁、杨熠续录,徐光文、徐上埔重录:《重续歙县会馆录》,《续录》新集,第51—53页。
② 董秉纯:《春雨楼初删稿》卷6《广西省垣全浙义园序》,载《四明丛书》,第14册,第8742页。
③ 董秉纯:《春雨楼初删稿》卷1《创建鄞县会馆碑记》,载《四明丛书》,第14册,第8673—8674页。
④ 《浙江馆贞节堂恤嫠局引》,载《浙江馆恤嫠局章程清册》,清刻本。
⑤ 顾禄:《桐桥倚棹录》卷6《会馆》,载王稼句点校、编纂:《苏州文献丛钞初编》,古吴轩出版社2005年版,下册,第611—612页。
⑥ 纳兰常安:《宦游笔记》卷18,清乾隆十一年刻本。

情，或叙同乡之谊，于是会馆、公所纷纷崛起。这种会馆、公所，有些为同业团体，如上海的香雪堂，为沪帮鲜肉行的公所；点春堂，为福建汀州、泉州、漳州三府业花糖洋货各商在上海建立的公所。① 在江阴县，亦分别有绸布业集裕公所、衣业锦云公所、钱纱公所等。② 有些为商人的同乡团体，如清末的上海，有徽宁会馆、泉漳会馆、潮州会馆、浙绍公所等，均是各地同乡商人所建。而在有些地方，如四川成都，其设立之公所，既有同乡商人之集合体，如西江公所、黔南公所等；亦有同业之组织，如酒坊公所、酱园公所。③ 当然，商业同行虽以行会为通称，而且其办事机构多称会馆、公所，但确实又与传统的会社关系非浅。换言之，商业各行亦有结成会社之例。如清代湖南武冈之零星京货店，就专门结成一会，称为"仁义会"；邵阳之广货店，其同人亦结成"敦义会"；长沙之绸布庄，设有二会，分别为"锦云集庆会""文质合庆会"；武冈之布店，设有"锡福会"；巴陵之布业，设有"城隍会"；长沙之靴鞋铺，设有"孙祖会"；桃源之书肆，设有"文昌会"；湖南之纸业会，又称"蔡伦会"；长沙之西帮衣店，共设七会，其中"轩辕会""福佑会"两会，属于店东之结会，而"福主""福胜""福兴""福生""福庆"五会，则属店

---

① 民国《上海县续志》卷3《建置》下《会馆公所》，收入《地方志·书目文献丛刊》，北京图书馆2004年版。
② 民国《江阴县续志》卷3《公所》，载《中国地方志集成》，江苏古籍出版社1991年版。
③ 根据傅崇矩记载，清末四川成都之公所，应该分为三类，除上面所列之同乡商人公所、同业公所之外，尚有光绪三十二年(1906)在各街设立之"讲理公所"及其他诸如"学务公所""警务公所""劝业公所""戒烟查验所""候审所""习艺所"等。若稍作比较，与前两类公所属于民间组织不同，第三类公所属于官方组织，所以傅崇矩将其列入官立各局所内加以叙述。又据傅氏所载，当时成都之公所，分为城内与城外两类，设于城内者共计14个，设于城外者共计三个。参见傅崇矩编：《成都通览·成都之会馆公所》，成都时代出版社2006年版，第22—23页。

伙、客师之结社。①　此即典型之例。

尤堪注意者,除商人会馆、同乡会馆之外,明清两代,尚有手工工匠、农民、仆人设立的会馆与行会。清代苏州的棉染织业手工工匠,为了增加工资和反对场主无故开除工人,纷纷成立会社组织,以与场主抗衡。如雍正元年(1723),踹匠"纠集拜把,商谋约会";雍正七年,踹匠又"拜把结盟"。②　与此同时,踹匠还设有会馆。如康熙时,踹匠"结党创立会馆"。③　清代的佃农亦开始创设自己的会馆,如康熙五十二年(1713),江西兴国佃农创为"会馆","远近传关,每届有秋,先倡议八收七收有差,田主有执原额计租者,即号召多人,碎人屋宇,并所取攫入会馆"。④　农民创设会馆,并将其作为保护自己利益的组织,显然受到商人、手工工匠的影响。又据西人马士《中国行会考》的记载,时至清末,在上海的仆人中也开始出现行会组织。众所周知,在上海1905年12月18日的暴乱期间,作为起义计划的一部分,当时所有的家庭仆人应当在各自的时间和地点,离开他们的外国主人。由于暴乱过早地举行,最后计划没能贯彻到底。然而,根据后来仆人对其主人的陈述可知,"如果给了通知,即使他们不愿意,但也不得不服从通知的要求而离开"。⑤　可见,城市中的仆人行会同样对其成员行动具有约束性。会馆作为

---

① 《湖南商业习惯报告书·商业条规》,载《中国工商行会史料集》,上册,第247—248、259、263、265、273—274、287、324、385页。按:湖南长沙靴鞋铺所设之"孙祖会",其名称源自该行之祖师孙祖。此会始于乾隆四十八年(1783),最初是在乾元宫合祀孙祖。至咸丰初年,在乐心巷建立孙祖庙之后,改为在乾元宫、孙祖庙两处办会。
② 《雍正朱批谕旨》,北京图书馆出版社2008年版,第42册,第76页。
③ 江苏省博物馆编:《江苏省明清以来碑刻资料选集》,生活·读书·新知三联书店1959年版,第340页。
④ 《兴国县志》卷46《杂记》,载《中国地方志集成》,江苏古籍出版社1996版。
⑤ 彭泽益主编:《中国工商行会史料集》,上册,第73页。

同行的组织机构，原本是城市的产物，所以农民会馆的出现，足以证明明清时期商品经济已相当发达，并开始向农村渗透。

(二) 会馆名称的多样化

明清时期，作为一种同乡或同业组织，会馆、公所仅仅是最为常见的名称。若是细究之，其名称堪称千姿百态。据清末《湖南商事习惯报告书·会馆》记载，当时湖南的会馆，若是按籍贯加以区分，较为著名的会馆组织分别有江西的"万寿宫"，福建的"天后宫"，广东的"岭南会馆"，江苏的"苏州会馆"，安徽的"徽州会馆""太平会馆"。此外，湘潭有"七帮"之目，常德有"三堂八省"之称。若是按行业加以区分，则最为普通的会馆有钱铺及杂货、绸缎业的"财神殿"，药材业的"神农殿"，屠户一行的"桓侯庙"，酒馆行业的"詹王庙"。①

由此可见，除会馆、公所之外，上面所引述的举凡"宫""殿""庙"之类，名虽异，实则与会馆、公所无异，均可归为会馆、公所的别称。其实，明清时期的会馆，很多与庙、祠合一。如苏州的镇江公所，位于小武当。此公所为乾隆年间镇江商人在大士庵的基址上建成。建成以后，仍供奉普门大士，由僧人主持香火。苏州的磨坊公所，亦位于小武当。公所为乾隆五十五年（1790）在陆羽楼的基址上改建而成，其中供奉马牛王神像，故又称马牛王庙。② 此外，明清会馆之中，多设有宗教神殿。即以在苏州的商人会馆为例，如岭南会馆，中设天后殿、关帝殿；东齐会馆中，设关帝殿；全晋会馆，有关帝殿；翼城会馆，有关帝殿。③

下面以湖北汉口为例，对会馆之众多别名加以梳理。有称

---

① 彭泽益主编：《中国工商行会史料集》，上册，第112页。
② 顾禄：《桐桥倚棹录》卷6《会馆》，载《苏州文献丛钞初编》，下册，第612页。
③ 顾禄：《桐桥倚棹录》卷6《会馆》，载《苏州文献丛钞初编》，下册，第611页。

"殿"者。如"三皇殿",为药材行帮公所,始于清顺治十三年(1656);又"老汉义殿",为循礼坊肉业公会,始于清康熙六年(1667)。有称"庵"者。如"新安淮堤庵",为新安人商业公所,始于清康熙七年;又"法云庵",为五金矿砂业会议之所,始于清道光十一年(1831)。有称"庙"者。如"覃怀药王庙",又名"怀庆会馆",为药商公所,始于清康熙二十八年;又"关帝庙",为山陕旅汉商业建筑,又称"山陕会馆",始于清康熙年间。有称"书院"者。如"新安书院",其实就是徽州会馆,始于清康熙三十四年;又"凌霄书院",实则粮行公所,始于清同治年间。有称"宫"者。如"万寿宫",实为商家营业之所,始于清康熙年间;又"仁寿宫",其实就是江西临江会馆。有称"阁"者。如"鲁班阁",实则工匠集合之所,始于清康熙年间;又"孙祖阁",又称"鞋业公所",始于清乾隆年间。①

再以湖南行会为例,公所或公会,有时又称"祀"。如邵阳纸烛行公会,又称"福佑祀";武冈之染纸作坊,其同行组织称"梅葛祀";武冈之衣店,则称"轩辕祀"。② 或称"公司"。如清光绪年间长沙之烟店,就成立了"烟税公司";光绪三十二年(1906),重庆之瓦窑

---

① 彭泽益主编:《中国工商行会史料集》,上册,129—147页。按:在传统中国社会中,"庙"并不仅仅是宗教信仰的标志,有时更是有着共同宗教信仰的地方社会组织。如清代广东各乡普遍流行一种"香火庙",有些甚至经费相当充足,每年的利息"少至数百金,多至数千金"。这些公共经费,大致有以下两类用途:一是"父老乡人宴飨之用",二是"留作争讼之需"。相关的记载,参见余治:《得一录》卷10《粤东启蒙义塾规条》,载《官箴书集成》,黄山书社1997年版,第8册,第623页。
② 《湖南商业习惯报告书·商业条规》,载《中国工商行会史料集》,上册,第314、328、383页。按:行会组织称"祀",其得名显然来自行业成员之共同祭祀。换言之,一个行会组织,同时可以构成一个祭祀圈。由此而来者,则是行会组织称"福"。如湖南益阳烟匠之行会组织,始自清乾隆年间之"永年福"。此即其例。同注,上册,第434页。

业,亦设有"瓦窑公司"。①

此外,亦有称"堂"者。如清代山西泽州府梨园行,为了支应官差,专门设立了"五聚堂",府属各县戏班均可以寓居于此,同时也是梨园行的行业会所。堂中设立班头一人,由其支应差务,以便公私两便。在五聚堂中,堂中所祀之行业神,正中为"开元皇帝",即唐玄宗李隆基,这是梨园行的祖师爷;左祀"三官",是为了祈祷赐福;右祀"财神",则是为了祈祷多财。此外,尚附祭大王、咽喉、山神。②

(三)会馆功能的演变

商业会馆、公所,或为同业会馆,或为同乡商人公所,虽也带有同乡会的性质,但与明清两代通行的同乡会馆稍有不同。同乡会馆与商业会馆相较,至少有两点不同之处。一是同乡会馆的商业色彩极为淡薄,有些甚至禁止在会馆内进行与商业有关的活动。如当时规定,会馆只是衣冠荟萃之地,"不得寄存货物,粘贴招牌"。③ 二是从这些会馆的寓馆条规来看,也不是同业或同乡商人的会议之所,而只是为乡、会场寓考而设,即为同乡应试士子、选官士绅提供方便。如清代北京休宁会馆的《馆寓条规》就规定:会馆只为应试及需次者而设,此外概不得与;乡试、会试、候选、候补者均以文书为凭,若无文书,以及不是应试的生监,就不得寓于会馆。休宁本籍绅士,可以寓馆;若为寄籍,就必须言明乡村、姓名,确有证据,方准寓居。寄籍久远,须同县京官力保,若无保人,就不准寓

---

① 彭泽益主编:《中国工商行会史料集》,上册,第426、563页。
② 《五聚堂纪德碑序》,载冯俊杰等编著:《山西戏曲碑刻辑考》卷9,中华书局2002年版,第469—470页。
③ 《上湖南会馆传书》卷6《新议章程》,清刻本。

居馆内。① 这就需要对会馆所容留之人与禁止之人作一系统考察。玛高温在《中国的行会》中认为,就留宿而言,会馆主要有下面三类功能:一是"给高级官吏的宦游提供临时的宿所",二是"为去都会赶考的学子过宿",三是"对投宿的云游僧众(道士和佛教徒)给予方便"。② 这显然就是同乡会馆的典型特征。此外,会馆禁止妇女进入其内。作为一个游寓人员进出频繁的公众场所,这条禁例的出台,其目的无非"维持纲常和礼教。"③

清代北京,同乡会馆林立,最为集中。据现仍保存下来的会馆条例、章程来看,清代在北京的会馆,其中较为著名者有以下这些会馆。休宁会馆,始建于明万历年间,至清乾隆时重建。④ 河南全省会馆,共有七处:中州东馆,在骡马市大街路北;中州南馆,在米市胡同南头路西;中州新馆,在丞相胡同北头路东;嵩云草堂,在达智桥东头路北;嵩阳别业,在骡马市大街路北;中州乡祠,在上斜街路北;河南会馆,在粉房琉璃街路东。⑤ 河间会馆,乾隆年间由舒成龙创建。⑥ 安徽会馆,定有公议条规,光绪十二年(1886)九月重订规条。⑦ 浙闽会馆,民国四年(1915)重订章程。⑧ 江西会馆,道光二十九年(1849)公定条例。⑨ 上湖南会馆,议有章程,定有传书。⑩ 又根据光绪年间人李虹若的详细记录,当时各省在北京的同乡会

---

① 《寓馆条规》,载《京师休宁会馆公立规约》。
② 彭泽益主编:《中国工商行会史料集》,上册,第8页。
③ 玛高温:《中国的行会》,载《中国工商行会史料集》,上册,第8页。
④ 北京休宁会馆的始建乃至沿革状况,可详见《京师休宁会馆公立规约》。
⑤ 《京师河南全省会馆管理章程》,民国元年修正本。
⑥ 关于北京河间会馆创设及沿革,可详见《河间会馆录》,清刻本。
⑦ 安徽会馆重订条规,可详见《京城安徽会馆存册》,清光绪十二年重订本。
⑧ 详情可参见《重订浙闽会馆章程》,民国重刻本。
⑨ 《江西会馆纪略·条例》,清道光二十九年订本。
⑩ 其中所定章程,可详见《上湖南会馆传书》。

馆,已达382处。① 从李氏的记载又可知道,清代北京同乡会馆呈现出下面几个特点:一是会馆或称"试馆",大抵保留了会馆起源时的称谓;二是会馆除原先的老馆之外,又分别出现了新馆,于是同乡会馆有老馆、新馆之别;三是同一地域在北京不止一处会馆,有些甚至有两处或更多处的会馆;四是从某种角度上说,乡祠同样具有会馆的功能;五是在北京的同乡会馆,有时往往同乡与同业合而为一;六是县亦开始在京城设立会馆;七是在北京同乡会馆中,以山西人在京所设会馆居多。

至于工商会馆、公所,其分布的数量其实与经济、商业的繁荣程度密切相关,亦即在数量上存在地域差异性。假若说在明清两代,会馆、公所大多集中于北京、南京、苏州、杭州等经济发达的城市,那么,自清末乃至民国时期,诸如上海、汉口等开埠城市,逐渐取代北京、南京、苏州等传统城市,成为工商会馆、公所最为集中的城市。据成立于民国元年(1912)的会馆公所联合会的调查,当时汉口约有200个工商会馆、公所。② 又据民国十二年出版的《上海指南》一书,在整个上海境内,当时共有工艺公所58个,商业公所117个,此外还有新成立的农业团体、工厂联合会以及商务运输公会151个。三项所加,工商行会总数已达326个。③ 反观北京,据不完全统计,在清代末年,仅有八个商人会馆,分别为文昌会馆、长春会馆、颜料会馆、药行会馆、仙城会馆、烟行会馆、安平公所、正乙祠。④ 即使到1928年,北京所有工商行会均已属总商会统辖,但据不完全统计,其总数亦仅有55个。至于东北的哈尔滨,据民国十

---

① 李虹若:《朝市丛载》卷3《会馆》,北京古籍出版社1995年版,第46—62页。
② 彭泽益主编:《中国工商行会史料集》,上册,第130页。
③ 阿维那里乌斯:《中国工商同业公会》,载《中国工商行会史料集》,上册,第128页。
④ 李虹若:《朝市丛载》卷3《会馆》,第46页。

一年出版的《哈尔滨指南》,在哈尔滨总商会之下,更是仅有12个工商公所,分别为滨江县商会、银行公会、钱业公会、杂货商公会、油业公会、运输公会、风船公会、粮业公会、当商公会、火磨公会、木商公会、工业维持会。① 这大抵显示了在会馆功能演变过程中,工商会馆所呈现出来的区域转移态势。

结束语

尽管会馆的定义有所歧义,但会馆的出现,显然还是源于以下两方面的因素。一是"会馆为崇祀乡贤之地,春秋祭祀"。② 换言之,会馆是一种同乡会的组织,原为乡、会场寓考而设,其目的无非"为奉祀事而联乡谊,且便于会议"。③ 明代北京歙县会馆最初设立的目的,也是"交接以道,庆吊以礼,联疏为亲,情义蔼然",其中"敦乡谊"这一点最为突出。④ 就此而论,西人马士在《中国行会考》中,将同乡会馆的主要特征定义为"其全部成员都是来到外地的同乡官吏和同乡商人",⑤大抵把握住了同乡会馆的底蕴。二是明清时期,由于商人力量的崛起,商人为逐利而周游天下,在商业繁华之处设会馆,联乡谊,团结同行。关于此点,日本东亚同文会编《中国经济全书·会馆及公所》有详细讨论,引述如下:"盖会馆、

① 阿维那里乌斯:《中国工商同业公会》,载《中国工商行会史料集》,上册,第128页。
② 《江南会馆义园征久录》卷4《公订会馆木榜条规》。
③ 《江南会馆义园征久录》卷4《会馆落成公议条规》。
④ 徐世宁、杨燴续录,徐光文、徐上埔重录:《重续歙县会馆录·续修会馆录节存原编记序》,《续录》前集《经始》,第13、17页。
⑤ 彭泽益主编:《中国工商行会史料集》,上册,第76页。

公所者,所以固团体,重信义,为商业之机关也。且清国自古以农立国,崇本抑末之说,深中于人心。官之于商,刻削之而已,困辱之而已,凡商情之向背、商力之盈亏,置若罔闻,不有会馆公所以维持之,保护之,欲求商业之发达,岂不难哉。"又云:"然设立之初,不外保商务谋公益为目的。"①这显然也是经过仔细调查之后得出的可靠结论。

会馆又是一种群体组织。它的设立,"乃依群为结合,特大群中之一小群而已"。② 所以,会馆又与会社团体关系颇密。在清代,京城、外省各官,通常以"同年""同乡""同僚"为纽带,在每年春初宴集一次,俗称为"团拜"。③ 团拜之会,通常由值年一二人承办,开筵演剧,④费用多达数百两银子,稍次者亦必择地会饮。究其原因,还是京师地大人众,同乡之人往往经年不谋一面,不过借此得以聚晤,联络友谊。外省亦然,而且其团拜多联合商界共同举行。⑤ 在会馆中,每年亦定期举行"团拜会""追祭会""恳亲会",联络乡情,追祭乡贤。如北京的休宁会馆,每年春秋二季,即四月与十月,分别举行团拜会,"招集正副会员,并临时来京之乡人,以共

---

① 彭泽益主编:《中国工商行会史料集》,上册,第90—91页。
② 《山西湖广会馆章程·序》,清刻本。
③ 清人陈兆仑以"团拜"为题,作诗一首,云:"登场傀儡漫相嗤,肃肃班行演旧仪。云路飞腾凡几辈,苔苓气谊重连枝。一舟人海欣相集,百里雷封慎所司。忽向歌筵萦昔梦,春明逐队少年时。"参见潘焕龙:《卧园诗话补编》卷6,载高洪钧编:《明清遗书五种》,北京图书馆出版社2006年版,第239页。
④ 关于会馆中所设供团拜或祭祀以及演戏之用的戏台,西人玛高温有如下描述:"其最引人注目的部分,是为敬神而演戏的园庭,它的一端是一个戏台,另一端是神龛主祠;环绕戏台的围栏上,那些有身份的人边看戏,边聊天,边饮宴;下面露天场地则免费提供给一般公众享用。"参见玛高温:《中国的行会》,载《中国工商行会史料集》,上册,第8页。
⑤ 徐珂:《清稗类钞·师友类·以团拜联友谊》,中华书局2003年版,第8册,第3594页。

敦乡谊";而在清明、中元节,又行追祭会,"招集正副会员,亲诣义园祭拜"。① 而北京的河南会馆,每年阳历四月间,开一次恳亲会,"公宴同乡,以期联络乡谊,并报告各馆所有出入款项,及筹议各馆进行整顿事宜"。②

同乡、同业组织的名称,大抵可分为以下两类:一为会馆;一为公所。前者属于同乡的集合,后者属于同业的集合。同业的未必同乡,但同乡多半同业。③ 揆之明清同乡会馆的实况,其同乡的概念,既可以是同省,亦可以是相同的府、州、县。即使是在相同县份的同乡会馆中,同样不乏来自外县之人的热心捐款。换言之,"同郡异邑"亦即同府不同县的人,也被允许加入会馆。如明代在北京建立的歙县会馆的捐款录中,列有三名外邑之人,分别为:方邦度,户部郎中,婺源人;潘怀,扬州府通判,婺源人;黄腾宇,绩溪人。为此清人徐光文才专门作按语云:"以上三人皆外邑输资入馆。此同郡异邑入馆之始也。"④这一点显然颇为值得关注。

---

① 《京都休宁会馆公立规约》。
② 《京师河南全省会馆管理章程》。
③ 《清季上海地方自治与基尔特》,载《中国工商行会史料集》,上册,第182页。
④ 徐世宁、杨燴续录,徐光文、徐上塘重录:《重续歙县会馆录》,《续录》前集《捐款录》,第21页。

第八章　结万为姓：秘密社会与天地会的渊源

引　言

秘密社会起源甚早，其活动始于先秦；入汉，已有秘密社会的活动；至宋、元时期，更是有了"会"的出现；及明，秘密社会的活动及组织已趋成熟；到了清代，秘密社会臻于极盛。

所谓秘密社会，主要是指存在于民间的各种秘密结社活动，多以"社"或"会"相称。首先，秘密社会与民间结社存在千丝万缕的联系。如广泛存在于民间各种结社的互助方式，就为秘密社会所吸收、采纳。其次，秘密社会又不同于一般的民间结社，它不仅仅是单纯的民间互助团体，而且是民间反抗官府的秘密组织。同时，它具有隐蔽性、秘密性，有一套流行于会内成员之间的暗号、隐语系统，非内部成员不得而知。由于秘密社会大多拉帮结派，又有许多不为外人所知的颇具黑幕性质的组织结构，所以近代以后又俗称"帮会""黑社会"。至清末，以康有为为首的保皇会与以孙中山为首的革命党大多利用过秘密社会，并对秘密社会进行了适当的改革，称其为

"会党",故清中期以后,又将各类秘密结社团体称为会党。①

中国的秘密社会源远流长,成为下层平民互助并带有极为突出的政治色彩的组织团体,在历史上留下了相当深远的影响。传统的秘密社会,其创设的初衷或许仅仅是互相帮助,但无可否认的是,结社势力的扩大,必然会对传统的统治体制构成一定程度的威胁。换言之,秘密结社在很大程度上带有政治色彩,而这一点正是它与一般性结社的区别所在。

秘密社会的起源

对于所有秘密社会,清代官方文书一概骂为"会匪",说明秘密社会与传统社会称为"盗贼"一类的人颇有关系。秘密社会成员大多来自游民。换言之,一个极为庞大的游民阶层的存在,是秘密结社存在的社会基础。所以,秘密社会的起源,有必要从这两类人中去寻找。

据有的学者研究,墨家及其后学"巨子"一类的组织,已初具秘密社会之雏形。"墨家之组织非仅一学术团体,似革命机关,亦似后世秘密会党;盖组织甚密而纪律甚严也。"墨家子弟的死生大故,

---

① 按照庄吉发的观点,采用"秘密社会"一称,易与文人结社及秘密宗教混为一谈,不如采用"秘密会党"更为妥当。究其理由,有如下三点:一是清代官方文书中,常见"结会树党"字样,并且将其纳入《大清律例》内的增订条例中;二是会党成员以年次结拜兄弟,结会树党,创立会名,故称会党;三是清末革命运动开展以来,会党一词的使用更为普遍(庄吉发:《清代秘密会党史研究》,台北文史哲出版社1984年版,第3—5页)。其说虽有一定道理,然就起源而言,秘密异姓结拜组织多以"社"或"会"为名,显然采用"秘密社会"更为符合历史实际。

受到"巨子"的干涉,即使如普通出处及生活,亦由"巨子"指挥。可见,"巨子"这一类组织,比起一般学术团体的师弟关系,显得更为严密。① 这种观点,可具一说。

秦汉时期广泛存在的"恶少年"与游侠集团,固然属于一些无赖团伙,但与秘密社会也有一定的关系。就秦汉恶少年的身份而言,大致不外乎是一些浮游于城镇中,职业卑贱甚至基本无业的游侠少年。一般说来,这类少年在平时就不是一些安分守己之辈,而是"不避法禁,走死地如鹜"者。一俟社会大动荡,统治秩序败坏,这些少年更是暴露出好勇斗狠的本性,积极参与各种社会活动,或投身起义洪流,成为反抗官府的骨干力量;或投身于各地豪杰门下,成为他们战伐争夺的武装力量的基础;或窜迹山林,成为绿林大盗。秦汉恶少年的活动虽以公开为主,但有时也不乏秘密的活动。如王莽末年,琅琊女子吕母"阴厚贫穷少年,得百余人,遂攻海曲县";②东汉末年,曹仁"阴结少年,得千余人,周旋淮泗之间"。③"阴厚""阴结"云云,说明这些少年的活动,有时也带有秘密社会的性质。

大量恶少年的存在,是秦汉时代游侠社会的重要基础。大致说来,秦汉游侠有行侠仗义的一面,故汉人司马迁对游侠持基本肯定的评价。游侠讲究"私义""侠义"的精神,往往为下层社会所称道,以至世人对这些游侠皆"延颈愿交"。秦汉游侠集团"不爱其躯,赴士之厄困"的侠义道精神,对后世秘密社会的影响颇为深远。当然,秦汉游侠也有"好勇斗狠"的一面,并因此被统治者斥为"不轨""奸猾""奸人之雄"。班固在《汉书·游侠传》中对游侠的社会

---

① 墨家"巨子",以及与秘密社会之关系,相关的阐述可参见方授楚:《墨学源流》,中华书局、上海书店1989年版,第115—121页。
② 班固:《汉书》卷99《王莽传》,中华书局1962年版,第4150页。
③ 陈寿:《三国志》卷9《曹仁传》,中华书局1959年版,第274页。

影响作了如下评述,"众庶荣其名迹,岂而慕之,虽其陷于刑辟,自与杀身成名",以至"死而不悔"。秦汉时期,在这些游侠集团的门下聚集着不少无赖恶少。尽管"少年"与"恶少年"是游侠集团的社会基础,但少年之归附游侠,无非重其侠名,然后才"慕之辐辏",所以如果我们想从中找出游侠集团本身所具有的一整套严密的组织结构,似乎并不现实。不过,值得指出的是,史称秦汉游侠具有"背公死党"的集团倾向,这大概已开了后世秘密结社的先河。①

不仅游侠"背公死党",即使在官场中,汉代官僚也有"背公死党"的集团倾向。如汉人翟方进就称王室刘立,"邪臣自结,附托为党"。刘立被斥逐就国以后,又与将军朱博、巨鹿太守孙闳、故光禄大夫陈咸相交结,相与推为心腹,"有背公死党之信,欲相攀援,死而后已"。② 这种官僚集团内"背公死党""死而后已"的交结倾向,虽非汉代所独具,但至少开了近代秘密社会参与政治乃至结交太监、官府的先河,同时也说明汉代"背公死党"的现象已形成一定的气候。

社为"盗贼"之称,从一定程度上说,此说不假。一些窜迹绿林或啸聚山林的势力,大多结社,或自保,或反叛,或借此横行乡里。在朝廷看来,这些结社势力是"匪",而在正统士大夫的眼中,则为"盗贼"。当然,在元代以前,盗贼只以"社"相称,不以"会"名。以会相称,则是元代以后的事。在清末,除"红帮""青帮"以外,还有"黑帮","即普通的窃贼及强盗";一名"湖团",即"江湖团",又称

---

① 关于秦汉时期的"恶少年"以及"游侠",其详细的阐述,可分别参见王子今:《说秦汉"少年"与"恶少年"》,载《中国史研究》,1991年4月;劳榦:《论汉代的游侠》,收入《劳榦学术论文集甲编》,台北艺文印书馆1976版;陈宝良:《中国流氓史》,中国社会科学出版社1993版,第62—80页。
② 翟方进:《复奏王立党反》,收入严可均辑:《全汉文》卷49,载严可均辑:《全上古三代秦汉三国六朝文》。

"白帮",专以"诈骗及诱拐为业"。① 其实,黑、白两帮,与俗称的黑、白两道有些差异,不过其称却起源极早。早在隋末,盗贼中就有"黑社""白社"之名。

歃血拜盟,是秘密社会成员中的普遍做法。所谓"歃血",原为古时会盟的一种仪式,即双方口中含牲畜之血或以血涂口旁,表示信誓。后世则成为秘密社会拜盟的专称。后世歃血主要用鸡,以鸡血饮酒,或用针在臂上刺血,即为"歃血"。如清末哥老会的入会仪式即为:"入会者向神前四跪八拜,拜毕起来,用针在手臂上刺一点血,滴入岳王神前酒杯中,事毕坐于神位之右。"此外,还以刀斩鸡头,将鸡血滴入神前五个酒杯中,与盟者分饮血酒。所以,清代又有了"鸡坛歃血"的说法。② 起初的拜盟仪式,或用羊、猪,有时候则用牛。如汉时就有刿羊立誓之说。刘向《说苑·奉使》言,"刿羊而约曰:'自后子孙敢有相攻者,令其罪若此刿羊矣!'"汉末又有杀猪结盟的仪式。如《汉书·王莽传》中,"莽遣使者分赦城中诸狱囚徒,皆授兵,杀豨饮其血,与誓曰:'有不为新室者,社鬼记之。'"豨者,即猪也。社鬼者,为土地神。唐代,盗贼聚会仪式的特点也是"非牛酒不啸结"。③ 显然,这是杀牛拜盟。至于《辽史》中所言的"刺血友",④虽不言拜盟所用何物,但至少也是喝过血酒的,大抵亦与近世秘密社会的做法基本相同。

除"牛酒啸结"此类秘密活动外,唐代坊市恶少的文身仪式,也

---

① 〔日〕山口昇:《中国的形势及秘密社会》,载《近代史资料》总75号,中国社会科学出版社1989版,第250—251页。
② 陈璜:《旅书·盟社》,清道光十三年吴江沈氏世楷堂刻本。
③ 欧阳修、宋祁:《新唐书》卷126《韩休传》,中华书局1975版,第4435页。
④ 转引自顾炎武撰、黄汝成集释:《日知录集释》卷22《社》,中州古籍出版社1990版,第521页。

颇具近世黑社会的特色。① 如有一恶少宋元素,身刺71处。左臂曰:"昔日以前家未贫,苦将钱物结交亲。如今失路寻知己,行尽关山无一人。"右臂纹一葫芦,"上出人首,如傀儡戏"。据当时的史料记载可知,这是葫芦精。② 这种身上纹葫芦的仪式,也是近世黑社会人员文身的滥觞。

自宋以后,秘密社会的活动更趋猖獗,而且有了结社组织。显然,这与宋代白莲教、明教这类秘密宗教结社的出现是桴鼓相应的。如北宋仁宗时,河北、河东一带,有一"没命社",又称"榾子社"。其魁首为豪姓李甲,结客数十人。此团体"或不如意,则推一人以死计,数年为乡人患,莫敢发"。后薛颜卿知擢州,下令搜捕没命社的徒党,"杖李甲,流海上,余悉籍于军",③这一秘密会社才告解体。在扬州,秘密社会则有"亡命社",参加者均为一些"不逞之徒",时常为侠于乡里。后石公弼知扬州,捉拿这一团体的魁首,痛加惩治,"社遂破散"。④ 据《宋史·曾巩传》,北宋中期,山东历城、章丘的"盗贼","聚党村落间",号称"霸王社",到处强夺财富、劫囚纵火,官府不能治。不仅如此,宋代江湖秘密势力极大,而且推举自己的魁首。如在开封,有一位吴生,"专以偏僻之术为业",被江湖道上之人推为"巨擘",显然是一黑社会头目。他居住在朝天门,开一大茶肆,结交三教九流,"无赖少年竞登其门"。⑤

据历史记载来看,宋代的秘密结社已存在两大派系:一是秘密

---

① 关于唐代的坊市恶少,可参见陈宝良:《中国流氓史》,第101—104页。
② 段成式:《酉阳杂俎》卷8《黥》,载《四部丛刊》,上海商务印书馆民国间影印本。
③ 郑克:《晰狱龟鉴》,载《说郛》卷20,清顺治三年宛委山堂刻本。
④ 脱脱等:《宋史》卷348《石公弼传》,中华书局1975年版,第11032页。
⑤ 周密:《癸辛杂识续集》下《吴生坐亡》,载《宋元笔记小说大观》,第6册,上海古籍出版社2007版,第5808页。

宗教结社,即白莲教、明教之类;二是秘密社会。至于这两大派系之间的关系,因为史料匮乏,已无从考知。而在秘密社会中,事实上亦可再分为二,即以游手无赖、"盗贼"为成员主体的秘密社会,如上述没命社、亡命社、霸王社,以及由破落秀才、无赖组成的行业性团体,如"业觜社"。在宋代,讼棍横行,其成员构成,既有贡士、国学士或"进士困于场屋者",又有势家子弟、宗室中之浪荡不羁者或断罢公吏,但主要为"坊廓乡村破落无赖"。他们"粗晓文墨,自称士人,辄行教唆,意欲骚扰乡民,因而乞取钱物"。① 他们把持诉讼这一行,凡是民间发生纠纷,就推讼棍为盟主,称其为"主人头"。讼棍已经形成自己的秘密团体,如松阳有"业觜社","亦专以辩捷给利口为能""从之者常数百人"。② 在讼棍之下,还聚集着一大批无赖哗徒,并形成自己的一套规矩,有了行业性的切口黑话,如称做贼人为"并旗鼓",厮仆人为"并旗帐",造蛊人为"蜈蚣虾蟆蛇"。③

至元代,秘密社会的活动又得到了长足的发展,其最显著的标志就是当时的秘密结社活动,不但称社,而且出现了会名。如泰定二年(1325),"各处游手好闲之徒,结成党群,号为匾担社,执把刀斧棍棒,夤夜偷斫桑枣树,搬收米麦谷豆,纵捉拿,喝喊拒捕,致伤人民"。④ 这个匾担社,在《元史》中又作"扁担社"。如泰定二年九月,"禁饥民结扁担社,伤人者杖一百,著为令"。⑤ 扁担社所行虽

---

① 《名公书判清明集》附录2《徐铠教唆徐莘哥妄论刘少六》,中华书局2002版,第594—595页。
② 周密:《癸辛杂识续集》上《讼学业觜社》,载《宋元笔记小说大观》,第6册,第5800页。
③ 吴雨岩:《豪与哗均为民害》,载《名公书判清明集》卷13,第486页。
④ 《刑通赋疏通例编年》,收入黄时鉴辑:《元代法律资料辑存》,浙江古籍出版社1988版。
⑤ 宋濂等:《元史》卷29《泰定帝纪》1,中华书局1976版,第660页。

与盗贼一般无异,但从它的成员构成来看,均为一些游手好闲之徒与饥民,显然也是一个秘密社会组织。

在元代的长安,游逸少年与名家子弟还结成"五陵会"。早在汉代,一些世家子孙,凭借世业,不知稼穑的艰难,往往耽于佚游,每天只以走马、斗鸡、蹴鞠、博弈为事,在当时有"五陵年少"之称。至元代,长安的名家子弟,风闻五陵年少之风,欲仿其所为,"鸠集朋类,刲羊酾酒,时时宴饮,以快意于当年",结成"五陵会"。① 五陵会主要存在于元代末年。从"鸠集朋类,刲羊酾酒"来看,此会已有互助、拜盟倾向,应当属于秘密社会系统。

明代的秘密社会

毫无疑问,秘密社会活动的发展,在明代已经达到了空前的极盛。换言之,几乎所有清代秘密宗教结社与秘密社会活动,均可以从明代找到其源头,只是晚明至清初这一段时间内档案资料的匮乏甚至佚失,才使得明清两代秘密社会活动的渊源关系变得较为模糊。而秘密宗教结社则不同,由于各个教派宝卷得以保存,弄清楚两者之间的渊源关系较为容易。就目前的研究状况来看,事实也确是如此。但笔者确信,随着史料整理工作的展开以及研究的深入,厘清明清两代秘密社会之间的渊源关系,将为时不远。

一个庞大的游民阶层,是秘密社会必须具备的社会土壤。明初朱元璋立国,对游民大加惩治。他要求统治下的臣民百姓,无论是出仕、务农,还是做工经商,都要各务本业,绝不允许闲惰。他规

---

① 李庭:《寓庵集》卷4《长安五陵会序》,《续修四库全书》本。

定,若有军官、军人学唱,就"割了舌头";若下棋打双陆,就"断手";蹴鞠踢球,就"卸脚";做买卖经商,就"发边远充军"。① 明成祖朱棣有其父之风,他对游惰之民的禁止也极为严厉。他下令,让那些无恒产却又好讼的"奸民",即无赖讼棍,归于田亩,"授田耕种"。② 通过这种雷厉风行的整治措施,明初几十年时间里,消除了部分乡村土地兼并的不合理现象,农民大都依附于土地之上,从而导致城乡无赖阶层缺少必要的"后备军"。所以,在明初的洪武、永乐、洪熙、宣德几朝,无赖游民的活动仅有零星的记载,并无大批出现的迹象。与此相应,秘密社会的活动也多销声匿迹。

正统以后,由于乡村豪强兼并土地日趋激烈,更由于农村赋役繁重,一些自耕农或半自耕农宣告破产,脱离了土地,或流落到城市,成为城市平民,或窜迹山林,成为流民。这一方面给社会治安带来一些麻烦,另一方面也不断孳生出社会闲散人员。同时,自明中期以后,由于商品经济渐趋繁荣,一些新的大码头随之崛起。在这些码头,由于商货汇集,各色人物荟萃,因此奸伪、骗诈之事时常发生。由此,在城市中无赖游民大批产生。如成化年间,有一种无赖游民即"喇唬"的活动日渐猖獗。从当时的兵部尚书余子俊的上奏中可以得知,喇唬是对闾巷恶少与各处逋逃罪囚结聚党类后的称呼。③ 这批人不务正业,好逸恶劳,三五成群,好恶相济,结成党群。

这些无赖游民是否歃血拜盟,由于资料缺乏,目下尚不敢遽下论断。但他们结帮成派,已具帮会雏形,这是毋庸置疑的。如正统

---

① 《南京刑部志》卷3,清钞本。
② 《明太宗实录》卷124,永乐十年正月壬子条,台北"中央研究院"历史语言研究所校印本,1966年。
③ 《明宪宗实录》卷209,成化十六年十一月壬辰条,台北"中央研究院"历史语言研究所校印本,1966年。

五年(1440),通州张家湾军余邵文斌等九人,各立"郎头""铁脸""阎王""太岁""先锋""土地"等名号,"往来上下马头,欺侮良善,吓骗财物,恃强凌弱"。① 成化六年(1470),山西太谷县杜文羹,自号"都太岁",与兄弟一起结交一批恶少,号"十虎""二贤""八大王",横行乡里,时常聚众做一些奸恶不法之事。②

在明代的南京,也有一批无赖莠民,结成带有黑社会性质的秘密帮会。这些无赖团伙,有时以所结交成员的多寡取绰号,于是就有了"十三太保""三十六天罡""七十二地煞"等称呼;有时又以自己所执器械取绰号,这样就有了"棒槌""劈柴""槁子"等称号。这批有绰号、整天横行市井的莠民,不过是一些抛头露面的小喽啰,在他们背后出谋划策的则是一些无赖魁首,如崔二、龚三之类即是。若想报仇,这些无赖魁首就雇用打手、刺客,而自己则并不露面;若要设局骗财,也有手下的喽啰去动手,自己躲在背后指手画脚。他们有求必应,无事不干,手下的徒党达数百人之众,恶名远扬。③ 从这些莠民团伙的活动来看,诸如替人营办婚丧、打官司、报私仇,显然带有互助性质,与清代秘密社会颇为近似。至于"十三太保""三十六天罡""七十二地煞"的取名,以及以所执器械取绰号,更是秘密社会组织惯用的手法。如清乾隆十三年(1748),福建宁化县就出现了"十三太保铁尺会",其所执器械即为铁尺。④

太保原为古代三公之一,位次于太傅。至宋,又称庙祝、巫者为"太保"。如俞琰《书斋夜话》一书引朱熹言:"今之巫者言神附其体,盖犹古之尸,故南方俚俗称巫者为太保,又呼师人。"《宣和遗

---

① 《明英宗实录》卷65,正统五年三月乙巳条,台北"中央研究院"历史语言研究所校印本,1966年。
② 《明宪宗实录》卷86,成化六年十二月己酉条。
③ 顾起元:《客座赘语》卷4《莠民》,中华书局1997版,第106页。
④ 《清高宗实录》卷329,乾隆十三年十一月己卯条,中华书局1987年影印本。

事》亨集亦称戴宗绰号"神行太保"。至元、明时期,大致有以官名称市井行业人的习惯,如称医士为"太医""大夫",称梳头人为"待诏",①如此等等。此风虽经洪武年间的禁止而有所收敛,但至明代中期,此风再炽,甚至秘密社会团伙亦喜以"太保"相称,如"十三太保"之类。天罡原为星名,即北斗七星的斗柄。道家认为,天罡星有"三十六神",所以称"三十六天罡"。《宣和遗事》亨集载宋江在九天玄女庙中,得天书,其中写36人姓名,末有一行字,为"天书付天罡院三十六员猛将,使呼保义宋江为帅"。此事又见于《水浒传》第71回。可见,自宋江以"三十六天罡"起事之后,尤其经小说《水浒传》渲染其事,"三十六天罡"之说在下层平民中广泛流行。而此风在秘密社会中则尤甚。所以,明末苏州一带,无赖游民所组织的秘密社会团伙则称"天罡党","凌轹小民,官治以法,则摊赃无辜,人愈益畏之"。②除天罡党之外,崇祯末年,苏州府太仓州的秘密社会组织名称,尚有"糙团""百子""百鼻""地煞""乌龙""十龙"等。③

从某种程度上说,胥吏之害就是衙蠹之害,而衙蠹又可以与讼棍等量齐观。大致自正统以后,讼棍多由无赖游民组成,并且形成了自己的秘密组织。如直隶丹徒县,有徐义等数人,不事生产,"唯持人短长,告讦以取钱帛"。他们"共刺血誓,生死无相背",还自己取有绰号,分别为"开山龙""猛烈火""利言鹦鹉",④以此吓诈当地百姓。从这批无赖"共刺血誓,生死无相背"来看,他们已有歃血拜盟之举,而且形成了自己的秘密团体。自正德、隆庆以后,在北直

---

① 《南京刑部志》卷3。
② 计六奇:《明季南略》卷5《祁彪佳赴池水》,中华书局1984版,第280页。
③ 钱肃乐:《钱忠介公集》卷8《六谕释理》,载张寿镛辑:《四明丛书》,广陵书社2006年版,第5册,第2658页。
④ 《明英宗实录》卷34,正统二年九月癸卯条。

隶的保定、真定二府,也有无赖讼棍活动,他们"聚党伙告,欺戕善类",①陷害他人。"聚党伙告"云云,事实上就是这批无赖讼棍结成秘密团伙的明证。不仅如此,当时保定府还有一种"刁头",亦以告讦为业。每次他们告讦,广泛散香,向会众敛钱,号称"香会"。② 在淮安、扬州一带,这些奸棍给自己的秘密组织取名为"躲雨会",意思是说他们能靠其躲避风雨。而在山东,奸棍则自称其组织为"三只船",意思是说"不畏风波"。③ 万历以后,在杭州,一些不逞之徒,"结党联群,内推一人为首",专以告状、诈骗为业。每天早晨,徒党"会于首恶之家,分投探听地方事情,一遇人命,即为奇货"。④ 从"结党联群",又有魁首,且每天聚会来看,这个无赖团伙也可归于秘密社会团体之列。

在讼棍这类人组成的秘密社会中,不能不提及"访行"。说到访行,则不妨先谈"访恶"与"窝访"。⑤ 明代巡按御史访察地方恶人这一举措,究其源头,当始于历史上的"收取人"。而明代的访恶,则诸如武断之豪、舞文之吏、主讼之师,均在被访察之列。⑥ 窝访的出现,则与明代官员的考察制度密切相关。按照明代的制度,京官考察,主要凭借台谏与吏部的访单,而匿名文书则为朝廷法律所禁止。但在内外官员考察之时,吏部发出的访单,等到填注缴纳

---

① 《古今图书集成·方舆汇编·职方典》第103《真定府部》,清光绪三十年铅印本。
② 《古今图书集成·方舆汇编·职方典》第72《保定府部》。
③ 张萱:《西园闻见录》卷79《循良》,《续修四库全书》本,上海古籍出版社2002年版。
④ 万历《杭州府志》卷19《风俗》,明万历刻本。
⑤ 关于"访恶"与"窝访",其初步的探讨,可参见陈宝良:《明代社会生活史》,中国社会科学出版社1994版,第145—146页。
⑥ 顾炎武撰,黄汝成集释:《日知录集释》卷12《访恶》,第292页。

之时,上面却不落姓名,即使开列秽状满纸,也不知究竟出自何人之手。① 地方上巡抚、巡按等考察府、州、县官员,除寄耳目于吏胥之外,最为重要的是,地方官的毁誉,主要采自"窝访",于是一些不肖的府、州、县官,就"阴结窝访,阳事上官,而吏事毕矣"。② 窝访起到了左右地方官毁誉甚至仕途的关键作用。

窝访的存在,并不仅仅限于影响地方官的政绩乃至声誉,有时也承担访察地方上法律诉讼案实情之责。万历十五年(1587),都察院左都御史詹仰在奏疏中就主张"严禁访察",其中建议"御史亲受词讼,虚心咨访,则奸恶毕见,或拿问执问,自足行法。无待访察,宜令省窝访之弊",云云。③ 这是窝访参与地方法律事务的最好例证。

访家其谋其术之巧,有时实出人意表。明末人陈仁锡深知其害,曾揭示道:

> 谨启访家之害也。有永巷也,一白染卓。叩者至,童子出开门,即入,仍扃第二门。以白镪置卓,维书某人单款,趋出。主人收镪,抄誊,不面一人,不留一笔,盖亦巧矣。欲陷某为次犯,于是借一极恶之人为首。首恶如是,次犯可知,而其意非为首也。欲陷某为首犯,于是又借一极恶之人为之次。次恶如是,首恶可知,而其意非为次也。于是以不相识之人牵作一人,以不相干之事并成一事,戍者戍,徒者徒。间遇明府推评暴白,而家已罄矣。④

---

① 沈德符:《万历野获编》卷11《考察访单》,中华书局2004版,第301页。
② 《明神宗实录》卷133、182,万历十一年二月辛丑条,万历十五年正月甲辰条,台北"中央研究院"历史语言研究所校印本,1966年。
③ 《明神宗实录》卷189,万历十五年八月戊寅条。
④ 陈仁锡:《无梦园集》驻集《与吴邑周侯白章二盐访误拿书》,明崇祯六年刻本。

可见,如果落入访家的圈套中,不是半死,也会倾家荡产。

在地方上,朝廷官员的黜陟之权,由巡抚、巡按共同操持,而瘅恶之权,则为巡按一人所操。究其实,也并非自操权柄,而是将它委于府中的推官。推官也不是自操权柄,而是将其委于胥吏。于是,就出现了"窝访"。他们与胥吏相与为奸。窝访的做法,大体不外乎以下两种:一是"卖而纵之",于是凶人可以漏网;二是"买而内之",于是善类蒙受无辜之累。当时江西贵溪有一处访家的巨窝,各处"采访者"全都聚集于此。后被地方官破获,从中找到了他们交通为奸之状,诸如官吏士民各种不法之事,他们无不"款列而籍记焉"。[1] 将这些记录下来,就是他们吃饭的本钱。

明代的史料已经真实地揭示了下列事实:自嘉靖以后,一些地方上的上司官员已经开始"访察拿人"。如何访察?显然需要利用这些"窝访"或者"访行"。所谓"访察拿人",就是在既无原告,又无指证的情况下,通过访察就将犯人拿获,并将他们发到所属官员问罪。采用的方法就是逼迫犯人想象招供或认罪,中间当然也有因此而认罪的真正的罪犯,但被诬陷的也确实不少,甚至有些人还被枉加死罪、充军。于是,奸人乘机报复私仇,刁徒借此肆行诓诈。[2] 这些"奸人""刁徒",其实就是那些"窝访"或"访行"中人。

访行以苏州为最盛。明代苏州的风俗倾险狡悍,上官如果想访察州里的豪蠹,不能不假借一些下面的耳目。于是,一些猾胥大奸,就投身到衙门中,交通近习。如果想害人,可以通过暗地里行贿,把怨家置入豪蠹之列,罗织罪款,暗投陷阱。等到对簿公堂,官府虽心知其冤,但也无法为他们开释罪责。有时候,这些访行中人也派出缇骑,偷偷地拘拿一些人,"设局讲款",从中勒索。这些行

---

[1] 伍袁萃:《林居漫录畸集》卷4、5,《四库全书存目丛书》本。
[2] 明世宗:《宽恤诏》,载《皇明诏令》卷20,《续修四库全书》本。

为,在当时也有专门的称呼,叫"造访"。这些造访之人,必须公推一人为宗主,而其他群凶在下附和。这样,一倡百从,竞相标榜,就称为"访行"。访行始于明末,最初不过是访察衙蠹,虽千百成群,还必须仰乡绅的鼻息,窥伺官长的喜怒。一至其后,访行中的奸猾胥吏,或在城,或在乡,势力渐增,威权猛长,徒党一日多似一日,因此乡绅转而仰他们的鼻息,官府也"因之为喜怒"。

考访行的源流,大概以邵声施为宗主的时候为较盛。当时,邵声施创设了"保生社",下面的同党有朱灵均、邹日升、陆惠云等人,再下面还有一些人,号称"干儿"。不久,巡按御史秦世贞将访行中人一律逮捕杀戮,但其中的朱灵均却漏网了。事后,他招集旧时同党,汲引后进,复相团聚。不久,访行的组织就有八大分、八小分这些称号,势力又增,号称"邵氏中兴"。直到王九玉执掌访行的牛耳,内部开始角立门户,党徒就一分为二,于是有了南、北两部。等到王九玉死于狱中,其下的党徒竞相雄长,出任访行宗主的人,不下数十人,而依附他们的无赖流氓,也以千百计,"访行之盛,至于斯极矣"。访行的势力颇盛,他们钳网作弄人的本领,鬼神莫测,所以常熟一带之人对他们相当畏惧,为之谚曰:"有饭吃不如饿,有衣穿不如破,莫逆前,避访蠹。"①访行之害,转成一种"访蠹"。从访行曾组织"保生社",并有宗主以及下属对宗主自称"干儿"来看,访行也当属秘密社会。

自明代中叶以后,在经济富庶的江南地区,尤其是苏州,松江二府,出现了一大批专职替人报私仇的社会闲散人员。他们"皆系无家恶少,东奔西趁之徒"。② 这批不良之徒,结党成群,凌弱暴寡,势不可挡。其中最无赖者,偶与人有小嫌,发生口角,就密谋放火

---

① 佚名:《虞谐志》,载《虞阳说苑》乙编,初园丁氏校印本。
② 耿橘:《开荒申》,载徐光启:《农政全书》卷8,清道光间刻本。

害人。所以,在一些村落中,每遇风起,为防无赖放火,家家户户只好彻夜防守而不眠,搞得人心惶惶。这些无赖不是别人,正是当时名震江南的"打手",又称"青手",而打手的组织则称"打行"。

当然,打手在广东也存在,尤其是广州、新会两地,打手更是云集。如明人茅坤说抗倭军队中,"其余当不过柳州水东岩之游民,与广州、新会打手之属而已"。① 可见在明代,柳州之游民与广州、新会之打手一样闻名,只不过广东之打手,主要流入军队充役,与江南的打手稍有差别。此外。在江西南赣的徭役名色中,也有"打手"与"力士"两种,②说明打手在江西也存在。

打行又称"打降"。在吴语系统中,"降"大抵与"行"同音。但是,这两种写法,同时见诸明清史籍,就绝不仅仅是因发音混淆而出现的不同写法,而是有其特定的含义。换句话说,"行"是指行业,如在宋代的城市中,有诸色行当,而明代出现打手这一行也并不足怪。假若用"降",则别有含义。"降"有降服、摧抑之意,前面加上"打"字,说明这些打手是用武力来降服对手的。这种同音而不同字的问题,在明代还有例子可寻。如明代绍兴的惰民很有名,其中的男人则一概被称作"大贫"(此称呼一直沿续至民国时期——笔者按)。这个"大贫",有时也写作"惰贫"。在吴语中,"大"与"惰"也是同音。

打行出现的原因有二:一是承平日久,人口日渐增多,一批农村剩余劳动力流入城市,生计日艰,难以糊口,只好加入打行,成为专职打手;二是自嘉靖以后,倭寇掳掠东南沿海之风日炽,明政府招集武勇,以此来平定倭乱。这样,那些为生计所迫者就有了用武

---

① 茅坤:《条上李汲泉中丞海寇事宜》,载陈子龙等编:《明经世文编》卷256,中华书局1997版,第4册,第2706页。
② 徐学聚:《国朝典汇》卷90《户部》4《赋役》,载宋祥瑞主编:《明清史料丛编》,北京大学出版社1993年版,第4686页。

之地。

明代打行,最早应该起源于宣德初年。① 清康熙《重修崇明县志》云:

> 崇邑向有打行。打行者,云打为业也。又名打降,犹降伏之降也。明宣德初,巡抚周公忱另设重大枷板治之,此风始息。至万历中,有曹铁、抄化、李三等。天启初,有杨麻、大陈、梅二、郁文、昌桥陈二、熊帽子等,名团圆会。崇祯时,有黄伦等结地皇会。至沈云西、沈二等,遂于狱中反出,后俱毙于法。国朝屯宿重兵,若辈衰息。②

可见,打行中的打手,已经结成"团圆会""地皇会"等组织。关于这些打行的活动,史料进一步记载:"结党成群,凌弱暴寡,势莫可当。其最无良者,偶有小嫌,即谋放火。村落中每遇风起,有终夜防守不眠者。"③清代的史料记载上海县打行的活动时也说:"邑尚权勇,号称打降。游手好闲之徒,各分党翼。凡民间争讼,各出钱募此辈为护卫,持械横施,甚而迎神敛戏,纵饮撒泼,成群恣索,大为

---

① 我在初版《中国流氓史》(中国社会科学出版社 1993 年版)、初版《中国的社与会》(浙江人民出版社 1996 年版,台北南天书局 1998 年版)、《飘摇的传统——明代城市生活长卷》(湖南出版社 1996 年版,湖南人民出版社 2006 年版)等书中,均称"打行"起源于明代嘉靖中叶以后。然据台湾学者蔡惠琴所著《明清无赖的社会活动及其人际关系网之探讨——兼论无赖集团:打行及访窝》一文(第 177 页,台北清华大学历史所硕士论文,1994 年)所引康熙《崇明县志》,可知宣德初年在崇明已有打行出现,因周忱的打击,而一度沉寂。拙著旧说,显然疏于查考,在此新加订正。对拙著旧说的批评,可参见何淑宜:《〈中国的社与会〉评介》一文,载《明代研究通讯》,1999 年第 2 期,第 122 页,注(5)、(6)。
② 康熙《重修崇明县志》卷 6《风物志》,载《稀见中国地方志汇刊》,中国书店 1992 年版。
③ 康熙《重修崇明县志》卷 6《风物志》。

民害。"①

就打行的发展过程来说,先是兴盛于崇明县,随后才影响到苏州。至嘉靖中叶,打行势力始盛,至万历八年(1580)以后达到极盛。打行所从事的活动,主要有以下几种。

其一,既然号称"打行",那么必然以殴人为专职。打行中人有时也被称作恶少年,他们群聚殴人,一人不逞,就召集同类进行报复,不残伤他人决不罢休。打行中人打人也有独特的方法,内部转相传授,秘不告人。他们打人,或胸,或肋,或下腹,或腰背,可以做到定期让被打者死亡,或者被打以后三月死,或者五月死,或十月、一年死,一般不会出现差错。时间一久,如果有人以杀人告理,但早已超出期限之外,这样也就不用抵命。所以打行的同党胆敢跳梁市肆之中,市民只好"摇手而避之"。② 打行有时专门替人扛打。如果某人与他人有仇,打算侵暴他人,常常可以在暗地里贿赂打行中人,约好在某一天,在怨家所在的地方,"阳相触忤",故意寻衅,如果怨家起而反抗,那么打行中人就起来群殴。有时打行中人又以不根之辞诬陷他人,并以他们的同党作为证人。在这种情况下,如果受害者不出金帛谢罪,此事就无法释解。③

其二,诓骗偷盗,专门在街上"撞六市"。有时候,打行中人碰到乡下人持物入城做买卖,就设计诓骗,到了偏僻之处,就半骗半夺。有时候,他们白天在地方上偷盗东西,被人识破并扭送官府,刚好遇到打行同党,就乘机救解逃脱,而扭送者反而受到侮虐,这就是当时人们常说的"炒盐豆"。④

---

① 乾隆《上海县志》卷1《风俗》,清乾隆刻本。
② 范守己:《曲洧新闻》卷3,明万历间刻本。
③ 万历《嘉定县志》卷2《疆域考·风俗》,载《中国史学丛书》,台北学生书局1987年版。
④ 范濂:《云间据目抄》卷2,清刻本。

其三，打行中人大抵是一些侠少，选一些有勇力之人为头领，重报复，抱不平。这种无赖的做法，使打行中人给人以一种狰狞可怕的感觉。但打行中恶少所行之事，有时也极巧慧，每每成为人们茶余饭后的谈资。据记载，当时有一僧业医，颇有资财，但很吝啬，因而打行中的少年很厌恶他，准备好好作弄他一番。于是，让一妓打扮成少女，又让一人假扮成少女之父，看上去像乡下的庄稼人。二人摇着小船，船上满载鱼肉酒果，等到无人，就投奔寺中，乞求僧人为女诊脉，叙说病源，故意装出许多痴态来。随后，陈列酒食，招待僧人，让他与女子同坐。女子劝僧饮酒，僧喜甚，一点也没有起疑。不久其父又对僧说，有少许药金在船上，我当去拿来，当面相谢。借故起身，很久没有返回。当时，僧人已经微醉，于是色胆包天，挑逗女子，与女子媾和。等到其父返回，此女假装哭泣，将事情经过告知其父。其父故意大声叫嚷："吾以出家人无他意，女已经许其村人，奈何强奸之？"僧人师徒只好再三解释。正在吵闹之际，有几个贵人从楼船中携童仆登寺游览，恰好碰到此事。这位假父哭拜前诉，详说事情经过。贵人故意做出盛怒的样子，"缚僧拽登舟"。僧人偷偷地问，这是什么官员，仆人告诉他是某官某官。僧人大惧，只好叩头乞命。此时，同行者替僧人劝解，僧人只好罄其所有财产，替女子父亲遮羞。事后，各驾船离去，僧人竟不知道已被这些恶少欺骗。①

其四，打行中人有时又充当阉党余孽的打手，参与政治。此时的打手，又可称"青手"。如甲申（崇祯十七年，1644 年）三月，李自成率农民军攻入北京，明亡。此时的南京，闻变以后，举行了一场哭临的仪式，阉党余孽也想随朝班行礼。于是复社中的一些志士草了一篇檄文，攻击阉党。阉党余孽大为气愤，就雇募了数十名

---

① 叶权：《贤博编》，中华书局 1997 年版，第 7 页。

"青手"自卫,似乎有侮辱诸生的意思。为此,复社中徐武静与张子退二人,各率来自东阳、义乌的力士戴宿高等,也手执白棒,大白天在街上搜索行走,遇到青手,随即击逐。因此阉党余孽不敢轻举妄动、凌辱诸生,而士气随之大振。①

其五,成为乡绅的鹰犬。松江地方乡绅董其昌既是一位书画闻名海内的名士,又是一位在家乡为富不仁的豪宦。从很多史料的记载中可知,他就利用了那些无赖势力,作为爪牙、耳目、打手,其中有"刺贼""帮棍""打行"等。董其昌招集打行,"肆行诈害温饱之家"。当董其昌的不法行为引起民变之时,他又"招集打行吴龙等百余人,连夜入宅防御"。②

此外,打行中市井恶少也采用"札火囤"的方法诓骗剽掠,武断坊厢之间。嘉靖三十八年(1559),江南遭灾,收成不好,各府县时常发生一些攘窃之案。正在此时,应天巡抚翁大立恰好到任。翁氏一上任,就严禁打行,侦缉诸恶。当他访得札火囤诸恶少的名字后,就发檄给府县官员,要求他们捕治打手,严加督责。到了同年十月,翁大立携妻儿来到苏州驻扎。众打手更加惊惧,无奈之下,狗急跳墙,打算教训一下这位不知好歹的巡抚。他们事先埋伏在一条小巷中,等到大立的轿子一过,就突然跳将出来,"批其颊,撇去如飞鸟,莫可踪迹"。为此,翁大立也胆战心惊,打算停止捕治。那些捕快,却很想赎罪,且想借此机会献媚上司,所以搜捕更急。于是,打手们只好一起歃血拜盟,用白头巾抹额,各持长刀巨斧,夜攻吴县、长洲及苏州卫的监狱,劫囚自随,攻打都察院翁大立的住所,劈门而入,翁大立只好率领妻子跳墙逃走。于是,打手们放火

---

① 杜登春:《社事始末》,载《昭代丛书》戊集续编,清道光吴江沈氏世楷堂刻本。
② 翁元升、张复本等:《控董其昌辩冤状》,收入佚名:《民抄董宦事实》,载《又满楼丛书》,民国十三年昆山赵诒琛刻本。

焚烧衙门与公廨,这位巡抚所带来的敕谕符验及令字旗牌,一时俱毁于大火。打手率领众人,又打算劫掠苏州府衙门,知府王道行督率兵勇,才将他们击退。天将明,打手们冲出葑门,斩关而出,逃入太湖中做了土匪。官府遣人四处搜捕,获首从周二等20余人。此事报告到京城,嘉靖皇帝命翁大立戴罪立功,严督地方军兵,克期消灭逃入太湖的打手,"以靖地方"。①

经过这一次变故,苏州打手的势力受到了部分的打击,但并没有被消灭。自此以后,打行的势力逐渐转移到松江、嘉定一带。如明末嘉定人侯峒曾就说:"打行数恶,敝邑(指嘉定县——笔者按)为甚。小者呼鸡逐犬,大者借交报仇,自四乡以至肘腋间皆是。"②显然,在明末,嘉定县不但成为打手的渊薮,而且遍布城乡各地,势力颇为繁盛。

至明末,打行的活动也有所变化。当时由于官府追赋急迫,百姓无法交税,时常有挨杖之苦。于是有无赖专门开设"打行",实行垄断,代人挨板子。如明末清初人陆衡记载:"莫贱于代杖之人,忍痛以某朝夕。今俱鲜衣美食,至不能分身,声价日增,足见催科密,而敲扑繁也。"③这些无赖替人挨板子,定有时价,一般每挨一板,收银二钱。④

打行打人有一套秘密的规矩,只在内部人员间自相传授,外人不得而知。此外,打行一旦为官府所追捕,就歃血拜盟,窜入绿林。

---

① 朱国祯:《皇明大事记》卷30《苏州打行》,明崇祯刻本;《明世宗实录》卷478,嘉靖三十八年十一月丁丑条,台北"中央研究院"历史语言研究所校印本,1966年。
② 侯峒曾:《侯忠节公全集》卷7《与万明府》,民国二十三年刊本。
③ 陆文衡:《嗇庵随笔》卷4,清光绪二十三年刻本。
④ 陆世仪:《桴亭先生文集》卷5《姑苏钱粮三大囤四大弊私言》,《续修四库全书》本。

这大概就是所有秘密社会的必然结局。

在清代的秘密社会中,青帮即青门中人,大多由盐枭、光蛋、漕运水手组成。其实,明代的贩私盐枭也结成秘密帮派。据实录记载,早在天顺年间,南京的盐徒就"私造铳炮短枪,公开拒捕"。① 在各地的盐场中,还有一些积年无籍之徒,有"长布衫""赶舡虎""白赖好汉"等名色,"专以挟制客商,吓诈财物,以为生计"。② 盐枭除贩私盐之外,还"结党行劫",互相仇杀。如施天泰、龚腾、王班头、董琦、王棣等,都是太仓沿海一带极为闻名的枭棍,"始则图利贩私,既而结党行劫,又至出海通番,互相仇杀"。③ 从盐枭自称外号以及结党行劫行为来看,明代盐枭团伙也是构成秘密社会的一股黑势力。

综上所述,明代秘密社会的势力极盛,帮派林立,其成员的主要构成,大致不外乎无赖棍徒、盐枭、打手、讼棍等,而且均有自己的团伙,立有会、社名称,并有歃血拜盟的行为。所有这些,无不为天地会的产生提供了社会基础。

天地会传说叙事的文化渊源

自辛亥革命以来,关于天地会的起源问题,海内外学者研究成果颇多,但众说纷纭,莫衷一是。又据报载,天地会诞生地和创始人已被确认,即福建省云霄县高溪村为天地会的诞生地,创始人为

---

① 《明英宗实录》卷295,天顺二年九月壬辰条。
② 戴金编:《皇明条法事类纂》卷50《各处盐场光棍把持官诈害客商情重者发边卫充军例》,日本古典研究会1966年版,下册,第478页。
③ 周用:《浙直盐法疏》,载孙旬辑:《皇明疏钞》卷42,明万历十二年刻本。

提喜和尚,创会时间是乾隆二十六年(1761)。这一结论,甚至被称为20世纪"我国历史学的重大发现",①云云。这足以说明,天地会的起源问题相当复杂,于是才不断有新说涌现。

其实,关于天地会的起源,过去就有争论,据有的学者统计,已有13种说法。据笔者看来,将乾隆二十六年提喜和尚在高溪村创立天地会一说,作为史学界的共识,似乎为时尚早,甚至有点强人所难。笔者通过对明代秘密社会状况的深入研究,再综合参考前人关于天地会的研究成果,重新提出"天地会起源于明代"一说,供学术界参考。

毫无疑问,作为一个秘密会社组织,天地会的形成必然是一个历史积淀的过程。钱穆曾就帮会的起源作过一个推测,认为那些帮会"主要是由元、明以来,由杭州到北通州运河上的运输工人发展而来"。②尽管钱氏的推测并无实际的史料依据,且帮会与运河上运输工人的关联,亦仅仅涉及天地会起源的一个侧面,但将帮会的起源追溯至元、明,至少说明天地会的形成是一个历史的形塑过程。

当然,这一历史的形塑过程,显然关乎两大渊源:一是天地会的文化渊源,即作为秘密社会的天地会,存在一个文化符号系统;二是天地会的历史渊源,即天地会源自明代的秘密宗教结社,亦即由宗教结社转化而来。

就天地会的文化渊源而言,至少有下面三点属于天地会的文化符号系统,胪列如下。

---

① 参见《文汇报》,1993年4月21日。
② 钱穆:《从中国历史来看中国民族性及中国文化》,台北联经出版事业公司1982年版,第72页。

(一)万回其人与天地会万大哥之关系

在天地会文本的历史叙事中,无不把万云龙认定为天地会的创始人,亦即所谓"万大哥"。这位传说中的万大哥,从文化符号系统的渊源而论,疑源自唐人"万回",或称"万回哥哥"。宋人钱易《南部新书》记其事云:

> 万回,阌乡人也。神用若不足,人谓愚痴无所能。其兄戍安西,久不得问,虽父母亦谓其死矣,日夕悲泣而忧思焉。万回顾父感念其兄,忽跪而言曰:"涕泣岂非忧兄耶?"父母且疑且信,曰:"然。"万回曰:"详思我兄所要者,衣装、糇粮、巾履之属,悉备之,某将往观之。"忽一朝,赍所备而去,夕返其家,谓父母曰:"兄善矣。"发书视之,乃兄迹也。弘农抵安西万余里,以其万里而回,故曰万回也。居常貌若愚痴,忽有先举异见,惊人神异也。上在藩邸时,多行游人间,万回于聚落街衢中高声曰"天子来"或"圣人来",信宿间,上必经过徘徊也。安乐公主,上之季妹也,附会韦氏,热可炙手,道路惧焉。万回望其车骑,连唾曰:"血腥血腥,不可近也。"不久而夷灭矣。上知万回非常人,内出二宫人侍奉之,时于集贤院图形焉。①

万回其人及其故事,同样载于郑綮《开天传信记》,内容与钱易所载相同,仅仅文字叙述稍有差异而已。这则记载至少说明下面两点。一是万回具有"惊人神异"的功能,万里旅程,日夕之间即可来回,甚至具有许多预见。这符合天地会传说的附会、神化意蕴。换言之,万里行程如此急速,唯有龙行于云中方可实现。这或许就是"万回"转为天地会传说中的"万云龙"的佐证。二是早在唐代,万回已是妇孺皆知的名人,甚至集贤院中也有其画像。这符合天地

---

① 钱易:《南部新书》壬,中华书局2002年版,第141—142页。

会传说中张大其事的意蕴。

更为值得关注的是,万回故事在其传播的过程中,人物角色发生了两大转变。一是万回成为佛教大师,其事迹开始进入《释氏传灯录》与宋代无尽居士张商英所撰的《护法论》中。据此两书记载可知,万回俗姓张,在进入佛教符号系统后,已成为法名"寂感"的佛僧,又称"张万回法云公"。所谓"法云公",显指万回的法号为"法云"。① 在天地会传说中,万云龙是僧人身份,这正好与万回的身份若合符节。二是在历史的传衍中,一至宋代,民间已将万回塑造成"和合神"。如明人田汝成《西湖游览志余》记载:"宋时,杭城以腊月祀万回哥哥,其像蓬头笑面,身着绿衣,左手擎鼓,右手持棒,云是和合之神,祀之可使人在万里外亦能来回,故曰万回。"②清代无锡诗人张步瀛有诗云:"西风刀尺一灯凉,塞外寒多妾自伤。只恐衣成难寄远,万回哥处暗烧香。"诗中"万回哥"三字,或不能解。其实,根据很多史料记载可以推测,所谓"万回哥",其实就是指"和合神"。张步瀛之诗,所用的就是这个典故。③ 当然,有史料指出,和、合一般以二神并祀,而万回却仅为一人,两者应有所差别。如清代雍正十一年(1733),封天台寒山大士为"和圣",拾得大士为"合圣"。有人以此证明田汝成《西湖游览志余》有误。④ 其实不然。和、合均有团圆之义,相合成万回一神,显在情理之中。至于其中和、合之义,则无疑与天地会的分支"三合会"有着渊源关

---

① 陶宗仪:《南村辍耕录》卷11《龙广寒》,中华书局1997年版,第136—137页。
② 田汝成:《西湖游览志余》卷23《委巷丛谈》,上海古籍出版社1998年版,第335页。
③ 邹弢:《三借庐笔谈》卷1《张和合》,载《笔记小说大观》,江苏广陵古籍刻印社1983年版,第26册,第315页。
④ 福申:《俚俗集》卷37《神鬼考三·和合二圣》,书目文献出版社1993年版,第900—910页。

系。由此可见,唐人"万回哥哥"理应是天地会传说中"万大哥"的文化原型。

至于天地会叙事中将创立人定为"万云龙",究其原因,无非出自以下两点。一是以"万"为姓,显是为了表示天地会兄弟人数之众。从已有的史料记载可知,至少在汉代的民间谚语中,已经把"物多"称为"无万数"。此谚语出自《汉书·成帝纪》。① 二是至迟自宋代以后,民间隐语已用"方"暗寓"万"。据载,宋人以"千"为"撇",以"万"为"方",多有其例。② 至元末明初,这种拆字的方法,仍然流行于官场。如明初苏州知府张亨就将得钱一万,称为"一方",而得钱一千,则改称"一撇"。③ 正德时刘瑾擅政,官场贿赂风行,凡行贿钱钞,说馈"一干",即为"一千",说"一方",即指"一万"。④ 入清以后,以"万"作"方"仍不乏其例。如顺治十四年(1657),江南科场事发,正主考方犹、副主考钱开宗均被处以腰斩。有人将此事编为《万金记》。所谓"万金",就是拆"方""钱"两字之半而来。此外,又拆"方犹"二字为"一万刀狗酋"。⑤

以"方"作"万",则至少有两点与天地会的起源有关。一是在天地会传说中,五房之一为方大洪。其中万、方之间的关系,足以为解释天地会起源提供足够的文化符号依据。二是早在明代,著名学者焦竑有君子"成名立方"之说。⑥ 这与黑道上所说的"扬名立万"之说,如出一辙。

---

① 赵与时:《宾退录》卷3,载《宋元笔记小说大观》,第4册,第4163页。
② 田艺蘅:《留青日札》卷3《千万》,上海古籍出版社1985年版,第142—143页。
③ 朱元璋:《大诰续编》,《容留滥役》第73,载张德信、毛佩琦主编:《洪武御制全书》,黄山书社1995年版,第845页。
④ 陈洪谟:《继世纪闻》卷2,中华书局1985年版,第81页。
⑤ 顾公燮:《丹午笔记》135《万金记来历》,江苏古籍出版社1985年版,第114页。
⑥ 焦竑:《澹园续集》卷1《清閟阁遗稿序》,中华书局1999年版,第765页。

(二)"五"数与天地会"五祖"之关系

在天地会传说叙事中,存在一个由"五房"演变为"五祖"的说法。这种分房之法,显然也有一个文化渊源可以追溯,且具有一定的文化象征意义。

首先,"五"数久已融入儒家文化之中,且成为一种文化内蕴。儒家立教,喜欢采用自然界之数,诸如"五常""五礼"之类。其中所谓"五常",显然是效法"五行"而来。换言之,在儒家文化中,"五星"是"五行"之精;而"五常"则为"五行"之用。① 在深受儒家文化熏陶的士大夫群体中,同样存在一种对"五"数的内在理解,即从"天数五""地数五"中,推导出"五"数是"无极"的结论。② 这就是说,在"天成象"或"地成形"的背后,存在一种来自自然的"道",亦即"用奇不用偶"的准则。儒家文化对"五"数的重视,无疑已经渗透到民间文化,其结果则是,在民间的观念中,"五"数为君象,是老百姓禁止使用之数。如在中国民间,一向流传着这样一种观念,即以每月初五、十四、二十三为月忌,"凡事必避之"。按照民间的说法,这三日属于河图数中的"中宫五数"。③

其次,"五"数与民间的鬼神信仰密切相关。按照儒家的鬼神观念,《易》早已有了这样一种说法:"天数五,地数五,五位相得,而各有合。""五"数是变化之源,又可以"行鬼神"。④ 换言之,天地之数"五",唯有"五位相得",方可"各有合"。这个"合"字,与天地会分支的"三合会"之间的关系,显然值得玩味。至于在道教的信仰世界中,更是存在一种"地上主"的说法,这一"地上主"分别掌管着

---

① 朱一新:《无邪堂答问》卷4,中华书局2002年版,第153页。
② 陈仁锡:《无梦园集》马集《吴音序》。
③ 赵吉士辑撰,周晓光、刘道胜点校:《寄园寄所寄》卷7《獭祭寄·天时》,引《野语》,黄山书社2008年版,第490—491页。
④ 魏象枢:《寒松堂集》卷8《梦记告魏石先生》,中华书局1996年版,第409页。

五岳、四渎与名山大川。①

进而言之,在民间的信仰世界中,在有关神灵的建构上,诸如"五显""五圣""五通""五猖""五道将军"之类,更是大多与"五"数相关。所谓"五显",全称应作"五显灵顺之神"。根据一般的说法,五显之神,发祥于婺源,时间大概在唐代,或称是唐贞观之初,或称是唐光启之际。至宋代,朝廷给以加封,分别为"显聪""显明""显正""显直""显德",总称"五显"。明初洪武时期,明太祖朱元璋下令,在南京钦天山之阳,设立"五显灵顺祠",由官方加以祭祀。② 所谓"五圣",或作"五通",是江南地区普遍信仰的神灵。如杭州灵隐寺后北高峰上,有一座华光庙,"以祀五圣"。③ 杭州西泠桥,一名西林桥,又称西陵桥。桥畔有一座五圣祠,俗称西陵五圣。凡是经商的商人,无不在此祠"祭献不绝"。④ 关于"五圣"的出典,存在两种说法:一说五圣是"五方之神"或"五方之帝",即东方勾芒、南方祝融、西方蓐收、北方玄冥、中央后土,其后演变为白、青、黄、赤、黑五帝。一说五圣是"五行之神","与日月并行,与四时错序,伦符五常,道备五德,散于物则为五气之精"。至于神灵的偶像,同样存在两种说法。一种认为一母所生五子,而后成为"五方之神",故后世存在"太母庙",其中的"太母",在有的记载中又称"太妈"。另一种认为五圣之神只有一个神主,即崔刚,又作崔江、

---

① 委心子:《新编分门古今类事》卷6《群玉仙籍》,中华书局1987年版,第92—93页。
② 宋讷:《西隐文稿》卷5《敕建五显灵顺祠记》,清乾隆三年刻本。
③ 张岱:《西湖梦寻》卷2《西湖西路·北高峰》,上海古籍出版社1982年版,第25页。
④ 俞思冲:《西湖志类钞》卷中《西泠桥》,载王国平主编:《西湖文献集成》,杭州出版社2004年版,第3册,第765页。

崔纲,是宋代四川人,或称清溪人。① 所谓"五猖",所祀则为"不祥之气"与"五方恶气",亦即属于"凶神",民间专立"五猖庙"加以祭祀。民间所指五猖,从庙中所供神位来看,则为中央黄帝、东方青帝、南方赤帝、西方白帝、北方黑帝。② 这无疑与天地五方存在一定的关联性。

值得指出的是,"五猖"信仰与天地五方,以及民间"五通""五圣"信仰,确乎又有所区别,不可一概而论。关于此,清末人许学诗《素壶便录》有如下详细考辨:

> 又徽宁凡祈福酬神,辄祀五猖。或谓五猖为五方正神,犹天之五纬,地之五行;或谓乃五通之类。然五纬、五行,未可言猖,惟五通近似,而要皆非也。按猖为猖獗,乃强也。五猖泛言五方强干之神,初无指实。考明《祀典·旗纛之祭》,其神有曰旗头大将,曰六纛大将,曰五方旗神,曰主宰战船正神,曰金鼓角铳炮之神,曰弓弩飞枪飞石之神,曰阵前阵后神祇五猖等众。则五猖乃军营所祀,其曰"等众",初非五纬、五行之谓,而亦非五通,盖皆浑称,无所指名也。况五通五显,实亦正神,唐、宋尝列祀典,无与战阵之事。至若今俗所谓五通,乃吴下淫祀,军营安得聚之? 大概徽宁人行商远贾者多,五猖之祀,以资捍御,亦犹军行冀无往不利耳。故亦有称五福者。又俗于神前割鸡沥血,曰剪生,此亦军营之礼。凡大征伐,天子祭

---

① 归庄:《归庄集》卷10《重建五圣庙门引》,上海古籍出版社1984年版,下册,第511—512页;宋懋澄:《崔刚神笤诗序》,载黄宗羲编:《明文海》卷324,中华书局1987年版,第3342页。
② 熊伯龙:《无何集》卷7《宜忌类》附《触犯凶神辨一篇》,中华书局1979年版,第308页。

军牙六纛,刺五雄鸡血于五酒碗,以酬焉。亦见明典礼。①

此段记载颇有价值,大抵可释读出如下意思。一是"五猖"信仰,既非传统的天之"五纬"与地之"五行",又有别于"五通""五显"信仰。究其原因,自唐、宋以来,直至明代,"五通""五显"均列于官方正祀。二是"五猖"信仰起源于商人外出行商,"以资捍御",而其来源则是军营所祀。商人外出经营,类同于行走江湖。这种"五猖"信仰,与作为江湖秘密社会的天地会之间的文化渊源关系,显然值得作进一步的考释。三是"五猖"信仰中,有在神前"割鸡沥血"之举,这与江湖秘密会社之"刺血"拜盟之举,若合符节。最为值得玩味的是,许学诗所引祀典之例,多出自明代礼典,这又为天地会起源于明代说提供了足够的文化渊源旁证。

通观民间的"五"数神灵信仰,其中有以下两点显然与天地会存在文化渊源关系。一是"五"数与盗贼信仰之关系。如扬州有"五子庙",所祀为五代时五位结义兄弟。这五人曾经为盗,"流劫江、淮间"。② 又民间所祀"五道将军",同样属于"盗神"。按照明朝人田艺蘅的推测,所谓"五道",其典出自《庄子·胠箧篇》"盗亦有道"之义。至于"五道",则指圣、勇、义、智、仁。细言之,即"室中之藏,圣也;入先,勇也;出后,义也;知可否,智也;分均,仁也"。③ 二是"五"数与天地会茶碗阵之间的关系。在民间的"五圣"信仰中,每当遇到冠、婚之类的大礼时,通常会用"茶筵奉

---

① 许承尧撰,李明回、彭超等校点:《歙事闲谭》卷18《歙风俗礼教考》,黄山书社2014年版,下册,第611—612页。
② 邓士龙辑:《国朝典故》卷80,引《菽园杂记》8,北京大学出版社1993年版,第1716页。
③ 田艺蘅:《留青日札》卷28《五道将军》,下册,第925页。

上"。① 这一"茶筵",无疑与茶碗阵存在一定的关系。

(三)"三"数、"三官"与天地会之关系

天地会的传说叙事,与"三"数颇有渊源关系,诸如"三点会""三合会"之类即是。就文化的符号系统而言,这无疑也是渊源有自。这可以从以下两个方面加以讨论。

其一,"三"数与天地会之关系。有一个现象需要加以关注,即传统儒家立教,多喜采用"天叙""天秩"之法,亦即按照自然法则立教。其结果则是立教之人,在"取义"上,或用"三"数,或用"五"数。就"三"数而言,有"三纲""三德";就"五"数而言,有"五常""五礼""五伦"。"五"数的文化意蕴已如上述,在此不赘。以"三"数而论,诸如"三纲""三德"之类,其中之"三",已被清代学者朱一新一语道破,实则效法"三光"之说。② 据《史记·天官书》,三光原指日、月、五星,仅限于天象。但在随后的传衍过程中,至少有以下三点值得重视。一是作为天象的"三光",与地形开始相合,亦即天地并称。如汉代班固《白虎通·封公侯》云:"天有三光日月星,地有三形高下平。"二是三光之说开始渗入道教的文化符号系统,并进而与天地并列。如晋葛洪《抱朴子·仁明》云:"三光垂象者乾也,厚载无穷者坤也。"三是三光之说渗入佛教的文化符号系统,进而形成"三光天子"之说,并被民间传为"三光菩萨"。三光原是佛家大罗金仙(佛)头上的金光、佛光、灵光,后又衍申为"三光天子",分别为日天子、月天子、明星天子。按照三光的本义,三光理应均作菩萨之形,但据《学海余滴》卷4所载,造佛工匠所造三光之像,仅将明星天子塑为菩萨之形,日、月二天则取天、人之形。

---

① 吴翟辑撰,刘梦芙点校:《茗洲吴氏家典》卷7《外神祀考证》,黄山书社2006年版,第293页。
② 朱一新:《无邪堂答问》卷4,第153页。

若是以道教文化符号系统为例，其中的"三茅"之说，以及由此而来的"三茅观"，就文化符号的传承而言，与天地会显然存在诸多的符号联系。如在杭州吴山西南，有一座"三茅观"。三茅观有两点值得引起注意。一是观中所祀之仙，其原型是三兄弟。据载，这三兄弟之名，依次为盈、固、衷，是秦初咸阳人。万历二十一年（1593），司礼监太监孙隆重修三茅观，并在观中建"三义阁"，足证在民间的知识系统中，将"三茅"断为结义的三兄弟。假若这一结义形式属实，那么"三茅"结义明显早于刘、关、张的桃园三结义，而这种结义形式，恰恰符合秘密社会的结拜特点。二是所谓三茅，即兄弟三人，其后得道成仙，从汉代以后已经得到了民间广泛的崇祀。观中三茅之像，一立、一坐、一卧，其中的意义很难解读。但据明末清初人张岱的猜度，其意或许是指一种修炼功夫，即行立坐卧，均属修炼，教人不可"蹉过"。①

其二，"三官"信仰与天地会之关系。传统中国民间，广泛信奉"三官"。就经典而言，传世的有《三官经》。据《三官经》所述，有一陆氏之子，娶龙女之后，生有三子，三子均有神通，后得道受封，分别成为天官、地官、水官。据明末清初史家谈迁所言，这部《三官经》属于"妄人"所撰，但也有一种传说，认为《三官经》是明英宗在南宫幽居"无聊时所作"。② 就庙而言，民间到处立有三官庙、三官祠。就习俗而言，民间又有上元、中元、下元三节，将此三节作为祝祷三官之日。正月十五为上元节，祝祷天官；七月十五为中元节，祝祷地官；十月初一为下元节，祝祷水官。在东南地区，每年的正月、七月、十月，民间均有斋素之俗，称为"三官素"。更有意思的

---

① 张岱：《西湖梦寻》卷5《西湖外景·三茅观》，第98页。
② 谈迁：《枣林杂俎》和集《李腾芳》，中华书局2006年版，第503页；阮葵生撰，周保民校点：《茶余客话》卷15《三官经》，下册，上海古籍出版社2012年版，第351页；吴翟辑撰，刘梦芙点校：《茗洲吴氏家典》卷7《外神祀考证》，第293页。

是,在民间三官信仰的传衍中,其知识累积发生了两大变化:一是将原本属于道教信仰系统的三官信仰,转而建构为佛教信仰系统中的"三官菩萨";二是民间三官信仰的俗化,即民间认为三官菩萨有大量,人若持"三官素",可以不忌荤腥之物,只要不吃"特杀之物",即属斋素,故民间又有"假吃三官素"之谚。①

关于"三官"的出处,宋濂《跋三官祠记》有云:

> 按汉熹平间,汉中有张修为太平道,张角、张鲁为五斗米道。其法略同,而鲁为尤盛。盖自其祖陵、父衡造符书于蜀之鹤鸣山,制鬼卒、祭酒等号,分领部众。有疾者,令其自首,书氏名及服罪之意作三通。其一上之天,著山上,其一埋之地,其一沈之水,谓之天、地、水三官。三官之名,实昉于此也。②

宋濂的这则记载,同样可以从刘基的记述中得到印证,且足以证明在元末,三官信仰已经遍布江淮地区。如刘基所著《郁离子》中有一篇《神仙》,其中记载:"江淮之俗,以斗指寅、申、亥为天、地、水三官按罪赐福之月,而致斋以邀祥焉。满三年计之,多不得祥而得祸。"③云云。

在宋濂所载三官传说中,若是从中国文化传统的角度加以观察,显然存在不合情理之处。按照中国的文化传统,至高者是天,至厚者是地。水即使很大,也不过是天、地之间的一物而已,显然很难与天、地相抗衡。如明人陆容,曾就此提出以下质疑:"水为五行之一,生于天而附于地,非外天地而为物也。今以水与天地并

---

① 徐珂:《清稗类钞·迷信类·假吃三官素》,中华书局2003年版,第10册,第4669页。
② 宋濂:《潜溪后集》卷4《跋三官祠记》,载氏著:《宋濂全集》,浙江古籍出版社1999年版,第205页。
③ 刘基:《刘基集》卷1,浙江古籍出版社1999年版,第52页。

列,已为不通之论。若其使民服罪之书,水官者沈之水,地官者埋之地,似矣。天官既云上之天,则置之云霄之上可也,却云著之山上。然则山非地乎?其诬惑蚩蚩之民甚矣。"① 这种质疑无疑出于儒家知识人的正统之论,尽管具有一定的合理性,但显然忽略了民间信仰具有一种混合众说的特点,甚至在一定程度上并不完全与儒家文化精神相合。就此而论,关于天、地、水三者并称为"三官",宋濂的追溯与阐释,"足破群疑"。②

当然,三官信仰的文化符号价值,并非仅仅限于此,而是逐渐融入天地会起源的文化符号中。这至少可以从以下三点观之。一是三官信仰中,将天、地、水视为"三官",以天、地并称,固然与"天地会"之名相合,即使是天、地、水并称,也与"三合会"之名若合符节。如其中所云水官的起源,将符"沈之水",无疑与天地会传说中将秘密文书藏入铁箱,沉之海底,而后称为《海底》(或称《海底金经》)有关,其中的文化符号的传承关系亦揭如昭然。此外,加入一个水官,其影响更是及于天地会符号中多三点之水的文化传统。二是据前述刘基的记载,在民间的三官信仰中,多"以斗指寅、申、亥为天、地、水三官按罪赐福之月",其中斗星所指及其相关地支寅、申、亥,与天地会入会仪式中"拜斗钻刀"之间的关系,更是有待于进一步的解读。进而言之,儒家文化符号系统中的《三皇本纪》,所称天皇、地皇、人皇"各一万八千岁",其中相传之数,显然本于邵雍演绎易理的《皇极经世书》,书中所云"一万八千岁而天开于子,又一万八千岁而地辟于丑,又一万八千岁而人生于寅",其实就是"三皇之数"。③ 这一记载中的子、丑、寅三地支,其与天地会传说

---

① 陆容:《菽园杂记》卷9,中华书局1997年版,第110页。
② 曹安:《谰言长语》卷上,载《宝颜堂秘笈》汇集,上海文明书局1922年版。
③ 邓士龙辑:《国朝典故》卷85,引《瑯琊漫钞》,第1797页。

文化符号同样不无关系。三是三官信仰的传说中,有"始皆生人,而兄弟同产"之说,即由龙女所生。即此一点,明人归有光就已敏锐地察觉到,其与"汉茅盈之类"存在相似之处。归氏所言"茅盈",即指"三茅"信仰中的盈、固、衷三兄弟,尽管仍被归氏斥为"其说诡异,盖不可晓",①但其间的兄弟甚至结义兄弟关系,更是成为天地会传说中的文化符号渊源。

天地会起源于明代说

就天地会的历史渊源而言,天地会起源于明季的说法,最早是由王重民提出来的。他的根据是明末潘季驯《兵部奏疏》中有《擒获妖党》一疏。据此疏载,明万历十年(1582)二月十日,苏、松、常、镇兵备道揭帖称:督率兵快,诣龙华庵,将海住等拿获,又将甘露寺僧汪元洪等捕获解府。据汪元洪称,他有异姓兄弟十人,北方五人,名为黄思、黄仁、黄义、顾实、贞静,以仁、义、礼、智、信为号,名曰"北票"。汪元洪与雪峰、贞成、蔡元溪、元明等人,以金、木、水、火、土为号,名曰"南票"。相约于四月初一日,南票在南京报恩寺,北票在北京天宁寺,同时举兵。据此,王重民认为洪门之创立,即为了纪念汪元洪,入清后演变为纪念朱洪竹或朱洪英。汪元洪兄弟十人,编为南、北两票,均有五祖之资格。而异姓兄弟以票为号,尤与洪门组织相合,故洪门乃始于明季。② 仅用此疏记载以证明天地会始于明季,证据似嫌单薄。但此疏至少可以证明,在明末,异

---

① 归有光著,周本淳校点:《震川先生集》卷15《汝州新造三官庙记》,上海古籍出版社1981年版,第402页。
② 王重民:《天地会始于明季说》,载《子曰丛刊》第5辑,1948年12月。

姓兄弟结拜极为盛行。同时,王重民的高明之处在于将异姓兄弟结拜以"票"为号与天地会组织中的"五房"联系在一起。

事实确是如此。在明代,至少有以下两点,与天地会的分房、票存在关系。一是民间家族以"五常"分房。从明人杨守陈的记载可知,福建福宁的周氏家族,就是将家族分为仁、义、礼、智、信五房。① 二是在明代,"票"作为一种组织单位,是十分流行的现象。如在陕西长安县,其编里组织与一般通行的里甲制有所不同。其中秦王所食更名地,编为忠、孝、廉、洁、仁、义、礼、智、信九牌,而屯卫所辖的屯卫地,则以"票"为单位,编成"十三票"。② 在明代,"牌"与"票"可以并称。尤堪注意者,"票"不仅是组织单位,同时又有以"五"数为票者,如袁黄在宝坻县任上时所设社仓,就以"五家为票,票有头"。③ 这种以五数为票,与天地会分五房的做法,其间的传承关系值得进一步的探讨。综上可知,天地会并非至清乾隆中期被破获以后才得以出现,其间必然有一个起源以及变迁、发展的过程。

笔者重新提出的天地会起源于明代说,决非过去此说的简单翻版,而是在重新发掘并占有史料的基础上,从一个新的角度,考察天地会的起源,并提出两条直接证据。

首先,"天地会"的名称始见于万历初年。大致比潘季驯上奏早三年,即万历七年(1579),已经正式出现了"天地会"之名。史载:

---

① 杨守陈:《杨文懿全集》卷7《玉岩周氏世谱序》,载张寿镛辑:《四明丛书》,广陵书社2006年版,第26册,第16083页。
② 民国《长安县志》卷10《土地志上》,民国间排印本。
③ 袁黄:《宝坻政书》,《积贮书·申请行朱子社仓公移》,收入《了凡杂著九种》,明万历三十三年建阳余氏刻本。

> （万历七年正月）诛妖犯王铎等，散其党。铎系武成中卫舍余，幼为僧，后还俗，师事妖人林福。左臂疤痕，似半边月形；脊背多白点，如星；肋下有白点，形如北斗；腿上有三黑子。自称天地三阳会。又盖三阳殿，造混元主佛三尊，傍列伪封蔡镇等三十六天将，捏造妖书、违法器物，煽惑男妇六千余人，以度劫为名。事觉，伏诛。①

这是一条极为重要的史料。细究之，万历七年的"天地三阳会"，与万历十年汪元洪"妖党"案，时间极为接近，两者之间必然会有某种联系。据笔者所知，迄今只有研究明清秘密宗教结社的喻松青，在《明清白莲教研究》一书中提到过"天地三阳会"。② 所惜者，喻氏没有详引"天地三阳会"的内容，并将其与天地会这类秘密社会加以结合研究。

从上引史料来看，"天地三阳会"与"天地会"显然存在渊源关系。究其理由，大抵可以归纳为下面几点。

其一，留下的天地会文件《西鲁序》或《西鲁叙事》，均认为天地会的创始人为僧人万云龙，即所谓"万大哥"，而天地三阳会的创始人王铎，"幼为僧，后还俗"，亦曾有出家为僧的经历。

其二，据伦敦不列颠博物院所藏第三张"洪门总图"，可知天地会中设有佛祖殿，下列五房，长房为蔡德忠。③ 而上引史料中的天地三阳会，亦设三阳殿，三阳殿者，即为佛祖殿，"傍列伪封蔡镇等三十六天将"。虽然三阳殿中旁列36人，以合"三十六天罡"之数，但长者为蔡镇，亦姓蔡。同时，"三十六天将"之说，在天地会所传文书中亦能得到印证。如守先阁本天地会文件《西鲁序》，亦说及

---

① 《明神宗实录》卷83，万历七年正月己巳条。
② 喻松青：《明清白莲教研究》，四川人民出版社1987年版，第47页。
③ 萧一山辑：《近代秘密社会史料》附附，影印本，上海文艺出版社1991版。

天地会创设时,招集天下英雄,共108人,为"学三十六名天罡,七十二名地罡"。① 这绝不是偶然的巧合,而是恰好证明天地会文件《西鲁序》虽为传说,却并非完全虚构,而是有史迹可寻。

其三,据上引史料载,王铎在创立天地三阳会之前,曾师事"妖人林福"。那么,这个林福在后世传说的天地会文书中又是如何体现的呢?据嘉庆十六年(1811)官府缴获的广西东兰州天地会成员姚大羔所藏《会簿》,五房之长房为吴天成,二房洪太岁,三房李色地,四房桃必达,五房林永招。② 可见,五房林永招亦姓林。又据《西鲁序》,天地会始创时期的五虎将,分别为吴、方、张、杨、林,最后者亦姓林。无论是后五房的林永招(亦作昭),还是五虎将中的林姓人物,大概均与林福有一定关系。

其四,众所周知,天地会又称洪门,后又陆续改称"三点会""三合会"。据陶成章《教会源流考》,三点会者,为取"洪"字旁三点之义。后"或嫌其偏而不全,非吉祥之瑞,乃又取共之义而连称之,又改号曰三合"。③ "三"字之说,并非全取"洪"字旁三点之义。在古时,即称三为阳数。如《春秋元命苞》言:"阳数起于一,成于三,故日中有三足乌。"又如《易》乾坤诸卦,其数皆必为三。故《黄帝内经素问·六节藏象论篇》曰:"天以六六为节,地以九九制会。……三而成天,三而成地,三而成人。"而在明代的天地三阳会中,"三"字之说甚确。天地三阳会之取名,大有比附的含意,即因为王铎"左臂疤痕,似半边月形;脊背多白点,如星;肋下有白点,形如北斗;腿上有三黑子",故称"天地三阳会"。后世天地会《会簿》中有八拜之说,其中前四拜为"一拜天为父,二拜地为母,三拜日为兄,四拜

---

① 中国人民大学清史研究所、中国第一历史档案馆编:《天地会》(一),中国人民大学出版社1980年版,第37页。
② 中国人民大学清史研究所、中国第一历史档案馆编:《天地会》(一),第5页。
③ 萧一山辑:《近代秘密社会史料》卷2《附录》,第5a页。

月为嫂"①。"天地"之称,在天地三阳会中已经出现。拜日为兄,当起源于阳从日。而拜月为嫂,盖起于王铎"左臂疤痕,似半边月形"。另在天地会的文书图像中,有一"木杨城",又写成"穆杨城"。《尚书·洪范》曰:"三曰木。"可见,木生于数三,成于数八。此木杨城中的"杨"当为"阳"之讹,木又为三数,显然,"木杨城"者,即"三阳城"之隐称。而在明代天地三阳会中,有"三阳殿",盖"木杨城"图像源出于"三阳殿"。又天地会入会仪式中有"拜斗钻刀"这一项。所用木斗内藏满米粮,除旗帜之外,还有不可少的几种物件,即灯、剑、镜、戥(即秤)、尺、剪、算盘等。这种"斗灯",为道教建醮中最重要的物件之一,斗内物件,一如上述。可见,天地会与道教的关系匪浅。而中国的民间宗教多为杂糅佛、道而成。如明初民间秘密宗教多行"拜斗"之仪,为明太祖朱元璋所禁止。在民间秘密宗教死灰复燃以后,拜斗之仪也随之恢复。故天地三阳会中,又有王铎身上,白点形如北斗之比附,显然亦由道教拜斗之说转化而来,从而与天地会保持着一定的渊源关系。即使固如其说,即三点、三合之名得自洪字旁三点,却也能从明代的秘密宗教结社中找到其渊源的证据。如天地三阳会,从系统上讲,当为弘阳教的起源。弘阳者,最初当作"洪阳",如成化年间收缴销毁的各类妖书中,就有《金锁洪阳大策》。可见,洪门的意思,大概起自"洪阳"之说,而非纪念朱洪武之意,弘阳教又称弘阳门的例子,亦可为证。

其五,据有些研究者确认,天地三阳会当为其后弘阳教的原型。三阳者,即为弘阳教的三阳说,亦即红阳、白阳、清阳。据喻松青考证,弘阳教的创始人为韩太湖,即飘高祖,又号弘阳子。他生

---

① 萧一山辑:《近代秘密社会史料》卷2,第7b页。

于隆庆四年（1570），直隶广平府曲周县人。他于万历二十二年（1594）正月十五日在太虎山中悟道，立教开宗。故《悟道经》在目录后所开八句真言中说："太虎山开荒展教，北京城天下流通。"①

这位弘阳教的创始人韩太湖，大概就是天地会传说《西鲁序》中前五房之一方大洪的原型。贵县修志局本天地会文件，曾提到"只剩五人，走至龙虎山，五虎大将会成张敬绍、杨文左、林大洪带了数百罗汉兵下山挡着清兵"。守先阁本天地会文件《西鲁序》亦说："五人又被清兵追赶，黑夜追至白云连天，始脱罗网。兄弟又走，走到龙虎山，有吴左天、方惠成、张敬招、杨文左、林大纲，一走走到岳庙修行。"而萧一山辑《近代秘密社会史料》引《西鲁叙事》，则说五人"走至广东惠州府石城县高溪庙中居住"。所有这些记载，都为韩太湖创设弘阳教历程的变型。首先，韩太湖与方大洪谐音。其次，韩太湖在太虎山得道创教，而天地会文献则将其改为龙虎山。再次，《西鲁序》称五祖在广东惠州府石城县高溪庙结盟创设天地会。这个高溪庙决非实有其地，而是一个托称，却与韩太湖极有关系。萧一山辑《近代秘密社会史料》所收四张腰凭，其中三张均有"飘"字。萧一山在按语中认为"飘"字不可解。其实，"飘"字可作下面三种解释：其一，"飘"即"票"。从其写于腰凭之上观之，当与"牌"或"票"同义，均为一种凭信。前引汪元洪妖党案中的"南票"与"北票"之说，显亦与此有关。其二，"飘"字与韩太湖有一定关系。韩太湖号称"飘高祖"，又称"飘高老祖"。如果将飘字与高溪庙结合起来看，那么可知飘、高溪庙均从"飘高祖"一称分解、变化而来，其中"溪"字当从"湖"字变化而来。天地会文献中《二房祖诗》云："二房插草方大洪，红旗飘飘镇广东。高溪起义扶

---

① 喻松青：《明清白莲教研究》，第44页。

明主,夺转明朝立大功。"①其诗中藏有飘、高二字。另外,据喻松青考证,无极老祖有五子,而飘高祖又为无极老祖第五子。② 由此可见,天地会中关于五祖的传说,或许就是从弘阳教系统的无极老祖有五子变化而来。弘阳教中无极老祖二子释迦立乾坤之说,亦为天地会所承袭,如天地会文献图系中就有"乾坤圈"。③ 其三,据明代史料记载可知,"飘"的最初含义,应当起自牝马的一种不洁行为,即"牝马每岁通淫而不孕,谓之飘沙"。④ 牝马的"飘沙"之举,其后流变为江湖秘密社会的"放飘"行为。如订于清末光绪二十一年(1895)的《合江李氏族禁》,其中一条禁例云:"哥老、添弟等名,及江湖放飘、结盟、拈香,皆匪徒所为,显干法纪。"⑤此即典型的例证。

当王铎创设天地三阳会时,曾立三阳殿,殿中供奉混元主佛三尊。这三尊主佛即弘阳教中的混元老祖、无生老母、真空古佛,他们均安天立地,职掌天宫,率领诸祖。所以,早在成化年间搜缴的"妖书"中,就有很多涉及天、地之称的"妖书"。如《番天揭地搜神记经》《安天定地绣营关》《通天彻地照仙炉经》《六甲明天了地金神飞通黑玩书》等。⑥ 据此可知,早在成化年间,民间秘密社会的秘书中,就有很多关于天、地的说法。另外,弘阳又称洪阳、红阳,如弘阳教有《混元弘阳苦功悟道经》《红阳宝忏中华序》,这大概就是天地会又称洪门、红帮的根由。

---

① 萧一山辑:《近代秘密社会史料》卷5,第1a页。
② 喻松青:《明清白莲教研究》,第49页。
③ 萧一山辑:《近代秘密社会史料》卷1,第47a页。
④ 陆容:《菽园杂记》卷4,第46页。
⑤ 费成康主编:《中国的家法族规》附录,上海社会科学院出版社1998年版,第336页。
⑥《明宪宗实录》卷136,成化十年十二月甲午条。

其次，天地会、洪门中的秘密文书，即《海底》，至迟在明成化年间即已出现。清代帮会中流传着这样一种说法，在清军入台前，郑克塽将全部有关天地会的文件，包括《金台山实录》、天地会成员花名册及"延平郡王招讨大将军印"装入铁箱，于清军进驻台湾前沉入海底，然后拔剑自刎。此铁箱沉入海底后，被海水冲至福建，后由渔民陈寿亭捞得，道光二十五年(1845)由郭永泰购得，帮中人将这些文件编纂成书，这就是《海底》。揆之史实，此说确属子虚乌有。但天地会的文件称为《海底》，却颇值玩味。据载，在清末从属天地会系统的哥老会的隐语中，称会内秘密文书为"金不换""海底"。①这些称呼，却正好在明代成化年间收缴的秘密文书即"妖书"中见到。据载，成化十年(1474)，山东道曾收缴到不少"妖书"，其中有一部名《海底金经》。②显见，《海底金经》就是清代天地会秘书"金不换""海底"之称的历史原型。而且"海底"一称，作为江湖隐语，在明代民间一直被引用，如"海底眼"。早在成化年间，明代民间就已盛传《海底眼》一书，属于江湖人士卜者的占卦之书，其中有句云："兄弟雷同难上榜。"③此书甚至出现在明代建阳县的县学藏书中，④说明那些秀才也可以轻易看到《海底眼》一书。此外，如小说《西游记》第34回："小妖见说着海底眼，更不疑惑，把行者果认做一家人。"冯梦龙《醒世恒言·勘皮靴单证二郎神》中"王观察见他说着海底眼，便道：'这厮老实，放了他好好与他讲。'"凌濛初《拍案惊奇》卷14，说到光棍"札火囤"被一泼皮识破，也提到"海底眼"一词，显然其意当为底细、秘密。当然，由于明朝廷的销毁以及历史的沉湮，现在已无法见及明代成化年间即已存在的《海底金

---

① 〔日〕山口昇：《中国的形势及秘密社会》，载《近代史资料》总57号，第267页。
② 《明宪宗实录》卷136，成化十年十二月甲午条。
③ 邓士龙辑：《国朝典故》卷59，引《謇斋琐缀录》7，第1329页。
④ 嘉靖《建阳县志》卷5《学校志·图书》，《天一阁藏明代方志选刊》本。

经》，但此秘书必然会在民间秘密流传，以至在清代天地会中再次出现。

综合上述两条直接证据，可以得出以下结论：天地会起源于明代的秘密宗教结社。简言之，天地会即洪门（红帮）当起源于明代的弘（洪、红）阳教，清门（青帮）当起源于明代的罗教。在秘密社会与秘密宗教结社之间，并非如陶成章所说，"盖教盛于北而不盛于南，会盛于南而不盛于北，此实由南北人思想不同而然，非可强合也。因思想之不同，而教会之结果，乃各异其趋"。[①] 恰恰相反，教与会之间是分中有合，合中有分。然就其源流而言，会当源出于教。至于这种关系，陶成章也承认，教与会也有联合之趋势，即白莲、洪门，"皆奉五祖"。揆之清代天地会发展的历史过程，可知天地会与弘阳教、罗教两派密不可分。

清嘉庆年间林清领导的天理教起义，在当时震撼一时。所谓天理教，仍当属三阳会、弘阳教系统。清代天理教与天地会之间的关系殊可注意。中国人民大学档案系和清史研究所编辑的《康雍乾时期城乡人民反抗斗争资料》，其中收有《军机处录副奏折》一则，大概为林清、李文成天理教起义后查获的一件"伪札"报告。首先，此札内言："同奏大义，结异姓以为骨肉；共矢精忠，扶明主而定乾坤。"可见，天理教也有异姓结拜之习。其次，札内说及举事之日，"仍以川大车日为总旗，洪、泊、淇、江、汝为五营"，而临阵之际，"仍以开口本、出三手为暗号"。这与天地会的分房、暗号如出一辙。再者，天理教起义时的年号采用"顺天"，也与天地会"顺天行道"的口号相同。又如清末的青莲教，属于龙华会系统。道光时湖南青莲教的首领周位抡被捕时，他所持的杏黄旗上有"敕令万云

[①] 陶成章：《教会源流考》，载萧一山辑：《近代秘密社会史料》卷2附录，第6a页。

龙"字样,而当时湖南的天地会,"皆以四川峨眉山会首万云龙为总头目"。① 由此可见,龙华会系统的青莲教与天地会的关系也极密切。还有乾隆年间,八卦教(属三阳教系统)与天地会也发生过关系。据载,八卦教的一位首领刘照魁离开新疆的时候,广东饶平府天地会案内的遣犯詹清真和一个叫李桃的,都托他带家信到广东去。在李桃的家信中,有以下的话:给万扶明李桃洪顺天服明合同。另尚有一图,即"服明合同",为天地会的凭记,图中有"洪"字,并有三点。这是八卦教与天地会发生关系的一条证据。另从八卦教理条中"天地人,凑三才""十字合同""无影山前""青阳气"来看,显然也与天地会存在某种程度的联系。

再来看青帮即清门与罗教的关系。据载,青帮成立于清初。自其成立之初,青帮就对漕运水手加以紧密的控制,并操有生杀予夺的大权。② 据清朝官方文书的记载,清代有漕七省的水手,"多崇尚罗门邪教,而浙江、湖北、江西三省,其党更炽。奉其教者,必饮生鸡血酒,入名册籍,并蓄有兵器。按期念经,则头戴白巾,身着花衣"。③ 从漕运水手"饮生鸡血酒"来看,他们也有拜盟的习惯。这些水手帮派内也时常发生斗殴或抢劫事件。康熙五十七年(1718),浙江漕帮水手与湖广帮在武清县相遇,"争斗杀伤多人"。康熙六十一年,严州、庐州等帮在山东一带,"行劫盐店"。又据《实录》载,江、浙等省的粮船水手,"向有老官之名,设教拜师等事。其

---

① 李星沅:《李文恭公奏议》卷7《查弁教匪大概情形折》《审拟教匪折》,清同治四年湘阴李氏芋香山馆刻本。
② 关于青帮、红帮与漕运、盐枭之间的关系,其详细的探讨,可参见徐安琨:《清代大运河盐枭研究》,台北文史哲出版社1998年版,第165—168页。
③ 励廷议:《奏请严禁邪教水手折》,载《宫中档雍正朝奏折》第2辑,台北故宫博物院1979年版。

设教本为敛钱树党,与实在习教匪徒不同"。①《实录》说这些漕运水手,"与实在习教匪徒不同",说明他们虽崇奉罗教,但与秘密宗教结社有所区别,仍为秘密社会。但这种区别并不明显。因为这些水手多信仰罗教,而且据清门《通槽》记载,青帮所谓前三祖,即金纯、罗伦、陆单,其中罗伦即罗清,为罗教创始人。② 这种青帮与罗教的合流,不仅仅说明罗教为青帮所吸收和利用,而且足以说明罗教与青帮之间存在一定的渊源关系。

除上述两条直接证据外,天地会起源于明代说尚有很多间接证据,胪述如下。

第一,从属于天地会系统的"一钱会",在明季即已出现。据载,雍正八年(1730),福建厦门李彩等人结拜为"一钱会",每人各出银一两,打造军器。相约以后遇事时皆要出银一两,互相帮助,故取名"一钱会"。③ 其实,福建的一钱会,明末天启三年(1623)在泉州即已出现。《实录》载:"吏科给事中阮大铖言,泉州有一钱会,盖人醵钱一文以聚众也。风闻辅臣史继偕子史八舍阴为主盟,泉之士绅言之发指。乞谕抚按官,凡邪会异教预行禁止。其已经发觉者,务根究正罪如律,不得徇情庇护,贻害一方。"④可见,福建的一钱会在明季已经存在。按史料所言,当地士绅对一钱会"言之发指",以及此会已被归入"邪会异教",可见一钱会绝不仅仅是民间的互助性经济合会,应当属于秘密结社。至于说一钱会为大学士史继偕之子史八舍"阴为主盟",不过为"风闻",是否属实,当有待新的史料加以证实。

---

① 《清宣宗实录》卷87,道光五年八月壬戌条,中华书局1987年影印本。
② 喻松青:《明清白莲教研究》,第31页。
③ 庄吉发:《清代天地会源流考》,台北文史哲出版社1984年版,第21—22页。
④ 《明熹宗实录》卷32,天启三年三月癸巳条,台北"中央研究院"历史语言研究所校印本,1966年。

第二,构成清代秘密社会主要成员之乞丐、游民的"会茶",在明代亦久已存在,而这种会茶习俗,大概就是天地会内流行的茶碗阵的出典。据明朝人谢肇淛言,明代北京多乞丐,单是五城坊司所辖的乞丐,其数就不下万人。这些乞丐,"大抵游手赌博之辈,不事生产,得一钱即踞地共掷,钱尽,继以襦裤,不数掷,倮呼道侧矣"。① 北京的乞丐在当时被称作"叫化子",均为一些"游手好闲、不务生理、强横少壮之徒"。平常一手提着酒瓶,沿街索讨酒食财物。如果遇到盗贼,就"随同打劫"。② 可见,明代乞丐有时也与"盗贼"混在一起,同样属于走江湖一类人物。更值得注意的是,明代北京的瞎子乞丐还结成自己的"茶会","会辄数十人"。③ 这大概已经开了清代乞丐结会的先河。如清嘉庆十年(1805),王瞎子在江西临川县就与担子会中萧烂脚等人结拜为弟兄,创立"边钱会"。结拜之时,乞丐出米一升,窃贼出鸡及钱一二百文,同买酒肉。④

此外,明代北京的无赖把棍也有会茶的习俗。把棍的出现,大概是在明末泰昌、天启、崇祯年间。"把"是把棍的组织团体,其意盖源于拜把子与结盟。恶棍聚在一起,结成团体,就称"把"。明代把棍常假借"会茶"的名头,积聚银钱,或千,或数百,如果把棍的恶事被人告发,就用这些钱打点官司。把棍有各自的群,各把之间由于利害冲突,也时常发生群殴。那些被殴的把棍,也不甘心,于是"结把以求胜,以把胜把,而把遂不可胜穷"⑤。可见,把棍以"把"

---

① 谢肇淛:《五杂组》卷5《人部》1,上海书店出版社2001年版,第95页。
② 戴金编:《皇明条法事类纂》卷45,下册,第296页。
③ 张瀚:《松窗梦语》卷1《宦游记》,中华书局1985年版,第17页。
④ 《朱折》,江西巡抚先福折,嘉庆十六年五月初三日。
⑤ 《明光宗实录》卷5,泰昌元年己未条,台北"中央研究院"历史语言研究所校印本,1966年。

作为区分不同派别的组织团体,以会茶作为同伙把棍的经济互助纽带。这种"把"已与后世秘密社会异姓结拜一类的拜把子,以及清代四川哥老会中的"舵把子"等如出一辙。① 明代无赖游民这种会茶、拜把子结盟的形式,在清代的秘密社会中仍有遗存。如清代福建的无业游民,聚众合群,号称"会茶"。"一入其会,无论富民高枕无忧,即医卜星算莫敢侮予。为鼠窃,为花会,为强凌弱,众暴寡,旁观敢怒不敢言。有师傅焉,设立规条,毋强抢,毋劫杀,犯者加酷刑。"②可见,清代无业游民的会茶,也以互助为其基本特色。这些茶会中,有很多"罗汉脚",而罗汉脚后又大多加入了"王爷小刀会"③;而有些则干脆加入天地会,即"以天地会人众势强,利于纠抢,无不听从入会"④。

第三,据严烟供词,"天地会起于川省,年已久远,后来十三人潜赴各处起会"⑤。当清廷得知这一消息后,就责成地方官员追查此事。于是,四川总督李世杰上奏,认为在川八年,时加访问,"并未闻有天地会名目";又云自乾隆四十八年(1783)调任总督以来,密加稽查,"并无天地会之名"⑥。李世杰的上奏并不足信,因为天地会大多秘密行动,在被破获之前,官府当然不可能知道天地会的存在。更何况地方官员为逃避责任,即使风闻此事,也不敢轻易上奏。其实,即使天地会之名当时未见记载,但秘密社会的活动却在四川早已存在,这就是名闻川省的"啯噜子"。啯噜子之名最早出

---

① 在清代四川袍哥话中,舵把子通常是指会中"掌事头目"。参见傅崇矩编:《成都通览·成都之袍哥话》,成都时代出版社2006年版,第277页。
② 陈盛韶:《问俗录》卷5《会茶》,书目文献出版社1983年版,第103页。
③ 《军录》,福建水师提督黄仕简等折,乾隆四十八年正月廿八日。
④ 中国人民大学清史研究所、中国第一历史档案馆编:《天地会》(一),第96页。
⑤ 中国人民大学清史研究所、中国第一历史档案馆编:《天地会》(一),第103页。
⑥ 中国人民大学清史研究所、中国第一历史档案馆编:《天地会》(一),第126—127页。

现于清雍正年间,活动于川、陕、黔、鄂四省边界一带,其成员基本上为一些无业游民,即"亡籍之徒",平时靠打劫为生。自乾隆八年(1743)以后,四川啯噜子的活动日趋频繁。史载:"川省数年来有湖广、江西、陕西、广东等省外来无业之人,学习拳棒,并能符水架刑,勾引本省不肖奸棍,三五成群,身佩凶刀,肆行乡镇,号曰啯噜子。"①

啯噜是四川的土语。清人李调元《童山诗集》有一首《啯噜曲》,其序云:"啯噜本意国鲁,骂人呼赌钱者通曰啯噜,皆作本声,如曰群奴。"啯噜会也叫啯噜党,而清统治者则统称其为"啯匪"。

有人认为,"啯噜"就是"哥老",而"啯噜会"则是"哥老会"。如清人左宗棠就称:"盖哥老会者,本川黔旧有啯噜之别名也。"②左氏此说,显然是有事实根据的。所有清代绿林团体的名色,均可以从明代找到其源头。哥老会又称"袍哥",而袍哥则又有袍儿哥、光棍、海皮、袍皮闹等社会上流行的种种称呼。③称袍哥为"光棍",其称就源于明朝,这一方面是借用了当时北京的官话,另一方面也是因为袍哥中的大部分人就是无赖游民。称袍哥为"袍儿哥",这一称呼又起于明代。在明代,四川就有"保儿"一称。如明人康海在一封与人的书信中称,"山东响马"与"四川保儿",在当时均很闻名。④"响马"就是绿林土匪。既然保儿与响马并称,想

---

① 《清高宗实录》卷203,乾隆八年十月乙卯条。
② 左宗棠:《左文襄公奏稿》卷2,清光绪十六年刻本。
③ 按照清末人傅崇矩的记载,四川之袍哥,其实就是烧香结盟之"会党",而朝廷则称之为"会匪",一般民间又称"袍儿哥""帽顶"。其结盟章程之书,名为《海底书》,总以孝、义、仁、敬四字为大纲。袍哥之流于抢劫之匪类,分为四种称呼:一是南路,称为"棒客";二是北路,称为"刀客";三为东路,称为"啯匪";四为成都,亦称"棒客"。参见傅崇矩编:《成都通览·成都之袍哥话》,第275—276页。
④ 康海:《与乾州太守赵君书》,载《明经世文编》卷140,第1397—1398页。

必明代的保儿大抵也是一些与响马相似的绿林人物。保、袍音近,袍儿大概就是从保儿转化而来。另,保儿一词,又指妓院龟头。而啯噜一词,据清人李调元的解释,亦属骂人的"群奴"意。龟头、群奴均为贱流,迄今川人骂人语中尚有"龟儿"与"龟儿子"之说。① 可见,明代四川的保儿与清代啯噜子、袍哥一脉相承。同时,除保儿以外,明代四川还有"官强盗""小弟兄"这一类绿林土匪。据载,嘉靖七、八年(1528—1529)以后,由于旱荒,川民家无余蓄,于是,"徒配有'官强盗'之名,河道有'小弟兄'之号"②。"官强盗""小弟兄"云云,均是绿林土匪的名号,也当属秘密社会组织。尤其是"小弟兄"横行于河道,更可说明他们的组织也有结盟拜把形式的存在,因而与清代四川的哥老会(又称哥弟会)相近。此外,清代四川啯噜子中有一部分又称"棒客",而在明代,同样有"棒党""棒棍"的存在。如明末人吴甡曾言,河南永城县,"居本省偏南,与南直隶之萧、砀,山东之曹、濮,北直隶之开州、大名错土接壤。莲妖(指白莲教——引者)棒党,实繁有徒"。如当时永城县之何喜龙、胡宗文等人,都是"不逞棒棍"。③ 棒党与白莲教并称,可见棒党也为秘密社会组织,而清代四川啯噜子中的棒客,又当源于明代的棒党、棒棍。如此种种,均可说明明代秘密结社与清代天地会、哥老会之间有一定的传承关系。但由于这方面史料的缺乏,其间的脉络目前尚无法加以系统地梳理。

第四,"社"为盗贼之称,而在清代的官方文书中,则一概将包括天地会在内的秘密社会斥骂为"会匪"。在明代(尤其是明末),就广泛存在"社贼"以及奴仆结会闹事的史实。如广东新宁县,明

---

① 如清末四川成都之骂人语中,即有"龟儿子的"一说。参见傅崇矩编:《成都通览·成都之土语方言》,第264页。
② 张俭:《圭山杂著》卷6《民情议二》,清刻本。
③ 吴甡:《柴庵疏集》卷5《流妖煽惑可虞疏》,浙江古籍出版社1989年版,第97页。

末"社贼"已成当地一件大事。史载：

> 先是滨海诸县，田里多旷，无业游民愿投富户为佃仆，借其资本以垦辟。承平日久，富室间不以礼待下。乘岁饥世乱，互相煽惑，乡族中贫而无赖者亦或与焉。立社村外，歃盟与富室敌，甚者杀其主，合门遭祸。次则抄掠财谷，禁止粜籴。士庶安分者逃匿避难，莫能恤救。①

关于明季佃仆结会起事，谢国桢已有专文加以讨论。② 据此文可知，当时湖广麻城有以周文江、汤志为首的"里仁会"，他们"纠率同党，歃牲为盟"；在江苏金坛县，有潘茂等组织的"削鼻班"，他们"纠盟五人，号五虎，歃血定刎颈交，约同志为乱"；在溧阳，则称"拼党""刱殿"；在松江，则有顾慎卿组织的"乌龙会"；在上海川沙，则有顾六率仆向主人索契，名曰"报冤"。

所有上述佃仆、奴仆的结社结会活动，都与张献忠领导的大西农民军的活动有关，而大西军中，也颇多江湖人物，如卖解、跳猱（猴）、鸎锡、灼蔡（算卦者）均成为大西军的间谍。③ 从这些佃仆结社中有"歃盟""歃牲为盟""歃血定刎颈交"等仪式来看，显然亦属异姓结拜活动。在明季，官方或士大夫将这些结社者一概骂为"社贼"。清兵下江南后，"社贼"组织趋于星散沉寂，然而从"社贼"到"会匪"，其间的渊源倒颇值得研究。

第五，天地会作为异姓结拜兄弟的组织，主要受到《三国演义》中刘、关、张"桃园三结义"故事的影响，而《水浒传》小说宣扬的忠义思想，即梁山泊众好汉提出的"替天行道"的口号，也为天地会所

---

① 赵天锡：《宁阳杂存》卷2《佃仆杀主》，清光绪间刻本。
② 谢国桢：《明末农民大起义在江南的影响——"削鼻班"和"乌龙会"》，载氏著：《明末清初的学风》，人民出版社1982年版，第246—261页。
③ 毛奇龄：《后鉴录》，清光绪九年山阴宋泽元忏华馆刻本。

承袭,演化成"顺天行道"。另外,作为天地会支派的哥老会,其开山仪式中之"镇江东梁山之出山柬"有如下言:

> 古帝王乌牛白马,告天地而起义桃园,破黄巾贼而鼎足三分。继起者,或据瓦岗而立寨,或镇梁山以称雄,贤豪崛起,不一而足。①

可见,天地会以刘关张结义及瓦岗寨、梁山泊众英雄好汉为楷模。隋末的瓦岗寨之事,见于明末袁于令小说《隋史遗文》。

需要指出的是,《三国演义》《水浒传》《隋史遗文》等小说均出现于明代。同时,小说坊间刻本的大量流行,在明代民众中已形成极大的影响。如三国戏虽然被《远山堂曲品》贬斥为"鄙俚",但在民间的影响力实在不可小觑。在明代的散出选本中,三国戏的入选率极高,即可证明三国戏在明代极受欢迎。其他如王稚登《吴社编》记民间迎神赛会时常演出的社戏,有"虎牢关""单刀会""三顾茅庐"等剧目;李玉《永团圆》传奇第4出《会爨》中记录民间庙会时,演出的剧目有"战温侯虎牢"及"独行千里羡云长义高";小说《鼓掌绝尘》第33回所载庙会演剧的记录中,也有"关公挑起绛红袍""使猛力的张翼德轮棒轮刀"等。如此等等,无不证明三国戏在明代的民间是经常演出的剧目,而独行千里之类的关戏正是其中相当重要的一支。

关羽之祭祀及封号,在明代也极其隆重。明初,祀关公为"汉前将军"。至万历末,明神宗敕封关羽为"三界伏魔大帝神威远振天尊关圣帝君"②。"关圣帝君"的封号,也为天地会成员内部的关公崇拜所采纳。如天地会成员刘梅占所存红布花帖抄件即称:"自

---

① 〔日〕山口昇:《中国的形势及秘密结社》,载《近代史资料》总57号,第264页。
② 张尔岐:《蒿庵闲话》卷1,收入《笔记小说大观》,江苏广陵古籍刻印社1984年版。

古忠义兼全,未有过于关圣帝君者也。"①而在明代,关帝之祀,又遍布穷乡僻壤,影响极大,即史料所谓"穷乡妇孺,小有灾患,又惟帝是呼是吁"②。

与此同时,《三国》《水浒》等书,在明代即已对秘密社会形成一定的影响。如张献忠起事后,"日使人说《三国》《水浒》诸书,凡埋伏攻袭咸效之"③。张献忠进军四川以后,除修建梓潼神庙外,又建壮缪侯祠,"皆极巨丽"④。尤其是《水浒》一书,更被后世人仿袭,以至于"艳草窃为义民,称盗贼为英杰"。但其中忠义思想对明末的农民起义也有影响,所以清人顾苓说:"《水浒》之作,以为士诚讽谏也。士诚不察。而三百年后,高杰、李定国之徒,闻风兴起,始于盗贼,归于忠义,未必非贯中之教也。"⑤撇开《水浒》为"讽谏"之作不谈,其中所反映出来的《水浒》一书对明代秘密社会的影响也是不言而喻的。

---

① 中国人民大学清史研究所、中国第一历史档案馆编:《天地会》(一),第304页。
② 王思任:《杂记·罗坟关圣帝君庙碑记》,载氏著:《王季重十种》,浙江古籍出版社1987年版,第193页。
③ 刘銮:《五石瓠·水浒小说之为祸》,载《昭代丛书》别集。
④ 王士禛:《陇蜀余闻》,载《昭代丛书》乙集卷23。
⑤ 顾苓:《塔影园集》卷4《跋水浒图》,清天尺楼钞本。

结束语

综上所述,在追溯天地会的起源中,必须关注天地会传说叙事中的文化符号渊源。稍加归纳,天地会的文化符号渊源,大致有三。一是在天地会创辟传说中,有一位"万大哥",其文化原型显然是唐代的"万回哥哥"。至于所用的"万"字,不是姓,而是属于隐语系统的数字符号,这又影响后世天地会形成过程中的一种传统,即"以万为记"或"以万为姓"。二是在天地会创辟传说中,存在"五祖"之说,且有以五分房的传统。这同样源出传统中国的"五"数文化符号。三是在天地会的传衍过程中,逐渐分化出"三点会""三合会",这显然与传统中国"三"数文化符号,尤其是"三茅""三官"信仰存在文化传承关系。概言之,天地会传说的文化符号相当复杂,既有来自儒家易理中的数字符号,又有来自道教、佛教的文化符号。自宋代邵雍《皇极经世书》一出,儒家的数字符号开始掺杂了道教的文化因子,更使秘密社会在叙事中找到了文化共鸣。当然,相较而言,天地会的文化符号传统,更多地来自道教与佛教文化,甚至是儒佛道三教合流的产物。

尽管"万""五""三"之类的数字文化符号体系,早在汉唐以来即已出现,但其定型及其广泛流行,则无疑是在明代。不只如此,将天地会的起源定为明代,尤其是源出明代万历年间的民间秘密宗教结社"天地三阳会",究其原因,还是民间秘密宗教结社大多融合了儒佛道三教,而明代尤其是晚明正好是三教合流的全盛时期。

通观明代秘密社会的基本状况,可知天地会产生于明代是因为此时已具备了比较实在的社会土壤。明代僧道的无赖化以及卫所军兵的无赖化,甚至大量加入秘密社会,是天地会产生于明代的重要信息。这可以从两个方面加以分析。

一是根据天地会西鲁传说,其创始人为少林寺僧人。揆之史实,明代僧道人物已大量参与秘密宗教结社,只要根据《明实录》考察一下明代历次秘密宗教结社活动,此说就可以得到证实。故史称:"近者荆蜀叛逆,皆此辈(指僧人——引者)为之。"①又说:"昔者倡妖言之赵才兴,固僧人也。近者造妖书之净庆,亦僧人也。"②因此,明人王士性就河南僧俗界限的混淆,以及僧人与秘密宗教结社的关系曾作如下揭示:

> 中州僧从来不纳度牒,今日削发则为僧,明日长发则为民,任自为之。故白莲教一兴,往往千百为群随入其中,官府无所查核,为盗者亦每削发变形入比邱中,事息则回。无论僧行,即不饮酒食肉者百无一人。③

王氏所言中州僧人,当然包括少林僧人。在西鲁传说中,有关于少林僧人征西的说法。在明代的史籍中也能找到其根据。明李绍文《云间杂识》有一则《三十六僧抗倭》,叙明嘉靖年间,倭寇肆虐上海一带,当时江浙地区有一些武僧,主动抗击倭寇。其中36人最为枭捷。蔡可泉提督平寇之事,招募僧兵数百人,为首者号月空和尚,次自然和尚。关于少林武僧月空抗击倭寇之事,顾炎武《日知录》中亦有记载,其中云:"嘉靖中,少林僧月空,受都督万表檄,御倭于淞江。其徒三十余人,自为队伍。持铁棒,击杀倭甚众,皆战死。"④两相对照,所不同者,并非征西,亦非征"罗刹",而是征东,抗倭寇。

二是在探讨天地会起源的诸家说法中,其中有一家认为福建

---

① 《明宪宗实录》卷25,成化二年正月癸亥条。
② 《明英宗实录》卷239,景泰五年三月乙丑条。
③ 王士性:《广志绎》卷3《江北四省》,中华书局1981年版,第44页。
④ 顾炎武撰,黄汝成集释:《日知录集释》卷29《少林僧兵》,第685页。

藤牌兵创设天地会。① 此说虽不足信，但提出的地方募兵与天地会之间的关系，却颇值玩味。在清季，哥老会中有大量流入的散兵游勇，即可证明募兵与秘密社会之间的关系。在明代，倭寇肆虐之时，抗倭军队中除少林僧兵以外，最善战者也莫过于打手、杀手、枪手与力士。打手、杀手主要分布于江西、两广，力士主要遍布于江西以及浙江金华之东阳、义乌，而抗倭的主战场大致则在南直隶、浙江、福建。这些地区是清代天地会活动比较频繁的地方。可见，西鲁传说中的少林兵征西，以及《广阳杂记》中藤牌兵征罗刹，或许就源于明代少林僧兵、打手、杀手流入抗倭军队中之征东史迹。

天地会产生于明代的时间，最早可上溯到成化年间（1465—1487），下限不迟于万历二十二年（1594）弘阳教的创立，而其最明显的创设标志则是万历七年（1579）王铎创设天地三阳会。这一结论的依据，就是天地会起源于弘阳教。

由于目前资料的缺乏，更由于天地会传播的秘密性，自万历以后直至清乾隆中期以前，天地会的活动情况尚无法完全厘定清楚。但不能因此而否定明末清初天地会存在的可能性。其中的原因，笔者同意陈旭麓在《秘密会党与中国社会》一文中所言，即"顺治、康熙、雍正三朝档案大都散佚"，"档案可以证明已载的事情，但不能排斥已经出现而未载的内容"。② 其实，天地会这种秘密结社必然有其起源及其兴衰过程。就拿别系统的秘密社会情况来说，有些研究者认为，"康熙年间秘密结社尚处于初期阶段，不仅规模小，而且尚未立有会名"③。但随着史料发掘的展开以及研究的深入，

---

① 周贻白：《洪门起源考》，载《东方杂志》，第43卷16号。
② 中国会党史研究会编：《会党史研究》，上海学林出版社1987年版。
③ 秦宝琦：《清前期天地会研究》，中国人民大学出版社1988年版，第114页。

这种判断已失去其正确性。仅就笔者所知,顺治年间,在福建省会福州,就有一批不逞之徒,结成"五头社","纵横乡曲,良民受其害,有司不敢谁何"。① 康熙元年(1662),在福建建宁一带,有十几个"喇棍",拥戴李祥为首,结成"天罡党"。② 如此等等,均可说明,随着研究的深入,天地会传说阶段的历史,终究会被破译。

---

① 周在浚:《行述》,载周亮工:《赖古堂文集》附录,上海古籍出版社1979年版,下册,第991页。
② 李世熊:《寇变后记》,载中国社会科学院历史研究所清史研究室编:《清史资料》第1辑,中华书局1980年版,第50页。

下编 社会群体

第九章 富不教书：塾师的生存状态及其形象

引 言

所谓"塾师"，又称"馆师""蒙师"，别称"门馆先生"，民间俗称"猢狲王""青毡生"（或称"青毡客"）、"青袍先生"。塾师是明清两代基层私立学校的教师，属于"无位无官"之人。他们既不同于从国子监到府、州、县学此类官方学校的教官（或称学官），又与书院讲学的"讲师"或士子文社、文会中的"都讲"有别。换言之，塾师所负责的教育对象是学业未成的"蒙童"，其任职的学校是"乡学"（或称"闾学""家塾""家馆"）、"义学"（或称"义塾"）一类的私学，而身份则是纯粹的职业教师；教官负责的是学业已成的地方官学的"生员"（俗称"秀才"）与中央官学的"监生"与"贡生"，其身份亦官亦师，介于官、师之间；而讲师、都讲负责的教育对象则更为普及，既有农、工、商、贾一类的庶民百姓，亦有学业有成的读书士子，尽管属于私学教师，却又与塾师稍有差异。

明清两代，塾师的足迹已遍及城乡各个角落。清人周石藩云："大凡乡鄙都邑，皆有塾师。"①所言就是最好的注脚。古人有言：财主落败便教书。② 可见，塾师之业，历来被视为

---

① 周石藩：《海陵从政录·与诸生讲学随笔》，载《官箴书集成》，黄山书社1997年版，第6册，第239页。
② 钱德苍辑：《解人颐》，《寓意集·村学先生自叙》，岳麓书社2005年版，下册，第15页。

财主家业衰败后之恒业,其背后所透露出来的信息,无非一个"穷"字。此外,清代有一句俗谚,叫"穷不读书,富不教书"。① 其意分前后两层。就前者而言,贫寒人家既无财力供养子弟读书,而且子弟一旦读书,家庭还会失去一个劳动力,影响生计。就后者来说,也包括两方面的意思:一方面,富者生计不用发愁,不必低声下气去教书;另一方面,书中所载,诸如开蒙之《大学》,所训"悖入悖出""以身发财,务财用者必自小人",若高声朗读,毕竟于富者脸面有碍。

吊诡的是,尽管明清民间有"穷不读书"之说,但揆诸当时的情状,却往往是"读书之家,率多寒士,必以教读为事"。② 究其原因,对于贫寒人家来说,唯有供子弟读书一途,才能改换自己的门庭。而现实却是无比残酷。在数目庞大的读书人群体中,只有少数幸运儿得以借助读书而改变现状,而其中绝大多数的贫寒读书人,为生计所迫,只好"以教读为事",靠处馆维持基本的家庭生活开支。

塾师之种类、来源、出身及聘师仪式

处馆教学,应该说是明清读书人无奈的选择。《长恨歌》云:"百工技艺不屑为,万卷诗书勤苦读。读书望登天子堂,岂知读书成劳碌。"③所谓"劳碌",所指即读书无成,只好流落江湖,做一个教书先生。

---

① 李光庭:《乡言解颐》卷2《穷不读书富不教书》,中华书局1982年版,第53—54页。
② 周石藩:《海陵从政录·与诸生讲学随笔》,载《官箴书集成》,第6册,第238页。
③ 钱德苍辑:《解人颐》,《寄怀集·长恨歌》,下册,第87页。

(一)塾师之种类

塾师从事地方子弟的启蒙教育,借此谋生,在明清两代又称"处馆"。就塾师所处之馆、塾而言,根据讲授内容或受教育者的年龄差异,可以分为蒙馆与经馆两种。如明末清初学者张履祥记载:"世之读书而贫者,为人教子弟,资其直以给衣食,约有二种。一曰经学,则治科举之业者也;一曰训蒙,则教蒙童记诵者也。"①蒙馆即训蒙,专教蒙童记诵。经馆则治经学,专教学生治科举之业。前者之师称童蒙师,或称训蒙师,简称蒙师。后者称举业师。因治科举业者多专治一经,故又称此类馆师为经师。

若按教学场所的不同,则又可分为下面两类。一是塾师自己设帐授徒,打出幌子,教授生徒。此类馆塾,有些设于塾师家中,或因塾师自家居宅狭窄,则租赁房屋,设馆授徒,称为"学馆"。② 至迟从明代以后,乡馆已有商业化的趋势。如明代小说言,当时有一位乡学先生,写了一张红纸,贴于门首道:"某日开学,经、蒙俱授。"③二是上门授徒,亦即至人家家馆授徒。而后一类家馆又可分为两类。一是富人或商人之家,在家中设馆,聘请塾师在馆中教育自己子弟。所别者在于一般富人人家是让塾师教授子弟"书法"或"读书",而商人家庭则让自己的子弟学习"算法"。二是那些无力在家中设馆聘请塾师的贫穷人家,就合力在寺院中设馆,命其子弟每日从家中赴寺院走读学习。④

---

① 张履祥:《杨园先生全集》卷18《处馆说》,中华书局2002年版,中册,第545页。
② 〔日〕中川忠英编著,方克、孙玄龄译:《清俗纪闻》卷5《闾学·先生》,中华书局2007年版,第277页。
③ 周清原:《西湖二集》第3卷,人民文学出版社1989年版,第46页。
④ 〔日〕中川忠英编著,方克、孙玄龄译:《清俗纪闻》卷5《居家·子女教育》,第155页。

(二) 塾师之来源、出身

就地域而言,明清塾师的来源大致分为两类:一是在文风较盛之地,教学资源丰富,塾师众多,本地塾师尽可满足本地馆塾之需,无须至外地聘请;二是在一些教育欠发达地区,若当地无可充任塾师之人,则需要至其他地方聘请塾师,以教育子弟。①

现在一说训蒙处馆,就联想到三家村的一些老学究。学究式的训蒙师,在明清两代无疑属于大宗,然若细究塾师的身份,大抵更为复杂。换言之,无论是中过进士、举人者,抑或国子监生、生员、童生,甚至那些贫穷的官员,均不乏借舌耕糊口之人。

第一,在明清两代,无论文官,还是武官,因为家里生计贫乏而教授生徒者,不乏其例。如明代江西副使李远庵,罢职以后,亦"教授生徒于高淳、溧阳之间"②。又明代武举千户杨伯秩,家甚贫,在卞忠烈庙对廊开设蒙馆。③ 此外,清人陈灿勋,曾中嘉庆九年(1804)举人,出任国子监学正。然因家贫,且淡于进取,只好"授经自给","从学者众,多所成就"。④

第二,状元、举人处馆,在明清两代也相当常见。举例来说,在明代相当闻名的钱福,曾经中过状元,也曾处过馆。至于举人处馆,更是屡见不鲜。譬如郑鄤,万历四十年(1612)中举人,随后就在常州府城的先贤祠"开馆",前来求学者达 1700 余人。⑤ 在清代,凡是"举业名馆",其馆师亦多举人出身。如吴镇、庄允升两位举人,开设学馆,"从游甚众,登科甲者踵相接"。其后,则有林雪晴,

---

① 〔日〕中川忠英编著,方克、孙玄龄译:《清俗纪闻》卷 5《闾学·家庭执教》,第 298 页。
② 周晖:《金陵琐事》卷 3《官贫受徒》,南京出版社 2007 年版,第 131 页。
③ 周晖:《二续金陵琐事》卷下《急取》,南京出版社 2007 年版,第 343 页。
④ 甘熙:《白下琐言》卷 8,南京出版社 2007 年版,第 152 页。
⑤ 郑鄤:《峚阳草堂文集》卷 16《天山自叙年谱》,民国二十一年重刊本。

"润及门者济济如也"①。

第三，国子监生与生员处馆，更是本色当行。这方面的例子很多，试举几例如下。如明代国子监生陈克载，"以《易》授诸生里中，而韩公邦奇与其子希鲁实馆之"②。明末著名理学家冯从吾之父冯友，为诸生时，家甚贫，"设科常开平祠，借束修以养父母"③。又清代岁贡生方汝舟，"课徒自给，远方来学者如云"④。

第四，明清两代的老童生，虽未入学成为秀才，但家中生计也须顾及，于是只得开馆授徒。如明代苏州府常熟县人邹静观，万历初年老童生，县试从未一取，却自称邹解元，"师道甚严，大家争致之，非隔年下聘，不可必致。新正开馆，不过初三。遇节，止假一日"。当时常熟以老童生处馆者，尚有龙门、蒋二等人，时人争相延聘。⑤

（三）聘师之仪式

在明清两代，民间尊师重学风气颇盛，故各地自行延师训蒙之事并不乏见。如明代福建兴化府，地狭人贫，当地人只好以读书为业。"每岁上元后，即筮吉延师，以训子弟。"⑥广东惠州府兴宁县，其延师习俗如下："如明年敦请，则于今年八、九、十月具关，亲送其家。至明年春王月，择吉辰，设盛筵，率子弟拜从。"⑦上面所谓"具

---

① 甘熙：《白下琐言》卷1，第15页。
② 黄瓒：《雪洲集》卷7《赠韩公邦奇七十寿序》，《四库全书存目丛书》影印明嘉靖黄长寿刻本。
③ 冯从吾：《冯少墟集》卷20《家乘》附《原任保定府同知冯公行实》，清康熙十二年重刻本。
④ 甘熙：《白下琐言》卷1，第15页。
⑤ 佚名：《虞书》，载《虞阳说苑》乙编，初园丁氏校印本。
⑥ 弘治《八闽通志》卷3《风尚·兴化府》，《中国史学丛书》影印明弘治四年刊本。
⑦ 崇祯《兴宁县志》卷1《风俗》，载《稀见中国地方志汇刊》，中国书店1992年版，第44册，第407—408页。

关"之"关",其实就是聘请塾师的聘书,在当时称为"关聘""关书"或"关约"。下引一件明代聘请家塾师的聘书,以说明之。聘书云:"予家塾师久虚,敬烦足下,敢具币以告。"①又清代小说《儒林外史》也记载了一则塾师聘书,上写:"愚表弟虞梁,敬请余大表兄先生在舍教训小儿,每年脩金四十两,节礼在外。此订。"②两相比较,明代关聘中仅云"具币以告",而在清代的关聘中,则已经明确列出每年的"脩金"与"节礼"。

塾师之生存状态

按照明末清初学者张履祥的记载,塾师在主人家的日常饮食待遇,通常是常膳二簋,一肉一蔬;宴会四簋,二肉二蔬。算得上是虽不丰腆,但不寒酸。且平心而论,按照明清两代的收入状况来看,塾师的收入应该属于中等偏下,亦即相当于"下农夫"的收入,完全可以保证五口之家的衣食。③

尽管如此,"穷""苦"二字似乎已经成为明清塾师对生活境遇的一致感受。其实,这既有塾师收入不高的原因,更多地还是读书人的心理落差所致。进而言之,就"穷"而言,牵涉塾师的收入,以及收入能否养家糊口;就"苦"来说,则更关乎塾师的教学环境、住宿条件、东家所供饮食丰俭,尤其是塾师本人内心的感受。

---

① 朱察卿:《朱邦宪集》卷5《送韩元和赴塾序》,《四库全书存目丛书》影印明万历六年朱家法刻增修本。
② 吴敬梓:《儒林外史》第46回,人民文学出版社1982年版,第445页。
③ 张履祥:《杨园先生全集》卷18《处馆说》,中册,第546、549页。

(一) 塾师之"穷"况

塾师之"穷",究其根本原因,还是收入过低。明清两代的塾师收入,大抵包括束脩、节仪与饮食供给、兼职收入三部分。

先说束脩。塾师出任馆职,无论是蒙师,还是经师,无非为了谋取馆谷与束脩,借此养家糊口。相比之下,蒙师的馆谷或束脩就比经师低许多。即以明代的官方社学师来说,多属训蒙师,其束脩一般为每年20两银子,少者则为15两。① 有些义学的业师,"月奉四斛"②。南宋以后,多以五斗为一斛,两斛为一石。月俸四斛,即二石,一年24石。若折成银子,也在15两左右。在明代,一般经师的束脩,每年30—50两银子之间,多者亦有超过50两,甚至超过100两者。③

与明代塾师的脩金相比,清代塾师的脩金就稍显微薄。据史料记载,清代福建古田县,"民间总角授书,终年脩金四百文。至成童作文,多不过二三千。如有脩金二三十千专请教读者,士林莫不羡慕"。④ 清人郭尧臣著有《捧腹集诗钞》,中有《青毡生随口曲》14首,其第11首云:"一岁脩金十二千,节仪在内订从前。迩来有件开心事,代笔叨光夹百钱。"⑤ 即使在北京教书,最多者也只是每月

---

① 周汝登:《东越证学录》卷13《社学教规》,《四库全书存目丛书》影印明万历刻本。
② 万衣:《万子迂谈》卷6《江州万氏祠堂义田碑记》,《四库全书存目丛书》影印清乾隆二十二年刻本。
③ 张履祥:《杨园先生全集》卷18《处馆说》,中册,第549页。按:关于明代塾师馆谷与束脩的详细探讨,可参见陈宝良:《明代儒学生员与地方社会》,中国社会科学出版社2005年版,第307—310页。
④ 陈盛韶:《问俗录》卷2《三餐》,书目文献出版社1983年版,第70页。
⑤ 周作人:《浮世风吕》,载刘应争选编:《知堂小品》,陕西人民出版社1991年版,第401页。

四两脩金,全年不过48两,少者每月只有二两,全年24两。① 此外,尚有其他诸多记载,可作为清代塾师脩金的补充,分列如下。如清人钱泳记载,常州有某学究,以蒙馆为生。其子长成,亦充蒙师。父子一起教书,所得"馆谷",不过四五十两银子。② 每人每年所得脩金,则为20—25两之间。从上述记载可知,清代塾师脩金最低者,当属蒙师,每年脩金不过400文铜钱,稍多者则为二三千文。总体说来,清代塾师脩金,低者为每年10—20两银子之间,高者则在40—50两银子之间。

塾师处馆所得,除最为基本的脩金、馆谷之外,尚有其他一些额外收入,诸如"礼聘银""节仪"。所谓"礼聘银",即聘师时一次收取的礼金。在明清两代,"节仪"又称"节礼",通常是指塾师从东家那里获得的节日赠仪。以礼聘银为例,明代塾师应聘设教之后,就会收到来自东家的礼聘银,如明代常熟县所设的义学,义师除馆谷之外,尚可得俸银八两、聘礼银五钱。③ 至于节礼,通常是指遇到清明、端阳、中元、冬至等四时节日时,塾师可以从东家那里得到赠仪。如明代常熟县所设义学,义师在每年的清明、端午、中元三个节日,获取节仪银各三钱。④ 又如清末山东济南府陵县,官府在县城设立两所义学,其塾师每人每年可得节礼钱6000文。⑤ 若是塾师至家馆教学生徒,东家还需要提供塾师的一日三餐。从清代家馆来看,主人家除提供塾师每日饮食以及睡房之外,有时还根据季

---

① 齐如山:《中国之科名》,收入杨家骆主编:《中国选举史料·清代编》,台北鼎文书局1977年版,第1090—1092页。
② 钱泳:《履园丛话》15《鬼神·讨债鬼》,中华书局1997年版,第413页。
③ 缪肇祖等纂修:《常熟县儒学志》卷3《饮射志》附《义学》,明万历三十八年刻本。
④ 缪肇祖等纂修:《常熟县儒学志》卷3《饮射志》附《义学》。
⑤ 戴杰:《敬简堂学治杂录》卷2《增修三泉书院禀》,载《官箴书集成》,第9册,第51页。

节的不同,赠送塾师衣服。若是塾师无人伺候,那么东家安排书童、馆童等两三人前去服侍。①

在明清两代,因为修金、节仪之类的收入相对微薄,尚不足以维持全家的生计,塾师通常会从事一些兼职,借此补贴家用。这些显然属于塾师的外快收入。明清塾师之兼职收入,大致包括下面几项。一是利用自己曾经兼习过的地理、算命一类杂术,从事堪舆之术,以获取好处。如清代小说《儒林外史》中的虞育德,除处馆之外,"后来又替人看葬坟"②,就是典型一例。二是书春帖。清末人李虹若有《书春》诗一首,云:"教书先生腊月时,书春报贴日临池。要知借纸原虚话,只为些须润笔资。"③所记即为教书先生在腊月里靠替人写春帖,以赚取些许润笔之资。三是安排婚礼、代写婚书。如清代江西赣县有一塾师,专门"为两家部署婚礼",兼之乡僻缺少士人,所以两姓之间的婚书,"咸出塾师手"。④

塾师修金既薄,且又得不到东家应有的尊重,时常会面临拖欠修金的尴尬局面,于是不得不前去讨要,甚至不乏诉诸公堂之举。清末人李虹若有《散馆》诗,云:"蒙馆舌耕不自由,读书人到下场头。每逢年节先生苦,亲去门前要束修。"⑤面对东家故意拖欠修金,在万般无奈之下,塾师只好诉诸公堂。如在清末,田石生设私塾于江宁汉西门内,后来因修金收取不足,禀县请求追讨。县令不

---

① 〔日〕中川忠英编著,方克、孙玄龄译:《清俗纪闻》卷5《闾学·家庭执教》,第298—300页。
② 吴敬梓:《儒林外史》第36回,第351页。
③ 李虹若:《朝市丛载》卷7《都门杂咏》,北京古籍出版社1995年版,第153页。
④ 徐珂:《清稗类钞·婚姻类·易妇而婚》,中华书局2003年版,第5册,第2094页。
⑤ 李虹若:《朝市丛载》卷7《都门杂咏》,第154页。

理,遂向总督衙门上禀。①

更为甚者,因为下层知识人众多,塾师时常面临着很大的竞争压力,随时有失馆的风险。每当此时,塾师的境遇更是令人可怜。这有清代的两个例子可以说明。如广州一位生员,"奉母僦屋而居,年资舌耕以糊口"。有一年命运不好,时至仲春中浣,尚未收到东家的"聘关",寂寞陋室,四顾无聊,深感"度活何依,周旋谁望"。有感于此,作一诗云:"舌耕无地口无粮,四壁安能挨日长?万卷不堪供作馔,晨昏何物奉高堂?"如此境遇,令人颇感酸楚。又有一位生员,因为"失馆",更是"志意惑乱"。舌耕断绝,忧心如醉,耳目无闻,以致行走于路上,"粮台过街,不知就避",被隶役捉到粮台面前。粮台出一对句,云:"遍地是先生,足见斯文之盛。"或许是视角的不同,这位粮台仅仅从"遍地是先生"中,看到了"斯文之盛"。但塾师的感受并非如此,正是因为"遍地是先生",才感到处馆一职的竞争压力。所以,这位生员在答复粮台的对句中,不得不云:"沿街求弟子,方知吾道之穷。"②

就明清两代的实际状况来看,下层读书人之贫困化已是不争的事实。为此,就需要对明清塾师的生活质量加以具体地分析。按照明代的物价水平,八口之家,在京城维持一年的生计,需银50两。③京师号称"桂玉之地",百物皆贵。若在一般城市或乡村,大概最低脩金30两,基本可以维持一家人的生活。这从清人小说《儒林外史》中同样可以得到印证。从小说可知,清代塾师若想维

---

① 襟霞阁主编纂:《(新编评注)端午桥判牍菁华·教师讹诈之妙批》,载《清代名吏判牍七种汇编》,台北老古文化事业股份有限公司2000年版,第471—472页。
② 欧苏:《霭楼逸志》卷3《县令和诗》,载李龙潜等点校:《明清广东稀见笔记七种》,广东人民出版社2010年版,第205—206页。
③ 李延昰:《南吴旧话录》卷下,上海古籍出版社1985年版,第221—222页。

持一家人的正常生计,必须每年赚得脩金 30 两。假若这一年正月里与东家说定,脩金只有二十几两,那么塾师就会"心里焦不足"。于是,到了四五月的时候,少不得又扩招两个学生,或是替人"看文章",以便能补足 30 两银子之数。与此相反,假若这一年正月里谈好的脩金多出几两,塾师欢喜道:"好了,今年多些。"可是,偏偏家里遇着事情,把这多出的几两银子用完。① 若以每年 30 两脩金作为维持一个读书人的家庭体面生活的标准,那么,明清塾师中的大多数应该处于这一标准线之下,故民间才有穷教书的印象。

(二) 塾师之"苦"状

明清塾师苦状,其实不仅仅限于收入之低、待遇之差,更是因为读书人的内心感受之苦,自我感觉精神上缺乏自由。明人文徵明所著《馆师叹》一诗,其中"半饥半饱清闲客,无锁无枷自在囚"一句,②基本道出了苦状的缘由。清人有一则《村学先生自叙》,塾师自言境遇道:"自家日常看着几个书生,羁羁绊绊,与犯罪囚徒无异。年终算着几担束脩,多多少少,与雇工常行不殊。"③其意大体与文徵明所言相同。前者是说物质待遇之贫乏,而后者则是说精神上的枷锁。

物质待遇与教学条件之差,在一些塾师看来,只要秉持一种"孔颜之乐"的精神,尚可应付自如。最让塾师不堪承受者,就是自己一旦成为塾师,为了些许的束脩,犹如鸟入囚笼,成为"不枷不锁的自在囚"。照理说来,塾师俗称"西宾",凭自己的知识吃饭,原本应该与"东翁"保持一种平等的关系。事实并非如此。前引明人文

---

① 吴敬梓:《儒林外史》第 36 回,第 350—351 页。
② 褚人穫:《坚瓠五集》卷 3《馆师叹》,载《笔记小说大观》,江苏广陵古籍刻印社 1983 年版,第 15 册,第 162 页。
③ 钱德苍辑:《解人颐》,《寓意集·村学先生自叙》,下册,第 15—19 页。

徵明《馆师叹》诗,即云:"课少父兄嫌懒惰,功多子弟结冤仇。"究竟是听从子弟"父兄"之言,抑或迁就就学的"子弟",塾师确实陷入了无所适从的两难境地。为此,《长恨歌》明确揭示出了塾师教学过程中之为难境况。歌曲云:"拘缚矩头严,护短不教加鞭扑。抚育少功程,又责先生才不足。"①塾师对束脩的过分依赖,最终导致师生关系颠倒。换言之,教学系统的师生关系,反而不如巫师、医生、百工技艺之人之间的师弟子关系,完全失去了"师弟子之道"。为此,张履祥揭示道:"师之视馆也,如婴儿之乳,绝则立毙。主人之视馆也,如天位,其视谷也,如天禄,予夺啬丰,惟己所制。是以弟子之气恒高于师,师之气恒下于弟子,以弟子往往能操其师之轻重缓急也。"②

清代有一则村学先生的自传,对塾师教学环境之差的刻画堪称淋漓尽致。为人之师,无论言论,还是行为,无不需要小心谨慎。如"唤人家亲友小小心心,犹恐怠慢了宾客;叫人家奴婢,哥哥嫂嫂,犹恐冲撞了那厮"。功课少了,主人则嫌塾师懒惰;功课多了,弟子又道难为。塾师不敢轻易发表自己的意见,必须主人"议之而后言";塾师在东翁与弟子面前,必须步履安详,居处镇静,衣冠肃整,容貌端庄,不可懈怠离披。拘拘束束,循规蹈矩,半点不敢出差池,确乎好似"严姑手里无缘的媳妇",又似"晚母身边失爱的孩儿"。③

---

① 钱德苍辑:《解人颐》,《寄怀集·长恨歌》,下册,第87页。
② 张履祥:《杨园先生全集》卷18《处馆说》,中册,第548页。
③ 钱德苍辑:《解人颐》,《寓意集·村学先生自叙》,下册,第15—19页。

民间之塾师形象

在明清民间的印象中,塾师已经被塑造成"腐儒""冬烘先生"的典型。无论是历史典籍,抑或谜语、笑话、诗歌、八股文、戏曲、小说等文学作品,无不将塾师归于腐儒此类范型人格。

处馆塾师形象的跌落,究其原因,还是生计困窘。换言之,因家庭生计贫困,塾师无所不为,甚至不乏替人代考之举。在明清两代,科举盛行,一些有钱有地位的"大家",通常会延聘名士至家,训导自己的子弟。这种凭教书糊口之举,本是一种寻常的生计,即使圣人再起,亦不可避免。塾师到了人家家里,在平常日子里,与大家子弟"谭文课艺",一等遇到考试,又"同坐商量",既是身为塾师的职责,也是情势的必然。然其中也有一些塾师禁不住利益诱惑,难免做出替人代考的举动。如万历四十四年(1616)会试,沈同和凭借"代笔"中会试第一名,代笔之人是赵鸣阳,也中同科会试第六名,两人均为苏州府吴江县人。事发之后,两人一同被"除名"。据朱国祯的记载,作为塾师的赵鸣阳,为人最有才情,只为了区区的一些馆谷,"落其彀中"。其实,这种代笔之举,在当时颇为普遍,仅朱国祯所见,就有"代笔数人",只是没被发现而已。[①] 可见,尽管最后的结局有幸或不幸之别,但就整体趋势而言,有文章之名的贫士,迫于家庭生计的压力,处馆维持生计,甚至不惜替东翁子弟代笔,这已然成为一时风气,且能作为塾师所具负面形象的足够的事实依据。

(一) 从称谓变化看塾师形象

在中国的儒家文化传统中,称谓无不体现一种等级差序。在

[①] 朱国祯撰,王根林校点:《涌幢小品》卷7《断么绝六》,上海古籍出版社2012年版,第130页。

明清两代,塾师有"先生"之称。这无疑是一种荣誉称谓。塾师一旦至富豪家馆中处馆,馆中仆人通常称塾师为"师爷"。师爷一称,原本是指塾师,后来才渐渐演变为幕宾的通称。① "先生""师爷"二称,显然是一种荣誉称谓,其背后蕴涵着师道尊严的深层意义。

师道尊严,由来已久。所不幸者,至明清两代,从事教学之塾师已经成为读书人的"下场头",是仕进无望者的谋生手段,塾师形象随之式微。从"先生"至"师傅"的称谓演变,塾师地位转衰已初显端倪。根据明代史料记载,福建莆田民间通常称授经之师为"先生",而浙江吴兴则称宦家童仆为"先生"。这是"先生"一称荣耀性下滑的反映。又山西洪洞称秀才为"师傅",而别处则称工匠曰"师傅"。② 尽管从起源上讲,"师傅"一称亦属尊称,但一旦工匠也被通称为"师傅",则塾师已经在称谓上沦落为与工匠齐名之人。

至"学匠""教书匠"之类称谓出现,塾师形象更是一落千丈。考"学匠"一称,至迟在明代末年已经出现。如在明代的馆师中,其身份通常以生员居多。所以,明代的生员又有一种别称,即"学匠"。③ 假若说称塾师为"先生""师傅"还是一种尊称,那么,将塾师称作"学匠",塾师在民间百姓的眼中,已经等同于泥匠、木匠、砖匠、锯匠、铜匠、铁匠,仅仅属于谋生行业中的一行,显然是塾师地位下降的一种侧面反映。可见,现代民间俗称教师为"教书匠",明代已开其先河,至清代最终形成。清人曾衍东在其所著《小豆棚》之《陆修》一则后,有如下批语:"吾乡富甲某,忽欲延师课子。会当夏月,晒麦于场,雨骤来,诸佣工皆为之盖藏。富甲问曰:'教书匠

---

① 关于"师爷"一称的起源,以及与塾师之关系,陈宝良所撰《明代幕宾制度初探》一文(载《中国史研究》,2001年第2期),多有考辨,可资参看。
② 姚旅:《露书》卷9《风篇》中,福建人民出版社2008年版,第206页。
③ 西周生:《醒世姻缘传》第16回,上海古籍出版社1985年版,第235页。

何以不至?'师闻之,怒而去。"①这是清人称塾师为"教书匠"之典型一例。

塾师不但被列于工匠之列,在民间百姓的眼里,更是等同于"长工"。清代有一则笑谈,大抵可以证明此说不虚。故事记载杭州有一位姓莫的乡宦,延请了一位塾师金先生。当清明节解馆时,乡宦让馆童替塾师挑着行李,前去送行。塾师即景口占得诗句云:"墙内桃花墙外红。"馆童应声续之,道:"长工挑担送长工。"塾师听后大怒,打算打发馆童回家,但考虑到不得童仆使用,又要浪费自己的斧资,所以姑且忍耐。后回到主翁家,将此事向主人告发,但主人一向宠幸馆童,立刻传见,让馆童下跪,数以慢师之罪,并言如果能将前诗续全且有自己的说法,此事方休,否则必加以责罚。馆童无奈,不得不续句解之,道:"虽然吃饭分高下,打发工钱一样同。"②由此可见,在塾师与长工之间,行业虽有高下之分,但就"打发工钱"而论,却分毫不殊。

(二)民间对塾师形象之塑造

民间对塾师形象的塑造,显然来源于现实生活中塾师地位的下降。塾师的职责不过是训蒙,而做一个尽职的蒙师却并不容易。尽管当时的"义学条规"无不深知选择馆师必须谨慎的道理,尽量要求遴选"克端师范,实心训课"或"品端学粹"之人充任。③ 但事实并非如此。史料已经揭示,明清塾师很多并不称职。年高者则昏倦欲睡,年少者则嬉游成习,常常不知教法。

---

① 曾衍东著,徐正伦、陈铭选注:《小豆棚选注》,浙江古籍出版社1986年版,第221页。
② 王有光:《吴下谚联》卷2《虽然吃饭分高下》,中华书局2006年版,第41页。
③ 相关的馆师选择条规,可分别参见清人陈宏谋、栗毓美所撰之《义学规条四则》与《义学条规》,收入徐栋辑:《牧令书》卷16《教化》,载《官箴书集成》,第7册,第366—368页。

正因为此,才有诸多嘲讽村学究作品的出现。如有一首诗谜,专门嘲讽村学究,其中有云:"身长九尺皓须眉,俯首常如持满时。村塾全然无约束,任儿携幼浴清池。"①从诗谜不难知道,在民间印象中,塾师通常不过是身长九尺、须眉皓白的高瘦老翁,弯腰时如同一张持满之弓。他们在村塾中教书,不过是借此谋生,对村童全无约束。而在童蒙眼里,塾师则不过是"腐儒"与"冬烘先生"而已。如明人汤显祖所作戏曲《牡丹亭》中之陈最良,就是一个"腐儒"的典型形象。老儒陈最良上场之时,已经年值六旬,上来自己就唱出"灯窗苦吟,寒酸苦禁,蹉跎直恁"。这是腐儒的寒酸样。正是这个陈最良,在教学上尽心尽责,对女弟子杜丽娘管束甚严,但在生性活泼的春香丫头看来,不过是个"村老牛""痴老狗"而已,"一些趣也不知"。即使是女弟子杜丽娘,尽管对陈最良有所尊重,却亦一心想着后花园中的景致。② 显然,杜丽娘也不以陈最良的酸腐样为然。清人尤十郎仿八股文体裁,集《四书》成语以嘲笑村学究。其中对塾师的定义,就是"正其衣冠,动容貌,规矩准绳"③。被如此描摹刻画的人物,活脱一个酸丁腐儒形象。尤其是到了清末光绪中叶,当时新式学校渐兴,而未经改良之私塾的弊端更是暴露无遗。为此,有人写就一诗加以嘲讽,其中"先生头脑是冬烘"一句,④道出塾师思想已与日新月异的世界凿枘不合。在清末西学普遍传入,而且中国学生出洋留学蔚然成风的情势下,传统的私塾师仍然保持着他们的冬烘脑袋而冥顽不化,甚至不知"科学"二字的

---

① 钱德苍辑:《解人颐》,《消闷集·诗谜类·嘲村学究》,下册,第3页。
② 汤显祖:《牡丹亭》第4出《腐叹》、第7出《闺塾》,载氏著,钱南扬校点:《汤显祖戏曲集》,上海古籍出版社1982年版,上册,第243、254—257页。
③ 徐珂:《清稗类钞·谲讽类·村学究文》,第4册,第1620—1622页。
④ 徐珂:《清稗类钞·谲讽类·先生头脑太冬烘》,第4册,第1631页。

真正含义,并将其误解为"科试所取入学之生员"①。

更有甚者,明清的民间尚将塾师刻画成"鼠先生""狗教师"一类的典型人物。老鼠喜食之物甚多,尤嗜米、油和烛。实在无可偷吃,老鼠则从故纸堆中讨生活,进而啃啮书籍。清宣统时,杭州小营巷顾少岚家曾延聘一位塾师,有"先生似鼠"之谑。这位塾师一向喜欢贪小便宜,其家与顾氏相近,隔数日就要回家一趟,回家时必携带数器,里面所装均为米、油、烛,于是有人嘲之曰:"先生似鼠。"当时有一位王立斋听到这则故事后不以为然,更是得出了"先生不如鼠"的惊人之论。其实,他的说法也有道理。一般说来,老鼠偷啮书籍,应该说尚有文字之缘。而这位教书先生,虽为顾氏所信任,然识字无多,教弟子《三字经》《千字文》一类,反而不能卒读。他在塾馆,每天不过静坐昏睡而已,根本不安于从故纸堆中讨生活。这就是先生不如鼠的缘由。②

"狗教师"形象的出现,显然与"鼠先生"有异曲同工之妙。从明清时期的笑话书中,大抵亦可看出市井人对读书人的形象刻画。在以晚明冯梦龙《笑府》增补而成的《笑林广记》中,所刻画的教书先生,不是满嘴别字,就是一味厮混,教书全无章法,完全是一种堕落的人物形象。如《笑林广记》卷1载一馆师岁暮返家,舟子发问:"相公贵庚?"馆师答:"属狗的,开年已是五十岁了。"舟子又问:"我也属狗,为何贵贱不等?"舟子继续问:"哪一月生的?"馆师答云:"正月。"舟人大悟,道:"是了,是了,怪不得。我十二月生,是个狗尾,所以摇了这一世;相公正月生,正是狗头,所以教(音叫)了这一世。"正是通过这种嘲笑塾师为狗之法,于是"狗教师"的形象在

---

① 徐珂:《清稗类钞·诙谐类·私塾师长于科学》,第4册,第1837页。
② 徐珂:《清稗类钞·谑讽类·先生不如鼠》,第4册,第1691页。

民间正式确立。①

从"先生"至"师傅",乃至进而演变为"学匠""教书匠",塾师称谓的演变已经证明,在民间百姓的印象中,塾师已不再是传道解惑的教育者,不过是谋生行业中的一员而已。至于"鼠先生""狗教师"形象的确立,则更是塾师堕落的真实反映。究其原因,正如龚鹏程所言,显然是儒学本质的失落、社会性的失落以及权力的失落这三重失落的人生。② 诗谜、笑话、诗赋、小说、戏曲等文学作品中对下层读书人的描绘,诸如酸秀才、穷教师之类,无疑体现了传统社会对读书人的定型思维。这种思维有简化以及抹杀个性差异之嫌,只能被视为市井俗文化对读书人的偏见或定见。然值得关注的是,这种偏见与定见,同样部分反映了塾师的真实生活乃至面貌,并引发后人对其形成原因作更深层次的思考。

结束语

中国的俗语有云:"一日为师,终生为父。"就这种角度而言,师道堪比父道。换言之,明师如同严父。而揆诸明清教育社会史,却并非完全如此。在以科举考试为核心的教育系统中,正如黄宗羲所言,"师道多端,向背攸分"。③ 换言之,学生最为看重的是便于

---

① 龚鹏程:《腐儒、白丁、酸秀才——晚明笑谈里的读书人》,载氏著:《晚明思潮》附录1,商务印书馆2005年版,第370—371页。
② 龚鹏程:《腐儒、白丁、酸秀才——晚明笑谈里的读书人》,载《晚明思潮》附录1,第376—381页。
③ 黄宗羲:《黄宗羲诗文集·文集》卷9《广师说》,载《传世藏书·集库·别集》,海南国际新闻出版中心1996年版,第12册,第294页。

自己仕进之途的"保举之师""考试之师",而不是从小启蒙自己或者给自己传道解惑的"受业"或"问业"之师。正如明人李贽所云:"今士子得一科第,便以所取座主为亲爷娘,终身不能忘;提学官取之为案首,即以提学官为恩师,事之如事父。以其相知也。"①明末清初学者张履祥亦云:"蒙师之责至重,而世轻贱之;举业之学至陋,而世尊隆之。可为不知类矣。"②德业不再是维系师生关系的纽带,而是被利益乃至利害关系取代。凡是对自己科名、仕途有利者,可以视之为"恩师",甚或"亲爷娘",而那些真正的"受业""问业"之师,则将其视若途人,转瞬即忘。塾师之被轻贱、塾师形象之堕落,于此均可找到用来解释的理由。

当然,师道沦丧,不可能由塾师一概任其责,而是与科举习气对明清教育制度的影响休戚相关。深受科举习气影响的明清士大夫,一方面,只重同年,不重穷交。究其原因,无非同年必缙绅,而穷交不必缙绅。另一方面,重座师,不重经师。原因很简单,座师必贵显,而经师则不必贵显。③ 座师与门生之间,无非科举考试之下的利害关系,并无真正的师生情谊。而经师与子弟之间,虽有授受之谊,却反而被漠视。正如明末清初学者顾炎武所揭示,在科举考试的网络中,"座师""房师""同年""年侄""世兄""门生""门孙""太老师"等称谓的出现,无不证明他们之间的关系,已经"朋比胶固,牢不可破"④,并进而形成朋党之势、门户之习。于是,朋党、门户取代了真正的师生关系。这是科举制的产物。

---

① 李贽:《焚书》卷4《豫约》,中华书局1974年版,第183页。
② 张履祥:《杨园先生全集》卷39《备忘》1,下册,第1072页。
③ 丁元荐:《尊拙堂文集》卷12《客难》,《四库全书存目丛书》影印清顺治十七年丁世浚刻本。
④ 顾炎武:《亭林文集》卷1《生员论》,载氏著:《顾亭林诗文集》,中华书局1983年版,第23页。

尽管如此,从总体上说,明清塾师群体中还是不乏如明代塾师焦端那样的安贫乐道之辈,他们"为人清正,动以古道自律",即使家中甚贫,但容貌词气,不见"一毫贫窭之状"。他们仅仅是凭借授徒作为自己的生计,而且能做到"克志励行"。[①] 可见,将塾师视为"读书种子",或者说"乡曲之导师,地方之柱石,一方文家之重镇",[②]其实亦不为过。不仅如此,塾师对于普及教育、提高明清教育的整体水平,更是功不可没。明清两代民间识字率之提高,即是明证。

[①] 周晖:《金陵琐事》卷3《不妄受束脩》,第129页。
[②] 王尔敏:《明清社会文化生态》,台北商务印书馆1997年版,第59—60页。

第十章　清客帮闲：无赖知识人的形象重构

引　言

所谓"清客""帮闲"，是明清时期特殊的下层知识人群体。更确切地说，他们属于一群"无赖知识人"。在明清两代，无赖知识人主要由以下两部分人群组成：一是清客、帮闲；二是讼师乃至讼棍。两者均为社会的过剩力量，虽同为闲人，但其间亦稍有区别：前者在官府及大老家中帮闲，而后者主要服务于民间的讼事。清客、帮闲均属"无籍之徒"，故在当时又可并称。①

何谓"清客"？明人姚旅作如下解释："俗目词客为清客。"②就此而论，清客就是词客，与缺乏知识的"钝汉"相对。③众所周知，在明清两代的典籍中，词客通常指"山人"。换言之，自晚明以来，由于山人群体的崛起，原本较为流行的"词客"一称已经为"山人"所取代。何谓"帮闲"？明代史料亦有如下释义："无籍之徒，不务生理，专帮富家子弟宿娼饮

---

① 如明人张岱言："虎丘八月半，土著流寓、士夫眷属、女乐声妓、曲中名妓戏婆、民间少妇好女、崽子娈童及游冶恶少、清客帮闲、傒童走空之辈，无不鳞集。"此即清客、帮闲并称之例。参见张岱：《陶庵梦忆》卷5《虎邱中秋夜》，上海古籍出版社1982年版，第46—47页。
② 姚旅：《露书》卷12《谐篇》，福建人民出版社2008年版，第293页。
③ 史称明代南直隶靖江县："土著之民有佣力，无丐流；有钝汉，无清客。"可见，"清客"与"钝汉"相对。参见顾炎武撰，谭其骧、王文楚、朱惠荣等点校：《肇域志·南直隶·常州府》，上海古籍出版社2004年版，第1册，第330页。

酒，以肥口养家而已。宋柳隆庆、胡子传是也。"①帮闲既是浪里浮萍，又与粪里臭蛆相似，立便一堆，坐便一块，不招而来，挥之不去。清客既曰词客，必然带有传统中国"门客"的特色。清人徐珂云："俗所谓清客者，门下食客也，主人之待次于幕。"②而所谓门客，明末清初著名诗人吴伟业则别有定义，言："善探主人所欲而巧于趋承，事事如意者，门客也。"③由是言之，门客之"帮闲"，已与幕宾之"帮忙"迥然有别，而且清客之待遇稍低于幕宾。

在明清两代，清客、帮闲又有许多别称。首先，明代苏州人一般将清客、帮闲称为"篾片"。④ 其实，这不过是嫖行里的行话，亦即嫖客若是"本领不济的，望门流涕，不得受用，靠着一条篾片，帮贴了方得进去"。⑤ 借此话头，民间将帮闲比喻为篾片。从清初艾衲居士所编《豆棚闲话》可知，帮闲又称"帮身""帮客"，或者"帮身篾片"并称。⑥ 由于帮闲主要是指那些闲汉无赖，故后来又有人将"篾片"解释为"灭骗"，其意是说这些人"灭人之德，骗人之钱"，甚至有人称这些人"灭天理，骗人财"。此外，根据这些帮闲形貌、老幼、优劣，又可分别加以称呼：人长得形伟者，称"竹爿"；貌长得萎缩者，则称"篾丝"。老年者，称"竹根"；年幼者，则称为"新笋"。

---

① 朱权：《原始秘书》卷10《俳优伎艺门》，《四库全书存目丛书》影印明刻本。
② 徐珂：《清稗类钞·幕僚类·清客次于幕友》，中华书局2003年版，第3册，第1397页。
③ 钮琇：《觚賸续编》卷1《言觚·清客天》，上海古籍出版社1986年版，第176页。
④ "篾片"一称，起源于一个笑话。据说有一个嫖客因患阳痿，"折笆上篾片帮之以入，问妓乐否。妓曰'客官尽善，嫌帮者太硬挣耳'"。参见冯梦龙编：《挂枝儿》卷8《咏部·灯笼》，载《明清民歌时调集》，上海古籍出版社1999年版，上册，第209页。
⑤ 艾衲居士编：《豆棚闲话》第10则《虎丘山贾清客联盟》，上海古籍出版社1985年版，第111—112页。
⑥ 艾衲居士编：《豆棚闲话》第9则《渔阳道刘健儿试马》，第96—97页。

优秀者,称"篾青";低劣者,则称为"篾黄"。① 其次,清客、帮闲又称"蚯蚓",其意是说这些人"泥里也去,水里也去,又会唱歌,又会呵脬",比拟形象恰当。第三,清客、帮闲亦称"笏板"(或作"忽板")、"蛤蜊",原本各有专指,后来也成为"篾片"的专称。②"蛤蜊"之说,其义不详。至于"忽板",意思是说大老官嫖了婊子,这些篾片陪酒夜深,巷门关紧,不便走动,只得借一条板凳,一忽睡到天亮。③ 第四,清客、帮闲亦称"陪堂",或称"陪宾"。明代有一首《陪宾》民歌,专门摹拟此类人行径。④ 第五,清客、帮闲亦称"老白赏"。关于此别称的由来,当时人作了如下推测:其意是说这些人,光着身子,随处插脚,不管人家山水园亭、古董女客,不费一文,都可以白白赏鉴。⑤

就其本质来说,清客、帮闲均属职业"游士"。然两相比较,尚有细微差别:前者凭借的是文学及书法、绘画才艺,在官宦人家"帮闲";而后者则凭借自己的技艺,陪大老官及富家子弟宿娼、饮酒、赌博、唱曲,从中"凑趣"。⑥ 揆之明清两代的史实,清客、帮闲又有合流之势。一方面,清客原本是指山人、词客,是一种高尚的美称,亦即"上而好修,重己责人;次而词赋,艳口悦心"。然值得关注的是,自晚明以来,不但北京无位而游者,不分牛骥,皆自称"山人",而且南京更是"以篾片(一曰"催末屑",一曰"催客")为词赋",北

---

① 冯梦龙编:《挂枝儿》卷8《咏部·灯笼》,载《明清民歌时调集》,上册,第209页。
② 冯梦龙编:《挂枝儿》卷8《咏部·灯笼》,载《明清民歌时调集》,上册,第209页。
③ 艾衲居士编:《豆棚闲话》第10则《虎丘山贾清客联盟》,第111—112页。
④ 冯梦龙编:《挂枝儿》卷10《杂部》,载《明清民歌时调集》,上册,第232页。
⑤ 艾衲居士编:《豆棚闲话》第10则《虎丘山贾清客联盟》,第111—112页。
⑥ 引人注意的是,明清两代的清客,尽管亦陪人唱曲,但与专门的戏文子弟"小唱"迥然有异。根据艾衲居士所编《豆棚闲话》,苏州唱曲之人,分为"小唱"与"清客"两类:凡出名挂招牌的,称"小唱";不出名荡来荡去的,则称"清客"。参见艾衲居士编:《豆棚闲话》第10则《虎丘山贾清客联盟》,第113页。

京则"以干办为文章"。① 这是山人帮闲化之势。另一方面,帮闲作为相陪玩弄的"空闲朋友",无非陪客商仕宦饮酒玩弄,而陪酒算不得"清",玩弄更算不得"客"。但在明末清初的苏州,这些帮闲亦已有"清客"之称。究其原因,艾衲居士别有一番解释,亦即"这班人单身寄食与人家,怎么不叫客?大半无家无室,衣食不周的,怎么不叫清?"②由此可见,清客必须"才品稍兼,方能自立"。③ 若是一味凑趣,只能沦为帮闲。

"清客""帮闲"的起源及其流变

"清客""帮闲"的源头,大抵可以追溯到春秋四公子门下的门客。从史料记载可知,四公子门下,存在一个庞大的寄食群体,而且不乏"鸡鸣狗盗"之徒。至唐代,城市生活繁荣,清客、帮闲群体已经基本形成,此即唐代史料所云之"妙客"与"偷薄少年"。

在说到"妙客"之前,不妨先谈谈"偷薄少年",因为他们与妙客颇有关系。"偷薄少年"当然不同于恶少年。他们或是纨绔子弟,行为放浪轻佻;或是破落子弟,行为轻薄无赖。如唐懿宗"薄于德",昵宠优人李可及。这位李可及不但擅长新声,而且还自己度曲,辞调凄折。为此,"京师偷薄少年争慕之,号为'拍弹'"④。在此,当然不能说优人李可及就是无赖知识人,但与妙客甚相近,而"偷薄少年"都是这些无赖优人、妙客的忠实追随者。

---

① 姚旅:《露书》卷9《风篇》中,第203—204页。
② 艾衲居士编:《豆棚闲话》第10则《虎丘山贾清客联盟》,第113页。
③ 徐珂:《清稗类钞·幕僚类·清客次于幕友》,第3册,第1397页。
④ 欧阳修、宋祁:《新唐书》卷181《曹确传》,中华书局1975年版,第5351页。

所谓"妙客",其实就是寄食妓院的闲人。有人这样记述妙客:"多有惰游者,于三曲中而为诸娼所豢,俗呼为'妙客',即不知其所由。"①在唐代,南曲中的妓女,流行"私畜侍寝者"之风俗。不过,名为侍寝,但妓女"亦不以夫礼待"。可见,妙客与男妓颇为相近,而在唐代则为游食无赖。虽为闲人,但是否属于知识人,则因史料缺乏,尚不可遽断。

宋代的开封、杭州,"闲汉""闲人"更趋增多。所谓"闲汉",说白了就是一些游手好闲之徒。他们一旦从农村流入城市,家无产业、身无分文、无所事事,只好奉承阔佬,侍候公子哥,充当闲人,亦即帮闲。如在宋代的开封,专有这么一批人,时常在酒肆内闲逛,遇见有钱子弟在酒肆里饮酒,就近前张罗,小心侍候,百依百顺,专干些为子弟买物命妓、取送钱物之类的事。时人称之为"闲汉"。②可见,宋代闲汉依赖于富贵少年子弟,是一个寄食阶层。虽然宋人只说到闲汉追随少年子弟,干些"买物命妓"的事,但是,一旦遇上一个不肖子弟,臭味相投,怂恿子弟,嫖暗娼,抢民女,打酒肆,想必也是这些闲汉的拿手好戏。

在宋代的杭州,同样存在一个"闲人"阶层。什么是"闲人"?关于闲人的社会成员来源及生活,宋人灌圃耐得翁在《都城纪胜》的"闲人"目下作了如下详细的描述:一是有一些无赖子弟,失去正当行业,无所事事,但人又知书,还懂点写字、抚琴、下棋及音乐等玩意,当然艺俱不精。他们凭借这些本事陪伴富贵家子弟到处游宴,有时也陪伴外方官员到京师干事。至于这些闲人中之人品猥下者,就只好替妓家书写或取送简帖。二是"专以参随服事为生",也即靠自己的艺术本事趁饭吃。当然,他们也不是在嘈杂的市场

---

① 孙棨:《北里志》,载《说郛》卷12,清顺治三年宛委山堂刻本。
② 孟元老:《东京梦华录》卷2《饮食果子》,明弘治十七年刻本。

里摆摊耍艺,而是在富贵人家的庭院里小心服侍,借此趁食。当时杭州有一位叫"纽元子"的闲人,百事皆能,诸如"学像生、动乐器、杂手艺,唱叫白词、相席打令、传言送语、弄水使拳之类"。三是专为棚头,当时人又称之为"习闲",所为大致有"擎鹰、驾鹞、调鹁鸽、养鹌鹑、斗鸡、赌博、落生"之类,的确是不务生业,游手好闲。四是"刀镊手作"。闲人长于此技,当时人又称之为"涉儿","取过水之意"。据载,这批闲人所从事者,则为"专攻街市皁院,取奉郎君子弟,干当杂事,说合交易等"。五是赶趁唱喏。闲人探听到有富贵子弟在妓院中厮混,或者游湖赏玩,就"专以献香送劝为由,觅钱赡家"。大致说来,这类闲人,若子弟照顾他们,就会变得贪婪不已;若弃之不顾,他们则又强颜取奉,多呈本事,必有所得而后已。此外,宋代闲人也有自己的团体。他们整天与富室郎君或风流子弟鬼混在一起,成立"蹴鞠""打球""射水弩"等社,习玩游艺。①

正如前面所引,宋代柳隆卿、胡子传两人已经成为帮闲的典型。而他们的事迹,同样在元代的杂剧中有相当深入的刻画。元秦简夫撰《东堂老劝破家子弟》杂剧第1折,借柳隆卿、胡子传这两个闲人胡诌的几句歪诗,说明了元代帮闲的特点。柳诗云:"不养蚕桑不种田,全凭马骗度流年。"胡诗云:"为甚侵晨奔到晚,几个忙忙少'我'钱?"可见,这些帮闲不会做营生买卖,过的不是男耕女织的生活,而是全凭自己的三寸不烂之舌,连蒙带骗。"几个忙忙少'我'钱?"元代的帮闲不但无甚自卑感,而且多了几分自夸。如《东堂老》杂剧中柳隆卿、胡子传这两位闲汉,自从"挂"上了城里的赵小哥,与他结拜为兄弟之后,凭着自己的那张嘴,已使这位不肖子神魂颠倒。正如这位赵小哥所言:"他两个是我的心腹朋友。我一句话还不曾说出来,他早知道,都是提着头便知尾的,着我怎么不

---

① 吴自牧:《梦粱录》卷19《社会》,明钞本。

敬他？我父亲说的我到底不依，他两个说的合着我的心，趁着我的意，恰便经也似听他。"正是因为这位不肖子做了"豺头"，这两位帮闲才找到了混饭吃的场所。如胡子传老婆的裤子是赵小哥的，柳隆卿头上的网巾也是赵小哥的。一句话，胡、柳两位闲人的"吃穿衣饭，那一件儿不是他的？"在宋代，即有"闲人"存在。至元，闲人不绝，屡在城市生活中出现。关汉卿《赵盼儿风月救风尘》杂剧第3折，有诗说"闲人"道："钉靴雨伞为活计，偷寒送暖作营生。不是闲人闲不得，及至得了闲时又闲不成。"戏里有一张小闲，平生做不了买卖，只是替"歌者姐姐"们叫些人，"两头往来，传消寄信"。无正当生理可做，寄食他人门下，同样是元代帮闲的时代特点。

　　至明代，清客、帮闲已经形成为一个庞大的游食群体。其最为典型的表征体现在以下两个方面：一是清客店的出现。据明末清初艾衲居士所编《豆棚闲话》所载，当时苏州的清客店，"并无他物，止有茶具炉瓶，手掌大一间房儿，却又分作两截，候人闲坐，兜揽嫖赌"。有打油诗说清客店云："外边开店内书房，茶具花盆小榻床。香盒炉瓶排竹几，单条半假董其昌。"①书房、茶具、花盆、榻床、香盒、炉瓶、竹几，无不是清雅之物，只是所挂董其昌所书单条，却是赝品，清客之假斯文，暴露无遗。二是明代的帮闲，有男女之别，亦即除男帮闲之外，尚有女帮闲。万历二十年(1592)，松江府最为著名的男帮闲为翟衍泉、朱沂川、朱良宰等人。这些人的特点就是"能坏人名节，破人家产"，被称为"一郡之蠹"。这几位男帮闲最后被巡按御史甘紫亭擒获，并在通责以后加以问罪，由此"诸恶敛戢"。但仅仅过了一年多，又死灰复燃。当时一丁姓宰相府家有两位奴仆，一姓包，一姓陆，引诱相府子弟前去赌博，不到五年，"万金家业俱成乌有"。至于女帮闲，则以吴卖婆最为有名。据史料记

---

① 艾衲居士编：《豆棚闲话》第10则《虎丘山贾清客联盟》，第108页。

载,吴卖婆名木樨,是范长卿家的女奴,因为长卖给吴姓人家,所以又称吴卖婆。其人颇有姿色,凭借兑换首饰这一职业,得以出入大户人家,乃至大户人家的男主人,亦"多狎之"。除靠姿色迷惑男人之外,这位吴卖婆还有一种本领,获得了很多大户人家女子的信任。她知晓淫具、淫药,以迎合那些好淫的妇女,借此获财。一旦富足,吴卖婆就开始变得张扬起来,出入必坐轿,而且衣饰盛妆,平常的饮食也向富贵人家看齐,于是招致一些人的嫉恨,甚至不能相容。至万历二十年,巡按御史甘紫亭按临松江府,有人向这位御史告发了吴卖婆的恶迹,称之为"女帮闲",甘紫亭将其批送知府项东鳌处置。项知府对吴卖婆深恶痛绝,就将其剥去衣服,重重责打,并追罚赃款。①

清代"狎客"的广泛出现,事实上已经证明清客的存在不乏社会土壤。此类狎客,又称"狭客"。从史料记载可知,清初相知之间的雅集,侑觞之具,一概不用,而是"或挟女妓一二人,或用狭客一二人,弹筝度曲,并坐豪饮以尽欢"。②可见,狎客犹如女妓,通常是在酒席上陪人消遣。又如清代南京的一些无业游民,略微熟悉《西游记》之后,"即挟渔鼓,诣诸姬家,探其睡罢浴余,演说一二回,藉消清倦,所给不过杖头,已足为伊糊口"。当时最擅长此艺者,旧推周某,众人称其为"周猴"。此人自进了京城为某公所赏识之后,名遂益著。某公败后,周猴不得不丧气而归南京,其后不知所往。③这位周猴,相当于明代以说书著称的"柳麻子",属于"狎客"之类。尤堪注意者,清代那些精于堪舆术的风水先生,亦开始冒称

---

① 李绍文:《云间杂识》卷1,上海瑞华印务局1935年据上海黄氏家藏旧本印行。
② 叶梦珠:《阅世编》卷9《宴会》,上海古籍出版社1981年版,第194页。
③ 珠泉居士:《续板桥杂记》卷下《画舫余谭》,载虫天子编,董乃斌等校点:《中国香艳全书》18集卷1,团结出版社2005年版,第4册,第2158页。

清客,出入于富商与官宦人家。①

清代的帮闲同样属于四民之外的"游民"。以青浦县朱家角镇为例,在当时的游民中,大致有下面三类人属于帮闲:一是"吃小纠",专门在赌局中奔走服役;二是"撑门头",专门在妓院中"帮嫖";三是"闲汉",日游茶坊酒肆。② 在清代,专有一种无赖,平日主要靠那些宦家子弟生活,事实上就是骗宦家子弟的钱财。据纪昀记载,当时有一位宦家子弟,家中拥有资产巨万。于是,很多无赖就假装与他亲近,引诱他冶游,整天饮博歌舞。不到几年,家中炊烟竟绝,宦家子弟含恨而死。③

"清客""帮闲"之生计及其伎俩

根据明清小说记载,作为无赖知识人的"清客""帮闲",其成员的身份构成,大抵不外乎以下几类:一是秀才成为帮闲。如明末清初小说《鸳鸯针》中的秀才周德,绰号"白日鬼",却是一个"假斯文",成为嫖赌场中的"篾片"。④ 二是破落的商人子弟。如小说

---

① 如史载:"豫有陈虞者,富人也。生平耽堪舆术,凡精斯道者,无远近,必延之于家,锦衣而肉食之。且虑僮仆不洁,亲涤溺器以奉,门下食客以故恒济济焉。一日,有操南音者,踵门求谒,自称苏人许姓,世精斯术,且谓曾文正、李文忠之祖穴皆父所审定。陈闻之喜,以三千金为寿。"此即风水先生成为门客之例。参见徐珂:《清稗类钞·方伎类·陈虞耽堪舆术》,第10册,第4647—4648页。
② 周郁滨纂:《珠里小志》卷3《风俗》,载上海地方志办公室编:《上海乡镇旧志丛书》,上海社会科学院出版社2004年版,第7册,第28页。
③ 纪昀:《阅微草堂笔记》卷7《如是我闻》1,重庆出版社2005年版,第137页。
④ 华阳散人编辑,李昭恂校点:《鸳鸯针》第1卷第1回,春风文艺出版社1985年版,第8—9页。

《忠烈全传》中的顾日适,是开古玩铺顾员外的儿子,落了本钱,跌落下来,专靠帮嫖帮赌度日。三是丢了前程的武官子弟。如《忠烈全传》中的唐蜜,是山东一个千户官的应袭子孙。自幼父母游手好闲,把前程丢了,所以他只能成为帮闲。四是革退的阴阳生。如《忠烈全传》中周胡才,是革退的阴阳生,之前专门在县前替官吏保债,后来又成为公子门下的帮闲。五是破落户出身。如《忠烈全传》中的都蒙,原是个破落户出身。六是戏子子弟。如《忠烈全传》中的潘老简,是戏班里一个小旦的儿子。①

作为清客、帮闲,理应具备一些基本的技能。换言之,并非所有的无赖均可加入清客、帮闲的行列。毫无疑问,清客作为一种闲人,毕竟与街头的那些小混混有所区别。按照清人梁章钜的说法,清客必须才品稍兼者方能自立。当时有人编写了一首十字令,道:"一笔好字,二等才情,三斤酒量,四季衣服,五子围棋,六出昆曲,七字歪诗,八张马吊,九品头衔,十分和气。"这或许就是做帮闲、清客的基本功夫。又有人加以续作,云:"一笔好字不错,二等才情不露,三斤酒量不吐,四季衣服不当,五子围棋不悔,六出昆曲不推,七字歪诗不迟,八张马吊不查,九品头衔不选,十分和气不俗。"则当然应该说是更进一步,清客的身份又有所提升。时人程春庐说:"果能如是,虽近今翰苑诸君,何以加此。"②确乎其言,既然清客已经到了如此地步,那么完全可以去翰林院任职了。这显然是对清客理想化的要求,在当时的社会上实属罕见,而最多者还是替官宦大老及其子弟帮闲凑趣而已。如清代佚名所撰小说《山水情》,记载了一位在乡宦人家里帮闲的花遇春,专门替主人的小姐保媒。

---

① 不题撰人著,周春华、洪迅点校:《忠烈全传》第 10 回,中国文联出版社 2004 年版,第 49 页。
② 梁章钜:《归田琐记》卷 7《清客》,中华书局 1997 年版,第 138 页;陈其元:《庸闲斋笔记》卷 7《清客》,中华书局 1997 年版,第 138 页。

当然,在保媒的过程中,这些帮闲原本就是"胁肩谄笑之徒",所以不过是从中就便行事,成了事后再赚些花红钱钞,根本不管别人的名节。①

作为一种无赖知识人,无论是日常穿戴,抑或社交礼仪,均与一般知识人迥然有别。从小说《豆棚闲话》可知,清客原本头上戴的通常是鬃帽,但如此出去,不免又缺少体面。若是改为高巾阔服,又与自己身份不符,容易引起旁人嘲笑。无奈之下,他们开始重新设计,头上改戴"弗方弗扁"的"过文",身上改穿一件油绿玄青、半新不破的水田直裰,脚上则为宕口黄心草鞋,借此充当斯文之人。至于清客之社交礼仪,小说亦有如下记载:若是清客同辈路上相见,则称"老社盟兄";小辈见长辈,则称"老社盟伯"。见了尊官,则称其为"公相";若是级别稍低的官员,则称"老生"。若是到人家里唱曲,则称"敝东""尊馆";收的学唱徒弟,则称他们为"愚徒""门生"。另外,不论何等人品,清客见了他们,均称"仙人";若是见着官门大户的管家,则称他们为"先生"。② 从社交称谓来看,清客一方面要假充斯文,自高身段;另一方面,为糊口计,则仍然不脱"掇臀捧屁"的老路数,又不得不自贬身份。这是一种两难的尴尬窘境。

为了维持生计,清客、帮闲通常采用以下两大伎俩:

其一,脱空为业,其间又包括趁钱、打秋风、与妓院勾结行骗等。如小说《豆棚闲话》中记清客陪同客人到阊门外,"买些货物,专诸巷里买些玉器。两边面面相觑,背地里仍旧伸了几个指头,各人悄地讨了趁钱,各自心照去了"。③ 可见,所谓"趁钱",就是私下

---

① 佚名著,王建华点校:《山水情》第15回《递芳庚闻信泪潸然》,中国文联出版社2003年版,第119—121页。
② 艾衲居士编:《豆棚闲话》第10则《虎丘山贾清客联盟》,第117页。
③ 艾衲居士编:《豆棚闲话》第10则《虎丘山贾清客联盟》,第121页。

拿回扣。至于打秋风,在明清两代又称"打抽丰",有时甚至用"跨鹤"一词隐指。① 众所周知,明代的江湖游士大多靠着星命相卜一类的技艺,再请朝内一些大老写上一封推荐信,就可以奔走于地方上的巡抚、府、县衙门,借此糊口,并且以此作为生计。其后,这种习气慢慢开始在一些山人群体中盛行开来。据明朝人郎瑛的记载,他有一位金华友人,惯于游食四方,名义上是卖诗文,实际上就是为了干谒朱门。这位山人铸有一颗私印,印文为"芙蓉山顶一片白云",其自拟应该算得上是相当清高。商履之看到以后,就嘲讽道:"此云每日飞到府堂上。"闻者无不绝倒。② 这是清客打秋风之例。至于帮闲与妓院勾结而行骗,更是相当普遍。如万历年间,明神宗倦于政事,不坐朝,不阅章奏,于是京城士大夫亦大多陶情花柳。在这种形势下,教坊司的妓女,竞尚容色,投时好尚,以博赀财,甚至出现了联布党羽、设局诳骗的行径。其行骗之法如下:"妙选姿色出众者一人为囮,名曰'打乖儿'。其共事者,男曰'帮闲',女曰'连手'。必择见景生情、撮空立办者乃与之共事。事成,计力分财。而为囮者,独得其半。于是构成机巧,往往变幻百出,不可究诘。"③

其二,弄俏为生,其间又可分为吃镶边酒、凑趣、帮赌、帮嫖等项。如在清代,因为俗尚骄奢,士大夫或富家子弟大多挟妓饮酒,殆无虚日。于是,一些寒士因为不能"具缠头挥霍于筵前",只能在

---

① 如钱福曾中过状元,从官场告归之后,他的一位门生任扬州知府,邀请钱福前往扬州。当时扬州城内的盐商都知道知府衙门中来了一位"重客",争相送上"玉帛",而钱福却说:"余此来一探琼花消息耳,无心跨鹤也。"即日回家,知府追之不及。参见李绍文:《云间人物志》卷2《成化至正德间人物·钱鹤滩》,载《明清上海稀见文献五种》,人民文学出版社2006年版,第120页。
② 郎瑛:《七修类稿》卷49《奇谑类·诗人无耻》,上海书店出版社2001年版,第521页。
③ 严虞惇:《思庵闲笔》,载《虞阳说苑》乙编,初园丁氏校印本。

座旁充当陪客,时称吃"镶边酒"。① 帮闲凑趣,则更是其拿手好戏。如明人周公瑕门下多门客,其中的好事者,"喜撰新奇不根语,以博公瑕一笑"。② 此即帮闲凑趣之明证。至于帮赌、帮嫖,可以小说《豆棚闲话》为例加以说明。如小说记公子哥刘豹,与许多恶少,"拜结弟兄,诱嫖诱赌"。此外,又有一些"帮身篾片",亦即"揑帮闲的朋友",先是哄着他去嫖,"放手费钱",借此吃白食。然后又引诱他去赌博。于是,"一个泼天的家私,不上三两年间,荡废净尽"③。

清客、帮闲属于无业游民,明人李宗定作《京山竹枝词》,其中一首云:"不为商贾与农桑,整日山歌信口扬。清客一呼千万至,瓮无宿米学焚香。"④其中"不为商贾与农桑",足证清客、帮闲之无业状态;"整日山歌信口扬"一句,则道出了这些人维持生计的伎俩;而"瓮无宿米学焚香",更是说明他们的生存状态相当艰窘。

民间之"清客""帮闲"形象

毫无疑问,明清两代存在一个庞大的知识闲人群体。作为已经堕落且缺乏生计的知识人群体,他们在民间的形象究竟如何?这显然应该从史学与文学两个方面的记载加以考察。

从明清的史料记载可知,尽管清客、帮闲遍布全国,尚应以苏州一地最为集中。如在明代苏州歌坛,其最著名的帮闲,分别有徐

---

① 钱泳:《履园丛话》21《笑柄·镶边酒》,中华书局1997年版,第566页。
② 梁维枢:《玉剑尊闻》卷7《规箴》,上海古籍出版社1986年版,第467页。
③ 艾衲居士编:《豆棚闲话》第9则《渔阳道刘健儿试马》,第96—97页。
④ 姚旅:《露书》卷9《风篇》中,第201页。

六度曲、俞爱之拨阮、汪君品玉箫、管伍吹管子,号称"歌坛绝顶"。① 这是当时清客以曲帮闲的佐证。即使是较为著名的清客即山人,如陈继儒之流,仍不脱帮闲的性质。史载王世贞招陈继儒在弇园飘渺楼饮酒。酒间,座客中有人以东坡推重王世贞。世贞道:"吾尝叙《东坡外纪》,谓公之文虽不能为我式,而时为我用。"其意明显不愿屈居东坡之下。当时陈继儒已经微醉,笑道:"公有不及东坡者一事。"王世贞问:"何事?"陈继儒云:"东坡生平不喜作墓志铭,而公所撰志不下四五百篇,较似输老苏一着。"王世贞听后大笑。随后,席间论及汉高帝、汉光武。王世贞云:"还是高帝阔大。"陈继儒却说:"高帝亦有不及光武一事。高帝得天下后,有疾,枕宦者卧。光武得天下后,却与故人子陵严先生卧,较似输光武一着。"王世贞听罢更是大笑不已。② 可见,帮闲之凑趣,有高下之别。下者一味迎合文人,如同相声之"捧哏";高者则于凑趣中暗寓讽刺,如同相声之"逗哏"。伎俩不同,"帮闲"的意旨则无异。陈继儒之举,既可视之为文人的"简傲",却又难逃凑趣之伎俩。

　　明清时期的很多史料已经证实,趋利避害已经成为门客的普遍习气。如明代嘉靖年间首辅夏言"中谗,死西市"。面对这种境遇,夏言"门下客多引去"。③ 可见,清客、帮闲与主翁之间,并无感情、信义可言,其人格的堕落不言而喻。

　　在史料记载中,清客、帮闲的形象已是如此,文学作品对他们的描摹更是入木三分。不妨先引小说《豆棚闲话》的记载:

　　　　只想这一班,做人家的开门七件事,一毫没些抵头。早晨

---

① 邹枢:《十美词纪·梁昭》,载《中国香艳全书》1集卷1,第1册,第25页。
② 梁维枢:《玉剑尊闻》卷9《简傲》,第641—647页。
③ 李绍文:《云间人物志》卷2《嘉靖间人物·莫中江》,载《明清上海稀见文献五种》,第173页。

起来,就到河口,洗了面孔。隔夜留下三四个青蚨,买了几朵茉莉花,签在头上。便戴上一个帽子,穿上一件千针百补的破烂道袍,出门去也没成心,任着十个脚指头,撞着为数。有好嫖的,就同了去撞寡门,觅死寨子,骗小官。有好赌的,就同去入赌场,或铺牌,或掷色,或斗掤,件件皆能。极不济,也跟大老官背后撮些飞来头,将来过活。①

清客、帮闲的日常生活已是跃然纸上,即他们不关心一般百姓家过日子的"开门七件事",而是整天在街上乱撞,一天的生计通常也是撞着算数。小说《金瓶梅》更是对帮闲的真面目作了深刻的剖析,认为"帮闲子弟"无不是"势利小人"。见到公子哥家豪富,希图他的衣食,便竭力承奉,称功颂德。"或肯撒漫使用,说是疏财仗义,慷慨丈夫。胁肩谄笑,献子出妻,无所不至。"一等门庭冷落,便"唇讥腹诽,说他外务,不肯成家立业,祖宗不幸,有此败儿"。即使公子哥平日对他们多有深恩,此时亦形同陌路。小说作者接着以西门庆为例,进一步对帮闲的丑态加以刻画。如西门庆平日待应伯爵,赛过同胞兄弟,应伯爵"那一日不吃他的,穿他的,受用他的"。但西门庆死后不久,"骨肉尚热,便做出许多不义之事"②。

小说《忠烈全传》刻画的吴公子门下的几个门客,也不过是些"帮闲抹嘴不守本分的人"。尤其是小说作者通过替这些帮闲取诨名之法,诸如"顾有吃""唐蜜脸""周寡嘴""都不辞""潘着骗"之类,③刻意描摹帮闲丑态。当吴公子娶妾之时,这些门客前来贺喜,小说又记道:

> 顾日适袖中取了一副对联道:"门下写得一幅喜联奉贺。"

---

① 艾衲居士编:《豆棚闲话》第10则《虎丘山贾清客联盟》,第112页。
② 兰陵笑笑生:《金瓶梅词话》第80回,人民文学出版社2002年版,第1252页。
③ 不题撰人著,周春华、洪迅点校:《忠烈全传》第10回,第49页。

吴公子道："展开。"二人拿着让吴公子看。吴公子念道："'娘增岁月爷增寿,妻满乾坤妾满门。'通煞哉,通煞哉,妙极!"唐蜜台道:"晚生写了一幅喜圖。"说着展开铺在桌上。吴公子念道:"'有天无日。'怎么解说?"唐蜜台道:"不过要天上不出日色,让大爷与新人多睡一睡。"吴公子笑道:"趣人,趣人。"周天化道:"大爷好才学,直头字字认得个。"连忙在怀中取了一个册页道:"门下画了十二页新样'汉宫春晓',送与大爷做式样。"都知道道:"晚生新合一瓶妙药,少助风情。"潘老简道:"学生新编了一部见色迷小说,以悦大爷春心。"①

可见,这些帮闲无不是一些"知趣"之人。小说接下来说这些帮闲唱清曲、掷骰行令、说急口令之类,也都是帮闲陪伴大爷时的惯用伎俩。当然,这部小说的帮闲形象,尽管是模仿了小说《金瓶梅》,但也有不少创新之处,显然便于对帮闲嘴脸作进一步的了解。

明清时期的笑话,也将这些清客作为一种讽刺的对象,并将其塑造为擅长"捧粗腿、呵大卵脬"的典型。如明人江盈科记载,嘉兴有一老布衣,平时自号"清客",在门上书一对联云:"心中无半点事,眼前有十二孙。"其乡人看后觉得名不副实,续下联加以嘲讽,云:"心中无半点事,两年不曾完粮;眼前有十二孙,一半未经出痘。"见者皆笑。② 又如明末清初人陈皋谟著有一则笑话,其中说及一位清客惯于奉承"大老",忽然大老放一屁,清客道:"哪里响?"大老说:"是我放个屁。"清客道:"不见得臭。"大老却说:"好人的屁不臭,就不好了。"清客以手且招且嗅道:"才来,才来!"③这是于嬉

---

① 不题撰人著,周春华、洪迅点校:《忠烈全传》第10回,第50页。
② 江盈科:《谐史》,上海古籍出版社2000年版,第232页。
③ 陈皋谟:《〈笑倒〉选·清客》,载《明清笑话四种》,人民文学出版社1983年版,第90页。

笑中对清客的谄媚之态加以讽刺。

在民歌、谚语中,亦对清客形象描摹殆尽。如明代有一首《陪宾》歌,云:"陪宾的,我问你着甚么紧?别人家有孝,(你到与他)带头巾,听敲云板勤勤奔。(那)来的(既不)是你的爹,(那)去的(又不是)你的亲。(临行)没甚么攀谈也,(只说道)请宽了白圆领。"①人家死人,又不是自己没了亲人,陪宾却急急忙忙地替他人戴孝。

在明代,清客先是起于苏州,其风波及松江。于是,松江有一则"十清诳"的谚语,对清客形象有如下揭露:

> 一清诳,圆头扇骨揩得光浪荡。二清诳,荡口汗巾折子挡。三清诳,回青碟子无肉放。四清诳,宜兴茶壶藤扎当。五清诳,不出夜钱沿门跄。六清诳,见了小官递帖望。七清诳,剥鸡骨董会摊浪。八清诳,绵绸直裰盖在脚面上。九清诳,不知腔板再学魏良辅唱。十清诳,老兄小弟乱口降(音扛)。②

一则谚语,已将清客形象刻画得颇为生动。诸如足蹬荡口鞋,身穿绵绸直裰,衣身却很长,甚至可以盖到脚面上,直裰的袖中带着时兴的汗巾;平常手头所拿,则是圆头折扇;日常使用的饮食器皿,亦颇讲究,用的是回青的碟子、宜兴的茶壶;他们识得一些古董,学了几句魏良辅所创的昆曲;见了"小官",匆忙递上自己的名帖,甚至"老兄""小弟"地胡乱称谓。尽管从穿着打扮、技艺、社交等生活样式上刻意追求时尚,以示自己之"清",但"不出夜钱沿门跄"这一句,显然已经道出他们仍然是游手好闲之人,甚至是百姓之大蠹,难逃其"诳"的一面相。

---

① 冯梦龙编:《挂枝儿》卷10《杂部·陪宾》,载《明清民歌时调集》,上册,第232页。
② 何良俊:《四友斋丛说》卷35《正俗》2,中华书局1983年版,第323页。

当时又有《帮闲文》一篇,更是将帮闲丑态,尽情揭出。照理说来,知识人读书仕进不成,原本完全可以凭借"舌耕"维持生计。然世道浸衰,时事易变。举世好奉,随之也就有了专事献谀的帮闲。帮闲之流,既是游手游食的"闲徒",又是坑人溺人的"厌徒"。他们脱空为业,奸诈万端;弄俏为生,暧昧百出。此文将帮闲比成"鹁鸠子""坑缸虫",借此说明他们喜欢"旺边飞""闹里钻",比喻切当精工。文章论帮闲云:"自暮及朝,吃的这七件,都非己物;从头至踵,穿的那一桩,出自本货?掠美市恩,相知间开开怀,饮壶酒;借花献物,舍亲处歇歇脚,待杯茶。"此即"脱空为业"。又云:"肩项平平,故意耸高三寸;额头非礴,动辄冲前三分。一味露天人情,独行着水官话。掉书袋为饱学,打市语为奇谈。叫诨名,忙应不敢不敢;施短揖,连谢夜来夜来。顺人机,妙妙妙呵呵拍手;迎人意,是是是侧侧点头。"此即"弄俏为生"。那么,帮闲究竟从事哪些活动?根据此文,又可概括如下。一是"和戏子讴歌,腔调扇底;伴娼家摆懰,纸揎袖中"。这是说其"和戏子""伴娼家"。譬如打听到几家新妓,就极称其有苏小小之娇;寻着一个姣童,又备赞其有宋公之美。于是,千撺掇,万撺掇,陪着良家子弟、远路客商前去走几遭。二是"朝事无闻,鸯说南北官员,谁升谁降",似乎他们熟谙官场。其实,不过是说大话,目的就是"说事过位""开私门""钉鬼门"。三是"字义罔晓,浪评唐宋书画,某假某真,出口雌黄,潜搅破一团和气",目的就是卖假古董,好从中抽佣。四是"立契作真,每欲伸后脚,拆壁脚"。这是说他们做客商的中间人,但又喜欢"伸后脚,拆壁脚",从中弄些好处。帮闲如此一生,犹如风里之絮,毕竟要沾上泥土;又如镜中之花,如何能结出果实。一旦利尽欢绝,就会一时星散,而且人穷志短,最后百忧齐生。所以,他们的结局仍然很惨:"妻蓬头,子垢面,无复人形;疮遍体,病缠身,埋怨狗命。冷萧萧墙摊壁倒,难支持门户伶仃;极囋囋旧袜破鞋,聊曳补身材狼狈。窃取东邻子昂帖,换得米几升;拐来西舍右军书,抵得柴几束。某老某老,谁复使人来？几官几官,无不念君矣!"回视曩昔,殊觉差池。① 帮闲一生,虽称"闲人",却是一生忙碌,伎俩多端,丑态百出,而且结局惨淡。但对这些游食之徒来说,除了帮闲,确乎无法从别处讨生活。

结束语

山人、清客、帮闲的出现,显然是商业化、城市化与科举制度的产物。首先,商业化、城市化所直接导致的后果,则是农村人口的分化乃至流入城市,使城市积聚了一大批的"闲人"与"闲民",他们成为帮闲的后备力量。城市消费娱乐文化的形成,尤其是冶游文化的勃兴,更是需要这些清客、帮闲的宣扬、陪伴。其次,科举仕途的不畅,导致了大量失职之士的涌现,这些游士中的一部分最后也就成为山人、清客。② 这尽管是读书人的下场头,但确实是当时的事实。尤其是士行的堕落、轻薄子弟的出现乃至无赖化,更是为无赖知识人提供了源源不尽的后备力量。如明代有一首题为《子弟》的民歌,所描摹者完全是一幅轻薄子弟在妓院的行乐图。其一身

---

① 钱德苍辑:《解人颐》,《辟蠹集·帮闲文》,岳麓书社2005年版,下册,第114—117页。
② 关于明代失职之士的社会动向,可参见陈宝良:《晚明生员的弃巾之风及其山人化》,载《史学集刊》2000年第1期。

打扮,已然是一副无赖相。① 又根据冯梦龙的记载,到了明末,这些轻薄子弟的风俗又有所变化,以致当时有"十无赖"之语,从穿着行为上更加细微地描摹了轻薄子弟的无赖相。②

从春秋时的门客,到唐宋时期的妙客、闲人,乃至明清两代的清客、帮闲,其中的流变已足以证明,门客之行已趋堕落。春秋孟尝君门下之三千食客,如"狗盗""鸡鸣"之人,都能对自己的主人效劳报德,相当难得。尤其是冯骥,更是献逆耳忠言,对孟尝君不阿谀逢迎。反观明清两代,那些仕宦人家的门客,则不过"逢主人之意,成主人之恶而已,学得冯骥十分之一也少"③。可见,门客操行的堕落,是明清知识人无赖化的侧面反映。

值得关注的是,在明清两代出现了两个比较特殊的现象:一是自晚明以来,"女山人""女帮闲"广泛出现,大抵说明了妇女社交网络的扩大;二是尼姑的"陪堂"化及僧人的"清客"化。明代妇女的结社习俗,无疑扩大了妇女的社会交往,其流风余韵一直影响到清初。如清初的常熟,一些妇女"联其同侪八九人,作车轮会,以尼姑为陪堂"④。此即尼姑成为帮闲的明证。至于僧人,不但具有名士习气,如杭州西湖净慈寺主僧小颠,"识者皆谓其潇洒,无些子蔬笋

---

① 《子弟》歌云:"子弟们打扮得其实有兴,玉簪儿撑出那纱帽巾,白绸衫一色桃红裈,道袍儿大袖子,河豚鞋浅后跟。(一个个)忒起(那)天庭也,气质难得紧。"参见冯梦龙编:《挂枝儿》卷9《谑部》,载《明清民歌时调集》,上册,第225页。
② 歌曲说子弟"十无赖"云:"一无赖,网巾边儿像脚带。二无赖,做完巾后饶一块。三无赖,玛瑙簪儿束银带。四无赖,一双袖儿脚面盖。五无赖,两条魂幡做衣带。六无赖,跷了脚指鞋中耐。七无赖,排骨扇儿好躲债。八无赖,马吊花园图口赖。九无赖,无腔曲子赌色赛。十无赖,逢着小娘舍舍空口爱。"参见冯梦龙编:《挂枝儿》卷9《谑部》,载《明清民歌时调集》,上册,第225—226页。
③ 李乐:《见闻杂记》卷8,上海古籍出版社1986年版,第679页。
④ 戴束:《鹊南杂录》,载《虞阳说苑》乙编。

气";①而且具有清客、山人相,如清道光年间,有一僧人,"持显者书,周行各郡县",而且与人交往,"不作佛家募化语,但以书画博赆仪而已"②,已与清客之打秋风如出一辙。

从小说《豆棚闲话》可知,明清两代的清客已经开始模仿秀才行为,结成一个"大社",奉伍子胥、伯嚭为社主。究其原因,一方面,清客属于帮衬行中人,凭的是吹箫唱曲一类的技艺,而当初伍子胥则有"吹箫乞食于吴市"之说;另一方面,伯嚭大夫则擅长"掇臀捧屁",传下他们的基本"身段"。③ 可见,这些清客兼具"豪杰丈夫"与"臭局小人"之两面相:得志时,就想充当豪杰;不得志时,则只能算是个臭局小人。

---

① 徐珂:《清稗类钞·方外类·小颠无些子蔬笋气》,第10册,第4842页。
② 徐珂:《清稗类钞·方外类·僧以书画博赆仪》,第10册,第4844页。
③ 艾衲居士编:《豆棚闲话》第10则《虎丘山贾清客联盟》,第117页。

第十一章　禅武僧侠：佛教僧人的侠客化

引　言

回溯中国侠客史与武侠文化史的研究历程，确乎成果斐然。近年来，在前人研究成果的基础上，武侠文化史研究出现了诸多转向：或就过去侠的起源诸说加以综合地梳理，并在此基础上进一步厘清侠的起源；①或将关注点集聚于明清时期的"儒侠"问题，进而对明清士人的尚侠风气、李贽与侠之关系、中晚明之山人侠、明代知识人群体与侠盗之间的关系，作了更为深入的辨析与探讨。② 所有这些，无不对深化武侠文化史的研究大有裨益，并且足以证明，武侠文化史的研究需要拓宽研究的视野与领域。就此而论，关注明清时期的禅武之风以及僧人之侠客化，并对其加深探究，尤显必要。

儒释之辨，犹如云泥。照理说来，佛僧为出家之人，不再关心世俗事务，理应身处深山，在清幽的寺庙中修行，与儒家所倡导的入世精神有霄壤之别。事实并非如此。揆诸儒教或佛教社会史的演进历程，自儒、道相融之后，儒者却多有隐居

---

① 陈夫龙：《侠的起源诸学说批判》，载《西南大学学报（人文社会科学版）》，2010年第3期。
② 相关的研究成果主要有：王鸿泰：《侠少之游——明清士人的城市交游与尚侠风气》，载李孝悌编：《中国的城市生活》，台北联经出版事业有限公司2005年版；何宗美：《李贽与侠略论》《中晚明山人侠略论》，分载《西南大学学报（人文社会科学版）》，2007年第1期、2009年第2期；陈宝良：《明代知识人群体与侠盗关系考论——兼论儒、侠、盗之辨及其互动》，载《西南大学学报（人文社会科学版）》，2011年第2期。

山林之举。与此相反,自佛教传入中国且日渐中国化之后,再兼之儒、释合流,佛僧颇多忠孝侠义一类的入世之举。正如明末清初学者徐枋所论,儒者以全道为重,所看重者是"在我",即过分强调个人的心性修养以保全独立的自我人格,常常是"处"优于"出"。从具体的事例来看,无论是孔子"不取干禄",还是孟子"不义往见",无不是"处"优于"出"的典型。而佛法则以行道为亟,故利存徇物,每每"出"优于"处"。换言之,瞿昙设教,誓入五浊,神僧应化,不耻乱朝。只要能够延续慧命,普济群品,甚至可以"举身以徇之"。① 如此的献身精神,正好与儒者规规然以洁己为高形成鲜明的对比。

出家乃大丈夫事,非将相之所能为。此类说法,不仅仅是佛教古德所言,也已普遍为佛僧所认同。佛僧以"大丈夫"自许,可见,侠义精神,渊源有自。按照世俗的见解,佛僧是忍者的典范,与世无争,仅以点化群氓为职责。殊不知,佛氏尚有刚的另面相。"大秽迹金刚"之事,堪称一例。佛教史事记载,佛自涅槃西方之后,西方之鬼自忖佛已寂灭,天下不再有佛,佛弟子更不足畏惧,无不起而造孽,佛法随之大坏。无奈之下,佛只好化身为金刚,蓝色凿齿,出入无有,中咋群鬼,食鬼之肉,饮鬼之血。鬼于是大为警惕,甘愿改过,成为佛弟子,佛法因此得以恢复。相关的咒语无不保存下来,这就是民间广为流传的《大秽迹金刚》。可见,佛以慈悲为道,不但能开暗瞽,拔死苦,转恶为善,而且闻见患难,无不往救。正是佛能凭借武猛慑服群魔之事,明初著名文臣刘基才更加坚信儒家圣人之说,即"仁者必有勇"。② 这种儒、释在刚这一面向上的合

---

① 徐枋:《居易堂集》卷6《送磷雪上人行脚序》,华东师范大学出版社2009年版,第135—136页。
② 刘基:《刘基集》卷2《送顺师住持瑞岩寺序》,浙江古籍出版社1999年版,第90页。

流,同样得到了明朝人李廷机的认同。他认为,所谓禅,只是"割得断",无论是尧、舜不以天下传给儿子,还是周公替王室诛杀其兄,无不是"禅"。换言之,"禅"就是儒家圣人所谓"刚"。士大夫身处是非恩怨之地,假若能得些禅意,将胸中葛藤一概割断,方能成全爽脱。反之,若不得其意,仅仅口谈,则毫无用处。① 相同的见解亦见诸陆云龙所著小说《清夜钟》中。他认为,若是官员能在地方行政上,不听乡绅的请托,在具体审理司法案件时,又能极其虚心平气,对大奸大恶决不姑息;碰到沉冤积枉,一味只是洗雪,即使违忤了上司、拂逆了乡宦,也毅然要行,这就有了佛的"宿根"。可见,佛法不仅仅限于断酒吃素、念佛看经,还能使自己见地空明、心性平善。假若一味宽和,遇到地方豪恶、衙门奸蠹,不打不骂,使其无所忌惮,其结果则是害人,甚至还会害己。进而言之,"纵恶"不是慈氏真法门。换言之,就佛法而言,显然具有两面相:一方面,"菩萨低眉",属于慈祥、柔和的一面,其目的在于劝化众生;另一方面,"金刚"则"怒目",属于刚的一面,其目的在于震慑众魔。② 相同的解释亦见诸另外一则记载。如隋代吏部侍郎薛道衡,曾游览钟山的开善寺,问寺中小僧道:"金刚何为努目?菩萨何为低眉?"小僧答道:"金刚努目,所以降伏众魔;菩萨低眉,所以慈悲六道。"③

就此而论,诸如僧人之尚气,以及"麈僧"的风行,僧人之尚武、从军,以及由此而形成独特的"僧兵"与少林武术;僧人成为血性男子,行侠仗义,以及侠僧的普遍出现,无不证明,在明清两代,以佛教世俗化为前奏,佛僧群体中已经形成一股"崇武尚侠"之风。

---

① 陈弘绪:《寒夜录》卷上,载陶福履、胡思敬编:《豫章丛书》子部第2册,江西教育出版社2002年版,第186页。
② 陆云龙:《清夜钟》,载《古本平话小说集》,人民文学出版社1984年版,第230页。
③ 曹臣编:《舌华录》,《慧语》1,中州古籍出版社2013年版,第15—16页。

"麈僧""尚气和尚":佛教之世俗化

明清佛教的世俗化,奠定于儒、佛、道三教合流之风。① 自晚明以来,正统观念(orthodoxy)已不再被人们奉为圭臬,流行的普遍态势则是以开放的心态去对待另外的思想和学派,于是"三教合一"也就成为时代的格ним。正如有的学者所言,对明代佛教的研究,可以让人们相信,晚明佛教徒中信仰合流倾向、对实践与行履的更加强调,以及相关的对教义的较少兴趣,显然与以前的佛教颇为不同。明代佛教的合流,其证据既在佛教内部流派的联合,也反映在它与儒、道的和睦相处。② 与三教合流相应,随之而来者,则是佛教的世俗化。

晚明以来佛教世俗化的倾向相当明显。晚明学道(即学佛)的士人,不但爱财、爱色,而且还爱交游玩好,自以为学道,并振振有词地为自己开脱:"此何碍于道?"当时的公安人王以明甚至公开说,无"杂念不可学道"。③ 此外,晚明一些学者还从禅宗的话头出发,公然提出为善惧"着心",为恶不惧"着心"之说,甚至认为"为恶无碍"。这就是所谓"无碍禅",在禅学上一知半解,却自谓透脱。至于他们的立身行己,一无可观,甚至流于肆无忌惮。④ 当时的情景,一如王夫之所揭示的:"淫坊酒肆,佛皆在焉,恶已贯盈,一念消之而无余愧。儒之驳者,窃附之以奔走天下,曰无善无恶良知也。善恶本皆无,而耽酒渔色,网利逐名者,皆逍遥淌瀁,自命为圣人之

---

① 陈宝良:《明代儒佛道的合流及其世俗化》,载《浙江学刊》,2002年第2期。
② Chü-fang Yü, *The Renewal of Buddhism in China: Chu-hung and the Late Ming Synthesis*, New York: Columbia University Press, 1981, p.4.
③ 谭元春:《谭元春集》卷28《答金正希》,上海古籍出版社1998年版,第783页。
④ 焦竑:《澹园集》卷48《古城答问》,中华书局1999年版,第736—737页。

徒。"①所有这些,不仅仅是佛教世俗化的典型之说,而且使儒、佛两家在世俗化大潮中渐趋合流。

习俗移人,即使是贤智之人也很难避免。在晚明时尚之风的影响下,在佛教僧人中也开始流行一种时尚。正如当时著名的僧人莲池大师所言:"或尚坐关,群起而坐关;或尚礼忏,群起而礼忏。群起而背经,群起而持准提,群起而读等韵,群起而去注疏、专白文,群起而斋十万八千僧,群起而学书、学诗、学士大夫尺牍语,靡然成风,不约而合。"②

在清代,佛教世俗化的倾向更加严重,为"神棍"的产生提供了便利条件。如当时专有一种"应付僧",假借佛教的名头,"作奸犯科,肆无忌惮"。③ 另外,北京的僧人替人作佛事也接连不断,并竞相唱艳曲,随便由主人点唱,鼓乐喧阗,通宵达旦,良家妇女,"往往因而堕节,最为风俗之蠹"。④ 在江浙一些地方,更有一些人,没有削发,却擅自称为"比丘"。这种世俗化倾向的结果,势必导致释教门风败坏,神棍辈出。

先来看僧人中的无赖棍徒。照理说来,释氏之教,大致不外乎清心、寡欲、戒恶、行善四端。释氏之徒,虽然分为律、讲、持、诵等派,但都以这四端为本。可是自雍正以后,一些无赖棍徒开始混迹佛门,他们饮酒食肉,无所不至,专干不法之事,与僧行大相乖违。下面不妨试举两例。乾隆五十八年(1793),在上海县,一僧人名文照,与其徒弟得见之母张氏通奸。文照将张氏留住在庙里。得见发现后,就将其母劝回家里。文照大怒,对得见肆行辱骂。得见一

---

① 王夫之:《读通鉴论》卷17《梁武帝》14,中华书局2002年版,第490页。
② 袾宏:《竹窗二笔·习俗》,台湾印经处1958年版,第113页。
③ 《清高宗实录》卷8,雍正十三年十二月上己卯条,中华书局1987年影印本。
④ 邓之诚:《骨董琐记》卷5《京师僧人》,北京出版社1999年版,第135页。

时忿激,就用柴斧将文照砍死。① 乾隆十八年(1753),"匪僧"吴时济倡立龙华会,"教劝人修炼功行圆满,即可白日升天"。有蒋法祖、秦顺龙等人,被惑心迷,妄冀成佛,就将吴时济请到家,向他叩问行止。吴时济告知蒋法祖,七日不食,即可脱凡,"应在水乡飞升"。蒋、秦二人信以为真,就携子孙弟侄女媳共13人,赴太湖盍山绝食,"先后饿死"。②"匪僧"云云,实与神棍是一路货色。

和尚的募化,本来无非沿门托钵,亦即"原所以吾佛慈悲,而用慈悲之态募激护法者发慈悲之心耳"。至清末则不然。和尚募化,不但借此行骗不说,而且采用硬功,诸如"立关烧臂"之类,借此打动施主之心。如当时有一位湖南僧人,据称募修浙江某寺,在上海大东门外鸣鱼募捐。有一铺户,因不愿捐钱而触犯了和尚,和尚竟然与人斗殴,被团防局送到县衙门。知县念其是僧人,看在佛面上,就不予深究,只是将他驱逐出境。但是,这位和尚怀恨在心,再次前来硬化,又与施主争吵殴打。和尚见施主人多,就以木鱼槌招架还击,以致打伤施主的头颅。③

更有甚者,清代的僧人以比附贵戚为荣。清末端亲王载漪与稍通武艺僧人结交,堪称典型。据史料记载,载漪其人,颇为粗鄙,原本被册立为瑞亲王。他受命后,却将"瑞"读为"端",慈禧太后听后,即仍其误,于是易"瑞"为"端"。载漪嗜好拳艺,孔武有力,能一手举起百余斤重物,凡是花拳绣腿一流的人物,他无不以重金延致。于是,一些盗贼余孽,惧怕国家法网,投入其门下,以之作为自己的护身符。当时有一僧人,深得少林派的真谛,亡命江湖间十余

---

① 姚雨芗原纂、胡仰山增辑:《大清律例会通新纂》卷3《名例律》上《称道士女冠》,台北文海出版社1964年影印本。
② 姚雨芗原纂、胡仰山增辑:《大清律例会通新纂》卷15《礼律·祭祀·禁止师巫邪术》。
③ 《申报》,同治壬申十月初一日。

年,后亦依附端亲王,颇蒙倚任。光绪二十六年(1900),义和团变起,此僧死于火。①

这些僧徒中的无赖,虽可通称为神棍,但在当时亦各有专门称号。如在应付僧中,分别有"马流""鏖头""挂搭""闯棍"等,而在江湖术士中,则有"捏怪""炼魔""泼皮"等称号。②尤其是"鏖头",在清代大抵已与"无赖"并称,那些具有无赖行径的僧人称为"鏖僧"。而"鏖僧"一称的出现,基本可以反映佛僧无赖化的倾向。如香婴居士重编的小说《麹头陀传》中,就描写了两位鏖僧。这是两位游方僧人,挑着担子到处游逛。他们在旅途上看见济公孤身一人,就放下担子,抽出戒尺,照头就打,并让济公替他们挑担子,而且酒也不忌。③小说中所刻画的主人公济公,尽管也是一个酒肉不忌的和尚,却是游戏佛尘二界之人。否则,假若济公口里吃着酒肉,一生无度世之心,就与"鏖头无赖"无异。④

"鏖僧"的涌现,其实与和尚"尚气"不无关系。众多史料记载已经揭示,清代的僧人,颇为尚气,动辄与人争执、打斗,且具报复之心。为示说明,不妨详细举例如下:

第一个例子是"尚气和尚",外号"铁镬僧"。其实,他的真实法号为超恒,行脚遍于天下,而铁镬则不过是他云游时随身所带的炊具而已。史称他游方之时,凡是路过的寺庙,前往驻锡,有一语不合,随即负气出走。即使已经食用了寺庙香积厨中的饭食,亦一定

---

① 徐珂:《清稗类钞·技勇类·张兴德用双刀》,中华书局2003年版,第6册,第2973页。
② 张寿镛编:《清朝掌故汇编内编》卷54《刑法》1,台北文海出版社1986年影印本。
③ 香婴居士重编:《麹头陀传》第13则,人民文学出版社2006年版,第186—187页。
④ 香婴居士重编:《麹头陀传》第19则,第220页。

将其呕吐而出。每当饥时,超恒就在树下支两砖作灶,拾枯枝作柴,除下头上所戴之镬,解下背上所负囊中之米,汲井水煮食。饱食三两碗后,就以石块当作枕头,酣眠竟日。若有人从旁窥视,他就瞋目叱之,道:"咄!汝鼠子何不缩头去。其亟归家,汝妻方伴和尚宿,迟则一顶绿头巾戴却矣!"有人知道他的为人,就不与他计较。但也有人听说此言后大怒,奋拳殴之,如击败絮。超恒亦暴吼而起,与人搏斗,无不败之。到了傍晚,他就歇宿在金刚脚下,寺僧看到之后,加以讥诮,道:"此非我寺中地耶?"超恒听后,一言不答,径趋而出,虽僵卧风雪之中,亦欲争得一口气。他又曾游历西湖净慈、灵隐、天竺、云栖诸寺,却无僧人与他立谈。每日下午,扶杖果腹,遨游于苏堤、白堤之上。①

第二个例子也是一位"尚气"的和尚,甚至在一时气急之下杀人。当时厦门有一座碧山岩寺,其中的僧人碧禅,能诗画,貌亦恂恂,吐属风雅,与当地官员交往频繁。一天,碧禅具牒,要求还俗,但遭到了厦门同知的驳斥,不准还俗。为此,碧禅怀疑是署中吏魁"某甲"从中作梗,于是,在一天晚上,持刀将"某甲"刺死。官府多次搜捕,没有抓获,最后不了了之。②

第三个例子是游医与游僧之间的一段恩怨,其间同样涉及尚气僧人之报复心理。浙江海宁有一游医王某,奔走于江湖之间,获利渐丰,于是回归乡里,开店卖药。当时有一游僧来到市场,手托一个紫石钵,重达百斤,进入店铺,宣称佛号,借此婪索钱财。若是婪索不遂,就将石钵置于柜上,张拱合掌,拒于门外,前来购物者,无不避之而去。买卖人无不厌苦,不得已,只得满足其所愿,游僧

---

① 王韬:《淞滨琐话》5《纪四大和尚》,载虫天子编,董乃斌等校点:《中国香艳全书》14集卷1,团结出版社2005年版,第3册,第1643—1645页。
② 俞樾:《右台仙馆笔记》卷1,上海古籍出版社1986年版,第2页。

则又过一家。随后,这位游僧来到王某所开的药铺,索要百钱,王某仅给他三文。游僧大怒,举钵压其柜,王某接而掷之,石钵因之破碎。游僧面红耳赤,拾起破钵,逃遁而去。

过了一年,王某将赴苏州购买药材,在吴江雇了小船。船上有水手两位,其中一位是驾长。这位驾长力大勇猛,行船之时,不是橹脱,就是篙折,为此遭到同伙的怨骂,却能逆来忍受。只是当行船张帆之时,则驾长右手执索,左手持舵,以足代篙,四体并用,无不得当,同伙得以卧而观之,故相安无事。

过了三日,晚上船泊苏州城外寒山寺,起爨炊饭。王某登岸闲玩,有一僧立于寺门外,审视王某,呼道:"客非海宁药肆之王居士乎?"王某答:"唯,何以相识?"僧道:"予前年托钵贵乡,领教已深。今幸至此,实有天缘。予师慕客久矣,请至方丈一叙。"王某答:"诺,姑俟我返舟饭毕,而后会尊师也。"僧人大喜,反奔入内。王某回到船上,不免泣下。驾长见之,道:"客何悲?"王某以事情的原委相告。驾长笑称:"既能掷钵,何惧乎秃?吾今请助客。"王某道:"我既犯僧,死由自取,子何为哉?"驾长则道:"吾乐此,死亦无怨,恐僧不吾较耳。请假衣冠,以师弟称。若角技时,必呼吾先,可无事。"王某允诺,饱餐之后,一同前往。

二人入门,群僧笑迎道:"客,信人也。"上报寺院首座,首座在客厅迎接。一看之下,首座身高七尺有余,脸横腰阔,气概粗豪,已经让人望而生畏。行肃客之礼后,将他们两人迎入方丈坐下,才说:"前者小徒蒙赐教,老僧凤夜在心,冀图一遇。今既垂顾,请至艺圃,仰瞻绝技。"王某只得唯唯。于是群拥而入后圃。其中有地一区,高垣围绕,仅通一门,亦甚坚实。后圃南边包大殿之后檐,则为阅武厅,甚是雄伟,柱壮两围,础高三尺,隔以石栏。设有两把椅子,首座与王某对坐,手下僧人十余人,全都短褐,持仗站围,群呼道:"来,来,来。"王某无奈,只得对首座说:"请徒与徒对,师与师对。我命弟子先戏,可乎?"首座目视驾长,体貌清癯,漫应道:"何不可?"驾长亦释服,道:"秃有贼形,恐窃吾衣,必谨藏之。"于是,蹲下身来,抱住大殿的后柱,一声吆喝,后柱离地尺余,屋瓦震动,砖石齐鸣。随后又以左足将柱础扫倒,置衣其下,再以右足将其扶直,仍将柱子安在柱础之上,转身呼斗,声若巨雷。首座及群僧无不股栗膜拜,道:"我教中韦驮天尊,旋乾转坤之力,亦仅如此。僧辈肉体凡胎,何敢相角?若尊客一挥肱,则皆成糜粉,情甘降服,不敢再言技勇矣。"王某与驾长相顾大笑。群僧屏气肃候,延至方丈,侍茶完毕,王某告退,首座与群僧尽易法衣,手执幡幢,目送远去。①

第四个例子与第三个例子颇为相似,仅仅是驾长换成乞丐而已。史载湖南某县有一个游方僧人在市场上劝募,视商店大小而定劝募之数,缺一不可。市面上的人见其貌恶而言憨,甚是畏惧,不敢与较。后至某酱坊,索钱2000文,酱坊一位伙计心有不平,故意只给钱200文。僧人接过钱,将其掷回柜中。店伙责其无礼,僧随之大声谩骂。店伙大怒道:"今竟一文不给,当如何?"僧人就用一手提起台阶前的长石,将其置于柜上。店伙本来就有膂力,再加之负气,于是用两手勉强将长石提起,置于原处。僧人不语,忿忿而去,一市粲然。僧人自此绝不复至。

店伙是乡下人,酱坊距家百余里,岁暮必定归家,路途偏僻,往往数十里无人烟。祭祀灶王爷之后,店伙回家,在旷野中走了很久,忽然看见茅舍,就想到里面吸烟小憩。入门,看见僧人危坐其中。原来僧人自从被店伙窘辱之后,即怀报复之心,打算将店伙置之死地,打探到此路为店伙回家必经之地,故意结茅为庐,等着店伙自投罗网。僧人看到店伙进来后,就问:"汝亦来乎?"店伙答:

---

① 徐珂:《清稗类钞·技勇类·驾长起大殿柱》,第6册,第2941—2942页。

"然。"口虽如此说,心知此劫难免,就对僧人说:"姑容我吸烟乎?"僧人道:"可。"

这时,突有一群乞丐路过,其中一丐呼店伙道:"某掌柜归家耶?"店伙仔细一瞧,是一个相识的乞丐。原来每当遇到初一、十五,各店都要向乞丐施舍,所施之钱都是鹅眼小钱,唯有这位店伙给乞丐的是大钱,所以众丐无不感激称颂。此丐经常在市场上乞讨,所以认识店伙。群丐刚在地上坐定,店伙就将僧人要为难于己的事情告诉此丐。此丐目视僧人,道:"此我邑中善人,吾等既相遇,必不能为汝所侮。"僧人怒目大叱,道:"饿鬼尚敢与金刚较手段耶?"随即起立,擦掌摩拳,而群丐七八辈亦猛起,用力将僧人扑倒在地,打算将他弄死。店伙道:"不可,彼虽不良,我不能以人命拖累。若灭其迹,王法何存?汝等且重惩之可也。"为此,群丐将僧人的腿脚一起折断,僧人得以不死。一年多后,有人在别县见到过这位僧人,匍匐而行,成了街头乞丐。①

第五个例子说的是尚气之僧与民间武林高手交手之事。史载雍正年间,石门人段七,以拳勇闻名。其妹段珠,跟随其兄学艺,到十六七岁时,武艺更是胜过其兄。段珠外表韶丽秀媚,见到她的人并不知道她是一位武林高手。段七经常有事到河南,日暮时就在僧寺投宿。一位僧人出来相迎,道:"师他出,不留客也。"段七道:"一宵何妨?段七非盗贼,何拒之甚也?"僧道:"尔段七与?师恒言段七武勇,尔即是耶?尔既为段七,今晚宿此,当与我辈一角。"段七道:"诺。"夜里就与众僧一同进食。僧人有30多位,段七就问他们的师傅是何人,僧人答:"颠和尚。"段七夙闻颠和尚的名头,自忖其武艺高过自己,他的徒弟一定不弱,30多人,恐怕不是自己一人所能战胜。于是,就心生一计,对僧人道:"混战,可乎?"僧人问:

---

① 徐珂,《清稗类钞·义侠类·丐为商伙折僧股》,第6册,第2851—2852页。

"何谓混战?"段七道:"混战者,地铺石灰,猝灭火,暗中互相扑斗,或撕碎衣服,或颠仆在地,口号一声,彼此即罢手,然后验衣服之破碎,石灰之有无以为胜负。"众僧无不应道:"甚妙。"饭后,众僧将段七带到一殿,如法在殿内铺上石灰。当时正值月晦,且是阴雨天,火灭之后,黑暗中伸手不见五指。酣斗半响之后,30多位僧人无不身沾石灰,衣服破碎。而段七则点灰不染,寸丝未裂。明日,段七离寺而去。颠和尚回来后,众僧无不称颂段七勇猛无敌,并将昨日酣斗之状重说一遍。颠和尚入殿视之,笑道:"尔辈受其愚矣。试看梁上之尘,何以有手指印也。"原来段七乘火灭之时,随即跃上屋梁,等到打斗结束后,才从梁上一跃而下。众僧仰视屋梁,果然如此。颠和尚不胜忿怒,道:"此辱不可不报也。"隔了二年,颠和尚前往石门拜访段七,正好段七外出。其妹段珠在楼上应之。颠和尚道:"往年尔兄访我,适他出,尔兄与我徒灭烛混战。今日我访尔兄,尔兄亦他出,夜间亦灭烛与尔混战,岂不胜与乃兄斗耶?"段珠知道颠和尚戏弄自己,一时大怒,从楼跃下,以鞋尖蹴颠和尚的两个太阳穴,洞入寸余,目珠突出而死。①

  第六个例子也是僧人与武师相斗的事情。史载有一姓李的武师,精通武技,为人和蔼,未尝触忤他人。同村有18个恶少,号称"十八罗汉",凭借武力武断乡曲。他们不乐意姓李的武师名头盖过自己,就张筵结彩,延请李姓武师,要求比试武艺。李姓武师应邀而至,让他们在大堂上并列18张床榻,面对他们道:"余必令君辈同时列坐,果如罗汉坐者。"此18人听后大笑,道:"勿空言。"随之一起扑向李姓武师,咄嗟之间,此18人果然全被李姓武师之拳击中,一起据榻而坐,只有一人侧耳。18人无不称服,将他延之首席。即使如此,心中犹有不甘,打算想出办法,再次相斗,战胜李姓

---

① 徐珂:《清稗类钞·技勇类·段七与颠和尚混战》,第6册,第2877—2878页。

武师。

　　这18人中,有三人一同拜一僧人为师,因此带着同党,前去谒见僧人,挑拨离间,说李姓武师言语无忌,触犯师傅,还将来寺庙,与师傅一较武艺高下,云云。僧人听后,大怒,发出请柬,邀请李姓武师到寺庙随喜。李姓武师接到请柬后,细想与僧人不曾有过节,就来到寺庙。僧人结扎停当,脚上着一双铁屐,前来迎战。李姓武师一见之下,大骇。进食完毕,僧人邀请李姓武师比试武艺。随之疾起仰跳,用手攀援梁上垂绹,悬双屐于空隙。摆出如此架势,其意李姓武师前来缠斗,正好处于其下,那么就用铁屐跌李姓武师之肩,即可将其置于死地。不料李姓武师相当敏捷,没等他往下跌,就已仰握其胫,胫碎,僧人立死。①

　　上述六个事例中的僧人,大多具有一身武艺,却又无不是尚气和尚,属于"鏖僧"之辈,且有些因为好斗而命丧黄泉。如此不厌其烦地加以引用,无非为了说明如下事实:无论是从佛性抑或武德而言,这些原本身具武艺的僧人,理应具有很好的身心修养。事实并非如此。他们不但尚气,而且尚勇好斗,最终导致佛性、武德的沦丧。所有这些,当然是明清佛僧的另外一种面相,但这种尚气之风,恰好就是佛僧崇武尚侠的典型例证。

"禅武":僧人尚武之风

　　在明清僧人群体中,无疑已经形成了一股尚武之风,亦即"禅武"精神。这可以从"僧家武艺"与僧人从戎两个方面加以论之。

---

① 徐珂:《清稗类钞·技勇类·罗汉武力长乡曲》,第6册,第2935页。

说及僧家武艺,显然有必要对少林派武艺加以适当地梳理与厘定。今人一说武林高手,必推少林、武当。毫无疑问,少林属于外家功夫,而武当则属于内家功夫,两者虽属不同门派,但其间亦有渊源关系。

所谓拳勇之技,早在唐、宋时期就已经形成,当时称为"白打"。唐、宋时期的白打功夫,传下来的就分为两家,即张三丰开创的内家功夫,以及以少林为代表的外家功夫。两家武艺,虽有门派之别,但其大旨均以眼明手快为要。① 值得注意的是,无论是少林功夫,还是武当功夫,在明清两代均已基本定型。

少林寺以拳法著称于世,且有一定的授受之法。凡是有人想学习少林武艺,必须在寺内存下资金若干,并拜一位僧人为师。在学艺期间,诸如衣食之费,全取给于所存资金的利息。按照规矩,武艺学成,将要辞行之时,必须从少林寺的后夹弄出去。门上有土木偶,里面暗设机关,一旦触动,就会拳杖交下。凡是能与这些机关操纵的木偶相敌,且能安然无恙,就算学艺已成,可以下山。临行之时,僧人在山门饯行,返还其所存资金。不然,仍须返回寺中受业。若有人学艺数年不成,且又吃不了苦,翻墙逃去,那么,所交纳的资金不再返还。②

少林寺武艺宗法,以洪家为刚,孔家为柔,介于其间者则为俞家,其法甚秘。清乾隆初年,安徽颍州、凤阳之间,尚有人传承了俞家功夫。如宿州人张兴德,即号称俞家功夫专家,尤其擅长使用双刀,故有"双刀张"之称,属于侠士。③

少林寺以拳勇名闻天下。然少林功夫,主于搏人,人亦得以有

---

① 徐珂:《清稗类钞·技勇类·白和尚踏砖使平》,第6册,第2914页。
② 徐珂:《清稗类钞·技勇类·以摸钱掷石习拳法》,第6册,第2929页。
③ 徐珂:《清稗类钞·技勇类·张兴德用双刀》,第6册,第2895页。

机可乘。为弥补少林功夫的缺陷,于是出现了内家功夫。内家功夫,以静制动,犯者应手即仆,故将少林别称外家功夫,而内家功夫遂单行于世。

综合诸家记载,相传内家功夫起于宋代的张三丰。三丰其人,史籍多有记载,实则并无一人见到他的真面目。张三丰原本是武当山的丹士,当时宋徽宗曾经召见他,因道途梗阻,不得进见。据传,在一天夜里,张三丰梦见玄帝授予他拳法。至第二天白天,凭借一人之力,杀退盗贼百余人。三丰之拳术,一百年以后流传于陕西,其中的传人,以王宗最为著名。浙江温州陈州同曾经跟随王宗学艺,学成之后,又将此拳术教给乡里之人,由此内家拳功夫开始流传于温州。明弘治、正德年间,宁波人孙拾山客居温州,拜陈州同为师学习内家拳,得其真传回到家乡,从此宁波亦风行内家拳法。

至明嘉靖年间,若论武当内家拳法,当推张松溪最为著名。张松溪,浙江宁波府鄞县人。从孙拾山学习内家拳,并以此拳法名擅天下。据史料记载,张松溪沉毅寡言,恂恂如一儒者。他从孙拾山那儿学得内家拳法之后,绝不见圭角,在不遇到甚为紧迫之时,轻易不露内家拳法。这与擅长外家功夫的边诚正好形成鲜明的对照:边诚与其徒袒裼扼腕,嗔目语难,而松溪则摄衣冠,不露肘;边诚喜欢授受,且名显当世,而松溪则自匿,人来求见学艺,常常避之而去;边诚表演功夫之时,进退开阖,各自有绪,而松溪则拳法直截,曾说:"一掌一痕,吾犹轻之,胡暇作此夔�闲事?"

明嘉靖年间倭寇骚扰东南沿海时,少林寺派70多个僧人从征倭寇,来到松江府上海县。他们要求与张松溪比试武艺,松溪却不好事,暂时避匿,不与少林僧人接战。有好事少年怂恿松溪,在迎风桥酒楼与僧人相遇。松溪与少年在看了少林僧人的搏击技艺之后,不觉失声而笑。僧人觉察到后,就挑衅道:"必欲试者,须呼里魁,合要死无所问。"从外表上看,张松溪不过是一孱然之人,而少林僧人全是魁梧雄健,根本没有将松溪放在眼里。松溪袖手而坐,一僧跳跃而来,向松溪踢去,松溪稍为侧身,举手送之,僧人形如飞丸,一头撞入窗中,堕于重楼之下,几乎死去。

张松溪名闻一时之后,监司下文,征召松溪入伍,教授战士武艺,但松溪不肯,道:"吾盟于师者,严不授非人也。"一日,在郊外踏青,众少年在路上拦截,请求松溪稍试其技,松溪坚决不许。等到回城,邻近城门,众少年告诫守门之人,不要放松溪入城,将他困于月城之中,并一起上前罗拜,道:"此地无观者,愿卒受教。"松溪不得已许之。城门多圜石,重达数百斤。松溪命众少年累叠三块圜石,道:"吾老人无他长,为直劈到底,供诸君一笑,可乎?"于是侧身而左,用手劈之,三石皆一分为二。

松溪终身不娶,无子,事母颇孝。其拳法不轻易授人。若有人来拜师学艺,必慎重试探再三,知其诚信来学,才纳贽授受。所以,松溪负内家拳法盛名50年,收徒仅仅三四人,尤以宁波人叶继美得其真传。叶继美之后,内家拳法的授受谱系大体如下:吴昆山、周云泉、单思南、陈贞石、孙继槎,均得继美真传。吴昆山所传弟子,分别为李天目、徐岱岳,而李天目又传于余波仲、吴七郎、陈茂弘;周云泉所传弟子,则为卢绍岐;单思南所传弟子,则为王征南;陈贞石所传弟子,则为董扶舆、夏枝溪;孙继槎所传弟子,则为柴玄明、姚石门、僧耳、僧尾。明清之际,王征南则凭借内家拳法,曾经帮助过钱肃乐的抗清事业。①

---

① 黄宗羲:《南雷诗文集》,《碑志类·王征南墓志铭》,载氏著:《黄宗羲全集》,浙江古籍出版社2005年版,第10册,第320页;万言:《管邨文钞内编》卷2《张松溪传》,载张寿镛辑:《四明丛书》,广陵书社2006年版,第4042—4043页。

武当内家拳法,各有其名,分别有长拳滚斫、分心十字、摆肘逼门、迎风铁扇、弃物投先、推肘捕阴、弯心杵肋、舜子投井、翦腕点节、红霞贯日、乌云掩月、猿猴献果、绾肘果靠、仙人昭掌、弯弓大步、兑换抱月、左右扬鞭、铁门闩柳、穿鱼满腹疼、连枝箭、一提金、双笔架、金刚跌、双推窗、顺牵羊、乱抽麻、燕抬腮、虎抱头、四把腰等名;其所击,则各有穴位,分为死穴、哑穴、晕穴、咳穴、膀胱、虾蟆、猿跳、曲池、锁喉、解颐、合谷、内关、三里诸穴。而拳法之要,总之在于练,有练手之法35种,分为斫、削、科、磕、靠、掳、逼、抹、芟、敲、摇、摆、撒、镰、搅、兜、搭、翦、分、跳、绾、冲、钩、勒、跃、兑、换、括、起、倒、压、发、插、削、钩;练步之法18种,分为疶步、后疶步、碾步、冲步、撒步、曲步、躐步、敛步、坐马步、钓马步、连枝步、仙人步、分身步、翻身步、追步、逼步、斜步、绞花步。拳术练习之法,分别包括在六路及十段锦之中,各有歌诀相授。又以"存心"之五字为宗旨,分别为敬、紧、径、劲、切,以五不可传为戒,分别为心险、好斗、狂酒、轻露、骨柔质钝。练习成熟之后,不必顾盼拟合,信手而应,纵横前后,悉逢肯綮。①

毫无疑问,在少林、武当两派武术的传衍过程中,少林武术对武当武术的影响至为深远。下面的一则故事,足资为证。史载,武当山某寺有一位叫悟心的僧人,是寺中方丈。少年之时,悟心曾在少林寺习拳,年过60岁尚能精悍不减少壮。寺中僧人,得其传授,全都精通拳术。武当山下,有一农家子刘胜,身负蛮力,擅长烹饪,无以为生,于是叩寺门行乞。众僧殴之,拳打在身上,刘胜则毫无知觉。众僧惊骇,告知悟心。悟心问刘胜:"尔何求?"刘胜答:"欲饭耳。"又问:"尔何能?"答:"能造饭耳。"又问:"尔力几何?"答:

---

① 万言:《管邨文钞内编》卷2《张松溪传》,载《四明丛书》,第7册,第4042—4043页。

"不知。"又问:"能食饭几何?"答:"亦不知。"悟心听后,觉得很好笑,就让僧人给他饭吃,刘胜一次竟将二斗米饭吃尽。饭后,悟心把他带到隙地,有两块巨石,各重800斤。刘胜用手左右各提一石而舞,殊为从容。于是,悟心就将拳法传授给他,但其人蠢甚,茫然莫解。无奈之下,只好将他安排到香积厨,颇被众僧藐视。一日,寺中来了一位挂单僧,衣履极敝,但神气奕奕。众僧加以白眼,而刘胜私下常给其饮食。当时悟心正好教授其徒武艺,挂单僧视之,默不一语。有人问挂单僧道:"尔能乎?"曰:"不能。"众僧练习完武艺后,各自回归食堂,挂单僧独立于庭,众僧无人理会他,只有刘胜招呼他前来吃饭。挂单僧问刘胜道:"尔何不学拳?"刘胜答:"不知也。"挂单僧道:"我教尔。"随之,教刘胜武术手势。夜半之时,挂单僧引刘胜对坐,久之,刘胜忽然有悟,道:"我知之矣。"于是,挂单僧将武术奇正虚实之道、进退起伏之节,尽数教给刘胜,并告诫他道:"尔由此熟练,无敌于天下。尔善用之,我去矣。"于是,一跃而逝。自此之后,刘胜常在夜深人静之时,偷偷练习武艺。

过了二年,悟心召集众僧,对他们说:"吾将往天台,有武艺超群者,当授以方丈之位。"最后得一僧,名超凡,悟心将以方丈授之。刘胜上前道:"稍迟,我尚未试也。"众僧哗笑。刘胜道:"尔辈之拳,不过外家之粗浅者耳。"为此,解衣跳跃。悟心惊道:"尔何能此?此等拳法,我尚不如也。"刘胜只好和盘托出,承认自己武艺为挂单僧所授。最后,刘胜成为寺庙的方丈,改名天禅。武当之拳法,遂得与少林齐名。①

在将少林、武当两派拳法进行适当梳理之后,不妨再来看明清两代僧人的习武之风。大抵在清代雍正、乾隆年间,很多僧人颇具武艺,或挟技淫凶,或投入行伍,成为大将帐下卫士。

---

① 徐珂:《清稗类钞·技勇类·刘胜能饭而多力》,第6册,第2970—2971页。

以前者为例,雍正、乾隆年间,若论武勇之士,当推江宁人甘凤池。当时与甘凤池齐名的共有九人,其中第一手即为僧,而第十手则为白太官。白太官尽管艺不及人,但能腾跃空中。在这九人中,僧淫凶已极,乡里备受荼毒。于是,其他八人无不想将其剪除,约好日子,一同前往。僧人当天食人脑三枚,亦不惧,持大铁杖,重三四百斤,运劲如飞。众人悉力接战。打斗方酣,不料太官自空中飞下,直劈僧人首,自顶至项,将其脑袋劈为两半,僧人尚能苦斗半时。①

以后者为例,则无锡环秀庵僧人智海堪称典型一例。环秀庵在无锡北关的芙蓉湖,智海就是此庵的香火僧。据载,智海原本是年羹尧部下的卫士。按照当时惯例,卫士非勇者不得选,而智海实为卫队的头领。年羹尧败后,卫士流散四方,往往行走江湖,替商旅护行,成为镖客。因为智海是僧人,所以就不与一般镖客为伍,以自别于侪辈。智海的徒党甚众,而尤以楚二最为著名。楚二之家,在无锡北乡的前洲,其人技精而力大。②

说到僧人从戎,必然联想到僧兵,而僧兵则以少林僧兵最为闻名。僧兵故事,由来已久,流传颇广。明末清初著名学者顾炎武、清代乾嘉学者赵翼对此均有所钩稽,根据他们的考订,僧兵源流大抵已经可以厘定。

少林寺僧兵始于隋代末年。这有唐太宗为秦王时,赐寺僧教之文可以为证。赐文云:

> 王世充叨窃非据,敢违天常。法师等并能深悟几变,早识妙因,擒彼凶孽,廓兹净土。闻以欣尚,不可思议。今东都危

---

① 徐珂:《清稗类钞·技勇类·僧运大铁杖》,第 6 册,第 2882 页。
② 徐珂:《清稗类钞·技勇类·智海掷铜钱》《技勇类·楚二技精力大》,第 6 册,第 2879—2880 页。

急,旦夕殄除,并宜勉终茂功,以垂令范。①

据此可知,当隋末王世充窃据之时,少林寺僧闻风向义,保护秦王。其中参与其事,且建功立业者,共有寺僧13人。在裴潅所撰《少林寺碑》中,所提及的志操、惠玚、昙宗等僧,即名列13人之中,其中只有昙宗一人,得以拜大将军之职,其余均不受官,仅受赐地40顷而已。

尽管少林僧兵始于隋末,然僧人从戎,却在隋末以前久成故事。据《魏书》所载,魏孝武帝西奔之时,所率五千骑兵,宿于瀍西扬王别舍,而沙门都维那惠臻,即"负玺持千牛刀以从"。又据《后周书》,当齐后主高纬被擒获之时,任城王齐湝尚固守反抗,当时沙门前来应募者,达数千人。又据《唐书》,李罕之少曾出家为僧,后去寺为盗。又据《北梦琐言》,高骈在蜀时,忽然召见开元寺僧人千人,一同加以鞭笞,并云:"此寺十年后当有秃丁作乱,是以厌之。"其后,果然有当地人"髡发执兵",号称"大髡""小髡",据寺为逆。又据《旧唐书》,元和十年(815),嵩山僧人圆净,与淄青节度使李师道一同谋反,结交勇士数百人,埋伏在东都进奏院,乘洛阳城无兵,焚烧宫殿。小将杨进、李再兴告变,留守吕元膺于是出兵围剿,谋反者突围而出,逃入嵩岳山棚,最后尽被擒歼。又曾达臣《独醒志》记载,庐山圆通寺,南唐时曾获赐田千顷,朝廷养之极厚。曹彬等渡江之时,寺僧起而反抗,等到金陵陷落,才遁逃而去。又据《宋史》记载,范致虚曾以僧人赵宗印充任宣抚司参议官,兼节制军马。于是,宗印以僧人编成一军,号"尊胜队",又以僧童编为一军,号"净胜队"。宋靖康年间,五台山僧人真宝,与其徒在山中习武。宋

---

① 顾炎武撰,黄汝成集释:《日知录集释》卷29《少林僧兵》,中州古籍出版社1990年版,第685页。

钦宗召对便殿,下令让真宝回到五台山,聚兵抗拒金兵,昼夜苦战,寺舍尽被焚毁。金兵千方百计加以诱降,终不投降,并说:"吾法中有口回之罪,吾既许宋皇帝死,岂当妄言也!"说毕,怡然就戮。宋德祐末年,常州有万安僧起义,并作诗云:"时危聊作将,事定复为僧。"金主完颜亮死后,山东豪杰无不起兵,其中有一僧人义端,亦聚众千余人,打算逃遁。辛弃疾知其将要投奔金朝,将其追杀。又《金史·宣宗纪》记载,西夏人侵犯积石州,当时羌界寺族多陷,只有桑迺寺僧人看逋、昭逋、斯没及答那寺僧奔鞠等人拒而不从。于是,朝廷下诏,赐予众僧钤辖正将等官。① 上述诸多记载,足证以下事实:一是在隋末少林僧兵出现之前,嵩山、洛阳之间,已是世有异僧;二是无论是隋末以前,还是隋末之后,僧兵故事,可谓史不乏例。

明代僧兵,当推少林僧兵为第一,其次则为伏牛山僧兵。其实,伏牛山僧兵为抵御矿盗而起,其武艺同样出于少林一派。再次,则为五台山僧兵。五台山僧兵武艺,源出于杨氏,亦即民间所谓"杨家枪"。此外,四川的莲花寺,亦有僧兵。②

明代僧人从戎,更是不乏其例。如成化年间,刘千斤之乱,康都督招募紫微山僧人惠通,前往围剿。惠通直入"贼营",单独与刘千斤打斗,千斤乃降。尤其是嘉靖年间,东南倭患一起,少林僧兵曾受朝廷及地方官的招募,应征入伍,参与抗击倭寇的活动,更是名噪一时。参与军事行动的僧人人员乃至人数,各家记载不一。就人员而言,或言其为首者号"月空"和尚,其次则为"自然"和尚,或云自月空、自然之外,著名者尚有"大造化""水心"等僧人;就参

---

① 顾炎武撰,黄汝成集释:《日知录集释》卷29《少林僧兵》,第685页;赵翼:《陔余丛考》卷41《少林寺僧兵》,河北人民出版社1990年版,第756页。
② 魏禧:《兵迹》卷7《华人编·僧》,载《豫章丛书》子部第1册,第414页;查继佐:《罪惟录》卷20《志·兵志》,北京图书馆出版社2006年版。

与的人数而言,或笼统言"三十余人",或直言"三十六人",甚至有些明确说是"四十人"。至于僧兵的招集,或云受都督万表之檄,或云由操江巡抚蔡可泉招募。而僧兵参与抗倭的战场,大抵是在松江府上海县,尤其是下沙镇一战,僧兵相当勇武。很多僧兵战死之后,则被埋葬在佘山,官府为其立塔。①

明代少林僧兵,精通武艺。其所用兵器,诸家记载不一,或云"僧多用杖",或云"帖杆",重达30余斤,或云"铁棒"。从明代少林棍法流行一时来看,无论是杖,还是杆、棒,均属棍类,而其材质则由铁打造。其实,少林僧兵不但擅长使棍,且亦精通剑法。据抗倭名将俞大猷的记载,少林寺一向就有号称"神传"的长剑之技。嘉靖四十年(1561),俞大猷奉命从云中南征,取道少林寺。在寺期间,寺中僧人身负剑技者千余人,无不出来表演剑术。俞氏观后,直接告诉住持小山和尚,道:"此寺以剑技名天下,乃传久而讹,真诀皆失矣。"小山听后,认为少林剑诀失传,"示以真诀,有望于名公"。其意是让俞氏向少林僧人传授剑诀。俞氏深感剑诀非旦夕可悟,于是就从少林寺中选择两位年少有勇的僧人,一名宗擎,一名普从,让二僧随同南征,出入行阵之中。在抗倭军伍三年之间,俞大猷谆谆示范,亲授他们剑术中阴阳变化的真诀,两位僧人均已得到剑术真传,"虽未造于得手应心之神,其十步一人,千里不留行,亦庶几矣"。尤其是宗擎,在行阵之间立有军功,曾被赐予"住持札付"。学成之后,两位僧人辞归少林。至万历五年(1577)四月,俞大猷与宗擎又在京城相见。从宗擎所说可知,自离开之后,普从已经死于途中,只有宗擎回归少林,将剑术真诀广传寺僧,少

---

① 顾炎武撰,黄汝成集释:《日知录集释》卷29《少林僧兵》,第685页;查继佐:《罪惟录》卷20《志·兵志》;李绍文:《云间杂识》卷1,上海瑞华书局1935年据上海黄氏家藏旧本印行。

林僧众均得剑术之法。正是这次相见,俞大猷又将《剑经》授予宗擎,希望其剑术精益求精,并赠宗擎诗云:"神机阅武再相逢,临别叮咛意思浓。剑诀有经当熟玩,遇蛟龙处斩蛟龙。"①可见,在少林武术史上,基于少林僧人从征倭寇的事实,且借助于俞大猷的亲身传授,少林剑术得以有新的改良与发展。

自此以后,僧兵武艺有所衰微,甚至不免名不副实。最为典型的例子,就是秀才出身的吕光午,凭借一人之力,可以击伤僧兵73人。史称浙江人吕光午,号思峰,曾追随学者何心隐游学。少时为秀才,在杭州昭庆寺读书,与一少年友善。当时浙江巡抚正好募集并训练僧兵。这位少年为僧兵所辱,光午就居间调解。僧兵不听,凶悍且多大言。一语不合,光午就与僧兵打斗在一起,击伤了73人。僧兵一同前往抚台衙门诉苦。巡抚大怒道:"吾为朝廷养兵,何物竖儒,敢败乃公事?"于是,光午岸帻罗衫,在阶下长揖,徐徐道:"明府过矣。一书生抗七十三人,彼七十三人者,伎安在?而称兵乎?且朝廷用此鼠辈,何为也?"巡抚为之色解,随之罢去僧兵。②即使如此,僧人从戎事例,在明末尚可获见。如崇祯年间,史记言任陈州知州时,鉴于流贼充斥,于是招募士卒,并聘少室山僧人对招募的士卒加以训练。③

明清易代,两朝鼎革,僧人投身抗清义军队伍之中。江阴"煎海僧"与福建泉州僧人定因及"三山和尚",就是典型的例证。

所谓煎海僧,原本是一位著名的秀才,精通武艺,所用铁刀,重

---

① 俞大猷:《正气堂续集》卷1《与洪先生》,卷2《诗送少林寺僧宗擎(有序)》《少林寺僧宗擎学成予剑法告归》,卷3《新建十方禅院碑》,福建人民出版社2007年版,第586、606、610、617页。
② 张大复:《吕光午记》,载黄宗羲编:《明文海》卷352,中华书局1987年版,第3611页。
③ 赵翼:《陔余丛考》卷41《少林寺僧兵》,第756页。

达80斤。清兵围困江阴时,曾率壮士500人守城。典史阎应元命他率500人突围求救,往返数四。城破之后,披剃为僧,居住在一个小岛,500人无不随从。因他煮盐自给,故以"煎海僧"自号。清地方大吏曾遣使招抚,不降,随之自杀,500人皆从死。①

清康熙十九、二十年(1680—1681)之间,泉州僧人定因,膂力绝人,精通拳棍,弟子数百人。漳州有虎患,食人畜无算,最后定因率徒众将虎杀死。当时郑成功正好占据台湾,定因弟子中精通拳勇者,大多渡海,追随郑氏政权。有人劝定因前往,定因却说:"老僧闲散久矣,此诸少年事也。且吾在此,为之训练勇士,所得顾不多耶?"②尽管定因未渡海投靠郑氏,但确实留在漳州,为郑氏政权训练勇士,这一点毋庸置疑。

三山和尚是贵州铜仁人,俗姓吴,名以幻,原本是明朝将军无锡人何以培的家将。他勇力绝人,豪侠尚义,因避仇而出家为僧。清顺治初,因栖止于无锡三山,故人称"三山和尚"。三山位于太湖之中,又是群盗出没之地。有一例子,足证三山和尚之神勇。史称有一伙盗贼抢劫了他的衣囊,他就急避下山,将船藏于丰草中,自己则躲在船下,匍匐伺之。盗伙下山之后,仓猝之间,觅舟不得,心中惊骇,打算舍舟逃遁,却又无别途可通陆地,极其惶恐。正在这时,三山和尚两手掀舟而起,大声呼道:"舟在此。"盗伙大惊,叩首乞哀,道:"师,神人也。后弗敢犯矣。"于是,三山和尚提起船只,从容将其置于湖中。盗贼无不罗拜,叹称和尚勇不可当。又南明总兵黄蜚屯军太湖中,曾分兵攻打无锡南门,与清兵酣战。和尚正好有事路过此地,仓促之间,一时没有凑手的兵器,于是就走到居民家中,得一把切面刀及一扇板门,左手持板门作盾,抵御刀箭刀矢,

---

① 徐珂:《清稗类钞·技勇类·煎海僧用铁刀》,第6册,第2866页。
② 徐珂:《清稗类钞·技勇类·僧定因用铁钯》,第6册,第2874—2875页。

右手则舞刀大呼,突入阵中,为黄蜚助阵,横截马足,马仆截人,所向披靡,清兵落败,奔避入城。①

清代中期,因史料匮乏,兼之正值承平之时,目下尚无僧人从戎的诸多事例。时至清末,僧人从戎事例再次涌现,无锡嵩山寺僧念亮抗击太平军之事,堪称典型一例。念亮,俗姓杨,四川人。有一说法,说他原本是一个大盗,因为官府追捕太急,为了躲避官府耳目,于是削发变貌,出家为僧。当太平军攻陷无锡之时,曾派兵攻打堠山,当地居民邀请念亮前往抵御。念亮持铁鞭奋身独出,正好太平军中一位骁勇将领,手握大旗,驰马挥众,前来迎敌。念亮迈步窜入阵中,贴卧于太平军将领所乘马腹之下,马惊而跃,倒撞其人下马,挥鞭疾击,击碎将领之首,夺其旗帜,大败太平军。②

"僧侠":僧人之侠客化

在《韩非子·五蠹篇》提出"儒以文乱法,侠以武犯禁"之说后,无疑在儒与侠之间人为造成了一条鸿沟,进而使儒者与侠客之间互相讥讽。其实,追究原始儒学,子路好勇,实可视为"儒侠"的源头。自唐代以后,儒者尚侠、文人尚武,更是形成一时之风气,进而导致儒与侠的合流,随之广泛出现了"儒侠"。若是将视野转向佛教与佛教僧人,自明代以后,同样存在一种佛侠合流的倾向,即"僧侠"的广泛出现。

明末清初人金堡,原先在明朝为官,后皈依佛门,法号澹归,就

---

① 徐珂:《清稗类钞·技勇类·三山和尚勇力绝人》,第6册,第2866—2867页。
② 徐珂:《清稗类钞·技勇类·僧念亮用铁鞭》,第6册,第2933页。

对佛与侠的关系作过相当深入的讨论。首先,金堡从韩非子之说出发,认为世上之人,"不儒"亦即不是儒家学者,也同样会"乱法";"不侠"亦即不是侠客,也多"犯禁"。可见,这并非文或武之过。其次,正是基于上述判断,金堡才为"侠骨""侠者"乃至"僧侠"大唱赞歌。他的论证逻辑大致如下。一是认可"侠骨"的重要性。金堡认为,就人而言,不论文人,还是武将,就处境而言,不论"隐显",亦即不论是隐居在野,还是出仕在朝,就道术而言,不论是在世间,还是出于世间,无不需要具有一副"侠骨"。二是确立"真侠"的含义。金堡认为,对于所谓"侠者",尤其是"真侠",理应作如下诠释:"不苟然诺,不矜利势,为人排难解纷而不市名,缓急叩门,不以有无存亡为辞,其道始于长者,终于长者。"金堡将"长者"引入对侠者的解释,这是其高明之处。由此也就引发了他对汉代郭解之流的游侠及唐代剑侠的贬斥,认定汉代郭解之徒,其"睚眦杀人"的行径,结果则是"卒及其身";至于那些剑侠,因为"授非其人",一至唐代,也转而变为横肆之人,甚至"阴贼善类",结果则导致上天派遣使者,"遣使尽歼其党,绝其术不传"。这两者,均可归于"天下之贱侠"。三是辨析"儒者"与"贱儒",进而肯定"僧侠"。金堡认为,后世的"小丈夫",手持"一先生"之"律令",对他人"吹毛索瘢,惟恐不得人之过,入人之罪之不深且刻",这不过是"贱儒"而已。而真正的儒者,深究《春秋》之旨,"善善长,恶恶短,一归于忠厚平和而止"。即使如此,达摩西来,不立文字,同样从《春秋》一经中嗅出了"血腥气"。其实,《春秋》一经所具的血腥气,并非经典内含的因"口诛笔伐"而杀人无数的杀气,而是经典背后的孔子,同样具有"悲天悯人,一腔热血耳"的豪气。为此,金堡断言佛教内具侠义精神,认为"侠莫大于诸菩萨,其弘愿所发,必取一切众生尽度之,使出苦海,入解脱门,游于大自在之域,不果所愿,不取灭度,其忘身为人,有非二乘所能测者"。为此,他对侠与菩萨作了如下辨析:"侠好施,诸菩萨亦好施;侠济物,诸菩萨亦济物。始于长者,终于长者,侠以此长者成就世间法,诸菩萨以此长者成就出世间法。侠用分别,诸菩萨用平等,侠现业力,诸菩萨现道力,侠续世寿命,诸菩萨续佛慧命。"①换言之,侠客与菩萨之间,其行为固然有所不同,但所具的侠义精神则无异。作为一个曾经为官的出家者,金堡之论显然具有建设性的意义,至少说明如下事实:在明清两代,佛与侠同样趋于合流,随之而来者,则是崇尚"僧侠"之风勃兴。

当然,在论及"僧侠"之前,有必要就佛与"血性男子"之间的关系加以简单梳理。所谓血性男子,其实就是侠客的另类表达。无论是对两者关系的梳理,抑或佛僧的具体行为,最后证实了如下两点:一是"三世佛是血性男子";二是僧人若是具有"血性",则同样可以成为"佛祖"。

就前者来说,可以僧人雪峤及其弟子宏节以及黄端伯为例加以说明。史载僧人宏节,俗姓徐,名启睿,字圣思,浙江宁波府鄞县生员。其人负才使气,好骂人。且又一向擅长击剑,醉则拔之起舞。出入必佩剑,被人目为狂生。当时因李自成起兵,中原战祸不断,但江南承平如故,他的朋友竞相结成文社诗会,高论诗文。见及此风,他常常骂道:"此处堂燕雀也。"读完邸抄,更是对掌权的内阁大学士大骂不绝。一日,忽然将所佩之剑埋葬,削发为僧,拜雪峤为师,法名宏节。雪峤在径山开堂讲经,座下弟子数百人,无人当他之意。江西人黄端伯好谈禅,众僧就认定黄端伯"本色未除",雪峤却说:"三世佛是血性男子。"而宏节更是接过其师的话头,说:"某亦端伯之亚也。"师生于是相视而笑。自此以后,宏节闭关而

---

① 澹归著,段晓华点校:《徧行堂集》卷2《文部·长者说为江若海内巡赠别》,广东旅游出版社2008年版,第1册,第40页。

坐,终日无声。即使故人过访,亦拒不接见。有人故意说一些嫚语,借此激怒他,他却寂然不应。当南、北两京相继沦没之后,同里之人钱肃乐起兵,有人奔告其事。宏节听后,大声呼叫,破关而出,将所埋之剑掘出,打算赴钱肃乐的大营,参加抗清义军。路过知府周元懋家,元懋见其头戴鹖冠,身穿绿色锦衣,问:"君返初服乎?今江上正需人。"宏节听后,笑道:"君当饮我酒。"随之连酌三斗,又拔剑起舞,反身问道:"何如?"随即长揖别去。钱肃乐原本与宏节是同学,于是就将他引见于鲁监国。鲁监国"奇其状",授予他锦衣卫指挥。宏节没有拜受其职,仅自称"白衣参军"。最后兵败为清兵所获,殉节而死。①

就后者来说,垂髦和尚堪称典型一例。据史料记载,垂髦和尚,是太湖东山高峰寺僧人。法名大么,一名炤彻,俗姓强,扬州人,以讲师著称于世十余年。他曾经对人说:"成佛作祖,惟此血性。若无血性,修行十世,不能得度。"秉此见识,所以他后来亦起兵抗清,最后战死于灵岩山。②

由上述例子不难发现,这些僧人大多视"王事"为"佛事"。当国家有难之时,无不挺身而出,甚至付出自己的生命,成全了自己作为一个"血性男子"的名声。这显然就是侠之大者。

明清僧人在崇尚"禅武"精神的同时,其行为已经侠客化,进而涌现出了众多的"僧侠"。他们或除去奸孽,保护忠良;或云游天下,行侠仗义;或即使名列"盗僧"之列,仍不乏仗义之举。

就除去奸孽、保护忠良来说,可举清末一位无名僧人为例加以说明。史称穆彰阿当国时,鸦片战争方炽,一时清议均主战,唯有穆彰阿持和议之说,于是论者群訾其敢于卖国。一夕,穆氏独坐阁

---

① 蒋学镛:《樗庵存稿》卷3《徐锦衣传》,载《四明丛书》,第4册,第1825页。
② 高宇泰:《雪交亭正气录》卷2《乙酉纪》,载《四明丛书》,第6册,第3559页。

中,有声豁然,则一僧人抶履而入,其相貌奇丑,瞋目狞视,穆氏噤不敢呻。僧人拔出短刀,将杀穆氏,穆氏于是诵观音佛号不已。僧人大笑道:"汝卖国贼,乃念佛,佛岂能救汝卖国贼耶?"穆氏跪而乞命,道:"和尚慈悲,定能救我。"僧人又大笑道:"吾以汝有奸人之雄,今屡慑贪生乃尔,杀汝,且污吾刃。惟汝何以受外人巨金而主和?"穆嗫嚅而辩解道:"此意出自朝廷。"僧人进而责问:"焉用汝相?"穆氏又叩头不已,久伏不敢仰望。僧人凌空而去。翌日,穆氏念及僧人行刺,必有主谋之人,于是下令追捕刺客,并怀疑是主战的林则徐所指使,打算杀害林氏。当时林氏已在戍所,一夕,仆人因事起来,突然看见一位丑僧,卧于窗外,大骇而呼。林氏出视,僧亦徐徐而起,道:"僧自卧此,无害于公,酣睡可耳。"林氏请其入室卧,僧坚持不可,林于是诫其仆人不要打扰。次夕,僧仍不去。过了20余日,林氏执卷高吟,忽然窗外有声甚厉,已而寂然。林氏急呼仆人出视,则僧人正好在掘地以掩埋一人尸体,血渍模糊,遍布阶砌。仆人惊呼道:"和尚杀人。"僧人笑道:"和尚不杀人,和尚杀杀人者。"林氏深感奇异,强行邀请僧人入室,以酒款待,僧人拒绝道:"吾持酒戒。"林氏问他何以不持杀戒,僧人答:"能杀人,方能活人。"①"能杀人,方能活人",这不仅是佛教世俗化的典型见解,且更是僧人尚侠的明证。

就僧人行侠仗义来说,其例更是不胜枚举。为示说明,不妨暂举下面三个例子。

第一个例子是憨头陀的故事。史称天台雁荡山国清寺僧人憨头陀,不过是香积厨的烧火僧人,饮酒食肉,且能作诗,力大无比,甚至可以一人独杀老虎。他曾有缘参与了天台山的黄花诗会,得以与众名士相识,其中即有萧山人来梦珊。诗会过后十余年,来梦

---

① 徐珂:《清稗类钞·义侠类·和尚杀人者》,第6册,第2747页。

珊从河南布政司幕中请假回归家乡,路经淮北。淮北一向号称盗薮,来氏甚惧。护送来氏回乡的布政司署卫兵甲、乙两人,尽管以勇著称,却原本就是盗贼。两人知道布政使曾赠送来氏千金,就打算攫取其金。数日之后,途经归德地界,日暮,车入一片大树林中。甲、乙各抽刀,喝叱驾车者停车,将来氏从车中曳出,将他与驾车者一同绑缚在大树上。驾车者不停哀求,来氏却瞑目无语。须臾,眼前觉得刃光一闪,以为自己已成刀下之鬼,忍住不动。忽然闻得甲、乙各自叩头称死罪,睁眼视之,原来来的就是憨头陀,他手持戒刀,怒气彪彪。头陀让甲替二人解缚。乙看头陀稍暇,突然自地跃起,一蹿数丈,打算逃去。僧微哂道:"鼠子尚尔耶?"一挥手,铁丸横飞而出,乙已在百步之外应声而毙。随而又将甲杀死。其后,憨头陀与来氏宿于一处,竟夜抵足而谈,所谈都是河南一省吏治之事,对于民间疾苦、州郡贪廉,无不知悉。至此,来氏方知,憨头陀实为一有心之人。①

第二个例子是四川僧人大喦仗义的故事。史载清雍正年间,僧人大喦膂力过人。在年40之时,黥其身,自顶至腹为一串肉菩提子。自置一个铁香炉、二个烛台,重达百数十斤,挑在肩上。遇到里闬不平事,就挺身解围。为此,四方勇士投赠金帛无算。②

第三个例子是关于一位游方僧人行侠仗义的故事。同治十二年(1873)冬天,南京有一位替人寄送信银的人,在行经龙膊子岭下时被劫,仅以身免。行十余里,晚上投宿一家旅店,闭门而泣。俄而邻舍中来了一位游方僧人,口操北音,相貌壮伟。闻到哭声,就叩门问故。于是,将遇劫之事,和盘告之。僧人听毕,奋起道:"有是哉! 鼠子敢尔,誓为君索回。"有人急忙劝止,僧人不顾,道:"予

---

① 徐珂:《清稗类钞·义侠类·憨头陀杀卫队》,第6册,第2766—2768页。
② 徐珂:《清稗类钞·技勇类·僧大喦膂力过人》,第6册,第2878页。

速回,则原璧归赵,否则身殉,不累君。"言毕,掉臂而去。一顿饭的工夫,僧人从空中而下,脸不变色,气不喘,将银置于几上。问其故,原来僧人前去追寻劫盗。盗贼问:"和尚何为?"僧人道:"适有急足信银为尔取去,可速还我。不然,且污我手。"群盗大笑。僧人再次好言相劝,群盗不听,刀杖并进。僧人足踏一人,两手搏击两人,让他们互殴。群盗无奈,罗拜归银。店客听说此事,无不前来,问僧人里居姓名,他却笑而不答。天明之时,此人前去道谢,僧人已飘然而去。①

就"盗僧"来说,即使他们已经成为盗贼,也仍然不忘行侠仗义。史称天台人黄某,精通武艺,尤其擅长弹弓之技,曾在浙江巡抚帐下充当卫士。一日,巡抚命他解饷银赴京,中途遇雨,他只好投宿于旅店。见店主与一个行脚僧争论,走近一问,方知僧人缺乏旅资,主人正要下逐客令。黄某解囊替僧人代偿旅资,且招呼他一同吃饭。僧人大嚼不谢。未几雨霁,时已薄暮,黄某还想前行。僧人劝阻他说:"勿夜行,此中多盗。"黄某胆壮,大言:"某有弹丸在,毛贼不足患也。"僧人微笑,云:"顾客前途保重。"黄某于是策马进发。行数十里,天已昏黑,借助星光,看见一人从草间跳将出来,手执短鞭,尾随而行,呼叱不应。黄某知其为盗,急取弓弹之,心想一定能击中,不料弹丸为鞭所击而落。再弹,击中其鞭,鞭折,再手拿铜丸十余枚,连发击中,然此人仍不知退。弹丸已尽,黄某开始惧怕,只得快马前行,不到数里,见空中电光相逐,渐逼其身。黄某大惊,下马伏地,等到电光渐灭,将跨马再行,一看银已不翼而飞。正感骇怪,途中忽来一个僧人,对黄某说:"君单骑夜行,何不畏暴客也?"遥指有林木之处,道:"兰若去此不远,君若枉顾,亦可稍息征尘,来朝走马未晚也。"黄某因为饷银已失,或许可以借此侦缉盗贼

---

① 徐珂:《清稗类钞·义侠类·僧为人返信银》,第 6 册,第 2793—2794 页。

踪迹,就牵马与僧同行。行里许,至一庄,数十人列炬出迎。僧人延黄某于客厅,入报主僧。不久,主僧出见,锦袍玉带,皂衣人罗列左右,笑揖黄某道:"客识老僧乎?"黄某视之,原来就是先前店中之僧。主僧执黄某之手,道:"老僧,盗也。昨蒙盛意,知君豪士,第君以弹丸自矜,故聊以相试耳。"说罢,手中拿出数丸还给黄某,道:"此君所加遗也。君艺若此,非老僧莫敌,剑术未知,是君之短。君银悉在,幸不疑,今且燕乐,明日送君行也。"于是下令盛排筵宴,酒酣之后,各道生平,主宾意惬。宴罢,主僧笑道:"余有小技,今日兴不浅,当为君一奏。"说毕进去。很久,才出来,短衣窄袖,手拿长短数剑,起舞庭中,寒光逼人。黄某大惊。食顷之间,掷剑植地,如列戟状,主僧已直立席前,笑顾黄某道:"君解此乎?"黄某拱手道:"上人绝技,弟子万不及也。"主僧大笑。是夕,主僧与黄某坐语达旦,所论大多为击剑及弹弓之事。天将晓,主僧将银还给黄某,送到路口,并赠双剑而别。①

结束语

按理说来,僧人出家,如同士人读书一般。假若出家人犯了贪嗔痴淫杀盗,就算不得如来弟子。譬如读书人忘了孝悌忠信、礼义廉耻,也算不得孔门弟子。然揆诸明清佛教史事,那些挂名出家的和尚,几乎已与"活强盗"无异。如笔炼阁主人所著小说《朱履佛》中,所记两位游方和尚,即道微与道虚,在路上遇到孤身而行的女子,"辄起歹意,不由分说,拥入庙中,强要奸淫"。在被人撞破好事

---

① 徐珂:《清稗类钞·义侠类·盗僧还黄某银》,第6册,第2768—2769页。

之后,一个和尚前去追赶,打算杀人灭口,另一个和尚因为女子"声唤不止,恐又有人来撞见,一时性起,把戒刀将妇人搠死"。① 由此可见,兰若、丛林,已成盗窟、贼窝。

毫无疑问,这是佛教世俗化过程中所产生的必然现象。换言之,僧人一旦崇武尚气,势必视斗杀如家常便饭,甚至流于报复的一端。这仅仅是问题的一个方面。值得关注的是,明清僧人尚有尚侠的另一面相,最终导致僧人的侠客化。

当然,明清僧侠亦有两分的迹象。一方面,僧人恩怨分明,行侠仗义,甚至可以保护忠良,这仅仅是侠之小者。另一方面,每当国家多事之时,僧人又能挺身而出,正如顾炎武在《少林寺》诗中所言:"颇闻经律余,多亦谙武艺。疆场有艰虞,遣之捍王事。"②僧人这种"能执干戈以捍疆场",一如顾炎武所言,则"不得以其髡徒而外之矣",③显然最为值得后人关注。进而言之,唯有僧人视"王事"为"佛事"的行径,方称得上是侠之大者。

---

① 笔炼阁主人:《朱履佛》,载《笔炼阁小说十种》,浙江文艺出版社1985年版,第33—34页。
② 顾炎武:《亭林诗集》卷5,载氏著:《顾亭林诗文集》,中华书局1983年版,第417页。
③ 顾炎武撰,黄汝成集释:《日知录集释》卷29《少林僧兵》,第685页。

第十二章 花禅娼尼：尼姑的恋世情结及其世俗化

引 言

在佛教经典中，一般称尼姑为"优婆夷"，民间则俗称"师姑"。而在正统的法律条文或典章制度文书中，则称之为"尼僧"或"尼姑"。如明代的法律条例规定："凡寺观庵院，除见在处所外，不许私自创建增置，违者杖一百，还俗，僧道发边卫充军，尼僧女冠入官为奴。"①洪武六年(1373)，明太祖朱元璋下令，"民家女子年未及四十者，不许为尼姑女冠"。嘉靖六年(1527)奏准，"尼僧道姑，发还原籍出嫁。其庵寺房屋土地，尽数入官"。② 这是官方记载称出家皈依佛教女子为"尼僧"或"尼姑"之例。

尼姑属于一群脱离尘俗、皈依佛门的出家人，理应不再留恋红尘，并与世俗隔绝，在庵院中与青灯、佛卷、木鱼为伴，过一种清修的生活。从史料记载来看，整个尼姑群体中，确实不乏恪守佛门规矩之人。值得注意的是，明代儒佛道三教合流思想的盛行，乃至佛教的世俗化，③无疑对尼姑的清修生活造成很大的冲击，随之而来的则是尼姑不再局蹐于庵院一隅，而

---

① 《大明律集解附例》卷4《户律·户役·私创庵院及私度僧道》，明万历间浙江官刊本。
② 申时行等修：《明会典》卷104《礼部》62《僧道》，中华书局1989年版，第569页。
③ 相关的探讨，可参见陈宝良《明代儒佛道的合流及其世俗化》一文，载《浙江学刊》，2002年第2期。

是走出庵院，进入民间，与民间闺房女子或家庭妇女结缘，进而成为民间妇女与外界交通的媒介。更有甚者，尼姑在与世俗百姓交往的过程中，恋世情结日深，宗教情感日淡，进而出现了超脱佛门樊篱的"淫尼"。这不仅是宗教史的新动向，更是社会演进历程中出现的新的历史转向。

读过鲁迅小说《阿Q正传》的读者应该记得，当阿Q抚摸尼姑的光头时，曾用轻佻的口气说了一句名言，即"和尚摸得，我就摸不得？"可见，自明清以来，由于小说对尼姑形象的恶意刻画，在民间百姓尤其是一些乡村无赖的心目中，和尚摸尼姑的光头应该是一件见多不怪的常事。

小说文学化的夸张，固然有对尼姑整体形象加以污名化乃至妖魔化之嫌，然揆诸明清佛教社会史的实际，尼姑心存恋世情结，享受世俗化的生活，甚至与僧人、俗家子弟私通，无疑也是当时佛教社会的基本面相。尤其是入清以后，"娼尼"的广泛出现，以及登徒子游冶尼庵之风的兴盛，显然已是"风俗淫靡"的具体反映。至于"花禅"的流行，①更是佛教日趋世俗化的典型征候。

所谓娼尼，清代文献又作"秃娼"，其起源当始于南宋时期的"尼站"。② 然细究南宋临平明因寺所设的尼站，其所贮"尝有违滥"的尼姑，仅仅是为了应付在佛教界具有相当势力的"僧官"，以供其"不时之需"，显然尚属被动的无奈之举。反观清代的娼尼，则是名为尼姑，实则形同娼妓，是一种主动迎合嫖客心理的产物，致使原本属于修行佛地的尼姑庵院，反而成为了楚馆秦楼。随之而来者，不唯是佛教社会史出现了内在的转向，更可为青楼文化史发

---

① 关于清代"花禅"的出现及其流行，对史料的钩稽乃至详细的考察，可参见蔡鸿生：《尼姑谭》，中山大学出版社1996年版，第126—138页。
② 周密：《癸辛杂识别集》上《尼站》，收入《宋元笔记小说大观》，上海古籍出版社2007年版，第6册，第5863—5864页。

生转变下一注脚。

尼姑出家:逃避还是宗教虔诚?

在论及尼姑出家原因之前,不妨将官方对尼姑出家年龄所作的规定稍作梳理。关于女子出家为尼的年龄,明代的法律作了基本的规定,并与男子出家为僧的年龄限制大有差别。洪武六年(1373),明太祖朱元璋下令,"民家女子年未及四十者,不许为尼姑女冠"。① 建文三年(1401),更是将女子出家的年龄上升到 59 岁。如当时建文帝曾经下令,凡是民间女子年龄不及 59 岁,禁止出家成为尼姑。② 从中可知,明朝廷对女子出家的年龄限制,洪武时期定为必须 40 岁以上,至建文年间更是升至 59 岁以上。这是规定中年以上妇女方可出家为尼。与此相应,明朝廷对男子出家的年龄限制却大有不同。如洪武二十二年,明太祖朱元璋下令:"民年二十以上者,不许为僧。"③换言之,男子出家必须是在 20 岁以下。这是规定幼年或少年方可出家为僧。这种在年龄上的两反规定,究其用意而言,显然是为了尼姑、僧人能安于清修,并保持佛门庵院的宗教纯洁性。

需要引起关注的是,自明代正统以后,出家为尼者已不再遵守朝廷的法律规定。如在北京的一些寺庙中,私自剃度为尼的妇女日渐增多。根据史料的记载,这些妇女"有因不睦六亲,弃背父母

---

① 申时行等修:《明会典》卷 104《礼部》62《僧道》,第 569 页。
② 徐学聚辑:《国朝典汇》卷 134《礼部》37《释教》,载宋祥瑞主编:《明清史料丛编》,北京大学出版社 1993 年版,第 6434 页。
③ 申时行等修:《明会典》卷 104《礼部》62《僧道》,第 569 页。

夫男,公然削发为尼"。可见,其中女尼的来源,既有已婚的妇女,亦有未婚的少女。究其出家的原因,显然很多是家庭内的矛盾。每当遇到令节或每月的朔望,她们在寺院内传经说法,"诱引男妇,动以千计,夜聚晓散"。①

在说到尼姑的来源及其出家的原因之前,不妨对整个僧侣集团的出家原因稍作探讨。清初人尤侗论僧尼出家的原因时道:

> 今日僧尼,几半天下。然度其初心,愿不及此。其高者惑于福慧之说,下者为饥寒驱迫,不得已而出此。或幼小无知,父母强而使之,及其中道而悔,无可如何者多矣。②

从上面的阐述不难发现,僧尼出家,大多不是出于"初心",而是一种被迫或无奈之举,亦即所谓"其高者惑于福慧之说,下者为饥寒驱迫",显然缺乏纯真的宗教虔诚情感。如果转而分析尼姑出家的原因,那么明末清初人陆衡所作的分析也堪称一针见血。他说:"每见人家妇女,或丧夫,或无子,即有夫有子,而别有不得已,辄忿然出家,剃去其发。"这就是说,在出家为尼的群体中,多为"丧夫"或"无子"的妇女。至于那些"有夫有子"的出家妇女,她们的出家当然有其"不得已"之处,只好"忿然出家"。一句"忿然出家",更是道出了其逃避家庭或世俗的心态。当然,节妇、贞女出家为尼更是当时的世风。正如陆衡所言:"女子不幸而失所,天不再醮,礼也。……尝有缙绅之家,许嫁而未婚者,偶值其变,父母翁姑好名,高谈守节,强其女从之,非不传誉一时,其如青春难度,白日无聊,

---

① 《明英宗实录》卷17,正统元年五月丙戌条,台北"中央研究院"历史语言研究所校印本,1966年。
② 尤侗:《艮斋杂说》卷4,中华书局2006年版,第77—78页。

每借焚修之计,以出家为上策。未几而祝发矣,未几而尼姑为伴伍矣,未几而参善知识矣,名刹听讲,禅房卧宿,肆焉无忌。"① 女子丧夫,朝廷的礼教要求其守节,这就是所谓"节妇"。许嫁而未婚者,未婚夫一死,也被迫守节,这就是所谓"贞女"。尽管这种守节的行为可以为自己乃至家庭带来一时的虚名,但时日一久,青春难度,白日无聊,最好的结局就是遁入空门。

妇女为了守节而出家为尼,在当时的史料中可以得到广泛的印证,试举三例如下。其一,苏州府吴江县有一座守贞庵,在震泽镇观音桥内。明隆庆年间,巡宰杨忠之妻节妇毛氏建。据吴名函《隆庆庚午守贞庵建观音阁碑记》云:"忠,武林人。在任病亡。其妻毛氏哀毁过礼,结庐矢志,事死如生,依倚为尼,而居者焚修日盛。"② 可见,毛氏在自己的丈夫死后,为了守节,只好"结庐"为尼,打发余生。其二,苏州府昆山县灵峙庵,旧名水月庵,明万历末年念印禅师开山。念印禅师,是举人傅冲之妹、归有光之儿媳。傅氏年19而寡,于是剃发径山,募置马园蔬圃为兰若,初构三楹,继建禅堂、韦驮殿、净业楼、二桂堂。崇祯十五年(1642)示寂,塔葬于放生池北。念印禅师有弟子三人,均为士大夫家族女子。一位是大学士顾鼎臣六世孙女,字仁风;一位是张泰符女,字无歇;一位是钱约斋女,字妙光。③ 其三,苏州府昆山县胜莲庵,在许墓塘北。顺治

---

① 陆文衡:《嵩庵随笔》卷5,清光绪二十三年刻本。
② 徐崧、张大纯纂辑:《百城烟水》卷4《吴江县》,江苏古籍出版社1999年版,第338页。
③ 按:仁风六岁丧父,15岁易服,19岁礼念印为师。年20,上径山披剃,崇祯十五年夏掩关本庵,力参三七,闻檐瓦落水缸声得省,邑中士绅敦请继席。康熙五年(1666)示寂。相关史实,可参见徐崧、张大纯纂辑:《百城烟水》卷6《昆山县》,第394页。

初年,无歇禅师建。无歇禅师,张泰符的长女,嫁给诸生戴襄,进士徐扬贡原配之母。崇祯九年(1636)戴襄死,张氏成为守节的寡妇。崇祯十七年,明朝灭亡,张氏弃俗出家,传律华山,嗣法灵隐,以禅律教诫尼众,其道行为诸方所推重。无歇禅师即上文提到的念印禅师的弟子。胜莲庵原本为无歇禅师外祖的旧圃,因其弟生员张旅庵、举人张冰庵倡购,遂成一方法席。①

当然,在明代的尼姑中,确实存在一些抱有宗教虔诚而出家的人,明代名僧莲池大师的妻子汤氏即为一例。宋应昌曾是莲池大师的同学,下面根据他的记载,对汤氏出家为尼的经过概述如下:莲池大师是晚明佛教界的一代高僧,他的出家时间可以追溯到嘉靖四十四年(1565)。莲池夙志方外,鉴于父母尚在,不敢离而出家。父母双亡之后,就力酬所愿,当时其妻子汤氏才19岁。再加之前面的儿子殇亡,为此"忆子舆之规,疑未决"。莲池已而念风灯石火,时不我延,毅然剃染出家。他的妻子汤氏则回到娘家,与自己的母亲生活在一起,斋戒禅诵。不久,其母亡故,汤氏孑然寡居。同族之人替她立后嗣,最后选中三侄文彬。不久,汤氏亦脱簪珥为尼僧。出家之前,对嗣子文彬说:"兹无所事,后不后我,固无害。彼生而养,死而服,而殡,而祭,世法也。吾学佛,存资钵衲,殁归阇维耳,夫何求哉!"为此,将所有田产房屋散给群侄,并把自己的住宅分给嗣子文彬。至于汤氏自己,则"从邻傀舍,绳枢蓬门,夕灯晨香,阒如也"。汤氏出家为尼之后,法名袾锦,与莲池一同师从关中南五台性天和尚。② 这段史料记载已基本道出了下面的信息,即汤

---

① 徐崧、张大纯纂辑:《百城烟水》卷6《昆山县》,第390页。
② 宋应昌:《孝义庵记》,收入吴之鲸:《武林梵志》卷1《城内梵刹·孝义庵》,载王国平主编:《西湖文献集成》,杭州出版社2004年版,第22册,第19—20页。

氏出家,虽因其丈夫出家而成为事实上的寡妇,但从中亦可看出,她自己在宗教情感上的觉悟,当然亦与莲池大师的熏陶不无关系。

尼姑在庵院的清修生活

照理说来,尼姑所过的应该是尼庵中的清静生活。明代有一位姓孟的小姐,在去苏州惠日庵访尼姑时,曾在亭上写下一诗,诗云:"矮矮墙围小小亭,竹林深处昼冥冥。红尘不到无余事,一炷香消两卷经。"①此诗甚雅,基本道出了尼姑日常的清修生活。

正如明末名僧袾宏所记,在佛教整体世俗化的大势下,尼姑群体中还是不乏清修苦行、终身不干谒富贵之家的人。如他笔下的严氏,在出家为尼后,仍然能保持"苦行终身"。②另外,钱谦益笔下的女尼潮音,显然也是一位守戒律的尼姑。女尼潮音俗姓金氏,常熟县大河人。嫁给同里人龚某,孀居自誓,仪法井井。其长子娶妻之后,辞亲出家,字曰定晖。定晖死后,潮音对次子端吾说:"汝兄往矣,吾母子何苦徽缠人世?"端吾遵母亲之旨,于是弃妻落发,与母亲一同到了苏州。潮音到了苏州后,拜尼姑真如为师。不久,潮音回到故乡,"僦居焚修,昼夜六时,佛声浩浩"。钱谦益对潮音有下面的评述:"予观近日宗门,女戒锋起。阇黎上座,林立镜奁。语录伽陀,交加丹粉。咸有尊宿印证,支派流传。可羞可愍,莫斯为甚。是比丘尼,却避市廛,远离俗姓,不唱参访之缘,不挂大僧之

---

① 黄昉:《蓬轩吴记》卷上,载王稼句点校、编纂:《苏州文献丛钞初编》,古吴轩出版社 2005 年版,上册,第 202 页。
② 袾宏:《竹窗三笔·三贤女》,台湾印经处 1958 年版,第 174 页。

籍。一声佛号,十念往生。旌表末法,甚难希有。斯则墨穴之电光,狂水之圣药也。"①细究钱氏言外之意,在佛教界普遍世俗化的明代,尼姑潮音出家清修的经历堪称"墨穴之电光,狂水之圣药"。

更有一位性恒女尼,以兴复佛寺为职责。如天台天封寺,一直被视为灵墟之处。至明万历年间,佛应运兴,寺庙达到鼎盛。但至崇祯年间,因遭劫火,寺庙顿成灰场废墟。正值此时,女尼性恒,俗姓张,从金陵来到天台,以兴复寺庙旧观为志。钱谦益记其人其事道:

> 有一比丘尼,张氏名性恒。剃染来金陵,誓愿为兴复。坚修头陀行,一麻复一麦。誓以此身命,回向僧伽蓝。苦行五六载,地行夜叉知。乃至夜摩天,分分相传报。人天咸感悦,钱刀响然臻。梵刹黄金容,僧寮经藏阁。如移四天宫,又如地涌出。②

可见,性恒女尼自剃染之后,确乎能做到"坚修""苦行",犹如头陀一般。

此外,黄宗羲笔下的女尼月尼,尽管已经是入清之人,但从其生活的时代来看,应该属于南明时期。黄宗羲《月尼传》记道:尼姑松月俗姓莫氏,浙江杭州人。性慧,有才,又有静德。其母原本失身青楼,当时莫氏才十二三岁,当然也不能免俗自奋,只好依从母亲一同在青楼生活。不过,莫氏人虽在青楼,却有自己的定见,即非学士大夫不见。等到与客人见面,则又非道德文字不谈。一日,

---

① 钱谦益:《有学集》卷36《坐脱比丘尼潮音塔铭》,载氏著,钱仲联标校:《钱牧斋全集》,上海古籍出版社2003年版,第1276页。
② 钱谦益:《有学集》卷42《送性恒比丘尼归空灵墟颂》,载《钱牧斋全集》,第1454—1455页。

问潘大夫:"所谓名业者,学从孰始?"大夫答道:"有志于名则名立,于业则业成,否则是无志者焉,足以言名业耶?"莫氏听后默然良久,道:"如斯而已。"自此以后,更加自励。一日,又问道:"所谓文词者,人从孰求?"大夫答道:"妙由天传,机由人究。致天以尽人,则文字之玄,得矣。"莫氏闻之默然良久,道:"如斯而已。"从此以后,开始每天诵诗读书,遇到学士、大夫,即稍稍能撰五七言之诗,并与他们讨论当世之务,故吴越间往往有传诵其诗者。康熙十四年(1675)三月望,莫氏到天竺山院,礼拜慈像,寻求超脱,因而大恸。在回家路上,突然迷路,见一樵夫倚薪卧树间,莫氏前往问道:"孰路归城中?"樵夫答:"路固歧,苟致之皆可归。"莫氏问:"尔何滞于此耶?"樵夫答:"吾逃樵而归于樵也。"莫氏听后顿然醒悟,因拜樵夫并乞旨,樵夫看着所卧之薪,对莫氏道:"夫薪也,始出土中,天机莫遏焉。但为类材纠缪,遂屈上达之性。今吾伐之,方得脱根株断,萌蘖就败,藏瑕于烈阳之中,变其凡姿,反其静质,群妄消融,截然寂灭,以复于命,此薪之所能也,吾固怜而樵焉。"尼因进而问道:"问路知归,问薪悟脱,然吾生营营,何求可了?"樵夫答:"人性本直,流行惟光,一有所制,则直者屈,施光者受昧,不有见勇之士,力反其光,孰得其子哉?惟山中之松,溪上之月,抑之不偃,蒙之不灭,初性自如,本体常澈,人诚求之,即可了其生矣。"尼于是豁然大觉,来到清溪旁,洗去铅粉,卸却绮衣,"草曳韦入家,辞其母,往清波郭门,遂拜老尼为师,削发修禅,终其身,自号松月尼云"。在这篇传记的后面,黄宗羲尚有下面评述:"世传唐吕岩度女妓白牡丹,宋苏轼默化琴操事。余每论之,未尝不异其人。以为声乐之场,亦有回头向道者焉。月尼本背法失从,当艳盛之年,一旦断情欲,远凡归真,倘后日采而传之,未必非牡丹、琴操者之流欤?"①一个妓女,转而向道,削发为尼,樵夫的一番开道,无疑是关键。所谓樵夫,其人绝不简单,他给女妓所讲的是一堂佛教人生课,最终使女妓皈依佛祖。

妇女一旦出家为尼,就不再涂脂抹粉,在穿着上也不可艳丽旖旎,以便与她们的清修生活相符。关于尼姑的服饰打扮,我们不妨引周清原所著小说《西湖二集》记载为例,其中记载尼姑穿戴云:"头上戴一顶青布搭头,身上穿一件缁色道袍,脚下僧鞋僧袜。"②

至于尼姑所从事的日课,除在庵院中吃斋念佛之外,还负有一些世俗的宗教职责,这在明代表现为"宣卷"这样一种宗教仪式。宣卷是明代妇女中最为流行的宗教仪式。明朝人徐献忠记载:

> 近来村庄流俗,以佛经插入劝世文俗语,什伍群聚,相为倡和,名曰宣卷。盖白莲遗习也。湖人大习之,村妪更相为主,多为黠僧所诱化,虽丈夫亦不知堕其术中,大为善俗之累,贤有司禁绝之可也。③

可见,在浙江湖州的乡村妇女中,盛行宣卷。另外,从明人陆人龙所著小说《型世言》中可知,当时苏州府昆山县、太仓州的妇女至杭州天竺进香,通常雇用一些香船。在进香途中,为了解除旅途的寂寞,除"一路说说笑笑"之外,还"打鼓筛锣,宣卷念佛"。④

其实,所谓宣卷,即为宝卷之诵唱。根据现有的研究成果可

---

① 胡祥翰辑:《西湖新志》卷12《方外·尼松月》,上海古籍出版社1998年版,第537—538页。
② 周清原:《西湖二集》第28卷,人民文学出版社1989年版,第459页。
③ 徐献忠:《吴兴掌故集》卷12《风土类》,明嘉靖三十九年刊本。
④ 陆人龙:《型世言》第10回,北京燕山出版社1993年版,第147页。

知,宝卷为民间通俗说唱文学,内容多为佛家传说及信徒善恶果报故事。韵文唱词,鄙俚俗浅。然情节细致,演唱生动。在明清两代,民间宝卷之诵唱十分盛行,并深入殷富之家宅内院,女尼习之,作为就食谋生之门,胜于托钵化缘。此一风气,至抗战之前,尚有余迹。① 明代兰陵笑笑生所著《金瓶梅》小说,其中关于女尼进入大家之宅进行宣卷的活动,所记更是相当丰富深入,可证尼姑确实是当时官宦及民间妇女宣卷活动的组织者。

尼姑的恋世情结及其世俗化

清初学者尤侗认为,出家是一种违背人性之举,最后难免会出现违背佛门清规的行为。他说:"夫饮食男女,人之大欲存焉。今使舍酒肉之甘,而就蔬水之苦;弃室家之好,而同鳏寡之衰。此事之不近人情者。至于怨旷无聊,窃行非法,转陷溺于淫杀盗之中,不已晚乎?"②明末清初人陆衡也认为,妇女无论是与尼姑往来,还是出家为尼,其结果均为"男女混杂,无所不至",而且"最伤风败俗"。③ 鉴于此,他主张对妇女出家加以严禁。上述看法,当然都是儒家传统学者之论,但也确实反映了妇女出家之后所面临的一些问题。

那么,妇女出家成为尼姑,其心境究竟如何? 她们果真可以抛

---

① 王尔敏:《滦州石佛口王氏族系及其白莲教信仰传承》,载林天蔚主编:《地方史资料研究论文集》,香港大学亚洲研究中心1985年版,第58、68页,注26。
② 尤侗:《艮斋杂说》卷4,第77—78页。
③ 陆文衡:《啬庵随笔》卷5。

却世俗的烦恼,安心沉浸于青灯古佛的生活? 显然,事情并非如此简单,人的感情最为复杂。明代著名文人徐渭作有一首《陈女度尼》诗,专门描写了一个陈姓少女在即将度身为尼时的心境。诗云:

> 青春正及笄,削发度为尼,别母留妆粉,参师歇画眉。幻真临镜现,生灭带花知,未必今来悟,前身受记谁?①

一个青春年少的少女,不再傅粉画眉,而是削发为尼,难道真的是今生已经大彻大悟? 正如徐渭所言,其实未必。在少女做出这种无奈选择的行为背后,只能将之归为"前身受记",亦即前身的一种佛缘。陈铎也有一首题为《尼姑》的散曲,其中云:

> 卸除簪珥拜莲台,断却荤腥吃素斋,远离尘垢持清戒。空即空色是色,两般儿祛遣不开。相思病难医治,失心风无药解,则不如留起头来。②

可见,尼姑尽管已经身持清戒,远离尘垢,但在情感问题上终究还是要得"相思病""失心风"。明无名氏辑《新编题〈西厢记〉咏十二月赛驻云飞》中有一首《寺里尼姑》歌曲,其中云:"寺里尼姑,缺少儿孩没丈夫。每日吃斋素,又没个神仙度。嗏,扯碎大衣服,变规模,留起头发,走上烟花路,嫁个丈夫不受孤。"③尼姑受不了空门的寂寞,最后的结局只能是留起头发,重新嫁人,回到世俗的生活中

---

① 徐渭:《徐文长三集》卷6,载氏著:《徐渭集》,中华书局1983年版,第174—175页。
② 陈铎:《坐稳先生精订滑稽余韵》,载路工编:《明代歌曲选》,上海古典文学出版社1956年版,第5页。
③ 蒲泉、群明编:《明清民歌选》甲集,上海出版公司1956年版,第11页。

去,亦即所谓"还俗"。

在尼姑群体中,固然不乏在庵中清修之人,但很多还是出入于缙绅官宦家中,甚至出现了一些游方尼姑。万历二十四年(1596)冬天,有一位尼姑游方到了浙江嘉兴。这位尼姑在湖广出家,为人慧辩知书,自称出自湖广名族,并从某位和尚处受法。她一到嘉兴,缙绅人家的妇女无不与她交游,势倾一府,并打算聚众讲法。当时嘉善县人沈元听说此事,就对朋友说:"嘉禾东南名郡,士大夫甚众,竟不能出一言去之,任妖尼惑乱若此乎?"于是,就写诗一首,寄于此尼,示以道理,并在诗后用大字写道:"当急还家室以正首邱。"此尼得诗之后,只好悄悄引去。①

在官方法律条文中,对尼姑犯奸有惩治条例。如弘治七年(1494),明孝宗下令,"僧道尼姑女冠有犯奸宣淫者,就于本寺门首枷号一个月,满日发落"。② 即使如此,在明代的女尼中,还是出现了与世间俗人私通的现象。如饶州有一女尼,与士人张生私通,最后还嫁给了张生。有人专门就此事赠一诗,云:"短发蓬松绿未匀,袈裟脱却着红裙。于今嫁与张郎去,赢得僧敲月下门。"③何以会出现这种现象?究其原因,有些尼寺,本来就是贵族家庭姬妾出家之处,这些大家族出来的削发之尼,难免尘根不断,甚至做出与人淫乱的丑事。如北京英国公宅东有一座尼姑庵,就是他家退闲姬妾出家之处,门禁相当严慎,一般人也不敢进入。但并非所有的尼寺都有如此严厉的门禁,有些也并不禁止一般男子进入礼拜。这些

---

① 张履祥:《杨园先生全集》卷31《言行见闻录》1,中华书局2002年版,第895页。
② 申时行等修:《明会典》卷104《礼部》62《僧道》,第569页。
③ 赵吉士:《寄园寄所寄》卷10《驱睡寄·二氏》,引《驹阴冗记》,清康熙三十四年刻巾箱本。

男子进入尼寺之后,就不免为里面那些不安分的尼姑所惑,甚至被人养在寺中,直至死亡。这绝不是虚言,完全可以拿发生在永乐与天顺年间的两件事情加以证实。永乐年间,有工匠在修理一座尼寺时,在寺里发现了缠棕帽,帽上还有水晶缨珠。工匠就将寺中所得之珠拿到市上出售,被主家发现而告到衙门。官员在审问此案时,问工匠珠子的来处,工匠就如实交代,才知有一少年偷入尼寺,而为纵欲尼姑所留,最后死于色欲。尼姑为了隐瞒事实,加上尸体无法运到外面,就只好将少年的身体肢解,埋在墙下。又天顺年间,常熟有一位到京城参加会试的举人,闲来出游,七天没有回家,无人知道他去了哪里。其实,他是到了一所尼寺,为群尼所留。每天早上,尼姑开门出去,到了晚上再偷偷携带酒肴回到寺中,与这位举人饮酒取乐,所以根本无人知晓。一天,举人起了惧怕之心,于是跳墙出来,已是"腥然一躯矣",身子瘦得令人难以相认。①

尼姑的世俗化倾向,主要体现在以下两方面:其一,尼姑不再拘囿于庵院的清修,而是留恋尘世的繁华,不仅在穿戴上模仿世俗妇女,而且与民间妇女多所交往。如当时南京一些"尼之富者",不仅"衣服绮罗,且盛饰香缨麝带之属",而且"淫秽之声,尤腥人耳目"。② 又如在赵州,在每年的四月八日、二十八日,各寺的尼姑就作会,"富愚赴会施供"。③ 明人归有光对此也有揭示:"尼媪往来富贵家,与妇人交杂膜呗,尤数从寡妇人游。"④其二,尼姑在与世俗

---

① 陆容:《菽园杂记》6,载邓士龙辑:《国朝典故》卷78,北京大学出版社1993年版,第1682页。
② 顾起元:《客座赘语》卷2《尼庵》,中华书局1997年版,第68页。
③ 隆庆《赵州志》卷9《风俗·四时节仪》,《天一阁藏明代方志选刊》本。
④ 归有光著,周本淳校点:《震川先生集》卷21《陈处士妻王孺人墓志铭》,上海古籍出版社1981年版,第497页。

交往过程中,不再坚守佛门清规戒律,而是熏染了很多"淫污"习气。如明代史料揭示道:"又南京尼僧,视别省为尤盛,淫污之俗,视别省为尤剧。尼僧外假清修,内实淫恣:有暗宿奸僧,袈裟莫辨,诱招女妇入庵礼佛,恣肆奸淫者;有群诸恶少,窃伏庵院,诱妇女礼佛,潜通奸宿者。"①可见,这些尼姑不仅自己"暗宿奸僧",而且引诱妇女进入庵院,"潜通奸宿"。

明人李开先所著《新编林冲宝剑记》一剧,就尼姑对世俗生活的追求有深刻的揭示,显然可以与史料相互印证。剧中所塑造的尼姑,确实正如她自己所说:"脸是尼姑脸,心还女子心。空门谁得识,就里有知音。"作为一个出家人,原本已是六根清净,这些尼姑却对民间流传甚广的山歌,诸如《锁南枝》《山坡羊》《清江引》之类相当熟悉,而且经常挂在口头哼唱。随后,剧作为了对这些尼姑作更深入的描摹,就故意写了一首《清江引》,让尼姑清唱,其中云:"口儿里念佛,心儿里想:张和尚、李和尚、王和尚。着他堕业根,与我消灾障。西方路儿上都是谎!"尼姑不但与张和尚、李和尚、王和尚之流偷情,而且惯于说些风月话,诸如借佛之言云:"法轮常转图生育,佛会僧尼是一家。"尤其值得注意的是,这些尼姑与世俗的交往相当密切,时常拜认一些干爹、干娘、干兄、干弟,甚至结识一些"好风月的游僧"。②

针对女尼交通大家妇女的行为,自明初以来,朝廷乃至地方官员,无不采取一些措施,以抑制这种佛教门风的衰败。洪武年间,明太祖曾经派人暗访在京将官家庭奸情之事。当时女僧引诱功臣

---

① 霍韬:《渭厓文集》卷4《正风俗疏》,明万历四年霍与瑕刻本。
② 李开先:《新编林冲宝剑记》,载氏著:《李开先全集》,文化艺术出版社2004年版,中册,第1027—1028页。

华明高、胡大海妾数人,奉西僧,行金天教法。获知确切消息之后,明太祖下令将二家的妇女与西僧、女僧一同投入河中处死。万历三十三年(1605),周孔教巡抚江南,正好苏州发生了假尼行淫之事,于是就下令,"罗致诸尼,不笞不逐,但以权衡准其肥瘠",按照猪肉价格卖给鳏夫。① 霍韬任南京礼部尚书之时,也对尼姑此风进行了清理,允许尼姑嫁人,限定三月以后将尼姑配作军人为妻。其中50岁以上的尼姑,则别有处分。至于妇女,则严禁她们进入寺庙拜佛。②

尼姑虽已出家,俗世情缘却难了。这种现象在明代就已经存在,而且在清代得到很好的延续。这固然说明了人性的复杂性,即使出家人也概莫能外,但尼姑情感历程的变化,不能不使我们对此作更为深层次的思考。

毫无疑问,尼姑的俗世情缘更多地见诸一些文学作品,而在正式的史料记载中,有关这方面的记载却相当匮乏。如清代佚名所撰小说《山水情》,就相当细腻地刻画了苏州寒山庵中尼姑云仙为情欲所困的矛盾心理。一方面,她自己还能意识到,作为出家人,应该六根清净,断绝情欲,亦即她自己所言"可惜我年二十,虽然出家,身尚未破,何可以一时欲念之萌,而丧终身之行,论起来只是不可";另一方面,转眼一想,她又不得不坦然道:"呸! 我的出家原为父母将身错放,蠢子怨命,立志投入空门,真个什么身具佛骨,心种佛心,必要修炼上西天的。"所以,最后还是情欲战胜了佛心,面对俊俏郎君,她就不能白白无故放过去,转而去学"陈妙常的故事",

---

① 沈德符:《万历野获编》卷27《女僧投水》,中华书局2004年版,第681页。
② 李开先:《闲居集》卷7《太子少保礼部尚书谥文敏渭厓公墓志铭》,载《李开先全集》,上册,第572页。

在破色戒上去走一遭再说。①

这无疑就是佛性与人性的矛盾冲突。在清代的尼姑群体中，固然不乏清修之人，且能以坚韧的佛性修行压抑内在人性的萌动，但通观清代尼姑的行为，确实出现了不少不能戒除色欲的行径，尤以与人私通为甚。究尼姑私情相通之例，大抵表现为以下两类。一为尼姑与和尚私通，如北直隶固安县尼姑静定即为典型一例。史称静定俗姓王氏，原先是一个势宦之家的婢女，美色殊甚，被主人纳之后房，宠冠同列。主人死后，她请求主妇，愿意披剃为尼，以报厚恩，实则想借此摆脱羁绊，过自己自由自在的生活。主妇喜其诚心，替她在近郭建一座尼庵，极其壮丽。庵内专供南海大士之像，故号称"观音庵"。静定遁入法门之后，此庵香火众盛，又收了几位女徒，日益纵恣。距庵仅半里之遥，有一座法祥寺，寺中壮年之僧，"皆与往来，绸缪无虚夕"。奇怪的是，静定自建此庵之后，终日门户紧闭，朝饔夕餐，凡有所需，每日请一贫妇购办，此外不再启闭。除斋醮之外，她自己与徒弟绝不轻出，"人因以清净称之，鲜有疑其秽者"。然事情最后还是因为引起地方官员的怀疑而败露。为此，作者长白浩歌子感叹道："尼之为尼，至今愈不可问矣。肆欲宣淫，恬不知耻。如静定者，犹存羞恶之良者也。脱非许二漏言，依然清水洁玉，孰得议其后者。"②所言可谓不虚。二是尼姑与民间普通人士私通。如苏州盘门内泮环巷，有如意、凤池两座尼庵。山门并列而起，门内设有小窗，可以互通往来。如意庵有二三个乡尼，整日斋鱼粥鼓，颇自清修。春夏则灌种蔬菜，秋冬则纺织棉花，

---

① 佚名著，王建华点校：《山水情》第3回《卫旭霞访旧得亲欢》，中国文联出版社2003年版，第24页。
② 长白浩歌子：《萤窗异草》卷4《固安尼》，重庆出版社2005年版，第118—119页。

操作勤劳,仅堪度日。凤池庵亦有尼姑数人,其中有一位中年尼姑,年华半老,性尚风骚,与一位小贩私通。① 又清末海州百子庵尼姑守先,与人通奸一事,更是上了报纸的新闻,其中《时事报》的图画新闻,对其事有详细记载。从报纸记载可知,尼姑守先,长得美而艳,性尤淫荡。其初与州衙门的差人赵美有染,继而与州衙门的书役葛双喜姘识,竟疏远赵氏而亲近葛氏。后又与碧霞宫僧人善隆私通,于是开始疏远葛氏。葛氏愤愤不平。为此,就邀请赵美到一家饭馆晚饮。醉后,同往百子庵,意在杀僧人善隆。扣门时,守先正与善隆"参欢喜禅",听到葛氏怒骂,就让善隆越墙先遁,然后开门。葛氏搜索善隆不得,即将守先拖至门外,以刀劈其面,守先昏绝在地,又与赵美一起连砍十数刀,守先登时毕命。次日早晨,地保报案相验,知州谢元洪私访舆论,立将葛双喜、赵美、善隆抓获到案,三人均直供不讳。② 报纸为了吸引大众的眼球,特意将葛、赵二人之饮酒,僧人善隆之越墙,女尼守先之受刀,图绘精详,形神逼肖,致使此事引起民间一时的轰动。

作为佛门弟子,尼姑尘心未净,不耐禅房寂寞,甚或还俗嫁人,如此之例,在清代并不少见。即使如此,然大多姻缘草草,如同私奔。就此而论,光绪二十七、二十八年间(1901—1902),苏州城内染香庵尼姑松月公开与程秀才成婚一事,堪称一则尼姑还俗佳话。这桩姻缘,不仅仅是"百两相迎,六礼咸备,委禽纳币"的正式结婚,而且其所嫁者为"诗书之子",且出身"阀阅之家","御轮亲迎",真

---

① 《梵门绮语录》1《苏州凤池庵小馥》,载虫天子编,董乃斌等校点:《中国香艳全书》六集卷2,团结出版社2005年版,第2册,第676页。
② 《梵门绮语录》2《海州百子庵守先》,载《中国香艳全书》七集卷1,第2册,第763页。

可谓"歌宜家宜室之诗"。①

清代尼姑不但色欲难戒,且从其生活观念乃至日常行为与生活来看,亦有世俗化之势。这大抵可以从以下三个方面加以考察:

首先,尼姑日常生活的时尚化。就服饰而言,清代尼姑尤其是那些娼尼,不惟服御尤其讲究,且有"冶容"化的趋势。这显然与尼姑惯常的清修生活格格不入。如苏州震泽镇的女尼,名为剃度,其实不过是将头顶心剃去一团,约略不及银钱之大。长发虽已剪去,然前后刘海遍覆四围,茸茸然随风飘动,黝黑丰润,光可以鉴。有些尼姑,甚至到了30多岁,尚是乌云满额。不仅如此,这些尼姑还勤施膏沐,对镜自怜,傅粉添香,争妍斗异。绮罗被体,衣裙一似俗家,只是襟领间变圆为直,但缘饰之镶嵌,还是相当华丽。② 这仅仅是尼姑服饰与一般俗家女子无复区分。进而言之,有些尼姑喜欢作"时世妆",引领女子服饰之时尚潮流。如苏州吴县洞庭东山湘公庵尼姑阿巧,善于应酬,精工度曲,风神绰约,雅韵欲流,堪称秾纤得中,修短合度。这位阿巧,尤其喜欢作"时世妆","发鬟黑而可鉴,双钩瘦削,如束笋然"。③ 至于震泽镇新庵尼姑连生,更是艳名闻遐迩,被人称为"活观音"。她对自己的服御相当讲究,冬裘夏葛,色色生新,甚至在禅榻之旁,收藏衣饰的箱笼多达数十只。有一年冬天的夜里,她答应里中之招,曾去参加夜忏之会,身披一袭

---

① 《梵门绮语录》2,载《中国香艳全书》七集卷1,第2册,第761页。
② 《梵门绮语录》1《震泽新庵连生》,载《中国香艳全书》六集卷2,第2册,第680页。
③ 《梵门绮语录》1《洞庭山湘公庵阿巧》,载《中国香艳全书》六集卷2,第2册,第678页。

出锋银缎白狐斗篷,飘飘然如凌虚仙子。① 这显然是尼姑服饰趋于"冶容"化的明证。当然,从装束上看,娼尼服饰尚与普通的勾栏女子迥然有别。上海县净修庵尼姑兰英堪称典型一例。尼姑兰英的装束,尽管还是遵从"方外"之制,衫裙均为纯黑色,然崭新夺目,且都用泰西纱制成。尤其是她的小脚,双钩贴地,端小犹如束笋。脚上所穿的绣鞋,血栏红皮底,湖缎黑花帮,则又如闺阁中人,绝不像普通的尼姑。人一见兰英,既惊其美,又诧其妆,无不认为其装束不但在佛门中独树一帜,而且还在勾栏外别开生面。②

就饮食而言,清代尼姑擅长烹调,使香积风味别具一格。如震泽镇老太庙女尼阿文,擅长烹调,寻常斋蔬,在咄嗟之间,她就可以将十余桌素斋置办齐全。若是预先订定,其制作尤为精美。让人惊奇的是,她以豆豉、面筋等为材料,将其制成鱼肉鸡鸭之形,置诸席间,几乎可以不辨真赝,且味道绝佳。换言之,其烹调技艺,已可易素菜为荤肴,甚至无不芳馨可口。阿文烹调的菜式,相当精洁,仿佛吴中船式之菜。一席付四五两银子,即可饱尝香积风味。好事老饕,甚至称其为"禅门络秀"。③ 此外,尼姑庵舍、禅房布置,亦相当讲究。如苏州木渎镇的万寿庵,其禅房内的陈设,"镜奁钿盒椸枷箧笥之类,一一咸备,与闺阁无异致"。④

---

① 《梵门绮语录》1《震泽新庵连生》,载《中国香艳全书》六集卷2,第2册,第680页。
② 《梵门绮语录》2《上海净修庵兰英》,载《中国香艳全书》七集卷1,第2册,第767页。
③ 《梵门绮语录》1《震泽老太庙阿文阿祯》,载《中国香艳全书》六集卷2,第2册,第682页。
④ 《梵门绮语录》2《木渎万寿庵松泉》,载《中国香艳全书》七集卷1,第2册,第770页。

其次,整日忙碌,居积求利。在俗家人的眼里,尼姑、和尚最为清闲。然在清代的苏州一带,则流行一句谚语,道:"师姑趁夜载来去没得闲。"就此谚语,王有光作如下解释:"既为师姑,岂有趁夜载而滋扰者。或半路出家,溯其前事耳。"①尽管王有光的解释已经抉出了尼姑的"前事"甚或"隐事",但尼姑在夜里被人载来载去,没得空闲,至少可以说明这些尼姑并未限于庵中清修,而是为了赚取报酬,积极参与民间百姓家的夜忏之会。

尼姑整日忙碌,参与夜忏之会,仅为其中活动之一。更让人惊奇的是,这些尼姑整日忙碌之事,无不是为了居积求利。如苏州太湖的洞庭山,女尼甚多,其中妙庵的住持尼姑,尤其擅长居积求利,在她80余岁死时,已经"积金巨万"。她死后,徒弟静香继为住持,在少艾之年,已是精于"书算"。每年观音大士诞辰,士女赴庵烧香者甚众,贸贩云集,全部租赁庵中房舍,尼庵借此获利不少。②

再次,清代尼姑不仅有破色欲之戒的世俗行为,过着衣食讲究的时尚生活,更为值得关注的是,当时的尼姑不乏世俗化的言论,公开为自己的行为辩护。震泽镇新庵尼姑五宝堪称典型一例。她宣称:"饮食男女,大欲所存,僧俗当无二致。"所不同者,僧家格于佛教,不能为所欲为。她进而认为,讲学家"断断以气节责人",不过是少见多怪而已。若是开通之人,就不应当如此固执。③ 如此惊人之论,在当时可谓振聋发聩。

---

① 王有光:《吴下谚联》卷2《师姑趁夜载来去没得闲》,中华书局2006年版,第62页。
② 徐珂:《清稗类钞·棍骗类·羽士以国母骗尼》,中华书局2003年版,第11册,第5442页。
③ 《梵门绮语录》1《震泽新庵五宝》,载《中国香艳全书》六集卷2,第2册,第681页。

"娼尼"的出现及勃兴

在清代,妓女出家,不乏其例。如四川华阳妓女韩巫云,能歌善舞,名重一时,后出家为尼。她所赋《咏铃儿草》云:"众芳灿烂独青青,赚得明皇仔细听。寄语流莺今且去,春风系遍护花铃。"① 显然已有自悔风尘之意。此为妓化为尼的典型例子,但并不能借此证明娼妓与尼姑之间存在必然的联系。两者的结缘,大抵还是佛教世俗化的产物。为示说明,不妨先引白衣庵尼姑为例,作为论证清代出现娼尼的引子。从史料记载可知,白衣庵为"优尼之所栖"之处,以庵内供奉观音大士得名。名为尼庵,实为"淫媾之区"。庵内众尼,虽"色皆平等",仅有一尼"艳绝",但从庵内辟有密室可知,这些尼姑所做的尽是皮肉生意,属于名副其实的"秃娼"。② 然正是如此如同淫窝的白衣庵,其檀越(指施主)却均是一些"大力者",其行为甚至得到了官府的"左袒"。

当然,庵中艳尼,或为尼姑之私生女,或为官宦大家之妾,但更多的还是因为从小父母双亡,无可依赖,才被尼庵中的住持尼姑收养。不妨试举几例如下:一是苏州府吴县洞庭东山湘公庵的阿巧,本为农家女,七岁丧母。湘公庵某尼,与其母为姊妹行,怜悯阿巧幼无依靠,就将她留养于庵中。二是洞庭东山湘公庵尼妙云,本为常州小家之女,家有姊妹五人,妙云年最幼。其母因为难以照顾提挈,于是在妙云二三岁时,将她寄养在常州一座尼庵,她后辗转流入湘公庵,当时年仅八九岁。三是湘公庵尼姑爱宝,则为庵中某位

---

① 潘焕龙:《卧园诗话》卷4,载高洪钧编:《明清遗书五种》,北京图书馆出版社2006年版,第195—196页。
② 长白浩歌子:《萤窗异草》卷2《白衣庵》,第73页。

尼姑的私生女。四是苏州府吴江县盛泽镇净明庵尼姑小金,黎里镇人,父母很早就已亡故,家贫无所依靠,在年幼时就入里中西庵为尼。五是苏州净莲庵有一位尼姑,为某位乡绅之妾。当乡绅亡故后,就携带剩余家赀,投净莲庵出家为尼。①

照理说来,佛门原为清净之区,岂可藏污纳垢;尼姑以修行为愿,怎容卖俏诲淫。然一至清末,江苏之无锡、金匮、太湖等处尼庵,专有一种所谓"师姑","妄托香火因缘,居然青楼面目。招引少年子弟,尽入迷途;顿教禅院庄严,化为秽地。伤败风俗,端人咸切痛心;亵渎神灵,菩萨亦当怒目。甚而酿成命案,尤应严速驱除"。为此,江苏巡抚丁日昌专门下令,将这些县的尼庵查封。当时被查封的尼庵,无锡境内有上映山庵、下映山庵、宝珠庵、清宁庵、永凝庵、玉泉庵;金匮境内有青林庵、青莲庵、圆通庵。此外,在洞庭东山,亦有多达20余所的尼庵,陆续被查禁封闭。②

如此众多的尼庵,顿成青楼面目,且已化为伤风败俗的污秽之地。这确实是一个值得关注的新现象,然其普遍性并非仅仅限于江苏一地。仔细考察清代史料,娼尼首推吴越两地,其次为泰山姑子,再次为广东。此外,苏北的徐州、湖广的黄州府,亦有零星出现娼尼的例子。下面依次分述之。

吴地娼尼,大多集中于苏州一府,著名者有下面数处:

其一,苏州吴县洞庭山,分为东、西两山,均有尼庵,尤以东山居多。在东山尼庵中,其中又以湘公庵最为著名。史称洞庭东山

---

① 《梵门绮语录》1《洞庭山湘公庵阿巧》《盛泽净明庵小金》,2《苏州净莲庵某故绅妾》,载《中国香艳全书》六集卷2,第2册,第678—679、687、770页。
② 丁日昌:《抚吴公牍》卷30《伤令封闭锡金太湖等处尼庵》,第1a—b页,清宣统元年南洋官书局石印本。

尼庵,与别处尼庵大有区别。一般说来,别处尼庵,"或为乡里雏莺,因贫而赖以育养;或为人家别鹄,因寡而借以清修;或为贞洁不字之闺娃;或为伉俪不睦之怨耦"。在这些尼庵中,虽然间或也会出现一些不守清规的尼姑,但并不普遍。而洞庭东山的尼庵,则已公然卖笑。换言之,东山各庵尼姑,虽有出家的名号,却一方面并未祝发,仍是雾鬓云鬟;另一方面,则又未曾放足,尚为莲钩罗袜。这就是说,东山尼庵中的尼姑,缠足梳髻,不御道服,与民间女子并无差别。更有甚者,她们还浓妆淡抹,各擅胜场,征歌侑酒,只要缠头掷到,任凭客人所为。在东山湘公庵中,更是藏有很多佳丽,环肥燕瘦,美不胜收。诸如妙云之荡逸飞扬,爱宝之孤高坦率,各享盛名,尤其是阿巧,更是风致嫣然。①

其二,苏州吴江县之黎里镇、震泽镇、盛泽镇,亦以盛产娼尼著称。史称黎里镇,"风俗淫靡,诸尼多污点"。② 清末人俞樾亦云:"吴江黎里镇多尼庵,登徒子游其中,犹青楼也。"③吴江震泽镇的女僧,虽号称剃度,但仅在顶心剃发一圈,前后尚有发覆于四周,后面的头发,正好与颈相齐,自垂髻时至30多岁,莫不如此。至于衣裙襟襟,犹如俗家装束,且缘饰甚华,只是襟领并非圆领,而是直领。盛泽镇以产丝绸闻名,风俗淫靡,而其中的比丘尼更是著称于时。④

其三,苏州昆山县风气淳朴,无声色之乐,却颇多尼庵。尼庵

---

① 《梵门绮语录》1《洞庭山湘公庵阿巧》,载《中国香艳全书》六集卷2,第2册,第678页;徐珂:《清稗类钞·方外类·江浙之尼》,第10册,第4866页。
② 《梵门绮语录》1《盛泽净明庵小金》,载《中国香艳全书》六集卷2,第2册,第687页。
③ 俞樾:《右台仙馆笔记》卷8,上海古籍出版社1986年版,第214页。
④ 徐珂:《清稗类钞·方外类·江浙之尼》,第10册,第4866页。

中的尼姑,无论是不剃发而裹足着裙之人,还是剃发而善自修饰之人,大都青年妙龄,丰姿楚楚,伊蒲之馔,无不精美。游人可以在庵中设酌,但"不及乱而已",这显与一般的娼尼稍有区别。光绪年间,昆山城中某庵之尼却尘,更是神清骨秀,风雅宜人。①

吴地的无锡,亦堪称娼尼丛集之处。尤其是无锡的惠泉山,风景绝佳,山麓多尼庵,庵舍精雅,其门题榜,或有或无,有时甚至不称尼庵,而是打出"某某山庄"的旗号。庵中尼姑,"多俗家装束,无异勾栏,舞衫歌扇,且亦缠足"。②

越地娼尼,则集中于杭州、嘉兴两府。杭州女尼分为两类:大约居城内者,多带发修行;居城外者,则多剃发。③ 尤其是城内的木庵,屋宇宏深,结构精雅,洞房曲室,几如迷楼。④ 嘉兴女尼,自昔就颇负盛名,如元之慧秀、明之娟娘、惠容,无不以能诗善画闻名。到了清代,流风未泯。在嘉兴鸳鸯湖畔,禅宇颇多。按照嘉兴的地方习俗,每年的七夕之期,烟雨楼游人丛集,挟妓之外,甚至还有游客"挈尼而游"。⑤ 嘉兴城内的尼庵,较为著名的有观音堂、送子庵。观音堂位于城南门内报忠埭。庵中女尼五六辈,"皆有艳名",尤以尼姑清全最具特色。史称清全性荡甚,杨花水性,里中诸少年"趋之若鹜,酒食喧呶无虚日"。清全善歌,弦索之声,达于户外。于是,佛门清净,变作欢场;禅榻凄凉,成为闹市。⑥ 乌程县属的南浔

---

① 徐珂:《清稗类钞·方外类·江浙之尼》,第 10 册,第 4866—4867 页。
② 徐珂:《清稗类钞·方外类·江浙之尼》,第 10 册,第 4867 页。
③ 《梵门绮语录》2《杭州水月庵普航》,载《中国香艳全书》七集卷 1,第 2 册,第 771 页。
④ 徐珂:《清稗类钞·方外类·江浙之尼》,第 10 册,第 4867 页。
⑤ 徐珂:《清稗类钞·方外类·江浙之尼》,第 10 册,第 4867 页。
⑥ 《梵门绮语录》2《嘉兴观音堂清全》,载《中国香艳全书》七集卷 1,第 2 册,第 773 页。

镇,富室甚多,有"九牛""十二虎""百二十阉狗"之谚,借此形容富室之多。南浔镇致富之人,或凭借丝绸业,或凭借贩盐,不乏拥资超过千万之人。豪富必生淫欲,于是那些纨绔子弟,恣为嬉游,尼庵就成了他们喜欢的冶游之地。南浔镇上的尼庵,院宇深邃,陈设华丽。若是嫖客想梳弄一个幼尼,须付出数千金的缠头。此外,名流雅集,亦多选尼庵,因其饮博皆宜。① 还有介于嘉兴、湖州之间的乌镇,镇上亦有很多尼刹,"半作鱼元(玄)机,如都中皇姑寺",可见不乏娼尼。其后,乌镇"瑶光狱起",据审察,乌镇尼庵得到了同知的儿子庇护,而道台的女婿"亦染指焉",导致此案"一获三狐,并及秃鸨"。②"秃鸨"一称,堪与"秃娟"作对,大抵说明尼庵犹如娼楼。

在清代同治、光绪年间,被那些冶游好奇之士啧啧称羡的尼庵,除江、浙尼庵之外,当数山东泰山尼庵,堪称别树一帜。为此,"泰山姑子",著称一时。所谓姑子,其实就是尼姑,大多天足,却好自修饰,"冶游者争趋之"。凡是到泰山顶礼之人,下山时必定前往尼庵,称之为"开荤"。这是因为朝山时人人持斋,到下山之时,则可享受山珍海错之奉。客至尼庵之后,"主庵之老尼先出,妙龄者以次入侍,酒阑,亦可择一以下榻"。至光绪末叶,泰安知县下令让差役将尼庵查禁,"逐其人,使他徙,封其庐为学舍"。③

在广东的尼庵中,亦颇多娼尼。如潮州普济庵尼姑妙姑,其色相号称"南州百八十庵之冠"。"客之访妙姑者无虚日,至辄费数十金,顾其对客殊落落然。"④尤其是广州的慈云庵,因为内供观音大

---

① 徐珂:《清稗类钞·方外类·江浙之尼》,第 10 册,第 4866—4868 页。
② 许仲元:《三异笔记》卷 3《百风子》,重庆出版社 2005 年版,第 260 页。
③ 徐珂:《清稗类钞·方外类·泰山有姑子》,第 10 册,第 4865 页。
④ 徐珂:《清稗类钞·方外类·小芬弃伶为尼》,第 10 册,第 4864 页。

士,所以香火极盛。庵内比丘尼甚众,绾髻缠足,衣饰与大家闺阁无异。可见,此庵虽托名清净法场,其实色界情天,较勾栏为尤甚。"少年美男子无意独身误入,必使身登佛国,生还无望也。"慈云庵的内室布置,亦相当精致,内室中床笫陈设,珍丽异常,炉中焚烧的是龙涎、百和一类的名贵香料,薰脑袭髓。庵中有36位尼姑,在当时号称"三十六花禅"。庵中尼姑,随时出应盐商的招嫖,"作珠江之游"。庵中还有"秘传内视法",而且收藏了不少秘戏图,一册为"元宫演楪儿图",上面六字为文徵明所书;又有周臣工笔所画秘戏图36册,上面有徐高阳所书"三十六宫皆是春"七字。①

在清代的娼尼中,除吴越尼僧、泰山姑子、广东娼尼之外,苏北的徐州、湖广的黄州府,亦多产娼尼。如徐州有一座著名的尼庵延寿庵,庵中女尼十余人,均来自山东,这些女尼无不妙年俊俏,妖艳无伦,带发修行,不加剃度。她们昼则诵经礼佛,钟鱼并奏,铙钹齐鸣,俨然如一尼姑;夜则改装易服,蛾眉蝉鬓,粉腻脂香,则又俨然娼妓。那些青年子弟,都视此庵为温柔之乡。起初此庵尚是暗藏春色,其后"贿通官吏,恃为护符",于是"公然为妓也"。且诸尼雅善度曲,又多有演剧之能,歌扇舞衫,音乐悉备,随之"禅关幽静,不啻歌舞之场焉"。② 又如黄州府观音庵尼姑妙莲,"虽皈依优婆,而心怀六欲。与里中诸无赖恶少征逐,每夜必开无遮大会,堂皇无忌,不避人言"。可见,这位尼姑尽管"龙宫落发""佛殿斋身",却是"未斩情丝",先堕欲海,致使佛门清净之地,竟成一处"淫窟"。③

---

① 许奉恩:《里乘》卷5《欧公子》,重庆出版社2005年版,第120—123页。
② 《梵门绮语录》2《徐州延寿庵善云》,载《中国香艳全书》七集卷1,第2册,第764页。
③ 襟霞阁主编纂:《(新编评注)于成龙判牍菁华·重惩淫尼之妙判》,载《清代名吏判牍七种汇编》,台湾老古文化事业有限公司2000年版,第9—10页。

结束语

按照明朝很多人的说法,或者用佛家的话头,晚明是一个"末法"世界。生活在这一末法世界中的尼姑,"多游族姓"亦即与大族妇女交通,当然是一种大众化的习俗。明人周清原在其所著小说《西湖二集》中,对尼姑曾作了较为全面的评价,不妨引述在下面,作为全文的结束语。按照他的说法,世上的人大都有好有歹,难道尼庵都是不好的么?当然,尼姑中尽有修行学道之人,不可一概而论。随后,周氏话锋一转,对尼姑败坏妇女风气的危害性直言道出。他认为,尼姑中毕竟不好的多于好的。况且那不守戒行的尼姑,谁肯说自己不好?她们往往是假装至诚假老实,通过甜言蜜语,哄骗妇人。更兼尼姑可以直入内房深处,毫无回避,不唯"窍"己之"窍","妙"己之"妙",还要"窍"人之"窍","妙"人之"妙"。那些妇人女子心粗,误信了她至诚老实,终日到尼庵烧香念佛,往往着了道儿。还有的男贪女色,女爱男情,幽期密约,不得到手,走尼庵去私赴了月下佳期,男子汉痴呆懵懂,一毫不知。一言以蔽之,"大抵妇女好入尼庵,定有奸淫之事"。① 周清原的这种担心并非孤例,而是当时文人士大夫普遍的看法。正因为此,时人才将尼姑归入"三姑六婆"中,使之成为文学作品刻意描摹的范型人格。这或许是那些文人士大夫为了挽回世风,而不得不将尼姑世俗化的危害加以夸大,但确实部分道出了当时佛教界的实情。这有史料可以证实。如弘治年间,延绥巡抚黄绂奉明孝宗之诏,毁掉庵寺,并将尼姑解送巡抚衙门,"给配鳏士"。此令下达之后,人人大

---

① 周清原:《西湖二集》第 28 卷,第 454—455 页。

悦,尼姑无不愿配,甚至出现了"去位尼有携子拜跪路傍远送者"的景象。① 尼姑中确实存在留恋世俗的情结。

尽管在尼姑群体中不乏具有恋世情结之人,有些甚至与僧相通,但从总体来说,佛门尼姑尚有不少能恪守清规,过着安静的清修生活。如明末崇祯年间,兵科给事中沈迅上疏,其中有"即不能如唐臣傅奕所言,命僧尼匹配,增户口数十万,亦宜量汰"等语。此疏被人误读,一时哄然讹传,认为朝廷不日将推行"僧尼匹配"政策,于是"京城诸尼,或易装越城,远匿村墟,皆以偶僧为惧"。② 就尼姑"以偶僧为惧"的心态而言,尼姑的恋世情结显然仅仅存在于部分的尼姑之中,尚未构成尼姑中的普遍现象。换言之,尼姑的世俗化行为尽管已经较为风行,但她们中的大多数人既然已经出家,就不再留恋世俗的情感生活,更遑论与和尚结为配偶!

清代尼姑对世俗生活的崇尚,以及居积求利之风的形成,乃至花禅娼尼的勃盛,固然是佛教世俗化的表征,然究其实质,尚有明清游冶文化开始转向的另面相。通观明代的游冶文化,尽管不乏以土窠子为代表的私妓,然尚以秦淮名艳为代表的官妓文化为主流,进而形成名噪一时的秦淮游里文化。入清以后,秦淮名艳,虽有遗存,游风却已不炽。继之而起者,则是私妓的勃兴。反观清代的私妓文化,则是以江浙娼尼、泰山姑子为代表的花禅异军突起。所有这些,大抵证明清代士大夫的游冶趣味甚或游冶文化,明显开始发生历史性的转向。随之而来者,则是佛教更趋世俗化。

---

① 徐学聚辑:《国朝典汇》卷 134《礼部》37《释教》,载《明清史料丛编》,第 6477—6478 页。
② 李清:《三垣笔记》上《崇祯》,中华书局 1982 年版,第 28 页。

后　记

　　回顾自己求学、治学的历程,固然一度将兴趣聚集于清代学术史,但从已有的学术研究成果来看,我的专业方向显然更为集中于明代史研究。即使如此,我仍然将明清两代视为一个整体,并将其定位为社会转型与文化变迁的一个时期。职此之故,我过去所有研究课题的切入,无不旨在阐释这一巨大的变动。本书的结撰与刊行,无疑也是内具相同的目的。

　　有一个基本的史实,史家或许可以取得共识,即到了明代,传统中国的社会与文化已经进入了"烂熟期"。

　　明代正值社会转型时期,是中国近代化历程的开端。基于人口的持续增长、白银的货币化、商业贸易的兴盛、物质生活的丰富、都市的繁荣以及其向广大农村的渗透,明代社会呈现出两大转型。一是"社会流动"的加速,因科举而得以晋身的士大夫,逐渐取代中世的门第、望族,随之形成"士大夫社会",并经"士商互动"之后,原本士农工商等级井然的"四民"社会,转而向"四民"相混转变,或因王纲解纽、礼教松懈而导致社会等级秩序趋于颠倒。二是从"名教"向"人欲"的转变。诸如,个人的价值不再因遭受礼教或政治权威的束缚而有所贬抑;道德层面上的"君子"人格,不再高踞于"小人"之上;缺乏知识教养的下层平民,不再需要受到士大夫读书人的教诲甚至唯士大夫马首是瞻。进而言之,自宋代以来被儒家知识人奉为自然法则的"天理"受到了部分的质疑,而源自个人私心的"人欲",则得到了理性的肯定。

　　明代又是文化变迁的时期。随着社会的逐步转型,精神层面出现了诸多近代性的萌芽。明代中期以后,文化层面呈现出一种"反道乱德"的倾向,诸如经书、传注、躬行实践、纪纲法度之类传统的伦理、道德,遭致各方人士的质疑与挑战;佛教沦为"末法世界",固有的佛法、戒条几被冲决殆尽;得益于文人、学者对戏曲、小说的重视,以及戏曲、小说与商业文化的紧密联系,作为思想或精神载体的语言文字——白话,在官方告示、文人文学、大众性小说中得到了广泛运用,文字不再局限于儒家文化传统意义上的"载道",而是成为基于现实生活土壤的真实语言,逐渐疏离于传统的士大夫精神,更能表达平民内心真实的意愿。明代堪称最有活力、多样性且具解放精神的时代,历史的陈旧的传统受到不同程度的怀疑,旧的观念受到了来自各方的文化力量的猛烈冲击,思想比任何时候都活跃,文化呈现出多元纷呈的景象,进而形塑了以个性张扬、人文主义、市民文化为主要表征的"明型文化"。

俗语云:"宁作太平犬,莫为乱世民。"明清易代,一种看似寻常的朝代更替,却带来了诸多社会性的后果。一方面,烽烟四起,百姓身处乱世之中,夫挈其妻,父携其子,整天为逃难而疲于奔命。这种乱世的生活,对百姓来说是一种灾难。另一方面,对士大夫来说,世态沧桑,旧朝覆亡,新朝初立,旧的政治特权已经失去,而且时刻面临着来自两大力量的威胁。在明代势力颇盛的士大夫家族,经易代之后因为失去了原先在政治上的权势,逐渐走向衰落。这基本可以体现士大夫社会的一些特点,即士大夫家族与科举功名乃至政治权势的合一。这是来自新朝政权的威胁。除此之外,到处风行的"奴变""佃变",亦对旧秩序社会中占据领导地位的士大夫是一个不小的冲击,并使之逐渐丧失传统秩序领导者的地位。

明清交替之际,兵燹连绵,战祸不断,百业凋敝,晚明以来的经济暂时陷入一个衰退期。当时全国尤其是江南,这种由盛转衰的社会变迁,无不充斥于清初士人的历史记忆中。

明清易代一如元明易代,不过是帝制中国的一种朝代更替而已。清初顺治帝、康熙帝对明末荒淫政治的针砭,实则与明太祖对元末政治弊端的批评如出一辙。明初立国,其政策的立足点在于一洗胡风,恢复汉唐衣冠文物制度,但有意思的是,蒙元遗俗反而一直渗透于明朝人的生活习俗之中,新朝最终难以摆脱前朝的影子。与之相同,清初立国,满族入主中原,尽管在政治、文化层面到处充斥着"满族优先"的特点,但毋庸置疑的是,清承明制依然是国家治理与社会变迁的主流。国可亡,史不可亡。新朝替旧朝修史传统的延续,其目的并非仅仅限于新朝需要从旧朝的覆亡中汲取教训,实则是借助史籍的纂修,证明自己一统天下的正统性。

明清易代,固然是社会变迁历程中的一大波折,但当代史家时常将"明清"合称,则明显不是出于一种叙事的习惯,而是更多地考虑到明清两朝社会变迁之间的内在继承性与政体的一致性。这可以从制度与社会两个层面加以考察。从制度设计的层面来说,除去清代带有部分满洲因素,以及抛弃明代地方制度中的巡按御史、推官之外,清代的制度无不是对明代的承袭。举例来说,明代出现的所谓"政府"亦即内阁,在清代得以很好地延续。即使从权力机制而言,清代特设的军机处已经取代了内阁,但如果考察军机处的起源,显然也与明代皇帝的平台召对尤其是便殿议事,不无渊源关系。即使是在清代颇为风行的密折,同样源出明代的密疏、密揭。至于地方官僚体制中的总督、巡抚、道台,同样出现于明代。所别者,明代的总督、巡抚、道的体制,仅仅是一种临时性的派遣,是一种"专敕官";至清代,成为地方政治架构中的固定官员设置。从社会变迁的层面来说,清代广泛流行的秘密社会组织天地会,各级官署中长官私人聘请的幕宾师爷,作为同乡与同业组织表征的会馆,以及旨在护卫重赀的镖局,无不起源于明代,而大张于清代。

即使是一直以来为清儒所诟病的明代学术,何尝不与清代学术存在内在的一致性?如清代的乾嘉朴学,实则源自晚明的经学考证运动。换言之,明代学者并非不读书,甚至空疏无学,而是学问极其广博。所别者,只是明人博而杂,而清人则博而精。进而言之,在晚明,出现了诸多关于西北边防、东南海防之类的著作;至晚清,边疆史地之学重新崛起。在晚明,有关经世、实用类文献的选编开始大量涌现;至晚清,经世文编同样不断付梓。若是深加探究,晚清与晚明之间的渊源、承袭关系,同样不言而喻。

毋庸讳言,明清时期的国家治理,存在先天性的结构性通病。这无疑源自帝制中国的治理传统。照理说来,国家治理的主要内容,大抵不脱国计与民生两项。然若细究之,帝制中国的国家治理,其终极的宗旨有二:一是维系长治久安,以使皇位世代相传,绵延不绝;二是维系国家疆域的大一统,以免分崩离析。这两大宗旨,实则仅仅限于国计的层面,反而忽略了民生。于是,国家所有的财政收入,主要用于维系国家与政权的稳定,诸如皇室的消费、职官的俸禄、军人的饷银,等等。至于像教育、医疗、养老一类关乎民生的公共产品,尽管也有一些必要的投入,却往往浅尝辄止,其投入不过杯水车薪而已,主要还得依靠民间自治的力量维系。在传统中国,民间社会组织与自治力量蓬勃发展,盖有其因。

明清两代正处于从传统社会向近代社会转型的过渡阶段。如何看待作为传统社会思想基础的儒家伦理,这涉及对中国近代化道路的认识问题。关于中国近代化历程的研究,必须摆脱西方中心论的束缚,不应以西方经验来判断中国,而是应以东亚乃至中国为坐标。这无疑已经成为一种新的研究取向。日本学者沟口雄三的中国近代社会观,亦即反对把欧洲近代视为普遍性的价值基准,主张东亚尤其是中国有着自身的近代。这一看法,显然为后来的研究者探索中国文化近代化的相对独立性带来了诸多的启示。正如冈田武彦所言,研究中国哲学思想,必须采取一种"内在性研究"思路,在东西思想创新的差异性比较中,确定中国思想的内在独特性。这无疑也是颇具建设性的意见。

若将视野重新回到明清社会与文化的认知与定位上,那么,可以建构起这样一种观点。一方面,从全球史的视阈来看,明清时期的贸易已经融入全球贸易网络体系,且中西文化交流渐趋频繁,明清社会与文化自然也存在融入世界社会与文化体系的倾向,进而导致在明清近代化的进程中,有着与西方合辙的面向。另一方面,从本土性的视阈来看,明清社会与文化自有不同于他者的个性,且在近代化进程中呈现出本土化的特色。

学问之事,高下不一。高之者,旨在"闻道",朝闻道,夕死可矣;卑之者,视之为"生意",计功较利,甚或借此发家。当然,更多者,不过以此为"生计",穷尨终生,借此糊口。别有一类,视学问为"生活",日常不可或缺,一日不埋首书海,一日不伏案写作,内心即焦虑不安,顿生光阴虚度的负罪感。

学问之事,不过求得心安。心之所安,既快乐自己,又愉悦他人,岂不说乎!无他,仅此而已。一旦以著作之多寡、帽子之有无、大小,刊物等第之高下,作为评骘学问的标准,势必学风为之转圜,甚至纷然视学问为一桩可否得利的生意。这无疑是一个学者最大的悲剧。反躬自问,吾能免于干禄、竞进乎?我当然不可自说自话。学以闻道,心向往之,不可骤得。将学问视为生活的日常,勉力行之,忧乐、冷暖自知。日久,自有所得。我以此自勉,并以此践行。

走笔所至,既记一时所思所想,也部分表达了我对明清社会变迁的一点粗浅看法。知我罪我,其读者乎!是为记。

陈宝良
2024年2月18日识于缙云山下之嘉陵江畔

大学问，广西师范大学出版社学术图书出版品牌，以"始于问而终于明"为理念，以"守望学术的视界"为宗旨，致力于以文史哲为主体的学术图书出版，倡导以问题意识为核心，弘扬学术情怀与人文精神。品牌名取自王阳明的作品《〈大学〉问》，亦以展现学术研究与大学出版社的初心使命。我们希望：以学术出版推进学术研究，关怀历史与现实；以营销宣传推广学术研究，沟通中国与世界。

截至目前，大学问品牌已推出《现代中国的形成（1600—1949）》《中华帝国晚期的性、法律与社会》等100余种图书，涵盖思想、文化、历史、政治、法学、社会、经济等人文社会科学领域的学术作品，力图在普及大众的同时，保证其文化内蕴。

"大学问"品牌书目

大学问·学术名家作品系列

朱孝远　《学史之道》
朱孝远　《宗教改革与德国近代化道路》
池田知久　《问道：〈老子〉思想细读》
赵冬梅　《大宋之变，1063—1086》
黄宗智　《中国的新型正义体系：实践与理论》
黄宗智　《中国的新型小农经济：实践与理论》
黄宗智　《中国的新型非正规经济：实践与理论》
夏明方　《文明的"双相"：灾害与历史的缠绕》
王向远　《宏观比较文学19讲》
张闻玉　《铜器历日研究》
张闻玉　《西周王年论稿》
谢天佑　《专制主义统治下的臣民心理》
王向远　《比较文学系谱学》
王向远　《比较文学构造论》
刘彦君　廖奔　《中外戏剧史（第三版）》
干春松　《儒学的近代转型》
王瑞来　《士人走向民间：宋元变革与社会转型》
罗家祥　《朋党之争与北宋政治》
萧瀚　《熙丰残照：北宋中期的改革》

大学问·国文名师课系列

龚鹏程 《文心雕龙讲记》
张闻玉 《古代天文历法讲座》
刘 强 《四书通讲》
刘 强 《论语新识》
王兆鹏 《唐宋词小讲》
徐晋如 《国文课:中国文脉十五讲》
胡大雷 《岁月忽已晚:古诗十九首里的东汉世情》
龚 斌 《魏晋清谈史》

大学问·明清以来文史研究系列

周绚隆 《易代:侯岐曾和他的亲友们(修订本)》
巫仁恕 《劫后"天堂":抗战沦陷后的苏州城市生活》
台静农 《亡明讲史》
张艺曦 《结社的艺术:16—18世纪东亚世界的文人社集》
何冠彪 《生与死:明季士大夫的抉择》
李孝悌 《恋恋红尘:明清江南的城市、欲望和生活》
李孝悌 《琐言赘语:明清以来的文化、城市与启蒙》
孙竞昊 《经营地方:明清时期济宁的士绅与社会》
范金民 《明清江南商业的发展》
方志远 《明代国家权力结构及运行机制》
严志雄 《钱谦益的诗文、生命与身后名》
严志雄 《钱谦益〈病榻消寒杂咏〉论释》
全汉昇 《明清经济史讲稿》
陈宝良 《清承明制:明清国家治理与社会变迁》

大学问·哲思系列

罗伯特·S.韦斯特曼 《哥白尼问题:占星预言、怀疑主义与天体秩序》
罗伯特·斯特恩 《黑格尔的〈精神现象学〉》
A.D.史密斯 《胡塞尔与〈笛卡尔式的沉思〉》
约翰·利皮特 《克尔凯郭尔的〈恐惧与颤栗〉》
迈克尔·莫里斯 《维特根斯坦与〈逻辑哲学论〉》
M.麦金 《维特根斯坦的〈哲学研究〉》
G·哈特费尔德 《笛卡尔的〈第一哲学的沉思〉》
罗杰·F.库克 《后电影视觉:运动影像媒介与观众的共同进化》

苏珊·沃尔夫 《生活中的意义》
王浩 《从数学到哲学》
布鲁诺·拉图尔 尼古拉·张 《栖居于大地之上》
何涛 《西方认识论史》
罗伯特·凯恩 《当代自由意志导论》
维克多·库马尔 里奇蒙·坎贝尔 《超越猿类:人类道德心理进化史》
许煜 《在机器的边界思考》

大学问·名人传记与思想系列
孙德鹏 《乡下人:沈从文与近代中国(1902—1947)》
黄克武 《笔醒山河:中国近代启蒙人严复》
黄克武 《文字奇功:梁启超与中国学术思想的现代诠释》
王锐 《革命儒生:章太炎传》
保罗·约翰逊 《苏格拉底:我们的同时代人》
方志远 《何处不归鸿:苏轼传》
章开沅 《凡人琐事:我的回忆》
区志坚 《昌明国粹:柳诒徵及其弟子之学术》

大学问·实践社会科学系列
胡宗绮 《意欲何为:清代以来刑事法律中的意图谱系》
黄宗智 《实践社会科学研究指南》
黄宗智 《国家与社会的二元合一》
黄宗智 《华北的小农经济与社会变迁》
黄宗智 《长江三角洲的小农家庭与乡村发展》
白德瑞 《爪牙:清代县衙的书吏与差役》
赵刘洋 《妇女、家庭与法律实践:清代以来的法律社会史》
李怀印 《现代中国的形成(1600—1949)》
苏成捷 《中华帝国晚期的性、法律与社会》
黄宗智 《实践社会科学的方法、理论与前瞻》
黄宗智 周黎安 《黄宗智对话周黎安:实践社会科学》
黄宗智 《实践与理论:中国社会经济史与法律史研究》
黄宗智 《经验与理论:中国社会经济与法律的实践历史研究》
黄宗智 《清代的法律、社会与文化:民法的表达与实践》
黄宗智 《法典、习俗与司法实践:清代与民国的比较》
黄宗智 《过去和现在:中国民事法律实践的探索》

黄宗智　《超越左右:实践历史与中国农村的发展》
白　凯　《中国的妇女与财产(960—1949)》
陈美凤　《法庭上的妇女:晚清民国的婚姻与一夫一妻制》

大学问·法律史系列
田　雷　《继往以为序章:中国宪法的制度展开》
北鬼三郎　《大清宪法案》
寺田浩明　《清代传统法秩序》
蔡　斐　《1903:上海苏报案与清末司法转型》
秦　涛　《洞穴公案:中华法系的思想实验》
柯　岚　《命若朝霜:〈红楼梦〉里的法律、社会与女性》

大学问·桂子山史学丛书
张固也　《先秦诸子与简帛研究》
田　彤　《生产关系、社会结构与阶级:民国时期劳资关系研究》
承红磊　《"社会"的发现:晚清民初"社会"概念研究》

大学问·中国女性史研究系列
游鉴明　《运动场内外:近代江南的女子体育(1895—1937)》

其他重点单品
郑荣华　《城市的兴衰:基于经济、社会、制度的逻辑》
郑荣华　《经济的兴衰:基于地缘经济、城市增长、产业转型的研究》
拉里·西登托普　《发明个体:人在古典时代与中世纪的地位》
玛吉·伯格等　《慢教授》
菲利普·范·帕里斯等　《全民基本收入:实现自由社会与健全经济的方案》
王　锐　《中国现代思想史十讲》
王　锐　《韶响难追:近代的思想、学术与社会》
简·赫斯菲尔德　《十扇窗:伟大的诗歌如何改变世界》
屈小玲　《晚清西南社会与近代变迁:法国人来华考察笔记研究(1892—1910)》
徐鼎鼎　《春秋时期齐、卫、晋、秦交通路线考论》
苏俊林　《身份与秩序:走马楼吴简中的孙吴基层社会》
周玉波　《庶民之声:近现代民歌与社会文化嬗递》
蔡万进等　《里耶秦简编年考证(第一卷)》
张　城　《文明与革命:中国道路的内生性逻辑》

洪朝辉	《适度经济学导论》
李竞恒	《爱有差等:先秦儒家与华夏制度文明的构建》
傅 正	《从东方到中亚——19世纪的英俄"冷战"(1821—1907)》
俞 江	《〈周官〉与周制:东亚早期的疆域国家》
马嘉鸿	《批判的武器:罗莎·卢森堡与同时代思想者的论争》
李怀印	《中国的现代化:1850年以来的历史轨迹》
葛希芝	《中国"马达":"小资本主义"一千年(960—1949)》